TRAUTE SCHÖLLMANN
HERBERT BUCKMILLER

Kanada

WALTER-VERLAG
OLTEN UND FREIBURG IM BREISGAU

TEXT: TRAUTE SCHÖLLMANN
FOTOS UND BILDLEGENDEN: HERBERT BUCKMILLER
KARTEN: WERNER STUCKI

2. Auflage 1982

Alle Rechte vorbehalten
© Walter-Verlag AG, Olten 1981
Gesamtherstellung in den
grafischen Betrieben des Walter-Verlags
Printed in Switzerland

ISBN 3-530-77506-1

INHALT

9   *Einführung: Natur, das unvergeßliche Erlebnis*

Der Westen: Land der Superlative

35 *Großartiges Gebirgsland British Columbia*
Vancouver zwischen Meer und Bergen 37 – Sunshine Coast: Fischen ohne Lizenzen 58 – Fraser: Fluß mit zwei Gesichtern 60 – Vom Thompson River bis zum Rogers-Paß: die Route 1 74 – Okanagan Valley: ein Obstgarten inmitten von Dürre 78 – Kootenay Country: Berge, Gipfel, tiefe Täler 81 – «Nehmt die Route 31 A» 88 – Vom Pazifik zu den Rockies [Yellowhead 16] 95 – Vancouver Island: Berge noch zum Erstbesteigen 98 – Victoria mit Körben voll von Blumen 104 – Butchart's Gardens 111 – Nanaimo 111 – Strathcona Provincial Park. Oder wie man lernt zu überleben 113

114 *Alberta: eine «gemachte Provinz»*
Calgary: Kühe, Cowboys und Kultur 117 – Ins Tal des Red Deer River, wo einst die Dinosaurier waren 125 – Mormonen und Hutterer abseits der sündigen Welt 129 – Auf dem kürzesten Weg in die Rocky Mountains 133 – Ein Faible für die Foothills [Highway 3] 136 – Die beiden Nationalparks von Banff und Jasper 139 – Edmonton, reich durch Öl 153

Im Norden das garantierte Abenteuer

159 *Yukon-Territorium: am Rande der Zivilisation*
Der Alaska Highway: Trauma oder Traumstraße 160 – Whitehorse, die junge Hauptstadt 166 – Der Chilkoot Pass: kein einfacher Climb 168 – Yukonfahrt mit Paddelschlag 168 – Dawson, die Geisterstadt 169

173 *Northwest Territories*
Mackenzie: Route der Pelzhändler und Goldsucher 180 – Keewatin District: Wenn die Barren Grounds glühen 186 – Franklin District: Top of the World 189

Zentralkanada: schwarze Erde, goldene Weite

197 *Saskatchewan – vom Niemandsland zur Weizenprovinz*
Regina, die Provinzhauptstadt in des Landes Mitte 206 – Ins tiefe Tal Qu'Appelle 210 – Petroglyphen bei St. Victor 211 – Cattle Country. Badland. Cypress Hills. Eine Fahrt in den Südwesten 212 – Über die Route 42 nach Saskatoon 213 – Historische Parks: Zeugnisse der Vergangenheit 216

217 *Manitoba: Farmen, Felsen, Seen*
Winnipeg, ein Besuch in der Getreidebörse 225 – Winnipeg Lake 233 – Steinbach, das Erbe der Mennoniten 234 – The five brothers. Oder die Entwicklung einer Farm 236 – Parks und Forests 239 – Städte am Weg 243

Ostkanada: Grenzraum zweier Kulturen

249 *Ontario mit seinen wunderbaren Seen*
West-Ontario auf der Straße der blauen Gewässer 262 – Huronia: Eine Erinnerung an die Huronen 266 – Niagara Falls im Frühling 270 – Theatersommer in Ontario 277 – Kitchener-Waterloo 279 – Toronto: Die Metropole 284 – Heritage Highway: die Straße der Pioniere 309 – Ottawa, die Hauptstadt mit Provinzcharakter und Parlamentshügel 317

334 *Quebec – der Keil durch Kanada?*
Montreal, ein Mittelpunkt und tausend Möglichkeiten 347 – Quebecs verlorene Vergangenheit 379 – Ile d'Orléans, Landluft und Künstlerateliers 400 – Die Wasserfälle von Montmorency 403 – Sainte-Anne-de-Baupré: Hoffnung auf Heilung 405 – Le Chemin du Roy: Die erste Fernstraße Kanadas 406 – Trois Rivières 408 – Tal des Saint-Maurice. Lac Saint-Jean. Der Fjord des Sanguenay 410 – Kamine, Türme und Mansarden. Über den Baustil in Quebec 412 – Apfelwein und Ahornsirup: Das Oka-Tal und die Straße des Cidres 419 – Die Gaspé-Halbinsel 421 – Parks und Reservate 427 – Via «Vieux Poste», Naturabenteuer und Sportfischen 431

Maritimes – die vier Atlantikprovinzen

443 *New Brunswick – the quiet province*
Madawaska, eine «eigene Republik» 447 – Kartoffeln aus dem Tal des Saint John 448 – Bay of Fundy 450 – Ostküste: Wo die Akadier leben 454 – Miramichi, Wälder ohne Ende 455

456 *Nova Scotia: Erlebnis- und Erholungsland*
Im Reich des Gezeiten-Gottes Glooscap 459 – Lighthouse Route: Leuchtturmlichter, Klippen, Badestrände 460 – Herbes Halifax 462 – Marine Drive, eine Küstenfahrt 464 – Cape Breton Island, eine eigene Welt 466

472 *Liebliches Prince Edward Island*
Der Lady Slipper Drive 474 – Blue Heron Drive 476 – King Byway Drive 478

480 *Newfoundland-Labrador: wo die Wikinger wohnten*
Labrador: Eisen für Kanada 485 – Newfoundland Island: Viel Gastfreundschaft und unberührte Wildnis 487 – St. John's: Für Fischer und Fußgänger 489 – Ost- und Zentral-Neufundland 491 – Westküste: Tischberge und Meer 492

497 *Zum Schluß ein paar Reisetips*
Was bedeutet Kanada? 497 – Was Sie für die Einreise wissen sollten 498 – Geld und Trinkgeld 499 – Telefonieren 500 – Klima und Kleidung 501

503 *Anhang*
Literatur 503 – Kanadas Geschichte im Überblick [Zeittafel] 504 – Register 510

EINFÜHRUNG

Natur, das unvergeßliche Erlebnis

«Freiheit» – dieses unaufhörlich menschliche Begehren, dieses altbewährte Reiseelixier wirkt seit einigen Jahren als frisches Zauberwort im modernen Ferntourismus. Kanada wirbt mit diesem Reiseruf nicht nur für die eigene politische Unabhängigkeit, sondern zuerst und vor allem für die Schönheit seines Landes: für die außergewöhnliche Vielseitigkeit der Landschaften, die auffallende Gastfreundschaft der Menschen und das bunte Kaleidoskop kultureller Veranstaltungen.
Und die werbenden Bemühungen um das «Old Country», wie «drüben» Europa liebevoll genannt wird, sind nicht erfolglos geblieben. Jedes Jahr zu Saisonbeginn müssen von den Reiseveranstaltern mehr und mehr Flugzeuge gechartert, Passagierschiffe geheuert, die Verkehrsnetze zwischen den beiden Kontinenten ausgebaut, die Urlaubsprogramme erweitert und zusätzliche Unterkunftsmöglichkeiten auf Ranchen wie Farmen gesucht und geschaffen werden. Vielen Kanadiern ist es nämlich eine besondere Freude, europäischen Gästen einen Einblick in ihren Alltag zu vermitteln. In keinem Handgepäck sollte deshalb ein kleines Quantum Unternehmungsgeist, Abenteuerlust und jugendlicher Elan fehlen. Denn wie und wo auch immer man sich in diesem weiten Land bewegt, eine Reise in die «Neue Welt» Nordamerikas wird in jedem Fall zu einem ganz besonderen Erlebnis, zu einer Entdeckungsfahrt, zu einer Bereicherung hiesiger Daseinserfahrungen.

*Das Orignal oder Moose ist die spezifisch kanadische
Sonderform des Elchs. Daneben – und ebenso verbreitet –
findet sich auch das zierlichere Elk*

Kanada ist ein Subkontinent von einer so ungeheuren Vielfalt und Lebendigkeit, von extremen Gegensätzen und Entfernungen, wie sie sich in Europa kaum vorstellen lassen. Es gibt sechs verschiedene Zeitzonen; während in Britisch-Kolumbien gefrühstückt wird, haben die Neufundländer bereits Mittagspause. Kanada ist nach der Sowjetunion das zweitgrößte Land der Erde. Von West nach Ost erstreckt es sich über 5250 Kilometer; von Süd nach Nord über 4460 Kilometer. Anschaulich ausgedrückt bedeutet dies, daß man von der idyllischen westlichsten Provinzhauptstadt Victoria auf Vancouver Island bis zur gemütlichen östlichsten Hafenstadt St. John's auf Neufundland genau so lange mit dem Flugzeug benötigt wie von Frankfurt nach Montreal, wofür im allgemeinen zehn Stunden gerechnet werden.

Eine Transformation der Süd-Nord-Route erübrigt sich insofern, als das kanadische Leben sich weitgehend auf einem etwa dreihundert Kilometer breiten Landstreifen abspielt. Dieser verläuft nahezu parallel mit der ziemlich geradlinigen Südgrenze, die Kanada von den Vereinigten Staaten von Amerika, den USA, trennt. Wer eine Landfahrt von West nach Ost auf dem Trans-Canada Highway unternimmt, wer sich also die Zeit nehmen kann, von Victoria nach St. John's durch alle zehn Provinzen: Britisch-Kolumbien, Alberta, Saskatchewan, Manitoba, Ontario, Quebec, Neu-Braunschweig, Neu-Schottland, die Prinz-Edward-Inseln nach Neufundland zu fahren, dem wird sich all das erschließen, was die Kanadier aus dem alten Indianerland in dreihundert Jahren gemacht haben. Ein Wohlstandsland, das in der Weltwirtschaft den sechsten Platz einnimmt.

Was jenseits, das heißt nördlich dieses überaus abwechslungsreichen Kultur- und Zivilisationsstreifens liegt, ist eine fast menschenleere, teilweise noch unerschlossene Wildnis: schön und einsam zugleich. Wobei das Zeitalter von Kanadas «goldenen» Entdeckungen gerade hier eine Fortsetzung erfährt. An einigen Stellen wie im Norden von Alberta oder im Mackenzie-Delta bohrt man bereits seit Jahren erfolgreich nach Erdöl und Erdgas. Weitere vielversprechende Energiereserven wurden inzwischen unter dem Eis des Nordens und unter dem Fels des kanadischen Schildes entdeckt. Daneben sorgen reiche Vorkommen an Nickel, Zink, Asbest und Blei, an Eisenerzen, Kupfer, Gold, Silber, Platin und Uran für

Jede Provinz nutzt die Autonummern für einen eigenen Werbeslogan

einen wachsenden wirtschaftlichen Aufschwung. Kanadas Wirtschaftsexperten bezeichnen die Wildnis des Nordens als einen unschätzbaren Tresor, der die große «Rücklage für die Zukunft» enthalte. So investiert die Regierung des Landes auch immer wieder beachtliche Summen für die kontinuierliche Erforschung dieses felsigen Fleckens Erde, dessen große Bedeutung noch in der «Cocon-Epoche» steckt.

Kanadas wichtigster und billigster Energiespender ist zurzeit noch das Wasser. Seine Kräfte werden überall genutzt und gewonnen: für die wirtschaftlichen Bereiche ebenso intensiv wie

für die menschlichen. An breiten Flüssen entstehen zur Elektrizitätserzeugung gewaltige, imposante Kraftwerke, die auch hier durch ihre Betonlandschaften und häßlichen Nutzgerüste weite Naturgebiete verschandeln und bedrohen. Die rauschedonnernden Mammutwunder kanadischer Katarakte, vor allem der Hufeisenfall des Niagara, sind inzwischen zur verpflichtenden Fremdenattraktion und damit zu Umschlageplätzen wimmelnder Menschenmassen geworden.
Doch Ausweichmöglichkeiten zur Ruhe, Erholung und Entspannung gibt es noch mehr als genug. Kanada ist ein an Wassern und einsamen Plätzen so unendliches, reiches Land, daß mancher Kanadier einen Badestrand mit mehr als fünf Personen «Besetzung» entsetzt als «overcrowded», als «völlig überlaufen» verläßt.
Drei Weltmeere bilden die natürlichen Grenzen dieses weiträumigen Subkontinents: die Arktis im Norden, der Pazifische Ozean im Westen und im Osten der Atlantik. Dazwischen sollen sich – nach Angaben der Geologen – so viele kristallklare Seen, Flüsse und Bäche befinden, wie sie die ganze übrige Welt zusammen nicht besitzt.
Kanada gehört mit seiner unendlichen Wildnis, mit seinen vielseitigen, teilweise von Gesetzen geschützten Landschaften, mit seiner seltenen Tier- wie Pflanzenwelt zu den letzten Naturparadiesen dieser Erde.
Die Garantie einer Art Vogelfreiheit, mit der hier jeder Besucher einen halben Kontinent kennenlernen kann, übt auf immer größer werdende Gruppen eine geradezu ansteckende Faszination aus. Trotz einiger unliebsamer, befremdender

14/15 Weizenspeicher in den unendlichen, flachen
Wheatlands von Alberta

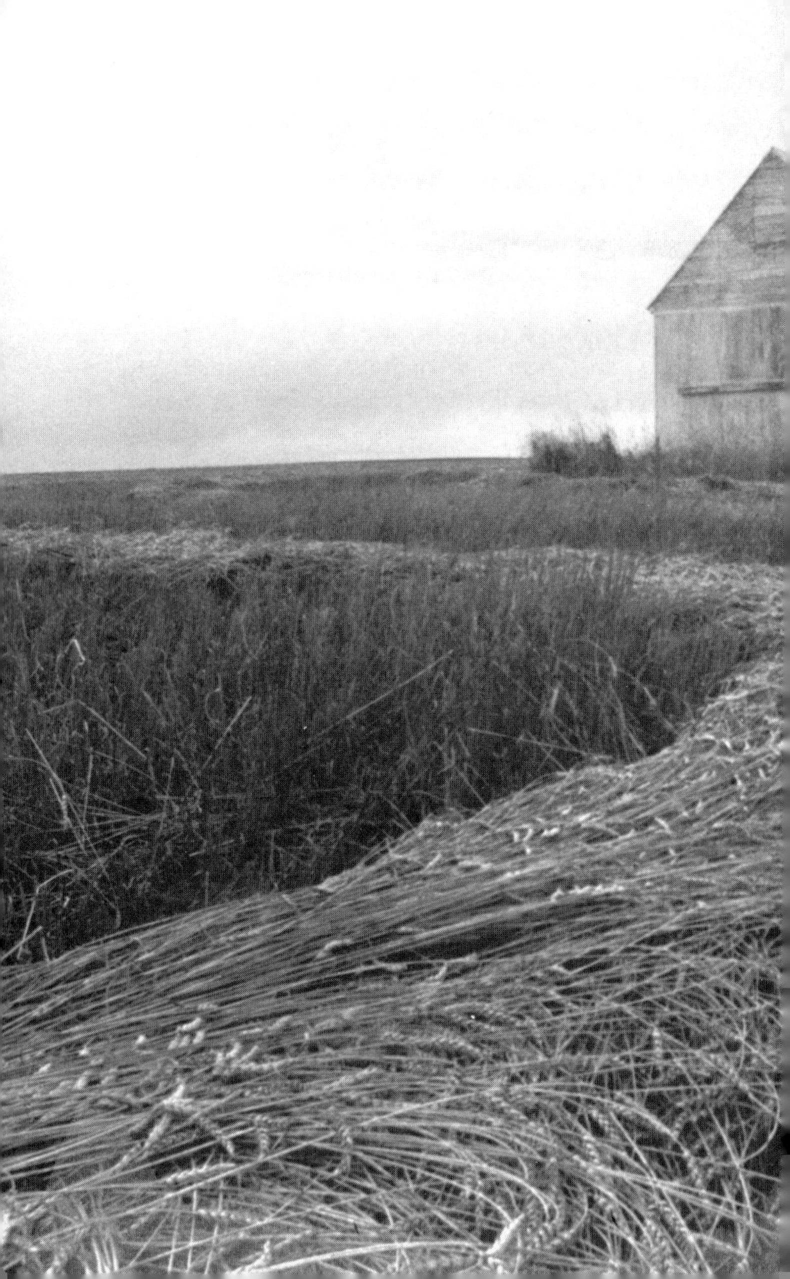

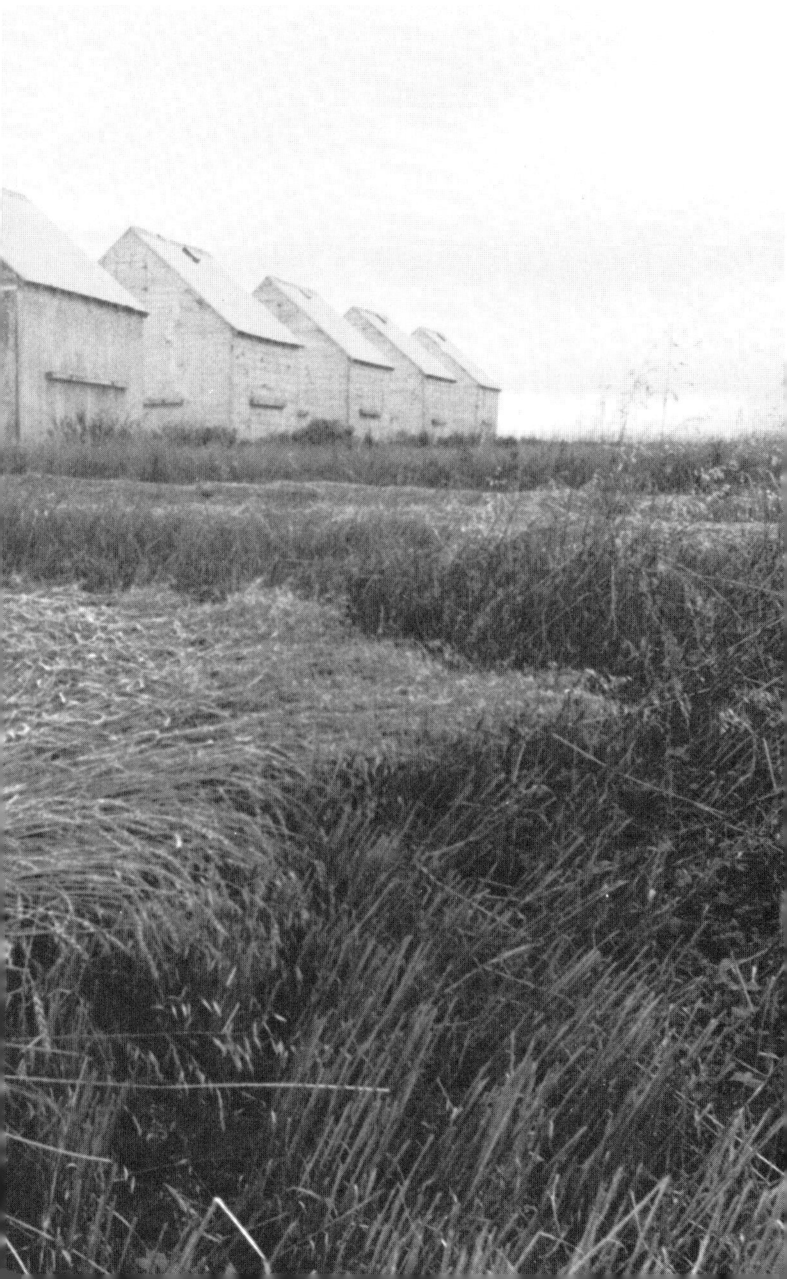

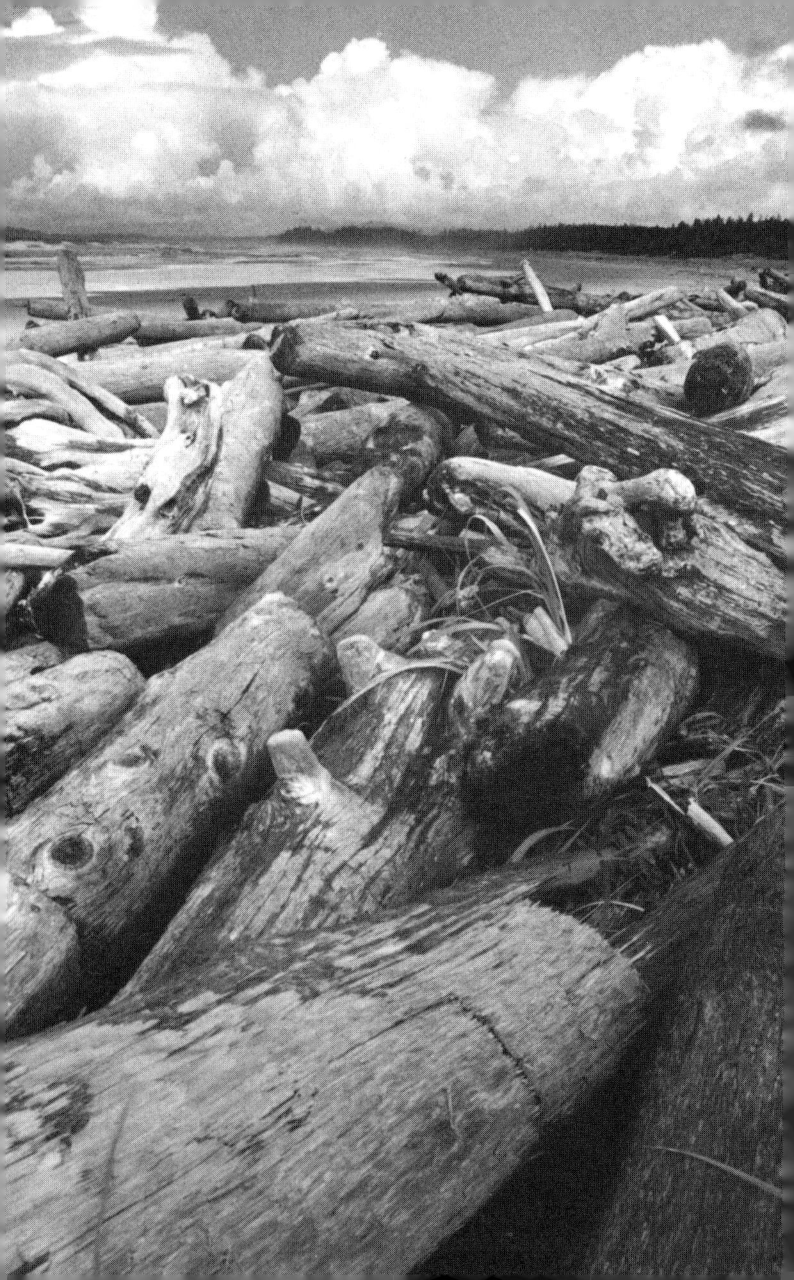

Eindrücke, die eine erste Berührung mit dem Land hinterlassen können, wird die Faszination über die wilde Schönheit dieses Landes die Oberhand behalten; wie denn der Dichter Carl Zuckmayer während einer ihn überwältigenden Fahrt durch die Rocky Mountains feststellen mußte, daß bei einer solchen Vielzahl an Naturwundern und Zaubervollem sich erstaunlicherweise das Staunen verliere.

Kanada schätzt sich durch seine geografische Vielfalt in der Lage, nahezu jeden Ferienwunsch zu erfüllen. Hier könnte zum Beispiel – während eines Rancherurlaubs – ein Bubentraum vom Westernleben Wirklichkeit werden: wenn man unter der Führung eines Wranglers stundenlang im Sattel über die Prärie reitet oder auf Tierpfaden durch noch unerschlossene Regionen streift, wenn man wie Trapper durch die Wälder zieht und am Abend vor einer Blockhütte sich die Geräusche der Wildnis mit dem Knacken eines Barbecue-Feuers mischen.

«Fahre, wohin du willst – bleibe, wo es dir gefällt» heißt die Devise dieses Riesen-Reiselandes, das zum Kämmen der Natur kaum Zeit hatte. Doch die Provinzen sind überall bemüht, den Touristen bequeme und praktische Ausgangspunkte für selbständige Entdeckungs- und Erkundungsfahrten zu schaffen.

So findet der Besucher an schönen und interessanten Erholungsplätzen Cabins, Lodges und Blockhütten: teilweise mit viel Charme, zum Teil aber auch nur mit dem Notwendigsten zum Bleiben und Rasten versehen. Aber auch aufwendige Hotels und Motels versuchen ihre Gäste mit Tennis- und Golfplätzen, Swimmingpools und viel übertriebenem Luxus zu

16   Treibholz häuft sich am Long Beach auf Vancouver Island

Die alte Cowboytradition – sie wird noch an vielen Orten lebendig erhalten

längerem Aufenthalt zu animieren. Für den ausgesprochenen Naturfreund oder den Weltenbummler mit schmalem Dollarsäckel sind die allgemein gut ausgerüsteten Campgrounds beliebte Zwischenstationen. Gepflegte sanitäre Anlagen, Tische, Bänke und offene Feuerstellen, meist auch Sportplätze, Badegelegenheiten und Fischereimöglichkeiten gehören zum selbstverständlichen Service des beliebten kanadischen «outdoor-life».
Wie sich der Einzelne seinen Kanada-Aufenthalt im besonderen gestaltet, hängt ganz von den jeweiligen körperlichen und

Ein Indianer beim Fischfang im Mistassini Park im Norden von Quebec

finanziellen Konditionen ab, von den sportlichen Ambitionen wie von den geistigen Interessen.
Am beliebtesten und wohl auch am sinnvollsten ist es, mit einem Camp- oder Wohnmobil von Ort zu Ort zu reisen und sich zwischendurch ein paar Tage oder Wochen für besondere Unternehmungen zu gönnen. Solche Fahrt- und Zwischenpausen könnte man beispielsweise dazu benutzen, auf einem der zahlreichen, wild umsponnenen Seen des kanadischen Ostens eine Kanufahrt zu unternehmen und den Speisezettel mit selbstgefangenen Forellen, Lachsen oder Hechten zu er-

gänzen. Besonders Mutige könnten sich aber auch zu einem lustigen Floßabenteuer im Westen entschließen, um zusammen mit Einheimischen durch reißende Canyons zu sausen.
Mancher Bergfreund entspannt sich am besten auf einer von kundigen Bergführern begleiteten Gebirgstour in den Rocky Mountains. Währenddessen sich vielleicht der leidenschaftliche Hochseesegler in Vancouver eine Yacht mietet, um als sein eigener Kapitän die Fjorde des Pazifik zu erkunden, verlassene Indianersiedlungen an sich vorbeigleiten zu lassen und die wilde Landschaft, die Berge mit ewigem Eis zu genießen. Ebenso unberührte Ufer lassen sich aber auch im Landesinnern bei organisierten Kreuzfahrten entdecken, beispielsweise auf dem Winnipeg-See. In den zahlreichen National- und Provinzialparks, diesen riesigen und beliebten Natur- und Wildschutzgebieten Kanadas, findet der Fotoamateur immer wieder neue Motive für seine Leidenschaft: seltenstes Wild und Wassergeflügel, Vögel und Pflanzen aller Art.
Petri-Jünger sollten schon der kapitalen Beute wegen einmal mit Fischerbooten aufs Meer hinausfahren. Und wer im hohen Norden die Eskimos auf Walfang begleitet, steuert zwar einem äußerst seltenen und aufregenden Erlebnis entgegen, benötigt dafür aber auch besonders starke Nerven. Überhaupt gehört ja das Jagen zu den ganz großen Urlaubsattraktionen Kanadas. Die weiten Wälder und zahllosen Gewässer bieten unvorstellbare Möglichkeiten für seltenste Trophäen. Jedes Waidmanns Traum ist natürlich: ein Grizzlybär oder ein Elk.
Es ist jedoch gleichgültig, ob der Urlaubsgast nur zwanzig Meter vom Zufahrtsweg entfernt auf einem romantischen See im Kanu gleitet oder zweihundert Kilometer abseits des Highway nach Bären und Elchen jagt – immer und überall wird die Seele von der Allgewalt der Natur gepackt und gefes-

*Der Grizzlybär ist in den kanadischen Rocky Mountains
zu Hause; viele seiner Art durchstreifen aber das Land nach
Westen bis zur Küste Britisch-Kolumbiens und nordwärts*

selt. Solche Augenblicke werden zu unbeschreiblich großen, eigenen Erlebnissen. Dieses menschliche Urerlebnis auf nordamerikanischem Boden hat einmal ein kanadischer Journalist zutreffend in dem Satz festgehalten: «Jeder Kanadier hat zu irgendeiner Zeit seines Lebens einmal den Schauer der Einsamkeit gefühlt, der den Menschen überkommt, wenn er der ungebändigten Natur allein gegenübersteht.»

Dieses Unbändige der Natur macht Kanada zu keinem bequemen Land: Überall und unaufhörlich wird der technisch zivilisierte Mensch von ihrer ungebrochenen Macht herausgefordert und auf die Probe gestellt.

Wer einmal während einer sommerlichen Trockenperiode stundenlang durch eine kahlgebrannte, schwarzversengte, von «fireweeds» durchblühte Waldwildnis gefahren ist, kann sich noch von der menschlichen Machtlosigkeit gegenüber Naturkatastrophen eine Vorstellung machen. Brennt es erst einmal in den von Dickicht und dürrem Unterholz durchsetzten Wäldern, durch die außer einem zweispurigen Highway vielleicht weder Straßen noch Pfade führen, ist der Kampf gegen das Feuer oft hoffnungslos. Bei Waldbrand werden Touristen, die sich innerhalb gefährdeter Zonen aufhalten, von den staatlichen Waldhütern über Sprachrohre zum Räumen von Campgrounds, Hütten und anderen Unterkünften aufgefordert. Es bedarf wohl keines besonderen Hinweises, daß solche Anweisungen sofort befolgt werden müssen. Außerdem kann jeder Autofahrer zum Löschen an- und aufgehalten werden – allerdings für ein entsprechend gutes Entgelt. Manchmal hilft jedoch der gesamte menschliche Einsatz nichts. Die Wälder brennen und sengen oft wochenlang, ehe sie ein anhaltender Regen löscht. Schreckende, Feuer symbolisierende Schilder weisen daher in ganz Kanada auf die strafbare Unverantwortlichkeit hin, glimmende Zigarettenstummel während der Fahrt selbstvergessen aus dem Fenster zu werfen oder Feuerstellen nicht bis zum letzten erlöschenden Funken zu überwachen.

Die Kehrseite dieses «Fegefeuers» sind Kanadas kalte Stürme. Völlig unberechenbar können sie zu allen Jahreszeiten über das Land toben. Dabei wurden schon ganze Dächer von den Häusern gehoben, Garagen durch die Luft gewirbelt, Felsblöcke vom Gebirge gelöst. Nach solchen Unwettern ist es für Autofahrer oft zeitsparender, Steinbrocken oder quer-

gelegte Baumstämme für die Weiterfahrt selbst aus dem Weg zu räumen als den Straßendienst anzurufen oder abzuwarten. Vorausgesetzt, die eigenen Mittel und Kräfte reichen dazu aus.
Kanada ist ein Land, das seine Bewohner nicht verhätschelt. Deshalb verwöhnen sich die Menschen selbst gegenseitig ein wenig: durch kleine Aufmerksamkeiten, durch eine vielgerühmte Hilfsbereitschaft und eine auffallend warme Herzlichkeit. Der Fremde fühlt sich schnell wohl in der gastlichen Atmosphäre dieser «Neuen Welt», die aus einem bunten Völkergemisch besteht. Der Durchreisende begegnet Urstämmen und Mischungen: Indianern und Eskimo, Iren, Schotten, Chinesen, Japanern, Engländern, Franzosen, Griechen, Italienern, Russen. In Kanada sind Leute zu finden, die noch nie ihre Sekten-Gemeinschaft verlassen haben, und Sonderlinge, die strikt jede menschliche Gemeinschaft ablehnen.
Doch allen diesen Menschen ist gemeinsam, daß sie sich als Kanadier fühlen und verstehen. Erst an die zweite Stelle rückt der Stolz auf ihre Abstammung. Alle lieben sie ihre alte Heimat; doch zurück möchte kaum jemand mehr, wenn man sie danach fragt. Die Kanadier sind bodenständig geworden. Mit ihrem Fleiß, mit ihrer Energie, mit ihrem ganzen menschlichen Einsatz haben sie dieses Stück Erde zu einem Besitz gemacht: zu ihrem Land. Dabei kennen die Siedler des Westens oft nur vom Hörensagen die Lebensverhältnisse ihrer Landesgenossen am anderen Ende des Trans-Canada Highway. Umgekehrt ist dasselbe für die Ostkanadier zu vermerken.
Ähnlich wird es dem Touristen ergehen, der Kanada zum erstenmal besucht. Sein Aufenthalt kann sich auch nur auf einen kleinen Teil des Landes beschränken. Denn es ist nahezu unmöglich, diesen Subkontinent auf einer einzigen Reise erschöpfend kennenzulernen.

Kanada muß man mehrmals bereisen, um aus verschiedensten Eindrücken eine Beziehung zu der Vielgestaltigkeit des Landes zu bekommen. Es ist gut, sich bereits zu Hause beim Pläneschmieden darüber im klaren zu sein, ob man mehr die Gebirgswelt bevorzugt oder eher freie Körperkultur an sandigen Badestränden und lauschigen Meeresbuchten betreiben möchte. Ob man die Einsamkeit liebt, das Abenteuer der Wildnis sucht oder doch mehr die Atmosphäre amerikanischer Großstädte mit Wolkenkratzern und unterirdischen Shopping-Zentren erleben möchte. Oder auch beides sinnvoll miteinander zu verbinden sucht.
Um die Qual der Wahl des Urlaubszieles etwas zu erleichtern, haben die Reiseveranstalter Kanada in fünf große Feriengebiete eingeteilt.
«DER NORDEN», das ist das Land der vielbesungenen «blauen Berge» mit ewigen Eisgipfeln, gigantischer Gletscherwelt und der geheimnisvollen arktischen Weite, über die sich die «blaue Glorie» der Polarluft stülpt. Aus diesem Gebiet, das man auch die «letzte Grenze der Welt» nennt, sollen die glücklichsten Menschen der Welt gekommen sein und heute noch kommen. Einst waren es die Glücksritter mit Gold im Gepäck – heute sind es vitale, unabhängige Menschen, deren Seligkeit darin besteht, einen arktischen Sommer lang – unter einfachsten Bedingungen – ihr Leben in völligen Einklang mit der Natur zu bringen. «DER NORDEN» beginnt nördlich des sechzigsten Breitengrades und ist die Summe der beiden gewaltigen Territorien: des *Yukon*-Territoriums und der *Nord-West*-Territorien.
Je weiter der Weg nach Süden führt, desto wegiger, wirtlicher und erschlossener wird die Landschaft. Ist man im Norden auf Flugverbindungen, Hundeschlitten und Schiffsverkehr angewiesen, bieten die vier südlichen Feriengebiete geteerte

Autostraßen, bequeme und komfortable Unterkünfte sowie einen gut ausgebauten Fremdenverkehr. Sogenannte «view points», Aussichtsplateaus mit Informationstafeln, machen die Besucher überall auf besondere geschichtliche Ereignisse aufmerksam, auf seltene Vegetation und außergewöhnliche geografische Formationen der Landschaft. Da liegt zum Beispiel halb verborgen in dunkler Tannenwaldung ein tiefblauer See, umwoben von altem Indianermythus. Oder es sprudelt ganz unvermittelt, just neben einem kalten Gebirgsbach, ein heißer Quell sein heilendes Wasser in gemauerte Badebecken. Oder man steht plötzlich an der Scheide des Kontinents: ein schmales Rinnsal teilt sich an einem Punkt. Der eine Teil fließt zum Pazifischen Ozean, der andere zum Atlantischen.

«DER WESTEN» gilt allgemein als Kanadas schönstes Feriengebiet. Es ist die Höhen- und Felswelt der unvergleichlichen *Rocky Mountains,* ein «Bilderbuch»-Kanada, wie man es sich vorstellt und doch wiederum nicht vorstellen kann. Jede Wegbiegung, jede Wende bietet hier eine unvergleichliche Szenerie von Bergwäldern, Hochbergen, Felszacken und Schneegipfeln. Durch felsige Schluchten tosen wütende Wildbäche breiten Bergströmen entgegen, einsame grüne Matten wechseln mit Gletschern, türkisschimmernde Gebirgsseen mit graubraunen Moränenmulden. Kanadas «WESTEN» ist ein Feriengebiet der Superlative. Hier gibt es die imposanten und eindrucksvollen Nationalparks von Banff, Jasper, Kootenay, Yoho und Glacier, vielbesuchte Wintersportplätze und attraktive Ferienorte. Der *Mount Robson* mit seinen 3954 Metern ist die höchste Erhebung der Rockies. Die am schönsten gelegene Stadt ist Vancouver, und das berühmteste Rodeo Kanadas findet in Calgary statt. «DER WESTEN» besteht aus der Provinz *Britisch-Kolumbien* und dem westlichen Teil von *Alberta.*

Das gewaltige Felsmassiv der *Rocky Mountains* fällt nach Osten hin ziemlich abrupt ab. Nur wenige Bergkuppen, die sogenannten Foothills, bilden einen Übergang zum «MITTLEREN WESTEN». Dies ist das Land der weiten Horizonte, der unübersehbaren Weizenfelder, des Großgrundbesitzes. Kein Stück Erde scheint in den südlicheren Regionen unbewirtschaftet. Zwischendurch wird das fruchtbare Weideland im östlichen Teil von *Alberta* von den Oil Companies unterbrochen mit Bohrtürmen, Benzintanks und Camps. Aus den goldenen Weiten von *Saskatchewan* und *Manitoba* ragen jedoch als Wahrzeichen dieser Ebene die Getreidespeicher. Die Meinungen über Ferien im «MITTLEREN WESTEN» gehen weit auseinander. Für die einen ist die Landschaft zu eintönig, reizlos, geradezu deprimierend. Andere dagegen empfinden die goldgelben Weiten als beruhigend und beglückend. In diesen Gebieten laden «guest ranches» zu Reiterferien ein, die Gäste können bei der Ernte dabeisein oder einen Abstecher in die stille Schönheit der National- und Provinzialparks machen. Über zweitausend Kilometer groß ist die Ebene des «MITTLEREN WESTENS», der aus dem östlichen Teil von Alberta und den beiden Provinzen Saskatchewan und Manitoba gebildet wird.

Je weiter man von Westen nach Osten kommt, desto mehr geht das Agrarland in Industriegebiet über. *Ontario* und *Quebec,* diese beiden großen Ostprovinzen, sind die am dichtestbesiedelten Regionen Kanadas. Im Süden, entlang der Staatsgrenze zu den USA, reihen sich an dem großen Binnenwassersystem von *Ontario-See, Ottawa-River* und *St. Lawrence-Strom* die großen finanziellen, kulturellen und industriellen Zentren wie Toronto, Ottawa, Montreal und Quebec. Steil in den Himmel wachsende Wolkenkratzer, nachgemachte Kuppelbauten, Repräsentationspaläste, Türme und Säulen prägen zusammen mit Schuppen, Laderäumen, Maschinenfabriken, Villenvierteln und Bretterhäusern das Bild der Städte. Emporgekommene geben hier Symbole ihres Werdens und Wachsens.

Zwar sind die Provinzen *Ontario* und *Quebec* historisch und geografisch miteinander verbunden; der Ottawa-River bildet jedoch eine beiderseits streng eingehaltene Sprach- und Kulturgrenze. Ontario wird vom *anglo-kanadischen* Lebensstil geprägt, während die Provinz Quebec zäh an allem heimatlich *Französischen* festhält. Hier zeigt sich Kanada deshalb von seiner kulinarisch besten Seite. Die Wirtstafeln sind äußerst vielseitig und verlockend und dem Charme des «savoir vivre» läßt sich kaum widerstehen.

Will sich der Ostkanadier eine ganz besondere Lebensfreude gönnen, steigt er in seinen «car» und fährt «en campagne». «Aufs Land» bedeutet für ihn so viel wie Ausflug oder längeren Aufenthalt in einem der herrlichen, hügeligen Wald- und Seengebiete der zahlreichen Naturparks, die sich entlang der großen Seen oder nördlich des St. Lawrence-Stromes befinden. Hier hat der Städter oder Tourist noch genügend Natur, um sich vom Streß und der Hektik des Alltags zu erholen.

Besonderer Beliebtheit erfreuen sich in den Sommermonaten die Badestrände der *Großen Seen*; vor allem aber die Urlaubsparadiese der *Laurentians Mountains*. Diese zählen zu den schönsten Mittelgebirgen Nordamerikas. Hier ist überall das Flair der nicht allzu entfernten Großstädte zu spüren: Komfortable und luxuriöse Hotels, gepflegte Ferienorte versuchen die Gäste mit Fitneßzentren, mit Aktiv- und Gesundheitsprogrammen, Touristenunterhaltungen, weiträumigen Golf- und Tennisplätzen oder organisierten Bootsfahrten in Ferienstimmung zu halten.

Die schönste Jahreszeit in diesen Gebieten, so schreiben die

Poeten, ist der Herbst: Kanadas «Indian Summer». Dann «fangen die nordamerikanischen Blätter Feuer und bleiben lodernd an den Bäumen hängen. Den Ton geben die Ahornbäume an: in sämtlichen Rotschattierungen vom tiefsten Zinnober bis zum gleißenden Orange. Dazwischen das Gold der Esche, das Zitronengelb der Buchen und das Grün der Tannen». Kein Wunder also, daß der Herbst zu den bevorzugten Urlaubszeiten des Ostens gehört.

Von Jahreszeiten völlig unabhängig ist das Naturschauspiel der *Niagara-Fälle* zwischen Erie- und Ontario-See. Für den, der in *Ontario* Ferien macht, sind die Niagara-Wasserfälle eigentlich obligatorisch. Denn schließlich handelt es sich um einen der größten Wasserfälle der Welt.

Überall in *Ontario* und *Quebec* finden sich Spuren der Vergangenheit. Denn von hier aus hat sich ja das Schicksal des Landes vollzogen: mit den ersten Entdeckern, Pionieren, Abenteurern und Einwanderern, die allmählich ins Innere vordrangen. Sehr anschaulich läßt sich Kanadas Geschichte auf dem *Heritage Highway* verfolgen, der auf französisch «Route des Pionniers» heißt. Diese historische Pionierstraße führt über 1500 Kilometer von Niagara-on-the-Lake bis nach Percé auf der Halbinsel Gaspé. Auf dieser Fahrt lassen sich zahlreiche restaurierte Forts und historische Gebäude besichtigen, Pionierdörfer und Schlachtfelder sowie Missionsstationen.

Politisch gehört die *Gaspé*-Halbinsel mit der Hafenstadt Percé zur Provinz *Quebec,* landschaftlich bereits zu dem Feriengebiet, das sich «ATLANTIK-KANADA» nennt. Zu diesen Meerlandschaften zählen die vier Provinzen *Neu-Braunschweig*, die *Prinz-Edward-Inseln*, *Neu-Schottland* und *Neufundland*. Trotz einiger weltbekannter, pulsierender Hafenstädte wie Halifax auf Neu-Schottland sind die «ATLANTIK»-Provinzen ein ausgesprochen ländliches Gebiet mit grünen Wiesen, urtümlichen Wäldern, Blumen und Apfelgärten, über die ein Meerduft von Salz und frischen Fischen weht. Das Meer ist in diesen Gebieten allgegenwärtig. Die Küste ändert alle paar Meilen ihr Aussehen, felsige Buchten wechseln mit kilometerlangen Sandstränden, sanft ins Meer gleitenden Weiden, tiefen Fjorden bis zu beschaulichen Haffs. Überall findet der Gast kleine Fischernester und die niedrigen Häuser der Meerbauern. Die Fischerdörfer sind bekannt für ihre hervorragenden Fischspezialitäten. Thunfisch, Meerforellen, Hummer, Austern, Makrelen stehen auf den Speisekarten.

Den Blick für die Einmaligkeit Kanadas möchte das Buch etwas schärfen. Das Ziel ist nicht, jede nur mögliche Rundreise aufzuzeigen, jeden Naturpark zu beschreiben oder auf jede historische Stätte aufmerksam zu machen. Es soll vielmehr darum gehen, das Besondere, Typische dieses Landes aufzuzeigen, das, was Kanada für viele so anziehend, sehenswert und erlebenswert macht.

ALASKA-NORMALZEIT

Polarkreis

YUKON

NORDWEST-TERRITORIE

BRITISH

ALBERTA

COLUMBIA

MANI

SASKATCHEWAN

PAZIFISCHE NORMALZEIT

«MOUNTAIN»-NORMALZEIT

ZENTRALE NOR

ATLANTISCHE NORMALZEIT

NEW-
FOUND-
LAND

QUEBEC

NTARIO

NEW-
BRUNSWICK — NOVA
SCOTIA

PR. EDWARD-In.

NEUFOUNDLAND-
NORMALZEIT

ÖSTLICHE NORMALZEIT

DER WESTEN: LAND DER SUPERLATIVE

GROSSARTIGES GEBIRGSLAND
BRITISH COLUMBIA

British Columbia heißt die kanadische Provinz zwischen dem Pazifischen Ozean und den Rocky Mountains. Es ist ein Gebirgsland mit zahlreichen Bergketten, Tausenden von Seen, heißen Mineralquellen, eiskalt reißenden Flüssen, grünen weiten Tälern und trockenen Hochplateaus. Eine Landschaft, vielseitig an Formationen, reich an Großwild und herrlich an farbenglühender Gebirgsflora.
Eine alte Indianerlegende erzählt, daß der «Große Geist» vor langer Zeit einen Adler aussandte, Reichtümer unter die Stämme zu verteilen. Da der hilfreiche Vogel annahm, jenseits der Felsenberge käme kaum mehr Land, streute er die kostbarsten Schätze über dem Westen aus. Deshalb, so heißt es, gibt es in British Columbia unzählige wie Edelsteine leuchtende Seen, smaragdgrün und türkisblau, und deshalb auch würden die übereisten Gebirge im Sonnenlicht wie Diamanten strahlen und die Blumen in intensiven Farben blühen. British Columbia ist der Teil Kanadas, von dem europäische Urlauber und die Kanadier im Osten träumen. In dieses großartige Gebirgsland ziehen die Gedanken, wenn von Kanadas Westen die Rede ist.
Die Provinz ist mit einer Fläche von rund 950 000 Quadratkilometern fast doppelt so groß wie die Bundesrepublik Deutschland, die DDR, Österreich und die Schweiz zusammen. Im Norden ist ungefähr ein Drittel des Landes, vom Südzipfel Alaskas bis nach Alberta, unberührte Wildnis. Durch diese Einsamkeiten haben vor vierzig Jahren amerika-

nische Truppen einen Weg geschlagen: den *Alaska Highway*. Die lehmige Holperstrecke diente zunächst der Versorgung von Stützpunkten am Arktischen Ozean. Doch längst rollen jedes Jahr immer mehr «Trailer», «Camper», «Pick Ups» der Touristen im Gefolge der Transporter über die staubige Piste.

Was aus dem Norden transportiert wird, ist vorwiegend Holz. British Columbias Wirtschaft basiert noch immer auf den reichen Waldbeständen des Berglandes. Sägemühlen, holzverarbeitende Industrien gehören daher zum Charakteristikum der Pazifikprovinz. Charakteristisch sind außerdem die zahlreichen Gebirgsseen und -flüsse. Durch riesige Staudämme wie den Arrow-Damm, den Duncan-Damm, den Mica-Damm oder den Bennett-Damm wurde British Columbia zum zweitgrößten Erzeuger hydroelektrischen Stromes. Wer den Highway 3 entlangfährt, kann außerdem die gewaltigen Bergbaugebiete besichtigen. Fernie nimmt unter der Kohleförderung, Trail unter der Erzgewinnung auf der Weltrangliste eine Spitzenposition ein. Insgesamt sind die Mineralienreserven der Provinz von noch unschätzbarem Wert.

Zwischen dem Yellowhead Highway im Norden und der südlichen Grenze zu den USA verteilen sich 2 500 000 Menschen. Sie fällen Holz, betreiben Viehzucht, fangen im Pazifik Fische, arbeiten im Bergbau, in den Industriegebieten oder in Sägemühlen. Im Okanagan Valley konkurrieren die Obstfarmer mit den Obstgärtnern Ontarios um Quantität und Qualität ihrer Früchte. Die meisten Siedler stammen vom britischen Inselreich. Viele Einwanderer kamen nach dem Zweiten Weltkrieg auch aus deutschsprachigen Ländern sowie aus Skandinavien, aus Japan und China.

Die Geschichte von British Columbia reicht nur zwei Jahrhunderte zurück. Sie ist die Geschichte der Städte und der

Flüsse, an deren windungsreichen Verläufen der weiße Mann die ersten Straßen gebaut hat. Nach der Landung von Kapitän *James Cook* auf Vancouver Island im Jahre 1778 kamen die Pelzhändler. *Alexander Mackenzie* erreichte 1793 in Bella Bella die Pazifikküste. 1804 errichtete *Simon Fraser* für die Hudson's Bay Company den Pelzhandelsposten Hudson's Hope, eine der ganz wenigen Flußpassagen über die Kontinentale Wasserscheide. Hudson's Hope House folgte 1806 Fort St. James am Stuart Lake, das im Gebiet der Pazifikküste zum Hauptquartier der Pelzhändler und Trapper wurde.

Nach den Pelzhändlern trafen 1856 die Goldsucher ein und mit ihnen die ersten Siedler. Zwei Jahre später erklärte Britannien das Territorium zwischen dem Pazifik und den Rocky Mountains zur Kolonie, die sich 1866 mit Vancouver Island unter dem Namen British Columbia zusammenschloß. Die Hauptstadt war und ist Victoria. Als sich Ottawa mit dem Versprechen eines Eisenbahnanschlusses um die westliche Kolonie bemühte, trat British Columbia 1871 dem Dominion of Canada als Provinz bei. Stolz kann British Columbia heute auf eine wechselvolle Geschichte zurückblicken und zuversichtlich in die Zukunft schauen, die auch eine Zukunft für den Tourismus sein wird.

Vancouver zwischen Meer und Bergen

Obwohl das herrliche Panorama Vancouvers von Abbildungen bekannt ist, überrascht die Stadt ihre Besucher immer wieder aufs neue durch die einmalige Lage an der Georgia Strait, dem blauen Meeresarm des Pazifik. Über die moderne Skyline der City ragen im Norden die Berge von Grouse, Hollyburn und Seymour in die Wolken und leuchten mit ihren

Schneefeldern noch lange, während in den Gärten und Parks bereits Narzissen und Tulpen blühen. Es ist eine Stadt, durch deren Straßen das ganze Jahr über milde Meerluft weht, wo im Winter selten Schnee fällt und die Sandstrände zum Charakteristikum gehören.

Heute leben über eine Million Menschen in Vancouver. Wer sich ein Haus baut oder eine Wohnung nimmt, fragt zuerst nach der Lage und wird im allgemeinen nicht enttäuscht sein. Denn die Nähe des Wassers ist an jedem Punkt allgegenwärtig. Im Norden reicht die Georgia Bay als Burrard Inlet mit dem Indian Arm weit ins Land. Im Süden begrenzen die Ufer des Fraser Deltas die Stadt. Ringsum an den Gestaden reihen sich die Bungalows der Reichen mit gepflegten Gärten, in denen einen halben Sommer lang die Dogwood-Bäume blühen. Vor allem in den Stadtteilen North und West Vancouver staffeln sich die eleganten Villen die gebirgigen Hänge hinauf und schauen mit einem unvergleichlichen Blick durch die Waldbestände hinab auf die Bucht.

In den Genuß der Wassernähe kommen auch die Studenten. Die *University of British Columbia* liegt am westlichsten Ende von Vancouver traumhaft schön an der Bucht inmitten eines ausgedehnten Parkgebietes mit den Nitobe Gardens und dem Totem Pole Park. Vom modernen Campus der *Simon Fraser University* auf dem Burnaby Mountain läßt sich eine einmalige Aussicht genießen, über das Burrard Inlet hinüber auf das Bergpanorama der Coast Mountains.

Doch ist Vancouver keineswegs nur Idylle gutbetuchter Bürger und eifriger Studenten. Dank einer rasanten Entwicklung zum Finanz-, Handels- und Industriezentrum von British Columbia entstand in der *Downtown* eine moderne Hochhauslandschaft, Essenz amerikanischen Selbstbewußtseins von Wohlstand und Fortschritt. Vancouver ist eine kosmopolitische Metropole voll schöpferischer Energien und für ihre Bewohner die schönste, liebenswerteste Stadt im Land. Die Menschen, die hier zwischen Meer und Bergen leben, sind Fremden gegenüber aufgeschlossen. Sie sind gesellig und jederzeit bereit, sich auf eine Unterhaltung einzulassen, um über ihren Alltag und die Schönheiten der Stadt zu erzählen.

Der pulsierende *Geschäftsdistrikt* Vancouvers befindet sich zwischen Burrard und Granville Street mit den bekannten Banken und Hotels, die sich in Kanada gleichen wie ein Ei dem andern. In diesem Viertel etablierten sich die guten, teuren Restaurants, die Kaufhäuser und das *Visitors Information Office* [650 Burrard Street: Nähe Vancouver-Hotel]. Mittendrin, ganz nebenbei, geben die mehrstöckigen Profanbauten der dreißiger Jahre dem lebendigen Innenstadtbezirk seinen besonderen Charakter. Hierher gehört vor allem die *Robsonstraße,* für jeden amerikanischen Touristen der Begriff für «the good European charme» mit deutschen Delikatessengeschäften, deutschen Lokalen, Buchläden mit deutschsprachiger Literatur und dem architektonisch interessanten Robson Square mit der Konditorei Mozart. Aber himbeercremige Sahnetorte und Sacherschnitten können, trotz Wienerwalzerklängen, hier eben nicht so schmecken wie in einem österreichischen Kaffeehaus. Ganz zu schweigen vom kanadischen Kaffee, dessen Qualität auch durch die Quantität nicht wettzumachen ist.

Lockender als Wiener Schnitzel und Mozartkugeln werden für den Besucher aus Europa die Lokale von regionaler Stilart sein. In *«Muck-A-Muck»* [1724 Davie Street] sind die Köche

40/41 Die Skyline von Vancouver – im Vordergrund der Yachthafen

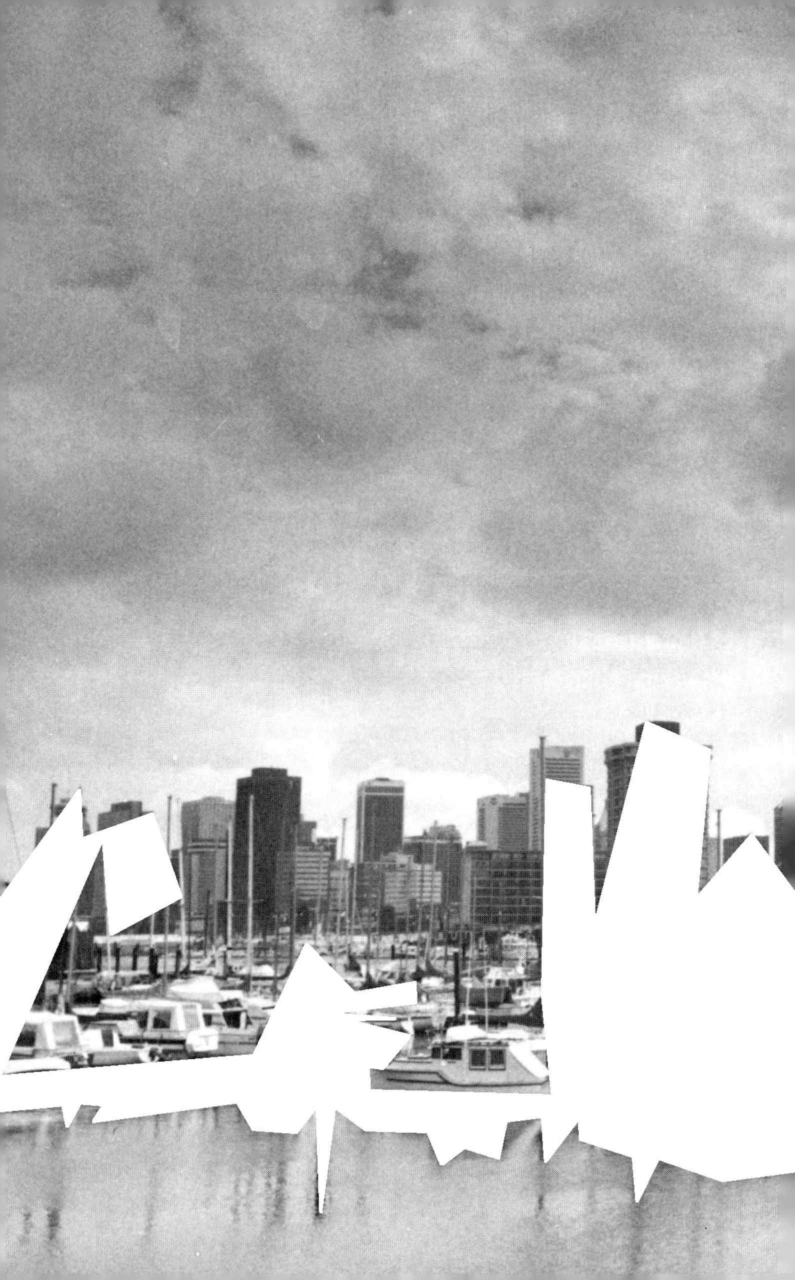

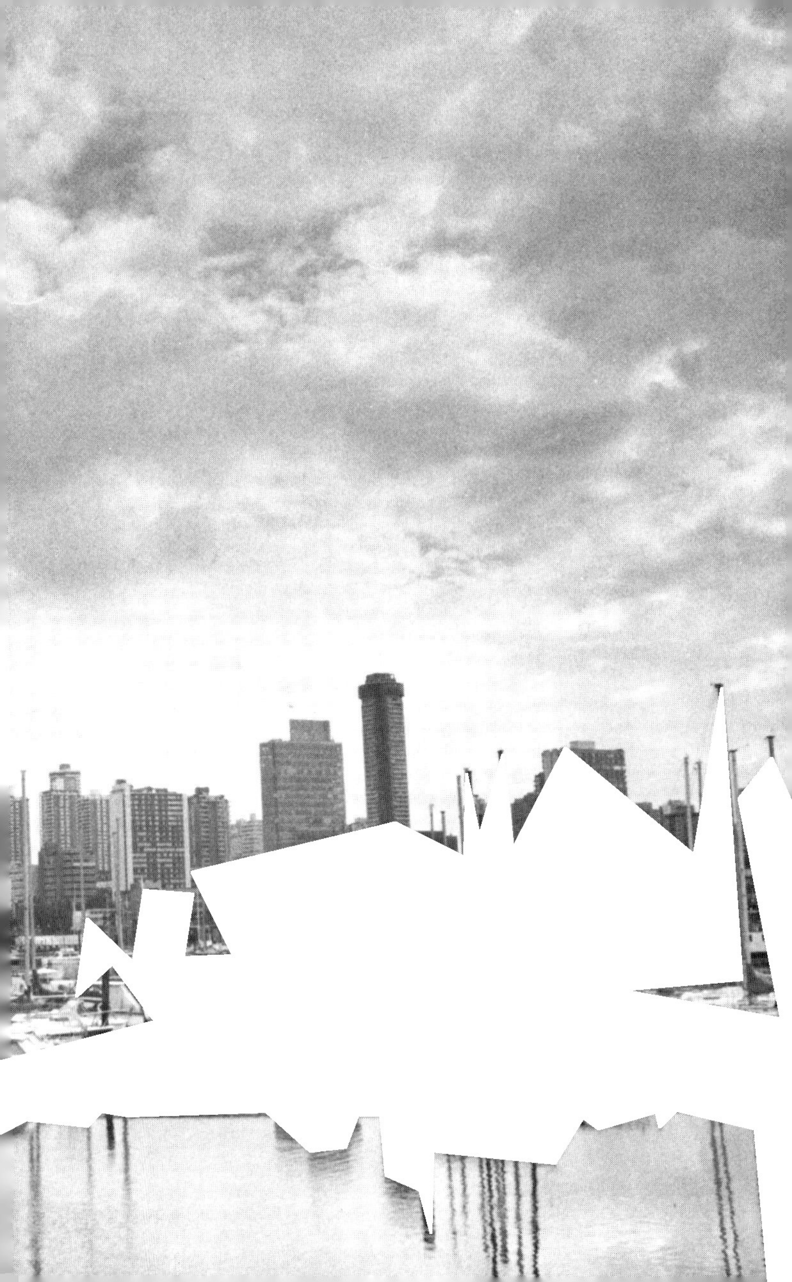

Bummel in der Gastown, dem malerischen Hafenviertel von Vancouver, benannt nach Gassy Jack Deighton

zum Beispiel eingeborene Indianer. Auch die zahlreichen Restaurants mit ihren frischen Fischspezialitäten verdienen erwähnt zu werden.

Die Granville Street ist in nördlicher Richtung – von der Nelson Street an – den Stadtbummlern als Fußgängerzone vorbehalten. Am Straßenende liegt Granville Square mit einem schönen Blick auf den Hafen. Wer hoch hinaus möchte, sollte mit einem Blitzaufzug zum Aussichtsplateau des *Harbour Centre* [555 West Hastings Street] fahren, wo Fernrohre auf die Schiffe und die gegenüberliegenden Berggipfel gerichtet

Indianer und Landstreicher, die Außenseiter der kanadischen Wohlstandsgesellschaft, sind Problemfälle aller Großstädte

sind. Nach entsprechendem Gebühreneinwurf rücken die Objekte in greifbare Nähe. Anschließend, am Bahnhof der CPR vorbei, erreichen Sie gegen Osten Gastown.
Gastown war noch vor sieben Jahren, als ich es zum erstenmal kennenlernte, ein Asyl für Rauschgiftsüchtige und Hippies. Heute kann sich kaum jemand dieses historische Altstadtviertel mit den sorgfältig herausgeputzten, rotvioletten Backstein-

44/45 Ebbe an der Pazifikküste bei Vancouver

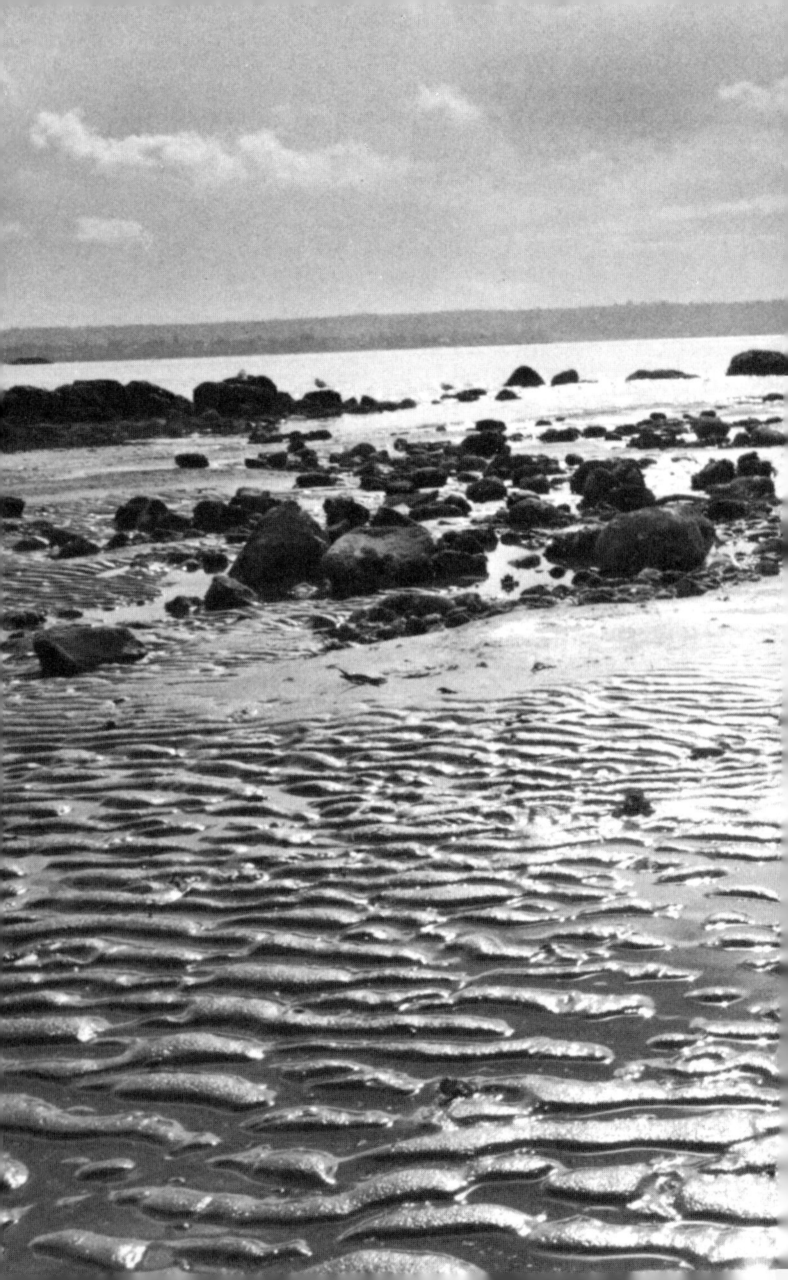

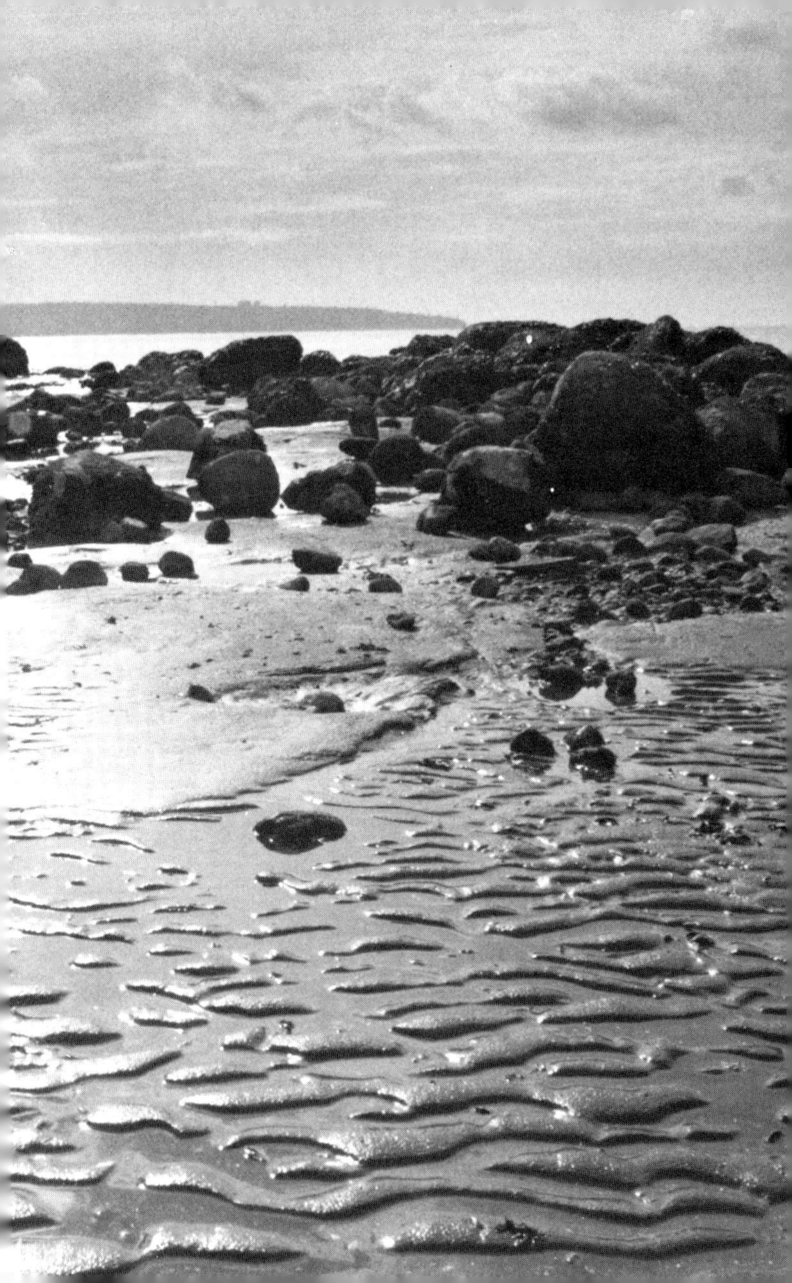

bauten aus den Gründerjahren entgehen lassen. Klar und übersichtlich liegt alles beisammen: die zahlreichen Restaurants mit ihren internationalen Speisekarten, die hübschen Kunstgewerbe-Shops, die alkoholfreien Saloons, Diskotheken und Coffee-Parlors and last not least die alte *Steam Clock,* eine der ersten mit Dampf betriebenen Uhren der Welt, inzwischen das Wahrzeichen von Gastown. Im Sommer lebt das Viertel vorwiegend vom Tourismus, hält deshalb auch die Läden bis spät in die Nacht hinein geöffnet.

Bevor die Ziegelbauten errichtet wurden, standen um den Hafen ein paar Holzhäuser und Sägereien. Die Siedler nannten den Ort Granville, änderten den Namen zu Ehren Kapitän George Vancouvers, nachdem dieser verdienstvolle britische Seemann 1792 in Burrard Inlet eingefahren war. Anschließend dauerte es jedoch weitere siebzig Jahre, bis die unscheinbare Holzfällersiedlung eine nennenswerte Entwicklung nahm. 1858 trafen Tausende von Goldsuchern in Vancouver ein, um das Fraser Canyon hinaufzuziehen zu den Fundorten des glückversprechenden Metalls. Für die Männer voller Hoffnung wurden in dem Hafenort Unterkünfte, Hotels, Läden, Saloons gebaut.

Einige, die vom Goldsuchen und der Seefahrt genug hatten, ließen sich in Vancouver nieder. Unter ihnen befand sich Kapitän *John Deighton,* «Gassy Jack» genannt: ein leutseliger Gastwirt mit munteren Augen, einem kurzen Schnauzbart und breitem Hut. Jeder kannte ihn. Denn «Gassy Jack» wußte immer Rat, wenn es um das Wohl Vancouvers ging. Er liebte den Ort wie sein zweites Ich und wurde nie müde, von der großen Zukunft Vancouvers zu sprechen. Während sich

47 *Eine Attraktion der Gastown ist die alte Dampfuhr*

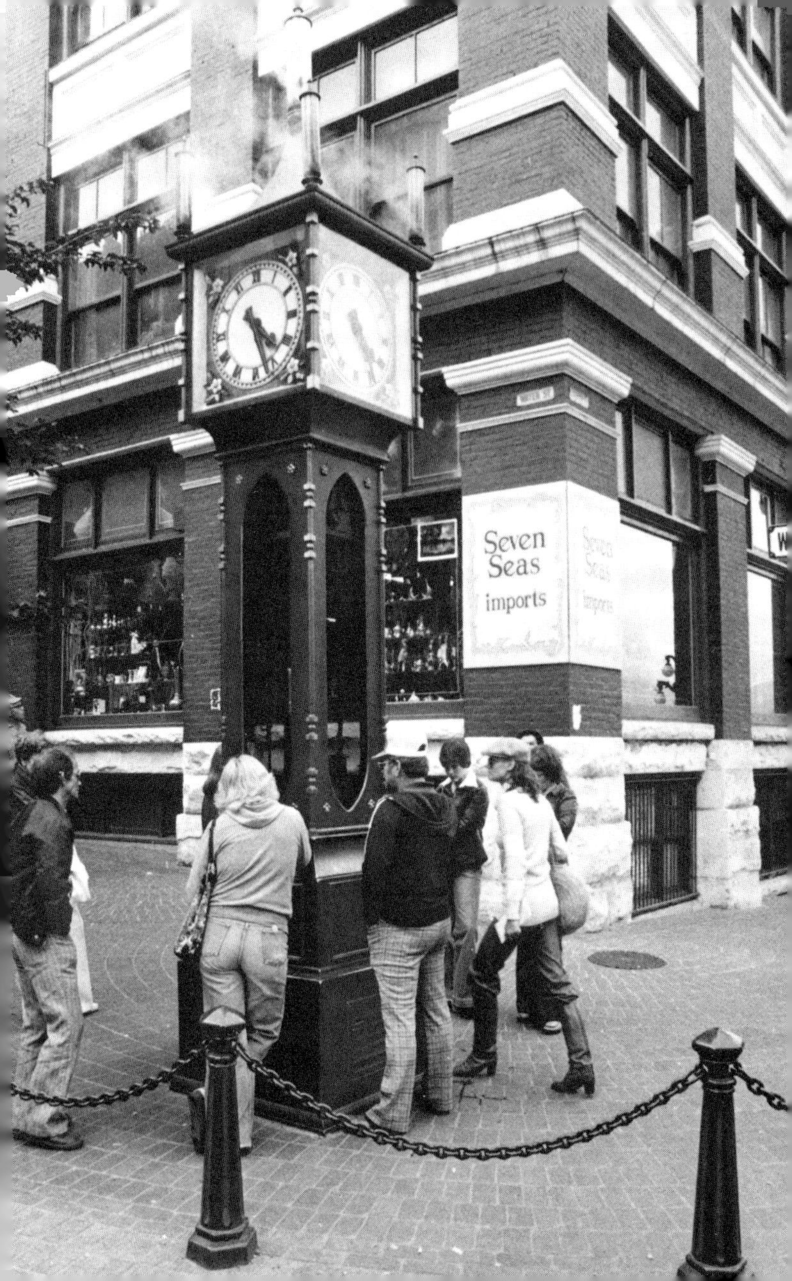
Seven
Seas
imports

die Stadt in Straßen, Vierteln, Wohnkolonien weiter und weiter über die Inseln nach Süden ausdehnt, steht «Gassy Jack» in Bronze gegossen auf einem Faß am Maple Tree Square. Seinem Optimismus und Weitblick haben die Bürger ein Denkmal gesetzt, und die Erinnerung an ihn lebt weiter in dem Kosenamen des Viertels: Gas[sy Jack]town.

Chinatown – nach San Francisco Nordamerikas zweitgrößtes Viertel chinesischer Einwanderer – grenzt im Osten unmittelbar an Gastown. Ein bestimmtes Bild macht man sich allein beim Klang des Namens: Exotik, Farbigkeit, geschäftiges Treiben. Wer am Abend hinkommt, wird kaum enttäuscht sein. Bunte Lichter leuchten diesseits wie jenseits der Straßen mit fremden Schriftzeichen von den Reklametafeln. Hinzu kommt der Duft aus den kultivierten Speisehäusern, in denen inmitten von warm schimmernden Laternen, Fächern und Schirmchen die Stäbchen lautlos über die Teller huschen. Chinatowns Restaurants gehören zu den besten Vancouvers. Eines der eleganten heißt «Top of Mandarin». Als gut, doch wesentlich preiswerter gilt «The Noddle Makers». Chinatown besitzt viele Sehenswürdigkeiten. Den Markt sollte man sich nach Möglichkeit nicht entgehen lassen sowie die Läden mit einer Palette ausgefallener Teesorten, Gewürzen und die Souvenirs aus Jade. Chinatown ist ein Erlebnis in Farbe, eine Sehenswürdigkeit für sich in der ohnehin schon sehenswerten Stadt Vancouver. Am besten ist es, sich auf Schusters Rappen durch das Viertel treiben zu lassen, wohin das Auge lockt.

Diese Stadt in der Stadt, die am Abend von Leben quirlt, datiert ebenfalls in die Goldrauschzeit zurück. Im Gefolge der Goldsucher aus Kalifornien, England und dem übrigen Europa kamen auch Chinesen, um das große Glück ihres Lebens aus dem Fraser zu waschen. Selbstbewußt kapselten sie sich von den übrigen Abenteurern in einem eigenen Viertel ab. Als

der Traum vom «schnellen Reichwerden» für viele unerfüllt blieb, suchten die Chinesen Arbeit und fanden sie beim Straßenbau. Sie sprengten in den Schluchten des Fraser zunächst Felsen für den Cariboo Trail, später für die Eisenbahn. Hunderte oder Tausende ließen dabei ihr Leben. Wie hoch die Zahl genau war, weiß heute niemand mehr zu sagen. Diejenigen, die es schafften, kehrten in ihre Stadt, nach Chinatown zurück. «Die Chinesen haben unsere Provinz und unser Land wesentlich mitaufgebaut, das vergessen viele Kanadier», versicherte mir ein Psychologiestudent aus Vancouver.
Vancouvers wirtschaftlicher Aufstieg hängt eng zusammen mit der *Fertigstellung der Eisenbahn.* Nachdem am 6. November 1885 Lord Strathcona im Auftrag Ihrer Majestät der Königin von England feierlich den goldenen Nagel in die letzte Schwelle gehämmert hatte, rollten die Züge mit dem Weizen aus der Prärie und den Gütern des Ostens zum Hafen am Pazifik. Ein Jahr später, 1886, wurde Vancouver zur Stadt erklärt, und 1891 stellte das Segelschiff «The Empress of India» die erste regelmäßige Verbindung zwischen dem Orient und Vancouver her. Fabriken entstanden und Banken, mit ihnen die ersten Kaufhäuser und Hotels. Der Hafen gewann an Bedeutung. Vancouver wurde zu Kanadas Brückenkopf nach Asien und ist heute die drittgrößte Stadt des Landes.
Zu meinen Lieblingsbeschäftigungen bei schlechtem Wetter gehört ein Museumsbesuch, da sich in den Ausstellungsräumen oft geschichtlich Einmaliges konzentriert und die Historie unterhaltend und anschaulich vermittelt wird.

50/51 Riesige Holzmassen liegen an der Küste vor Vancouver bis zu ihrer Weiterverarbeitung zu Papier und Streichhölzern

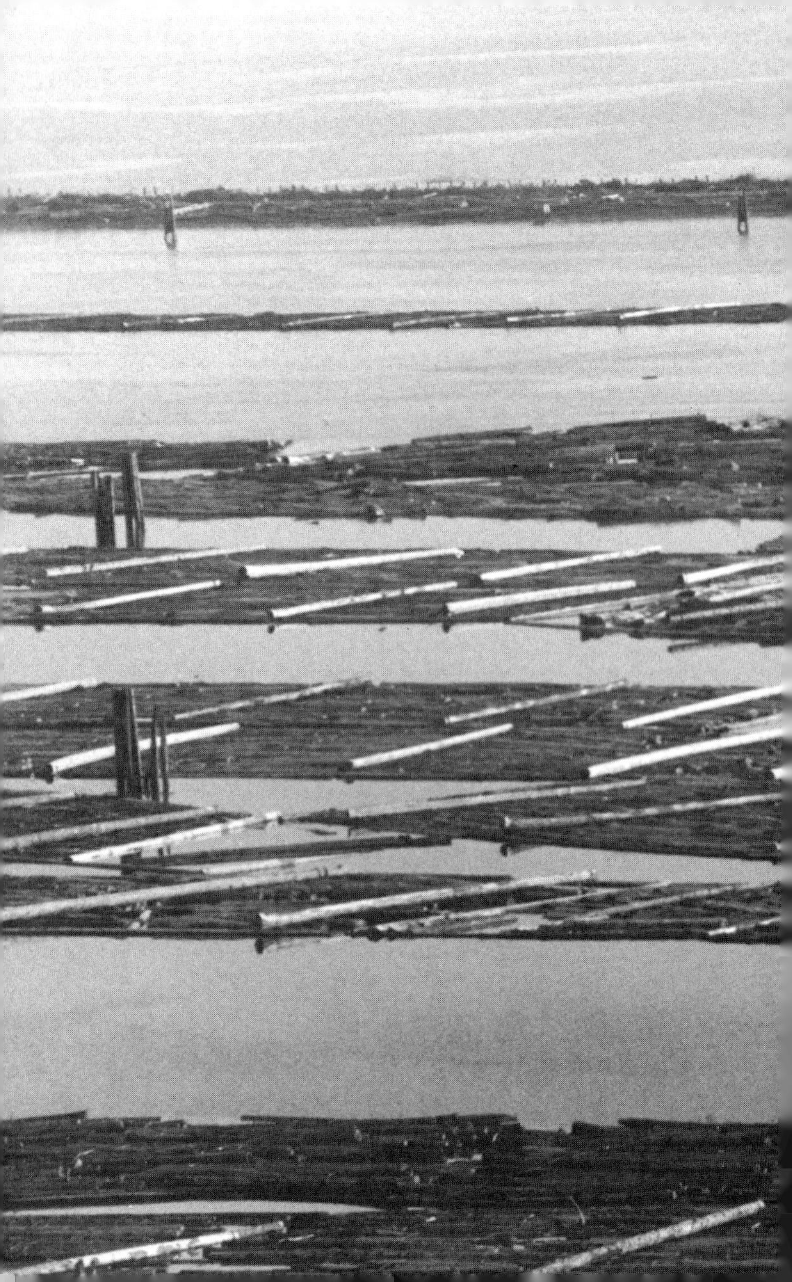

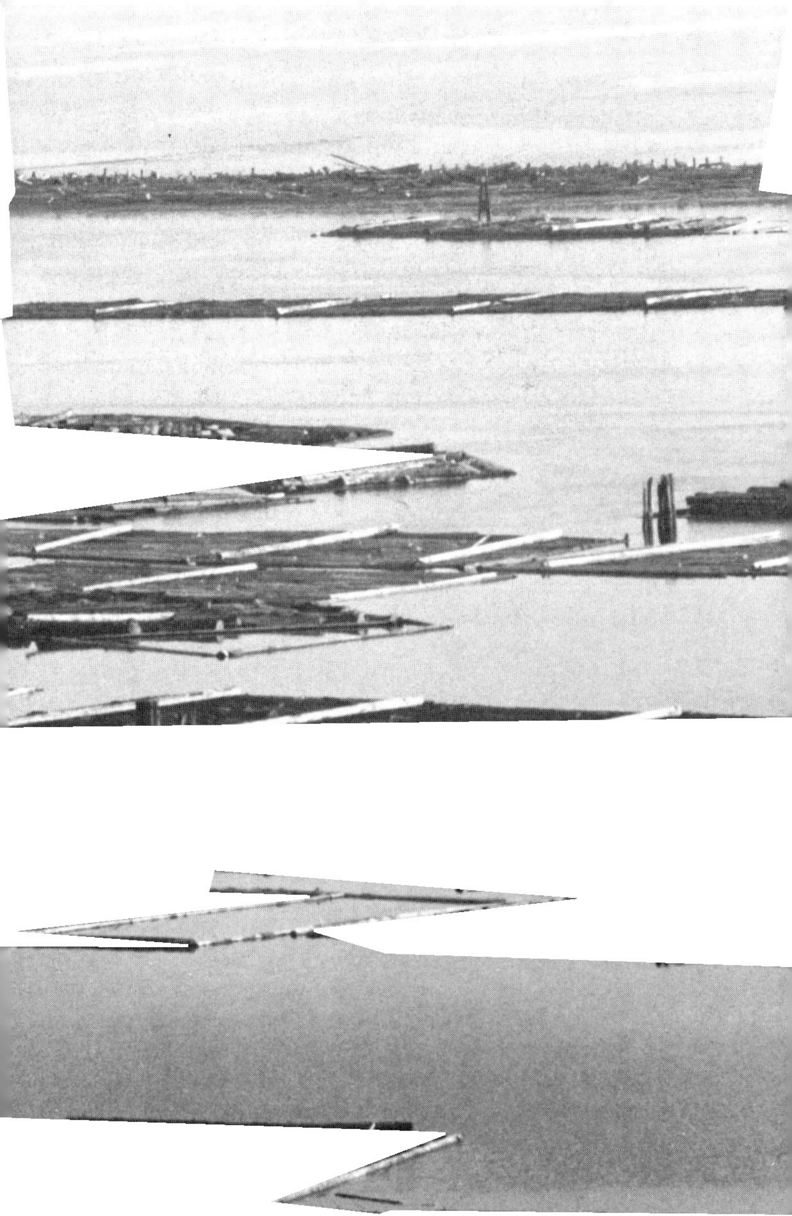

Vancouvers Museen liegen abseits des Großstadtbetriebes zauberhaft in Parkanlagen. Ein Besuch der modernen Gebäude lohnt, auch wenn es nicht gerade regnet. Im Vanier Park finden Sie das Centennial Museum, das Planetarium und das Maritime Museum; auf dem Campus der University of British Columbia das Museum of Anthropology und den Totem Pole Park. Entsprechend der Anziehungskraft dieser Orte bestehen überallhin gute Busverbindungen. Wenn Sie etwas Zeit mitbringen, bleibt eine Wanderung vom Vanier Park entlang der Strandpromenade zum Totem Pole Park ein haftendes Naturerlebnis.

Das *Centennial Museum* vergegenwärtigt neben der Stadtgeschichte die frühe Kultur an der Pazifikküste in interessanten Exponaten. Interessant deshalb, weil das, was die Archäologen bei ihren Ausgrabungen fanden und hier zugänglich machten, die verhältnismäßig hohe Zivilisation der Ureinwohner dieser Gebiete demonstriert. Bei den Historikern besteht die Meinung, daß die Bevölkerung an der Nordwestküste eine Art Außenseiterdasein führte, bevor der weiße Mann kam. Bedingt durch die schroffen Gebirgsketten, lebte sie wie abgeschnitten von den übrigen Indianerstämmen Nordamerikas, blieb jedoch auch unbehelligt von deren kriegerischen Auseinandersetzungen. Die günstigen Bedingungen dieser Meerlandschaft, das milde Klima, der Fischreichtum des Ozeans und die guten Wildbestände der Wälder machten sie für die Küstenindianer zu einem Kanaan. Die Stämme der Tsimshian und Kwagiutl, der Haida, Bella Coola, Coast Salish und Nootka lebten ohne Not friedlich nebeneinander vom Fischen, Jagen und von etwas Ackerbau. Sie hatten eine für die damalige Zeit nahezu perfekte Fischereitechnik entwickelt, sie kannten bereits Harpune für den Walfang und wohnten in geräumigen Holzhäusern, zum Teil ausgestattet mit bunt bemalten Totempfählen. Als Rohmaterial für den Hausbau, die Kanus, ihre Gebrauchsgegenstände und ihre Kleidung verwendeten sie Zedernholz. Die in den Museumsräumen ausgestellten Gefäße und Behälter, die Masken und Verkehrsmittel dokumentieren den Alltag, die Bräuche und die künstlerische Fertigkeit der Indianer, die einst die Nordwestküste Kanadas beherrschten.

Im *MacMillan Planetarium* erwartet Sie ein Sonnenuntergang sowie das abwechslungsreiche Firmament mit Sternen, Planeten und Nordlicht unter einer zwanzig Meter hohen Kuppel. Daß der erstklassige Projektor aus Europa von der Firma Zeiss stammt, erfahren Sie spätestens am Ende der Demonstration als stolze Randbemerkung des Speakers.

Am *Maritime Museum* bemerkenswert ist, daß hier seit 1962 zuerst das Ausstellungsobjekt *St. Roch* stand, bis vier Jahre später das Museumsgebäude darübergebaut wurde. Das erfolgreiche Versorgungsschiff der Royal Canadian Mounted Police, 1928 in Vancouver gebaut, verdiente seine Lorbeeren damit, daß es als erstes die Nordwestpassage in beiden Richtungen meisterte, als erstes via Panama-Kanal den nordamerikanischen Kontinent umfuhr und – obwohl oft bis zu zehn Monaten in der Arktik festgefroren – von dort jedesmal mit heilem Rumpf zurückkehrte. 1958 wurde die *St. Roch* aus dem Verkehr gezogen und 1962 zum historischen Denkmal erklärt. Die Führungen über, in und unter das Schiff dauern ca. dreißig Minuten.

Es ist nahezu unmöglich, den Westen Kanadas zu verlassen, ohne einen Totem Pole gesehen zu haben. Meiner Meinung nach die interessantesten Meisterwerke unbekannter Indianerkünstler stehen im *Museum of Anthropology* auf dem Gelände der University of British Columbia. Da jedes dieser zum Teil über hundert Jahre alten Exponate mit einem interpretie-

Totems im Stanley Park – Zeugen einer vergangenen Kultur

renden Text versehen ist, erübrigen sich hier Details. Zum allgemeinen Verständnis sei jedoch erwähnt, daß die Totempfähle am ehesten mit europäischen Wappenschildern zu vergleichen sind. Sie fungierten bei den Indianern als Denkmal für einen verdienstvollen Toten und als Mahnmal an außergewöhnliche Ereignisse im Leben eines Stammes; sie dienten als repräsentative Schmuckstücke vor den Hauseingängen oder im Haus als kunstvolle Dachträger. Die wichtigste Figur, das Symbol eines Clans oder Häuptlings, thront jewuils hoch oben an der Spitze eines Pfahles. Eine besondere Bedeutung kommt dem so sympathischen Thunderbird zu. Alle Indianerstämme der Nordwestküste verehrten ihn als den Beherrscher des Himmels, der Lüfte und hilfreichen Geist, jedoch nicht als Gott. Vom mächtigen Adler, dem Repräsentanten männlicher Würde, unterscheidet er sich durch seine Hörner, die ihm vermutlich das Gefühl von besonderer Kraft und Stärke verliehen. Die Blütezeit der Totempfähle dauerte nur fünfzig Jahre: von 1850 bis 1900.

Im Totem Pole Park finden Sie Totempfähle jüngeren Datums, deren Bemalung auch nicht mehr aus reinen Naturfarben besteht. Die Häuser aus Zedernholz sind originale Nachbildungen früher Indianerwohnungen an der Nordwestküste.

Von den über hundert Parks und Grünanlagen in der Stadt ist der *Stanley Park,* ca. 10 Minuten von der Downtown entfernt, nicht nur der bekannteste und größte Stadtpark von British Columbias Millionenmetropole, sondern des gesamten nordamerikanischen Kontinents. Im Jahre 1889 übergab ihn der damalige Gouverneur Lord Stanley feierlich der Öffentlichkeit unter der Bedingung, daß der Park nicht zu wirtschaftlichen Zwecken, sondern einzig und allein «to the use and enjoyment of people of all colours, creeds and customs for all time», also nur zur Erholung und dem Amusement der Menschen bestimmt sei. Seitdem wird in diesem vierhundert Hektar großen Erholungsgebiet jedermann auf seine Fasson glücklich: mit Tennis- und Cricketspielen, mit Schwimmen, Wandern und Bootfahren. Wer Lust hat, kann am Eingang ein Fahrrad mieten und durch die Anlagen zur Küste strampeln, er kann bei einem Spaziergang die wunderbaren Baumbestände aus Zedern, Ahorn und Douglastannen betrachten, die älter als Vancouver sind. Man kann einen Zoo besuchen und das *Aquarium* mit über 8000 Seetieren, von denen allein schon die Shows mit Killer-Walen, Delphinen und Seeottern eine

Attraktion sind. Am *Prospect Point* steht der gewaltige Thunderbird Totem Pole, der einzige Totempfahl, der in der Stadt an seiner Originalstelle geblieben ist. Kommt einem bei all den Heiterkeiten und Sehenswürdigkeiten das Zeitgefühl etwas abhanden, wird der Besucher pünktlich um 9 Uhr abends mit einem donnernden Kanonenschlag an den aktuellen Zeigerstand erinnert. Die *«Nine O'Clock Gun»* gilt als Vancouvers berühmteste Uhr.

Der *Queen Elizabeth Park* hat sich auf die Flora der Pazifikküste spezialisiert. Angelegt in einem ehemaligen Steinbruch, aus dem die Pflastersteine für die ersten Straßen gewonnen wurden, grünen und blühen jetzt Blumen und Bäume prächtig über Felssteige und Steinbrocken. Im *Bloedel Conservatory,* einer Stiftung des gleichnamigen Industriellen und Mäzens der Stadt, herrscht unter der weithin sichtbaren Glaskuppel Treibhausluft. Palmen und tropische Pflanzen gedeihen hier zur Freude bejahrter Ladies. Eine Fahrt zum Queen Elizabeth Park lohnt in jedem Fall. Der Blick von dieser höchsten Erhebung inmitten des Stadtgebietes ist einmalig.

Doch an großgearteten Aussichten, Bergen, Gipfeln hat Vancouver ja allerhand zu bieten. Der *Grouse Mountain* mit einer Höhe von 1100 Metern, Vancouvers Hausberg und im Winter nächstgelegenes Skizentrum, ist über die Lions Gate Bridge vom Zentrum in 20 Minuten zu erreichen. Daß die Auffahrt mit der Schwebebahn, dem «Skyride», die vielen Dollars wert ist, erkennt der Besucher spätestens bei seiner Ankunft an der Bergstation. Ein herrlicher Blick bietet sich auf die Stadt zu Füßen, über die Buchten und Inseln hinüber nach Vancouver Island, weiter zum Olympic National Park im amerikanischen Staat Washington und über die angrenzenden gletscherschimmernden Berge. Im Winter liegt hier oben bis weit ins Frühjahr hinein Schnee. Zwar kann der Grouse Mountain nicht mit einem imposanten Skizirkus aufwarten. Doch zahlreiche Lifts, einfache wie schwierige Abfahrten garantieren jedem Pistenkünstler einen Skigenuß mit einem herrlichen «view». Vancouver «by night», vom Grouse Mountain aus gesehen, wird sicher einmal zu den schönsten Aufnahmen gehören. Essen Sie im Grouse Nest Restaurant.

An der Auffahrtstraße liegt die *Capilano Suspension Bridge,* eine 150 Meter lange Hängebrücke, die 75 Meter über dem gleichnamigen Fluß schwebt, schwingt, schaukelt: ein Reiz für schwindelfreie Gemüter.

Der *Mount Seymour* im gleichnamigen Provincial Park, 25 Kilometer nördlich der Stadt, lockt ebenfalls die Bewohner und Besucher Vancouvers auf seine Höhen: im Winter durch die guten Schneeverhältnisse, im Sommer durch Klettertouren, Wanderwege und vor allem den Panoramablick.

Eines der besten alpinen Wintersportgebiete befindet sich im *Garibaldi Provincial Park,* hundert Kilometer nördlich der Stadt. Auf dem Whistler Mountain herrscht Skisaison von November bis Juli, Helicopter-Skiing bis weit in den Sommer.

Auch ohne «Brettl» im Gepäck dürfen Sie diese wildschöne Fahrt nach *Squamish* und weiter durch die mächtige Natur bis Whistler nicht versäumen. «Könnt ihr euch das vorstellen: Buchten, Berge, Seen, Schneegipfel, Felsflüsse unaufhörlich, ungebändigt...», so hörte ich einmal in Vancouver einen Schweizer Filmregisseur seiner Begeisterung über diese Tour Luft machen. Die Route 99 führt am Howe Sound entlang, immer dicht zwischen Wasser und Felswänden, bis kurz vor Sqamish der Shannon-Wasserfall ins Tal stürzt. Picknickplätze bieten zahlreiche Möglichkeiten zum Rasten. Zu den einzelnen Orten gibt es das ganze Jahr über von Vancouver aus Eisenbahnverbindungen [B.C. Railway]; bis Squamish ver-

kehrt die historische «Royal Hudson Rail & Road», und zum Park werden Ausflugsfahrten mit dem Omnibus organisiert.
Den Omnibusbahnhof *«Bus Terminal»*, von dem aus direkte Verbindungen nach Vancouver Island bestehen sowie nach Osten und Norden, finden Sie in Vancouvers Downtown, 150 Dunsmuir Street neben dem Queen Elizabeth Theatre. Was die Stadt außerdem an Ausflugsmöglichkeiten und Veranstaltungen zu bieten hat, ist in dem Wochenmagazin *«Vancouver's Guideline»* übersichtlich zusammengestellt, erhältlich in den großen Hotels und dem Informationszentrum. Ende August werden das Heftchen wie die regionalen Tageszeitungen geprägt sein von der *Pacific National Exhibition,* Vancouvers großer Landwirtschaftsmesse, die durch ein Holzfäller-Festival, Rodeos und Pferderennen zu einem ausgelassenen Volksfest wird.

Sunshine Coast – Fischen ohne Lizenzen

Die Sonne strahlt – nicht nur von den Prospekten, sondern an der Küste nördlich von Vancouver angeblich wesentlich häufiger und anhaltender als in der Metropole selbst. Vom Festland getrennt durch die Wasser des Howe Sound, versteht sich dieser Küstenstreifen als etwas Besonderes, Außergewöhnliches. Dieses Selbstbewußtsein stärken noch einige Millionäre, die ihre aus Zedernholz gebauten Landhäuser an die verborgenen Stellen der Buchten gesetzt haben. Außerdem wählen Fernsehregisseure die «Sonnenscheinküste» gerne als fotogene Kulisse für populäre Filme. In *Gibson* stehen – als Touristenattraktion – noch die Bauten der Fernsehserie «The Beachcombers».
Sunshine Coast besteht genaugenommen aus drei Abschnitten: aus Howe Sound, Sechelt Inlet und Upper Sunshine

Coast mit der Stadt Powell River. Voneinander getrennt sind sie durch Wasserarme, miteinander verbunden durch regelmäßige Fährendienste. Einen direkten Landweg dorthin gibt es nicht.

In dem verträumten Fischerort *Horseshoe Bay* nimmt die *B.C. Fähre* die Gäste in Empfang entweder in Richtung Langdale oder Powell River [bewahren Sie Ihr Ticket gut auf: Es gilt entweder für die Rückfahrt oder zur Weiterfahrt von Earl Cove nach Saltery Bay auf Upper Sunshine Coast]. Das Schöne dieser beinahe einstündigen Schiffsreise ist die Fahrt vorbei an vielen Inseln und Inselchen, die immer wieder aus dem Wasser steigen mit Wiesen und Baumbeständen, oft nur ein paar Quadratkilometer groß. Allmählich wird die Landschaft noch stiller, die Buchten werden noch zahlreicher. Die Sunshine Coast bezeichnet sich selbst als eine Art Fjordlandschaft aus Halbinseln, Inseln, viel Wasser und den ansteigenden Bergen im Rücken. Das begünstigt die wassersportlichen Aktivitäten. Angler, Fischer und Segelsportler sind hier unter sich. Gefangen werden Lachs bis zu 50 Pfund, Forellen, Dorsch, Heilbutt, Austern, Garnelen. Jeder Ort vermietet Boote. Eine Angelerlaubnis ist nicht erforderlich. Im Sommer finden überall «Fish Derbies» statt, Wettkämpfe, bei denen es um den gewichtigsten Fisch des Tages geht.

Der Mittelpunkt dieses buchtenreichen Feriengebietes ist die Industriestadt *Powell River,* in der jedes Jahr ungeheure Mengen Holz zu Zeitungspapier verarbeitet werden. Produktionstätigkeit begünstigt Handel und Gewerbe. Powell River ist Einkaufszentrum, besitzt zahlreiche Motels und Restaurants mit regionalen Fischspezialitäten, die man aber genausogut auch aus der Hand essen kann. Die Stadt ist Ausgangspunkt für Ausflüge auf die nahe gelegene Insel Texada, nach Vancouver Island und in die Gebirgswelt.

Fraser – Der Fluß mit zwei Gesichtern

The Fraser River – der Fluß weckt in British Columbia Assoziationen an Auseinandersetzungen zwischen Mensch und Landschaft, an Gewinnen oder Verlieren, «mehr an Zähne als an Wohlwollen», spitzte John unser Gespräch zu. Für den jungen Rechtsanwalt, der aus dem Fraser Valley stammt, nimmt unter Kanadas interessanten Strömen der Fraser den ersten Platz ein. Er ist die Hauptschlagader der Provinz British Columbia, ein wild wütender Feldmarschall inmitten der Berge. Unermüdlich und unersättlich rafft er auf seinem 1200 Kilometer langen Weg alles zusammen, was an Gebirgswassern für ihn zu haben ist: silberne Gletscherbäche, breite Wildwasser, sprudelnde Bergflüsse. Er reißt Felsbrocken mit sich und Baumstämme, Uferstücke und im Sommer Floßabenteurer.

Sein unverblümter Machthunger führt den Fraser vom Quellgebiet im Felsengebirge des Mount Robson Provincial Park in einem weiten Umweg bis zur halben Höhe der Provinz [etwa 30 Kilometer nördlich von Prince George], wo seine Gier durch so fischreiche Flüsse wie Bear River, Salmon River, Chilako River fürs erste zufriedengestellt wird. In einer weiten Schleife wendet er sich anschließend mit gelbbraunem reißendem Wasser nach Süden, um in der Abgeschiedenheit von Lytton noch mit dem gemäßigteren Thompson River Hochzeit zu machen. Neu gestärkt rast und tobt er nun durch die steil geschnittene Schlucht von Hell's Gate dem Tal zu.

Erst wenn der Fraser die blaue Küste der Georgia Strait spürt, wird er sanft, milde, hoheitsvoll gemessen. Langsam, mit breiten weiten Armen fließt er der Meeresstraße entgegen. Fünfzig Millionen Jahre benötigte der Fraser angeblich, bis er sein hundert Kilometer langes Delta geschaffen hatte, das grüne *Fraser Valley*. Es gehört zu den fruchtbarsten Gebieten von British Columbia. Die Farmer nutzen das Schwemmland für den Anbau von Obst, Gemüse, Himbeeren und Blaubeeren, vor allem aber als Weideland. Die «Daries», die Milchwirtschaft des Fraser Valley, ist weithin berühmt.

Mit dem Fraser River verbindet die Provinz das Band ihrer Geschichte. Im Jahre 1793 hatte der schottische Forscher *Alexander Mackenzie* im Auftrag der Pelzhandelsgesellschaft North-West-Company als erster weißer Mann vom Osten über den Fraser den Pazifik erreicht. 1808 schickte die Hudson's Bay Company den erfolgreichen *Simon Fraser* ebenfalls auf die Suche nach einer geeigneten Pelzhandelsroute zur Nordwestküste. Auch dieser verdienstvolle Entdecker, nach dem der Fluß später benannt wurde, erreichte sein Ziel auf den Strudeln des Fraser River, warnte seine Auftraggeber jedoch nachdrücklich vor diesem «schrecklichen und gefährlichen Fluß».

Vor dieselben Probleme gestellt sah sich *James Douglas,* Gouverneur von Vancouver Island, als 1858 die Glücksucher in Fort Victoria eintrafen. Gold war im Fluß bei Yale gefunden worden, vor allem aber im Cariboo, in der Region zwischen der Fraser-Schleife. Bis Yale bestand Schiffsverkehr, doch Douglas warnte die Männer vor dem Fluß oberhalb des Ortes – «The river is dangerous» – und schlug einen Umweg über den Harrison Lake vor. Um die heißen Mineralquellen *«Harrison Hot Springs»* entwickelte sich eine gleichnamige Stadt, deren inzwischen gefaßte Quellen noch immer anziehend, aufwärmend und stärkend wirken.

Wenn die Funde im Cariboo nicht schwindelerregend gewesen wären – ein Waschvorgang konnte den Goldwert von einer Million Dollar bringen –, hätte James Douglas kaum Straßenbauingenieure aus England angefordert. Von 1861 bis

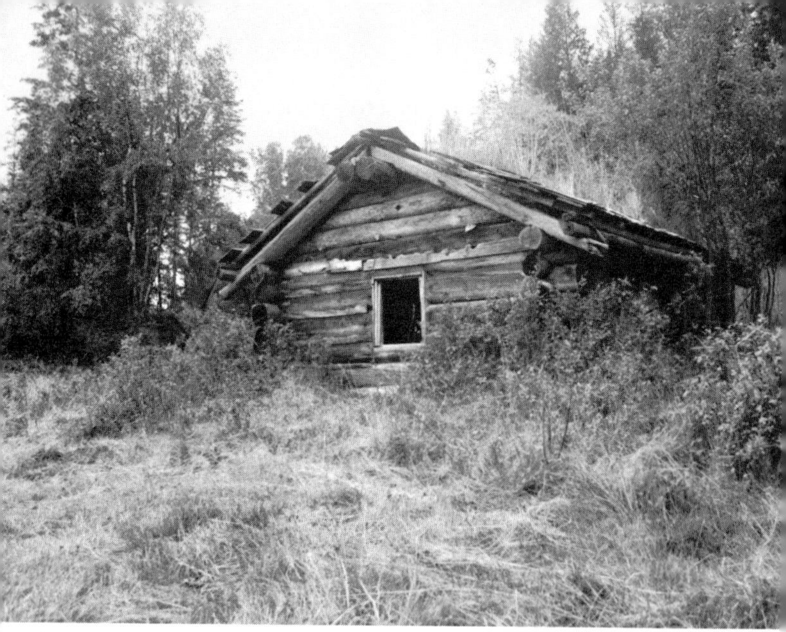

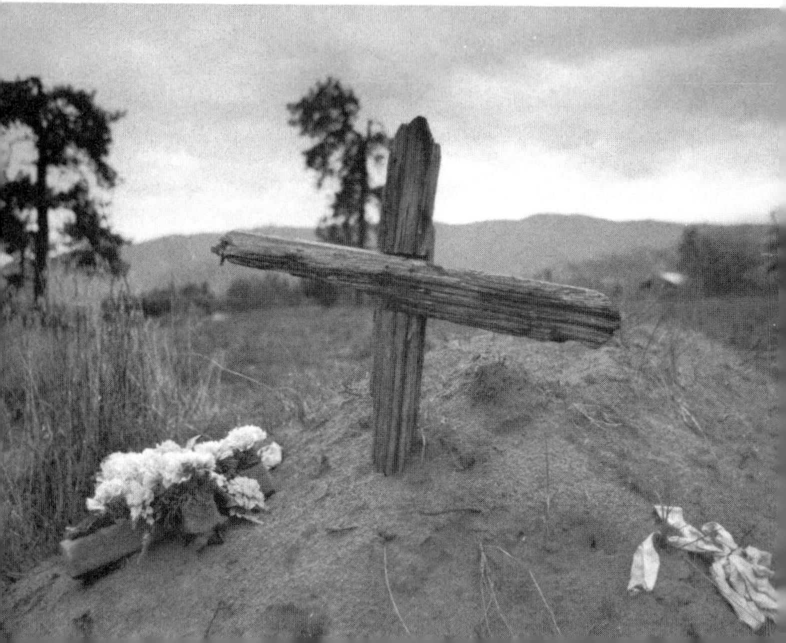

1863 wurde von Yale eine Anschlußstrecke an die bereits fertiggestellten «Cariboo Wagon Road» nach Lillooet gebaut. «Eines der schwierigsten Projekte, die jemals von Engländern geleitet worden waren», versichert die Chronik glaubhaft. In tagelangen Märschen zogen die «Miners» mit Planwagen, Ochsenkarren, Pferden und Geräten die schmale Straße am Fraser hinauf in Richtung Bakersville. Mit den Straßen kamen auch die Companies. Sie nahmen die Goldfelder in Besitz, statteten die Fundorte mit Wasserrädern aus und bezahlten den Goldwäschern Stundenlohn. Zehn Jahre später war der Goldrausch im Cariboo und am Fraser versiegt.

Nach den Straßenbauingenieuren und Goldsuchern kamen 1880 die Eisenbahnbaukonstrukteure. Trotz der schwierigen Schienenführung durch die Felsschluchten des Canyons schien auch für die Canadian Pazific Railway der Weg entlang des Fraser der beste aller Wege zu sein. Heute begrenzt das Flußbett noch der zweispurige Highway [bis Lytton Trans-Canada Highway], um damit jedem Besucher British Columbias «Super Natural», die Superlative der Natur nahezubringen.

Hell's Gate, das «Höllentor», ist auf dieser Wegstrecke die Touristenattraktion Nummer eins. In Reihen warten die Greyhound-Überlandbusse neben den Wohnmobilen und PKWs auf den Parkplätzen, während Touristengruppen und Familien in der Airtram zu des Frasers wildem Treiben hinabschweben. Die Aussichtsterrasse bleibt mit großen Informationstafeln denn auch keine Antwort über den gefahrenumwitterten Ort schuldig.

62   Verfallene Blockhütten und einsame Kreuze lassen oft nur etwas ahnen von den harten Schicksalen der Pionierzeit

Eine Seilbahn führt hinunter zum Hell's Gate, durch das mit tosendem Lärm der Fraser fließt

Bis zur Ära der Technik gab es für die Menschen nirgendwo im Fraser Canyon einen derartig gefürchteten Ort wie Hell's Gate. Die Indianer konnten sich nur an Seilen den Felsen entlangbewegen, ihre Kanus auf den Rücken gebunden. Simon Fraser passierte Hell's Gate mit Hilfe kundiger Indianer auf dieselbe Weise. Die Straßenbauer der «Cariboo Wagon Road» halfen sich mit Brettern, die sie an die Wände hängten. Mehr als einmal stürzten die Holzgerüste samt den Arbeitern in die Tiefe. Eine besondere Gaudi scheint Hell's Gate dagegen den Floßabenteurern unserer Tage zu sein, ein Nervenkitzel ohnegleichen, womit die Veranstalter in dem Ort Yale den Sommer über ihr großes Geschäft machen.

Ein Risiko war Hell's Gate dagegen für die Lachse gewesen. Zu Tausenden kommen sie im Herbst den Fraser heraufgeschwommen, um in der Nähe von Prince George und in dem Seitenarm des South Thompson zu laichen. Viele erlagen jedesmal in Hell's Gate den Stromschnellen, schafften ihre Wanderung nicht weiter den Fluß hinauf. Als 1914 beim Bau der Canadian National Railway noch die letzten Felsbänke zugeschüttet worden waren, starben 80 Prozent der Fische an dieser Stelle. 1944 wurden dann die riesigen Lachsleitern als nützliche Hilfestelle für die Fische errichtet.

In *Lytton,* wo der Thompson River in den Fraser fließt, wirkt die Landschaft fast vergessen, schattenlos, ausgetrocknet. Hier ist Indianerland und Rancherland, hier leben die Salish-Stämme und die Cowboys. Wählen Sie zur Weiterfahrt den Highway 12 [die Fortsetzung: Highway 22 ist zum Teil noch Schotterstraße, jedoch im Ausbau begriffen] nach Lillooet. Die Natur in ihrer Stille mit den von Wind und Wetter zerfurchten Bergen besitzt etwas ergreifend Karges, das die Kamera kaum zur Ruhe kommen läßt.

Vor *Lillooet,* während der Goldrauschzeit eine der größten Städte von British Columbia, erinnert eine Tafel an die Mile 0. Seit 1859 führte von hier aus die ursprüngliche «Cariboo Wagon Road» nach Bakersville über Rasthäuser, deren Namen die zurückgelegte Meilenzahl – gemessen von Punkt 0 – angeben: das 70 Mile House [eine nüchterne Tankstelle], das noch originale 85 Mile House, das 100 Mile House.

66/67 Wer dem Laufe des Fraser folgt, muß oft auf einsamen Schotterstraßen durch Indianerland fahren

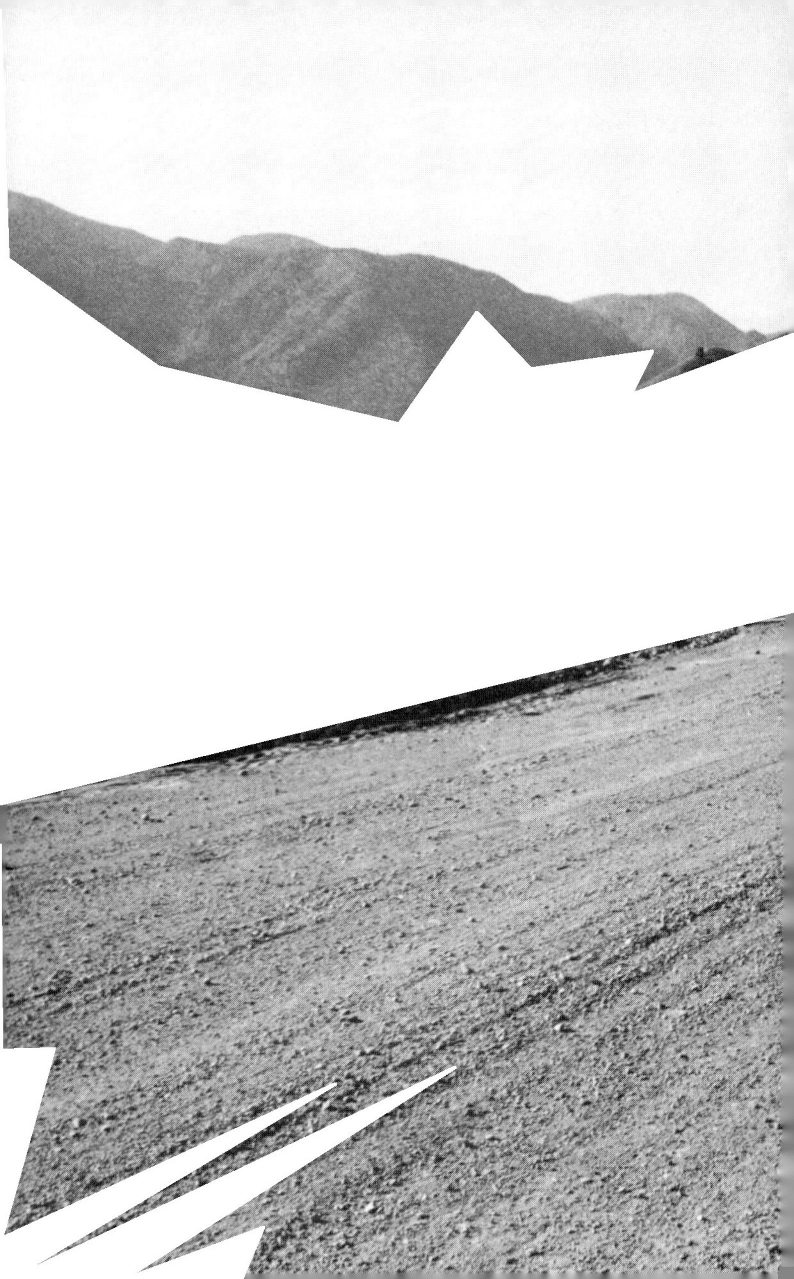

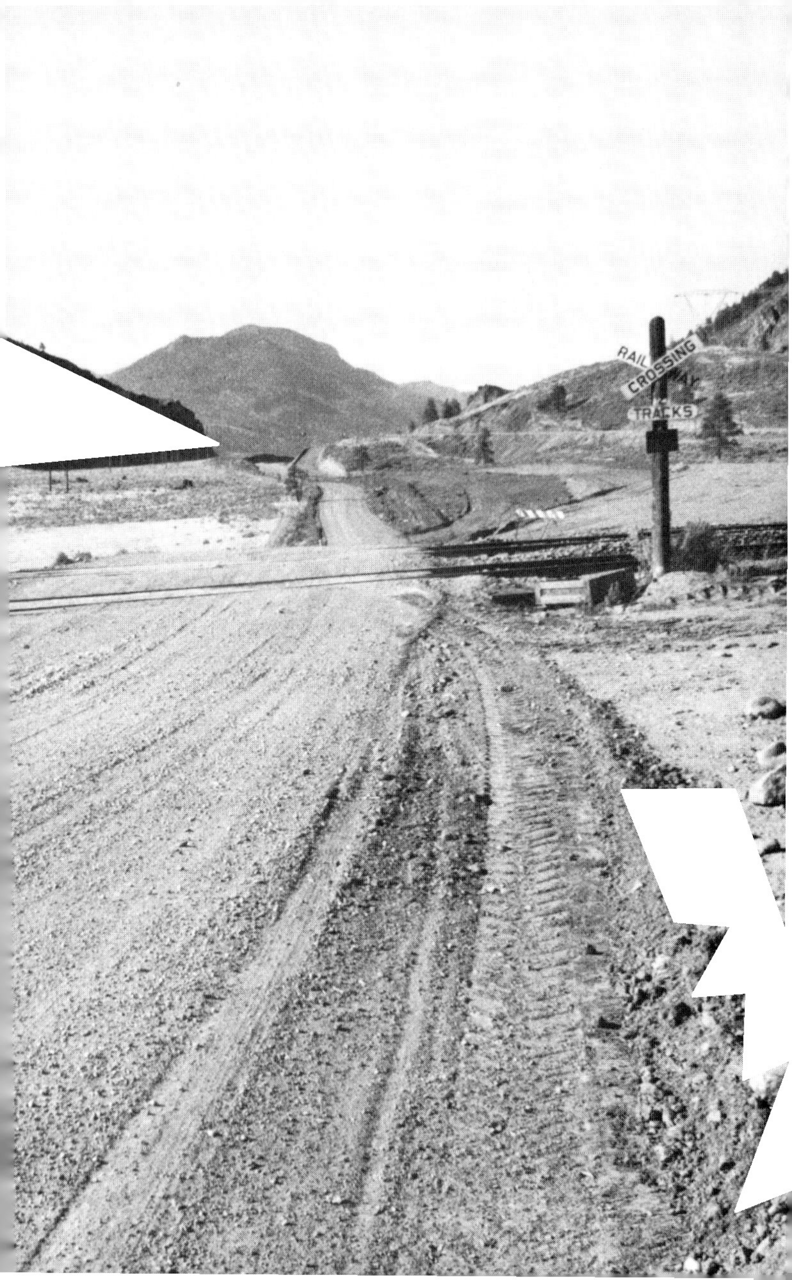
RAIL
CROSSING
TRACKS

Überall bietet sich die Gelegenheit zu einem Ritt in die weite Landschaft, wie hier auf der Flying-U-Ranch

Williams Lake, eine Stadt der Holzindustrie, ist das Zentrum des weiten, offenen Cariboo und Chilcotin Country. Viele der Männer, die aus den Goldfeldern mit nicht ganz leeren Taschen zurückkehrten, siedelten im Grasland diesseits und jenseits des Frasers als Viehzüchter. Die Ranches liegen abseits des Highway, oft an großen verträumten Seen wie die «Flying-U-Ranch» am malerischen Green Lake oder die «Chilko Lake Ranch» bei Williams Lake. Der Westernsattel – hier dient er nicht als Schaustück für die Kameras der Urlauber, sondern als Gebrauchsgegenstand und Angebot an temporäre Gäste.

Und der Urlauber wird sich auf den Reiterranchen rasch an den hemdsärmeligen, ungezwungenen Stil gewöhnen. «Welcome» heißt hier tatsächlich «Herzlich willkommen».
Von Williams Lake führt eine Schotterstraße über das Fraser-Plateau durch den Tweedsmuir Provincial Park direkt hinab zur Pazifikküste. Die Indianer und Rancher wehrten sich bislang mit Erfolg gegen den Ausbau dieser Querverbindung nach Bella Coola. Die Wildheit der Gegend, die durch ihre Einheit wie gezähmt erscheint, liegt ihnen vermutlich mehr am Herzen als ein devisenbringender Fremdenverkehr. Doch wem rund 450 Kilometer Staub und Abgeschiedenheit nichts ausmachen, für den wird diese Fahrt entlang des Chilcotin River ein großes Naturerlebnis.
Der *Tweedsmuir Provincial Park,* durch dessen Südzipfel die Route 20 führt, gehört geografisch zu den interessantesten Wildnisparks Kanadas. Alle Landschaftsarten Nordamerikas, vom steilen Gebirge über karge Steppengebiete bis zu sanften Wüstenflächen, gehen in dieser Region harmonisch ineinander über. Einige Campgrounds und einfache Zeltplätze bieten Möglichkeiten, hier ein paar Tage abseits der Zivilisation zu leben. Der Ort Stuie mit einem Informationsbüro liegt am westlichen Parkeingang.
Wo es, wie im Cariboo-Chilcotin Country, Ranches gibt, finden Horse Shows und Rodeos statt. Überall im Lande sind diese Festivals Höhepunkte des Jahres. Einen besonderen Stellenwert im Festkalender dieser Region nimmt *Clintons May Ball* ein, das älteste Volksfest in British Columbia. Der Brauch, sich der Öffentlichkeit einmal im Jahr von der schönsten Seite zu zeigen, geht in die Goldrauschära zurück. Da-

70/71 Tief schneidet sich der Fraser in die Landschaft ein

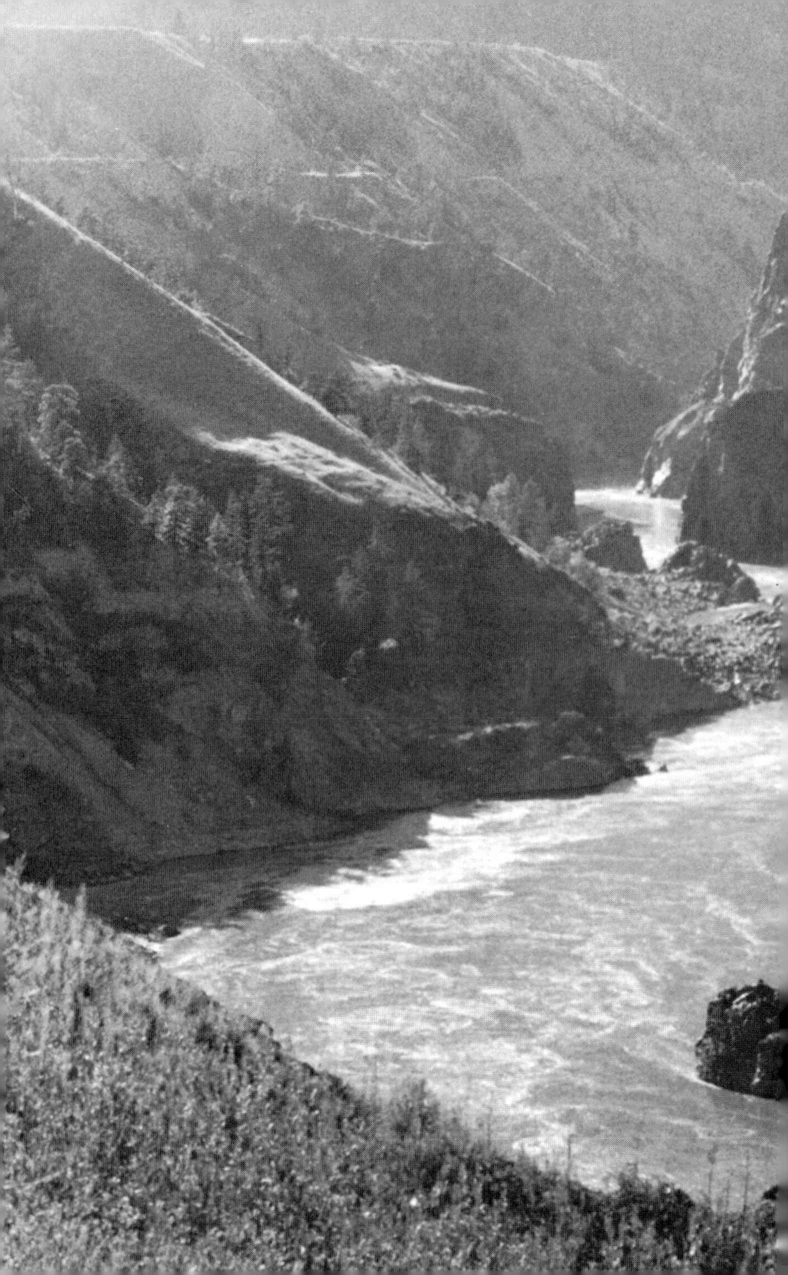

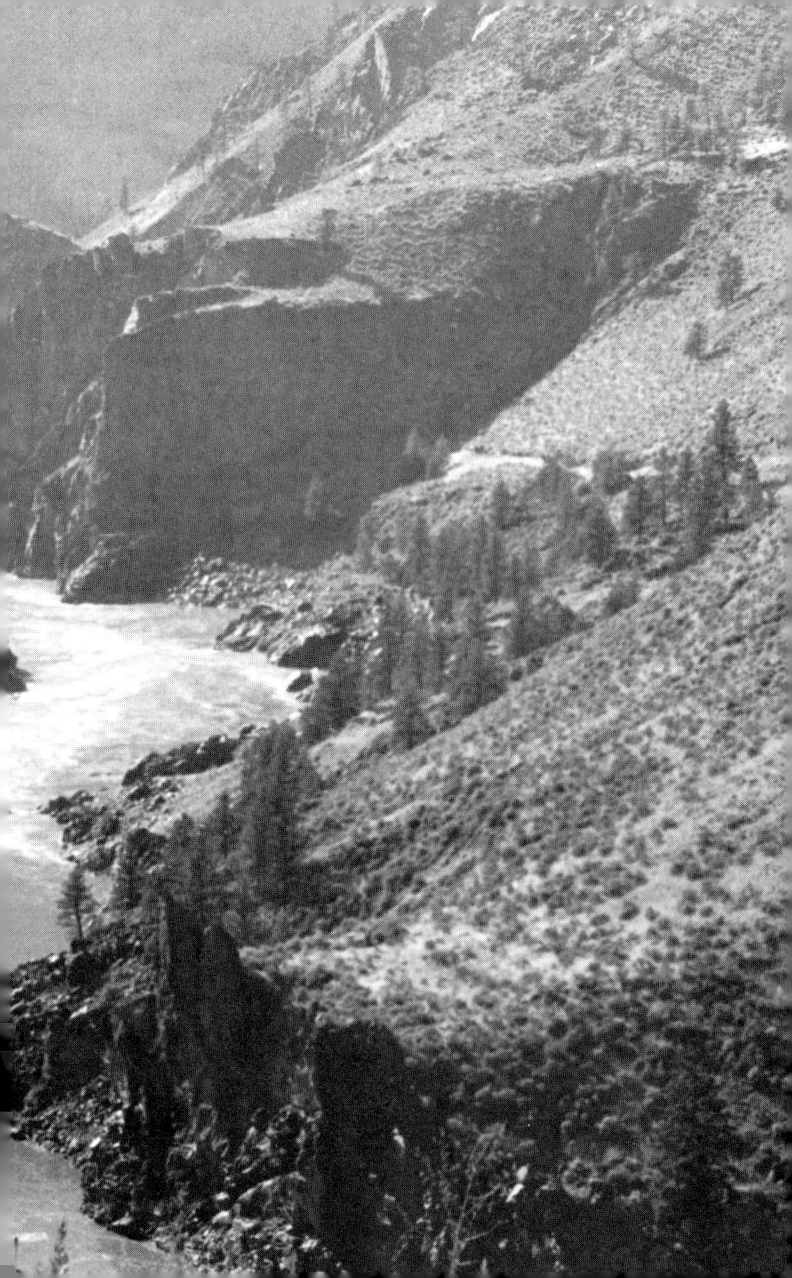

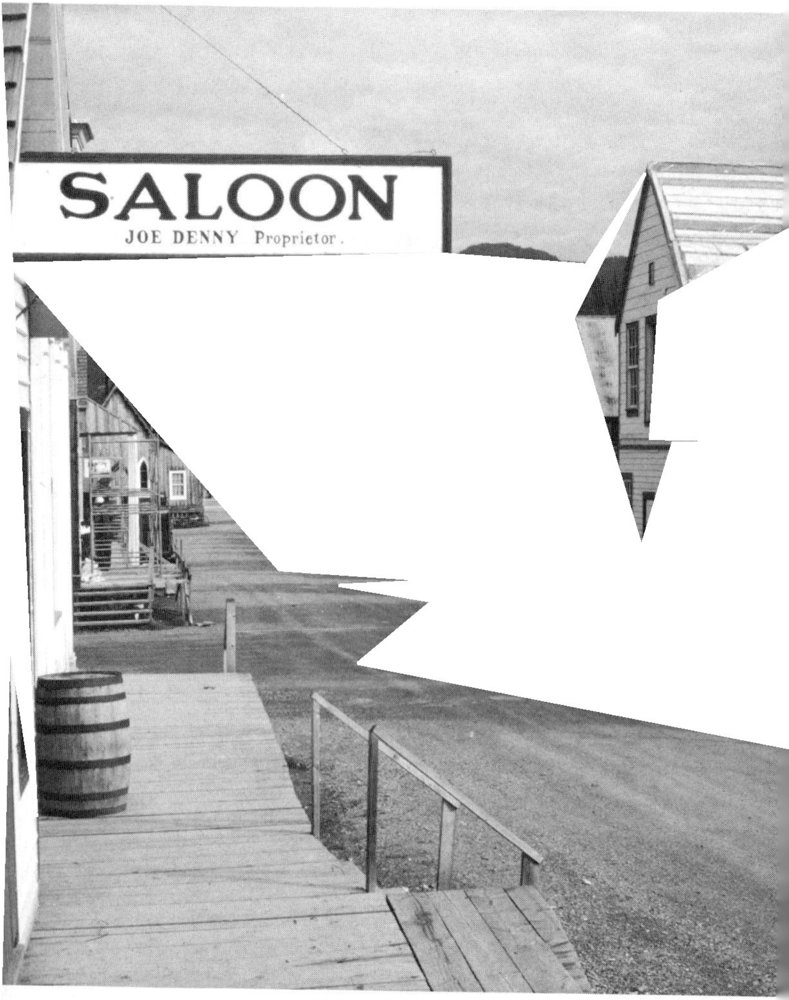
SALOON
JOE DENNY Proprietor.

mals stichelten und stickten die Frauen den Winter über an Röcken und Kleidern für ihren großen Auftritt im Mai. Und die Cowboys holen noch immer ihr wertvollstes Sattelzeug vom Halter, das beste Pferd aus dem Stall, und die Indianer putzen sich phantasievoll mit reich verzierter Lederkleidung und Federschmuck heraus, wenn die Musikkapellen sich zum Umzug formieren. Auf dem großen Festplatz von Clinton warten dann für jung und alt zwei Ochsen, über Nacht saftig in einer riesigen Lehmgrube gebraten. Wie zur Pionierzeit werden die Grubenwände hierzu mit immensen Mengen Kleinholz erhitzt, die Ochsen auf die Glut gelegt und abgedeckt.

Was gestern war, ist heute in *Bakersville* rekonstruiert als interessantes Freilichtmuseum mit 56 Bauwerken. Da besaß einer namens Moses einen Friseursalon, die Chinesen ihre Läden und Restaurants, das Theatre Royal sorgte für Unterhaltung, und in der St. Saviour's Church wurde gegen den Alkohol gewettert. Bakersville, östlich von Quesnel am Williams Creek gelegen, war in den sechziger Jahren des 19. Jahrhunderts nach San Francisco die größte Stadt im Wilden Westen. 10 000 Menschen lebten damals im Rausch des Goldes das «high life» ihrer Epoche. Und heute stehen die Touristen mit «Gold Pans» an den Wasserrinnen, würden sich arm waschen, wäre das Konto zu Hause nicht automatisch auf einem gesicherten Stand.

Ruth und Michael gehörten damals, vor einem Jahr, zu den wenigen Touristen aus Deutschland. Sie hatten die historische

72 *Das ehemalige Goldgräberdorf Bakersville im oberen Fraser-Tal ist von der Regierung schrittweise renoviert worden; im Sommer sind jeweils auch die Handwerker-Stätten wieder in Betrieb*

Goldgräberstadt Bakersville nicht primär zum Ziel gewählt, sondern den ungefähr 30 Kilometer östlich von Bakersville gelegenen *Bowron Lake Provincial Park,* der Kanuten geradezu ideale Bedingungen bietet. Acht große, einige kleine Seen bilden zusammen mit wilden Flußläufen ein Quadrat. Die Portagen dazwischen [insgesamt etwa 10 Kilometer] erfordern zwar Kondition, sind jedoch auf präparierten Wegen zurückzulegen. Die Zeltplätze an den Ufern sind alle schön gelegen. Die Berge ringsum erreichen eine Höhe bis zu 2700 Meter. Und am Abend werden sämtliche Vorräte auf eigens erhöhten Querbalken vor den Bären geschützt. Während der Tag versinkt, dreht sich das Gespräch um die Sonne und den erhabenen Anblick ihres letzten farbenprächtigen Grußes.
Ruth meinte, Neulinge, wie sie es wären, müßten 10 bis 11 Tage für den gut markierten Rundtrip durch diese Seenwildnis rechnen. Aber auch damit, daß eine erste Kanutour im Westen Kanadas vermutlich nicht die letzte bleiben wird.

Vom Thompson River bis zum Rogers-Paß: Die Route 1

Den Thompson River, seit früher Zeit eine wichtige Ostwest-Verbindung, begleiten die beiden bedeutenden kanadischen Highways: der *Trans-Canada Highway* und der *Yellowhead Southway.* Der Trans-Canada Highway führt zum Ursprunggebiet des South Thompson, dem weitverzweigten Seenreich des Shuswap und von dort weiter über Revelstock, den Rogers-Paß, durch die Rocky Mountains nach Alberta. Eine Fahrt reich an Szenerien und vielseitig an beeindruckenden Landschaftsformationen. Der Yellowhead Southway, eine Südroute des Yellowhead Highway, hält sich ab Kamloops flußaufwärts an die Seite des North Thompson, dessen Lauf durch das weiche Bergland der Columbia Mountains führt.

Der Trans-Canada Highway, die Route 1, erschließt von Lytton das Tal des Thompson, das sogenannte *Innere Ranchland*. Man kennt vielleicht von Westernfilmen ähnliche Landschaften wie diese lehmgelben, zernarbten, von Eiszeiten zerschliffenen Hügelketten. Die jungen Rancher, die hier hoch zu Roß ihre eigenen Cowboys sind, sehen jenseits der Kuppen nach ihren riesigen Rinderherden, die das ganze Jahr über draußen bleiben. Das Pferd ist in dem unübersehbaren, steppenartigen Grasland bis heute das beste Fortbewegungsmittel geblieben.

An den Ort *Walhachin* erinnert eine Tafel. Anfang unseres Jahrhunderts hatten Einwanderer aus England den ausgetrockneten Boden mit dem Wasser des Thompson kultiviert. Obstbäume trugen üppige Früchte, Getreidefelder lieferten den Siedlern Brot. Bis 1914 Hochwasser und Stürme in wenigen Stunden hinwegrafften, was Menschenhände so mühselig geschaffen hatten. Hier laßt uns keine Hütten mehr bauen, scheinen andere Siedler beim Vernehmen dieser Katastrophe beschlossen zu haben. An den Böschungen duftet heute der Salbei.

In *Kamloops* trennen sich North Thompson und South Thompson oder, geografisch korrekt ausgedrückt, fließen beide Flußarme zusammen. Die beiden Eisenbahnlinien, die *Canadian Pacific Railway* und die *Canadian National Railway,* treffen ebenfalls hier aufeinander, und die Greyhound-Überlandbusse legen längere Pausen für Erfrischungen in den Raststätten ein. Kamloops, ein Treffpunkt der Flüsse und des Verkehrs, ist der Mittelpunkt des inneren Ranchlandes, eine rasch wachsende Stadt mit 42 000 Einwohnern und ein bedeutender Skiort.

Weiter führt die Straße zum Feriengebiet *Shuswap,* woher der South Thompson kommt. Durch dieses weitverzweigte Wassersystem fuhren wir mit einem Ausflugsboot. Zunächst wechselten Sandstrände mit Einkaufsmöglichkeiten und Bootverleih, dann beherrschte die Einsamkeit noch unberührter Ufer die Fahrt durch den Seymour-, Anstey- und Salmon-Arm, durch den Mara Lake und Adams Lake. Jetzt kam von unserem Führer der Hinweis auf die Lachse, die alle vier Jahre Hunderte von Kilometern vom Pazifik den Fraser und den Thompson River heraufkommen, um im Adams River zu laichen und zu sterben. Die Spezialität der Gaststätten an diesen fischreichen Gewässern sind jedoch die frischgefangenen Kamloopsforellen.

Biegt man von hier nicht nach Süden ins Okanagan Valley ab, sondern benützt weiterhin den Trans-Canada Highway in Richtung Alberta, wird allmählich eine gigantische Szenerie das Geschwindigkeitstempo von selbst bestimmen. Schneebedeckte Berge, Gipfel, hart und scharf in den Himmel ragend, rücken näher. *Revelstock,* herrlich gelegen zwischen den Monashee und Selkirk Mountains, entwickelte sich am Zusammenfluß des Illecillewaet River mit dem Columbia River zu einem bedeutenden Urlaubsort. Auf dem Mount Revelstock wurden die ersten kanadischen Skirekorde gebrochen; heute führt zum 1950 Meter hohen Gipfel eine Straße und ermöglicht auch weniger sportlichen Bergfreunden vom Plateau aus eine herrliche Aussicht. Nur 30 Minuten von der Stadt entfernt [Highway 23] rauschen die Sutherland-Wasserfälle über die Felsen. Am Ende der landschaftlich abwechslungsreichen Route 23 liegt das gewaltige Projekt des Mica-Staudammes. Revelstock ist außerdem das Tor zum *Mount Revelstock National Park,* eine herbe Naturwildnis mit ein paar Lodges, Campgrounds und guten Wanderwegen. Vielleicht haben Sie

Glück und können am Weg Elche oder Bären beobachten. Etwas versteckt liegen die heißen Mineralquellen von Albert Canyon.

Wild, schroff und stumm ist die Gebirgswelt des *Glacier National Park,* in dem über hundert Gletscher die kahlen Gesteinsmassen überziehen. Mehr als 3000 Meter hoch sind die Gipfel. Der PKW-Fahrer wird spätestens zu den Gletscherbergen am Rogers-Paß aufblicken, der in einer Höhe von 1327 Metern die beste aller möglichen Passagen über die Selkirk Mountains bildet. Eine Raststätte, eine Tankstelle und die Gedenkstätte an dieses Meisterwerk ultramoderner Straßenbautechnik lassen hier manchen dankbar empfinden, daß inmitten solch gigantischer Gebirgsmassen und übereister Felsen noch menschliches Gewerbe herrscht.

Den *Yoho National Park* durchquert der Trans-Canada Highway noch kurz vor Alberta. Er liegt an den Westhängen der Rocky Mountains. Bergziegen und Dickhornschafe, Elche, Wapitis und Koyoten bewohnen dieses 1300 Quadratkilometer große Naturgebiet. Die motorisierte Urlaubswelt honoriert das Erscheinen des Wildes dankbar mit Kameras und wartenden Autoschlangen, gleichmäßig verteilt in beide Richtungen. Von dem kleinen Gebirgsort *Field* führen viele Wanderwege für Kurz- und Langtouren zu Wasserfällen, zauberhaften Gebirgsseen, Gipfeln, Aussichtspunkten und Gletschern. Zu den bevorzugten Zielen gehören Sherbrooke Lake, Paget Lookout, Emerald Lake und die Ta-Kakkaw-Wasserfälle. Doch sind in dem Park – wie im gesamten Rocky-Feriengebiet – die Campingplätze im Sommer meistens ausgebucht. Erkundigungen am Parkeingang sind deshalb ratsam.

Okanagan Valley: Ein Obstgarten inmitten von Dürre

In Kanada spielt jede Geschichte in und um Obstgärten entweder in Ontario oder im Okanagan. Und jedesmal dreht es sich um Bäume mit vollen Kronen, im Frühjahr «leuchtend im Schnee der Blüten, Bäume für Träumer», formulierte es der kanadische Dichter Walter Bauer.

Die Obstgärten im *Okanagan Valley* sind umgeben von sonnenverbrannten Hügeln, überwachsen von Wald, der nicht weiter ins Auge fällt. Der Okanagan Lake liegt unten im Tal wie ein Türkis im strahlenden Licht. Acht Stunden haben wir mit Unterbrechungen benötigt, um diesen See in seiner gesamten Länge zu erleben: einen vollen Tag. Links und rechts der Straße standen unter ihren Bäumen die Obstfarmer an Ständen, boten an, was die Erde an Frischem und Reifem hervorgebracht hat: Säfte, noch schäumend aus der Presse, saftige Melonen, Obst, Gemüse in Bergen. Pfundweise kauft hier niemand ein, sondern nur in Kilos und in ganzen Steigen. Die Farmer sprechen über ihr Tal gerne als von einem «Garten Eden», und der Besucher kann den Stolz nachempfinden.

Das Okanagan Valley ist die sonnenreichste Region von British Columbia, wo die Menschen den Sommer über nur einen strahlenden Himmel kennen und Regen die berühmte Ausnahme von der Regel bildet. Das Tal besitzt ein Klima, wie es sich Sommerurlauber wünschen. Und die Feriengäste treffen auch regelmäßig ein, um sich an den Ufern zu verteilen. Zwanzig Camp Sites wurden entlang des Sees eingerichtet. In Penticton, Summerland, Kelona und Vernon am Kalamalka-See gibt es *Sandstrände* mit einem vielseitigen Angebot an Wassersportaktivitäten.

Doch das Besondere des Okanagan Valley bleiben eben die Obstplantagen: Äpfel und Pfirsiche, Kirschen und Aprikosen,

Pflaumen, Birnen, Melonen und Wein gedeihen, wohin das Auge schaut. «In Europa wachsen die Obstbäume, im Okanagan werden sie gewachsen», erklärte schmunzelnd Otto Rothe, der sich auf biologisch-dynamischen Anbau spezialisiert hat. Würden die Farmer hier einmal versäumen, den Boden zu bewässern, die Sonne würde die Erde wieder in steppenartiges Grasland verwandeln, das es einmal war. Das Tal gliche den umliegenden Höhen, die den Salish-Indianern gehören. Da die Mentalität dieser Menschen dem Wirtschaftswachstumsgedanken der Weißen fremd gegenübersteht, sind ihre Gebiete unbewässert, unbewirtschaftet, von Salbeibüschen durchwachsen. «Der Indianer lebt von dem, was er hat – der Weiße für das, was er nicht hat», diese Redensart kam mir hier in den Sinn.

Das Okanagan Valley erstreckt sich von Norden nach Süden, zwischen dem Highway 97 und dem Highway 3, bis nahe an die Grenze zu den USA.

Penticton liegt genau zwischen dem Skaha und dem Okanagan Lake. Die Stadt mit ihren 28 000 Einwohnern ist das Zentrum des Tales und schmeichelt sich, der «Pfirsichkorb» dieser fruchtbaren Region zu sein. Im August, wenn die Ernte beginnt, macht sie ihrem Namen alle Ehre. Mit Pfirsichen geschmückte Festwagen, die Pfirsichprinzessin und ihr Gefolge in langen pfirsichblütenfarbenen Gewändern ziehen in spektakulärem Zug durch die Hauptstraße. Penticton feiert sein traditionelles Peach Festival auf kanadisch.

Kelona, der Ortsname klingt so melodisch, daß allein der Sprachklang neugierig macht. Aber wie es manchmal geht, wenn man Klingendes näher betrachtet, so erwies sich Kelona als ein langweiliger amerikanischer Ort ohne besondere Merkwürdigkeiten. Die Stadt ist das Herzstück des 128 Kilometer langen Okanagan-Sees und hat 52 000 Einwohner. Man er-

Auf der O'Keefe-Ranch, einem Freilichtmuseum, wird die Pionierzeit wieder lebendig, harte Arbeit gepaart mit Wildwestromantik

fährt, daß die Indianersprache mit dem so wohlklingenden Namen Kelona nüchtern Grizzlybär meint. Außer dem hübschen Park am See ist ein Besuch des Packing House lohnend. Aus den kühlen Packräumen wandern die Äpfel nach Übersee in Kisten von jeweils 850 Pfund.
Vernon am Kalamalka Lake erhielt in den vergangenen Jahren sein modernes, gepflegtes Gesicht durch die reichgewordenen Rentner, die sich hierher in grüne Parkviertel zurückgezogen haben.

Ein besonderer Anziehungspunkt, 16 Kilometer nördlich von Vernon, ist die *O'Keefe Historic Ranch*. Von ihren Besitzern, der O'Keefe-Familie, wurde sie hundert Jahre lang bewirtschaftet, bis sie 1965 der Provinz als historisches Museum mit sämtlichen Bauten, Geräten und dem kleinen Familienfriedhof originalgetreu überlassen wurde. Wie viele der ersten Siedler blieb ihr Gründer Cornelius O'Keefe durch reinen Zufall in diesem Gebiet. 1867 wollte er einem Aufruf ins Cariboo folgen, um dort die Goldwäscher mit Fleisch zu versorgen. Für den weiten Marsch mästete er seine Rinder im Grasland um den See, sah, wie gut es sich hier leben ließ, und kaufte 65 Hektar Land – zumal inzwischen auch im nahen Weel-Kettle River etwas Gold gefunden worden war. 25 Jahre später bestand die Herde von O'Keefe aus tausend Stück Vieh.

Andere Viehzüchter hatten im Okanagan Valley zum Eigenbedarf ein paar Obstbäume gepflanzt, deren Erträge erstaunlich gut waren. Das Tal zum Grünen und Blühen brachte jedoch John M. Robinson. Er konstruierte 1898 am südlichen Ende des Okanagan Lake eine primitive Bewässerungsanlage, pflanzte Aprikosen, Pfirsiche und Kirschenbäume mit großem Erfolg. Andere Viehzüchter folgten seinem Beispiel. Heute gibt es entlang des Okanagan Valley kein Stück Land mehr zu kaufen und kein Hektar, auf dem nicht die modernsten Sprinkler-Anlagen stehen.

Kootenay Country: Berge, Gipfel, tiefe Täler

Die Berge von British Columbia ragen meistens ernst, in sich ruhend, mitunter drohend unwirtlich aus der Landschaft. So eine Gebirgswelt erblickt der Urlauber vornehmlich in dem Provinzteil, der sich *Kootenay Country* nennt. Die Selkirk und

Purcell Mountains verlaufen von Norden nach Süden. Und die Rocky Mountains geben dem Gebiet im Osten ein großartiges Format. Dazwischen liegen die flachen Täler des Kootenay Lake und des Kootenay River.

Die Rockies sind, wie Geologen betonen, kein Faltengebirge im herkömmlichen Sinn. Denn als die Natur sich vor 50 Millionen Jahren anschickte, das Felsgestein zu formieren, nahm sie zusätzlich noch die Hilfe von Vulkanen in Anspruch. Es erfolgte eine Anhebung. Übriggeblieben von diesem gewaltigen, von heißen Eruptionen begleiteten Kraftakt sind die ragenden Berge und die zahlreichen heißen Mineralquellen wie Radium Hot Springs und Fairmont Hot Springs.

Wählt man von Alberta die Route 93, führt der traditionelle Banff Windermere Highway durch die Naturschönheiten des *Kootenay National Park*. Wilde Höhen, Bergzacken, Felsenrücken, reißende Flüsse begleiten die Fahrt. Die Pulsadern dieses 1370 Quadratkilometer großen Naturreservates sind der Vermilon River, der im Park dem Kootenay River zufließt. Auf diesen beiden Wasserstraßen taumeln und sausen im Sommer die Floßabenteurer durch die wilde Gebirgswelt [von Banff aus]. Nebenher, in angemessener Entfernung, fahren die Autos in gemäßigtem Sight-Seeing-Tempo. Viele rasten für ein paar Tage auf den Campgrounds und nützen die Trails von insgesamt über 200 Kilometern Länge zu Wanderungen ins Innere des Parks. Die Kurztour zum Marble Canyon läßt sich auch von Ungeübten mühelos bewältigen. Viertausend Jahre hat der Tokumm Creek benötigt, bis er sich in der Schluchttiefe nahezu unsichtbar machen konnte. Darüber hinweg führt eine stabile Brücke. «Look down», lachte ein älterer Amerikaner seiner Frau neben mir zu. Im Geiste vielleicht mochte ihr beim Hinabblicken der Boden unter den Füßen schwinden. Doch die Brücke hält jeder Belastung stand. Nicht zu übersehen ist der Trail weiter zu den Paint Pots, den «Farbtöpfen». Eisenoxydhaltige Quellen bringen an dieser Stelle die außergewöhnliche rostrote Färbung des Wassers zustande, die den Indianern früher zur Kriegsbemalung diente. Wohin die Wege auch führen: die Grizzlybären des Parks bekommen die Touristen im allgemeinen nicht zu sehen. Sie halten sich hoch oben in den Bergen östlich des Vermilon River auf und scheuen den Geruch von Menschen. Eher lassen sich Schwarzbären beobachten, Elche, Wapitis, Bergziegen, Dickhornschafe, Murmeltiere. Mehrtägige Touren müssen unbedingt dem Parkwächter mitgeteilt werden, damit die Wachposten besetzt sind, sollte eine Rauchsäule aus der Wildnis tatsächlich einmal um Hilfe bitten.

Bevor der erste weiße Mann in diese Gebiete kam, hatten bereits Indianer ihre Zelte an den geschützten Stellen der Flüsse aufgeschlagen. In den vierziger Jahren des 19. Jahrhunderts fanden George Simpson und James Sinclair für die Pelzhandelsgesellschaft der Hudson's Bay Company hier einen Zugang zum Columbia River.

Radium Hot Springs, das Tor zum Kootenay National Park und lange vor dem Eintreffen der Pelzhändler ein bedeutender Indianertreffpunkt, gilt wie *Fairmont Hot Springs* auf der Wegstrecke als besonderer Anziehungspunkt. Mit 40 Grad sprudeln die Mineralquellen im Sommer bei strahlendem Sonnenhimmel für manche vielleicht etwas zu warm, bei bedecktem Himmel gerade richtig und im Winter angenehm regenerierend in die Pools. Auch wer sich nach dem Bad für einige Zeit schleppend müde fühlt, reagiert durchaus normal auf den hohen Gehalt von Calcium-Sulfaten und Magnesium.

84/85   Landschaft im Kootenay – Boundary

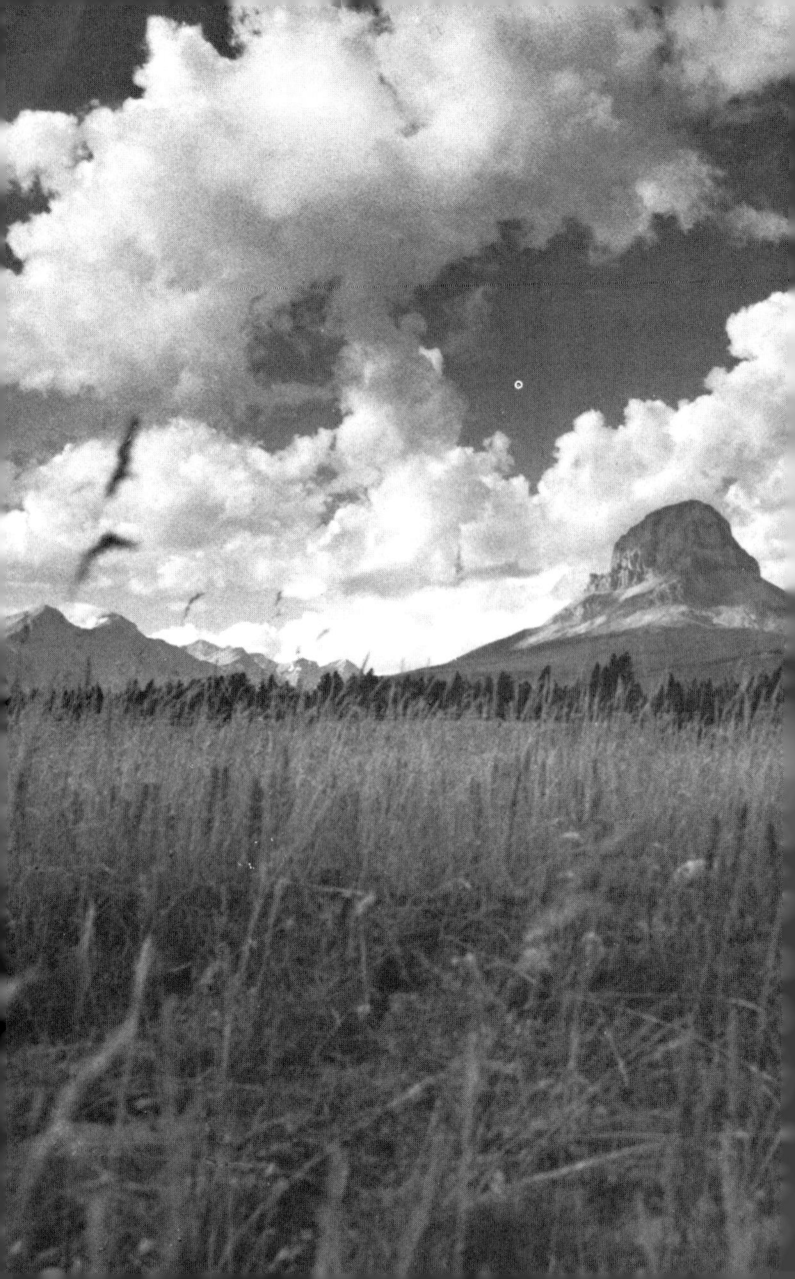

Noch vor zehn Jahren erlebte ich die Quellen schlicht gefaßt in einem Swimmingpool. Mit wachsender Touristenflut erhielten die Anlagen weitere Wasserbecken: warm und kühl. Zu den Umkleidekabinen gesellten sich Liege- und Massageräume, Sauna, Restaurant und ein Einkaufshop! Ein kleiner Kurbetrieb, obwohl die Kanadier den Begriff «Kuren» nicht kennen. Auch mehrstöckige Lodges trauen sich bereits beängstigend nahe an den Badebetrieb. Ein großes künftiges Hotelmanagement mit Kahlschlag der umliegenden Waldungen läßt sich inzwischen gut vorstellen.

Radium und Fairmont sind von der Natur nicht nur durch die Mineralquellen bevorzugt. Die Berge ringsum bieten Skifahrern außerdem optimale Abfahrtsmöglichkeiten, kilometerlange Pisten wie zum Beispiel der Panorama Ski Mountain bei Windermere. Hier, wo Kanadas bevorzugte Wintersportplätze liegen, ist auch die Skielite gut bedient. Flugzeuge bringen die Wintersportler von Radium auf die Gletscher der Purcells und der Rockies, Hubschrauber erschließen die Bugaloo Peaks, ein Traum aus Pulverschnee, Panorama und weißer Einsamkeit. Helicopter Skiing, der letzte Schrei des weißen Sports, erfordert jedoch eine gut gepolsterte Brieftasche, Können und Kondition.

Südlich von Fairmont, bevor der Dutch Creek in den Columbia Lake fließt, sind die eigenartigen Felsformationen der *Dutch Creek Hoodoos* zu beachten. Und wem ist schon bekannt, daß der Columbia Lake im Tal den Columbia River hier auf seinen weiten Weg zum Pazifik entläßt.

Fort Steele, ein historischer Park, repräsentiert die Gold-

87 Das Perry Creek Wasserrad bildet das weithin sichtbare Wahrzeichen von Fort Steele

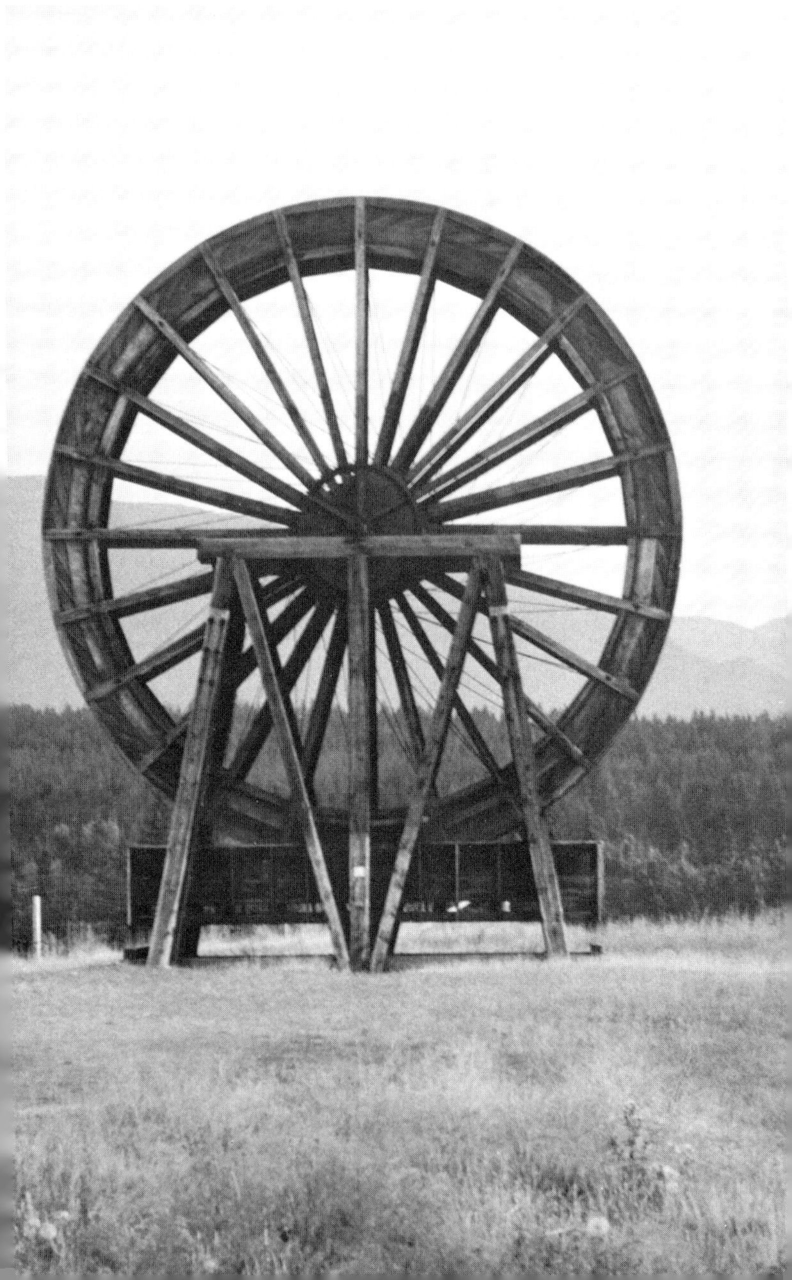

rauschzeit des ausgehenden 19. Jahrhunderts. 20 Gebäude wurden authentisch rekonstruiert, um den Besuchern zu zeigen, wie die Pioniere lebten und arbeiteten: der Lehrer in einem Einklassenraum, der Schmied in seiner Werkstätte, der Zahnarzt in seiner Praxis, während die reichgewordenen Gentlemen im Hotel Windsor um Gut und Gold pokerten. Das weithin sichtbare Wahrzeichen der Museumstadt ist das Perry Creek Wasserrad, damals Ausdruck für Wohlhabenheit und Reichtum. Als die Royal Canadian Mounted Police in den achtziger Jahren des vergangenen Jahrhunderts hier Quartier bezog, um einen Indianeraufstand zu schlichten, besaß der Ort immerhin einen eigenen Gerichtsraum, eine Kirche und ein Theater. Das Theater gibt es inzwischen auch wieder, samt einem Westernstück. Es heißt «Fisherville Fling» und wird während der Sommermonate von der Wild Horse Theatergruppe mit viel Applaus aufgeführt. Fischerspitze heißt übrigens der Berggipfel, der die gesamte Umgebung beherrscht.

Kimberley, Kanadas höchstgelegener Ferienort und vielbesuchtes Skigebiet, präsentiert sich im Bayernlook. Das City-Zentrum mit reichem Blumenschmuck nennt sich vielversprechend «Platzl» und feiert Ende Juli ein großes Bierfest. Happy Hans heißt dazu jeden «Herzlich willkommen».

«Nehmt die Route 31 A»

Welly, Ranchersfrau der großen Spring Creek Ranch bei Fort Steele, gab uns den Tip, für unseren Trip nach Vancouver die idyllische Route 31 A zu wählen. Jedesmal, wenn sie die Bienenvölker zum Überwintern ins mildere Fraser Valley fährt, wählt sie selbst diesen Umweg über den Kootenay Lake.

Die Autofähre über den Kootenay Lake

Durch *Cranbrook,* die Hauptstadt des Kootenay Country, führt der Highway 3, die «Business Route» der Provinz. Wer es eilig hat, wen die Geschäfte rasch ans Ziel treiben, benützt diese Ostwest-Verbindung entlang der Grenze zu den USA. *Creston,* von Apfelbäumen und Bergen umgeben, bietet dem Urlauber die Möglichkeit, auf den szenenreichen Highway 3 A auszuweichen. Millionen von Enten, Gänsen und andere Vogelarten rasten in den Marschgebieten des Creston Valley im Frühjahr und Herbst auf ihrem weiten Zug. Ein eigens dafür angelegter Viewpoint bietet die Möglichkeit zum Beobachten und Fotografieren der Tiere.

Seitwärts, während der Weiterfahrt, liegt der türkisblaue *Kootenay Lake*. Die Bergwelt der Purcells und Selkirks ist von dunklen Tannen bewachsen. Bei *Boswell* steht das Glass House der Familie Brown. Als Dave, der Herr des Hauses, noch ein Bestattungsinstitut leitete, sammelte er die leeren Desinfektionsflaschen und baute daraus ein burgähnliches Wohnhaus. Für einen stolzen Eintrittspreis zeigt er jedem jederzeit gerne die Anlage und die wohnliche Einrichtung. *Kootenay Bay* ist dann der Ort, von dem die kostenlose Fähre ihre Gäste ans andere Ufer trägt: eine herrliche Schiffsreise mit einem unvergeßlichen Landschaftsrahmen von Wasser und Bergen. Kostenlos deshalb, weil der Wasserweg die offizielle Weiterführung des Highway 3 A ist. Der Regierung schien es zweckmäßiger, einen regelmäßigen Fährendienst aufrechtzuerhalten, anstatt eine kostspielige Brücke über den See zu bauen. Und weil der Transport übers Wasser seine Zeit benötigt, sind hier Menschen mit viel Zeit unter sich.

Am Westufer des Kootenay Lake leuchten über den Waldbergen die Gletscher des Kokanee Glacier Provincial Park. *Kaslo* bietet den einzigen Zugang in dieses Wildnisgebiet auf einer Straße, die diese Bezeichnung kaum verdient [über Joker Millsite]. Das kleine Städtchen, auf einer schmalen Halbinsel in den See hinausgebaut, besitzt im Langham Hotel noch immer seine «Big Bar», zur Zeit des Silberbooms die längste Bar von Nordamerika. Für eine Ausflugsfahrt zum Staudamm Duncan inmitten der Berge müssen hin und zurück rund 500 Kilometer gerechnet werden.

91   Die Reste einer Silbermine im Fry Creek Canyon
92/93 Biber haben im Fry Creek Canyon einen kleinen See
      gestaut

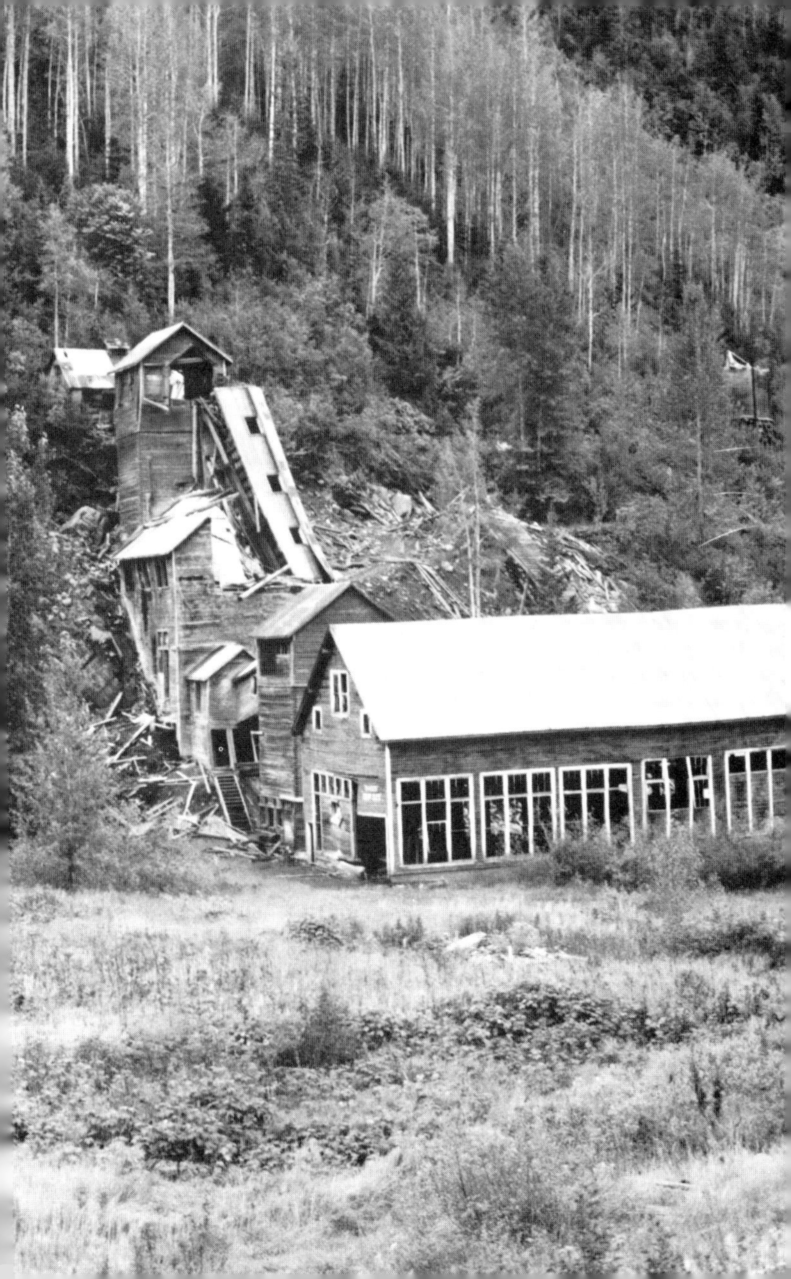

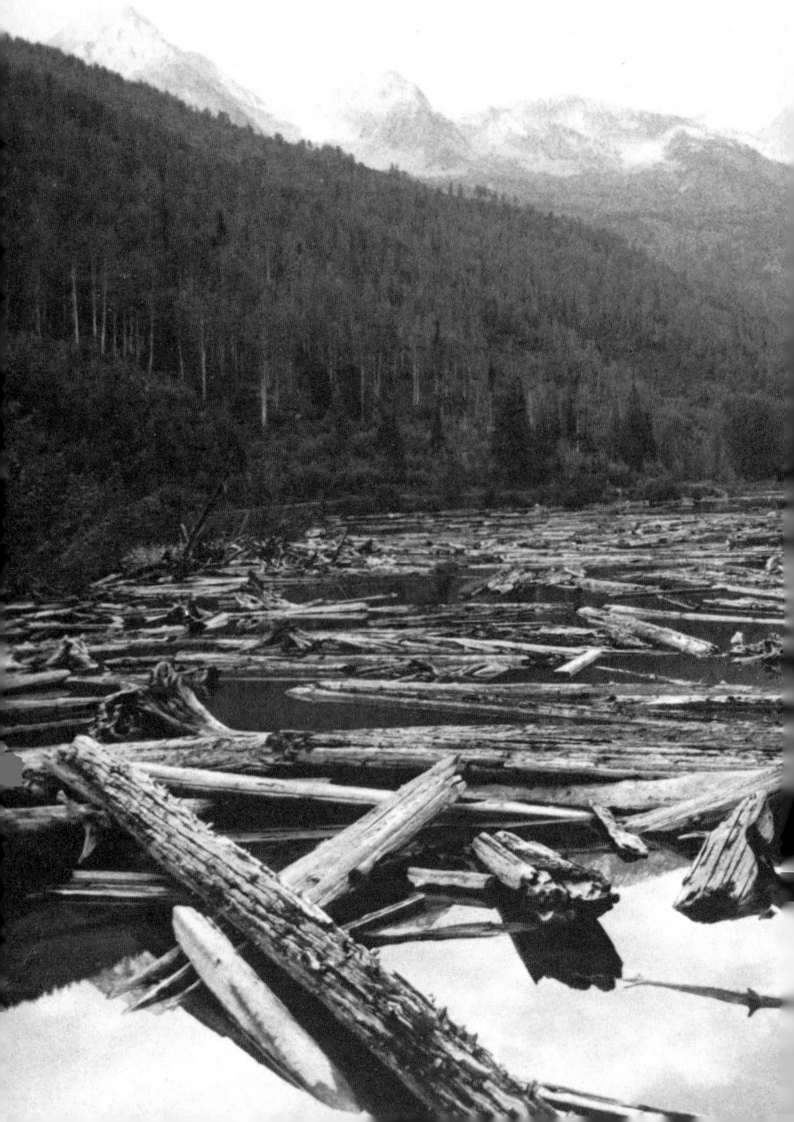

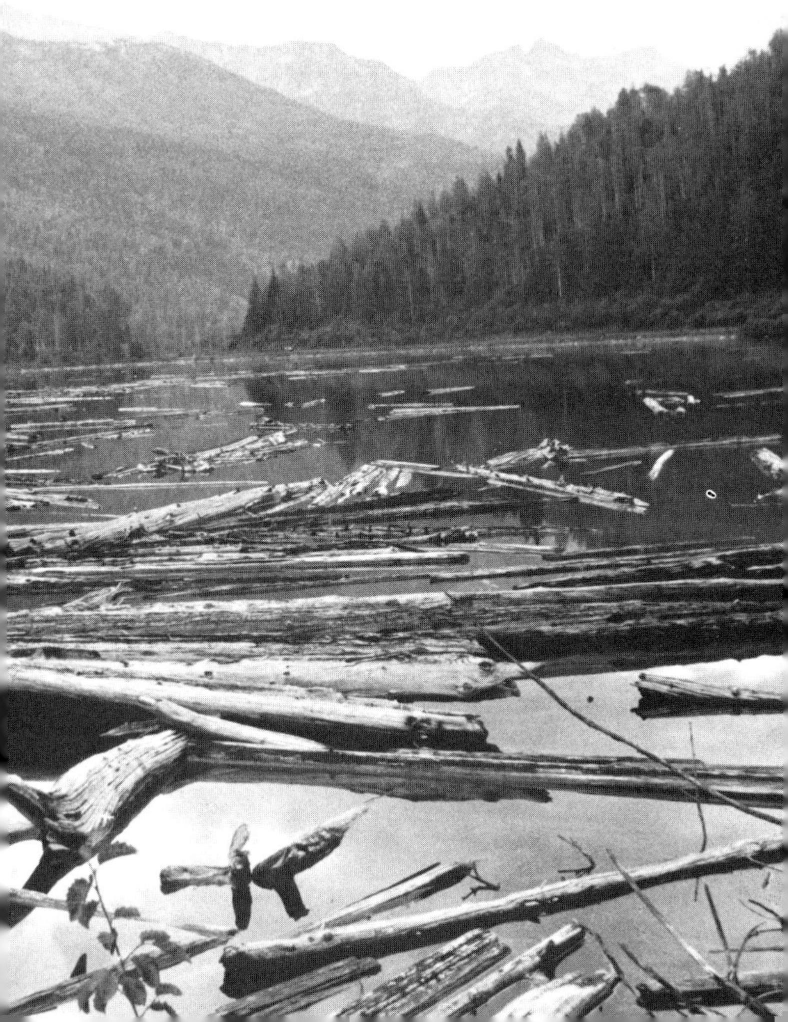

Hinter Kaslo liegt entlang des Fry Creek, ein Erdenfleck mit Hügeln, Bergen, Wiesen, ein Gefilde, das sich auf der Landkarte «Recreation Area» nennt. Die *Route 31 A* schlängelt sich hindurch. Die Orte Retallack, Whitewater, Sandon längst verschollen, sind Geisterstädte. Sie waren am Ende des vergangenen Jahrhunderts jedoch weithin im Lande bekannt, blühten, als hier Silber abgebaut wurde. *Sandon* mit den langsam zusammenfallenden Holzbauten und der Mine eignet sich heute noch besonders gut zum Forschen, zum Entdecken auf eigene Faust. Sollten Sie unter dem wuchernden Gras einen Weg den Hang hinauf finden: auf der Höhe erwarten Sie Wiesen mit alpiner Flora und ein Aussichtspunkt mit herrlichem Blick auf den Slocan Lake mit den umliegenden Bergen.

In New Denver trennen sich die Wege. Welly nimmt mit ihren Bienen im allgemeinen die Südroute des Highway 6, der bei *Castlegar* auf den Highway 3 stößt. In Castlegar Ferry ist ein authentisches Pionierdorf der Doukhobors, *The Doukhobor Village Museum,* im Aufbau, jener aufsehenerregenden Sekte aus Rußland, deren Frauen hin und wieder vor dem Parlament in Victoria nackt demonstrieren, wenn Bestimmungen der Provinzregierung mit der eigenen Weltanschauung als unvereinbar erscheinen.

Trail ist eine der größten Industriestädte der Provinz, mit luftverpestenden Blei- und Erzgewinnungswerken, führend außerdem in der Herstellung von Kunstdünger. Die Woche über finden Führungen durch die Industrieanlagen statt.

Wir indessen wählen den empfehlenswerten Weg entlang des Slocan Lake nach *Nakusp,* nehmen dort ein Bad in den heißen Mineralquellen, überqueren den *Arrow Lake* kostenlos mit einer Fähre und fahren weiter auf dem Highway 6 via Okanagan Valley.

Vom Pazifik zu den Rockies – [Yellowhead 16]

Der *Yellowhead Highway* führt im Nordwesten von der Pazifikküste zu den Rocky Mountains, von dort weiter durch Alberta, Saskatchewan bis Winnipeg. In British Columbia bietet er eine Fahrt reich an unvergeßlichen Naturschönheiten. Die Gipfel und Gletscherberge ragen in das durchsichtige Blau eines Himmels, der noch ein unendlich weiter Pionierhimmel ist. Überall entlang des Highway wird gerodet und gebaut, wird die Straße in die Felsen hinein erweitert, werden Bäume gefällt zur Landgewinnung und Weiterverarbeitung. Holzindustrie, Fischerei und Viehzucht sind die Haupterwerbszweige in den Nordwestgebieten der Provinz. Die Ortschaften sind klein, modern, alle noch im Aufbau und Wachsen begriffen. Und auf den Schulhöfen stehen die Omnibusse, mit denen die Kinder – Indianerkinder, Siedlerkinder – von nah und fern in Schulräume kommen, denen die Fenster fehlen. Aircondition und Unterrichtswissen – die nachwachsende Generation lernt im künstlichen Neonschein die notwendigen Grundlagen amerikanischer Zivilisation kennen.

Prince Rupert, rund um einen Hügel gebaut, ist ein Ort mit nur wenigen Straßen, jedoch mit einem von der Natur besonders begünstigten Hafen. Von hier beginnen die Sight-Seeing-Schiffe [langfristige Vorausbuchungen oder viel Glück sind erforderlich] ihre szenenreiche Reise nach Vancouver Island und Alaska. Die Güterzüge der Canadian National Railway bringen hierher das Getreide zum Verschiffen nach Japan, China und Rußland. Holz liegt ebenfalls in Mengen im Hafen. Prince Rupert rühmt sich außerdem, die Heilbutt-Metropole der Pazifikküste zu sein.

Von *Terrace* führt eine Straße zu den Lavafeldern im Nass Valley und in südlicher Richtung nach *Kitimat,* einem der größten Aluminiumwerke der Erde. Die hierzu notwendigen Elektrizitätsmengen liefern die gestauten Seen südlich von Burns Lake, deren natürliches Abflußsystem zu diesem Zweck kurzerhand umgekehrt wurde.

In *Hazelton,* wo der Bulkley River in den Skeena River fließt, liegt das wiederaufgebaute Indianerdorf «Ksan Indian Village», in dem Indianer handgefertigte Souvenirs zum Kauf anbieten. Und die Totempfähle in den umliegenden Indianerreservaten stehen original an der Stelle, für die sie einst bestimmt waren.

Smithers ist zum Rasten ideal. Wuchtig schaut der Hudson's Bay Mountain ins Tal. Man kann Ausflüge unternehmen zum Driftwood Canyon Provincial Park mit jahrmillionenalten Fossilien, zu dem forellenreichen Babine Lake und den 150 Meter hohen Wasserfällen.

Prince George verdankt sein rasches Wachstum den beiden bedeutenden Highways: dem Yellowhead Highway und der Südnord-Route Nr. 97, die sich hier schneiden. Der Highway 97 aus dem Süden stößt in Dawson Creek dann auf den «Alcan» [Alaska Highway], jene beliebte Lehmpiste gen Norden, die 480 Kilometer den Westhängen der Rocky Mountains entlangführt und mit Schlaglöchern, Staub und Schlamm ihre eigenen Fahrgesetze hat. Auf Prince Georges kleinem Flughafen herrscht im Sommer Hochbetrieb. Buschflugzeuge bringen Jäger und Angler in die Einsamkeiten des Peace Liard Country, zu namenlosen Seen und sicheren Jagdgründen für Großwild. Dieses Wildnisgebiet bedeckt ein Drittel der Provinz, vom Südzipfel Alaskas bis nach Alberta.

97 *Der 3954 Meter hohe Mount Robson; seine Spitze ist fast immer hinter Wolken versteckt*

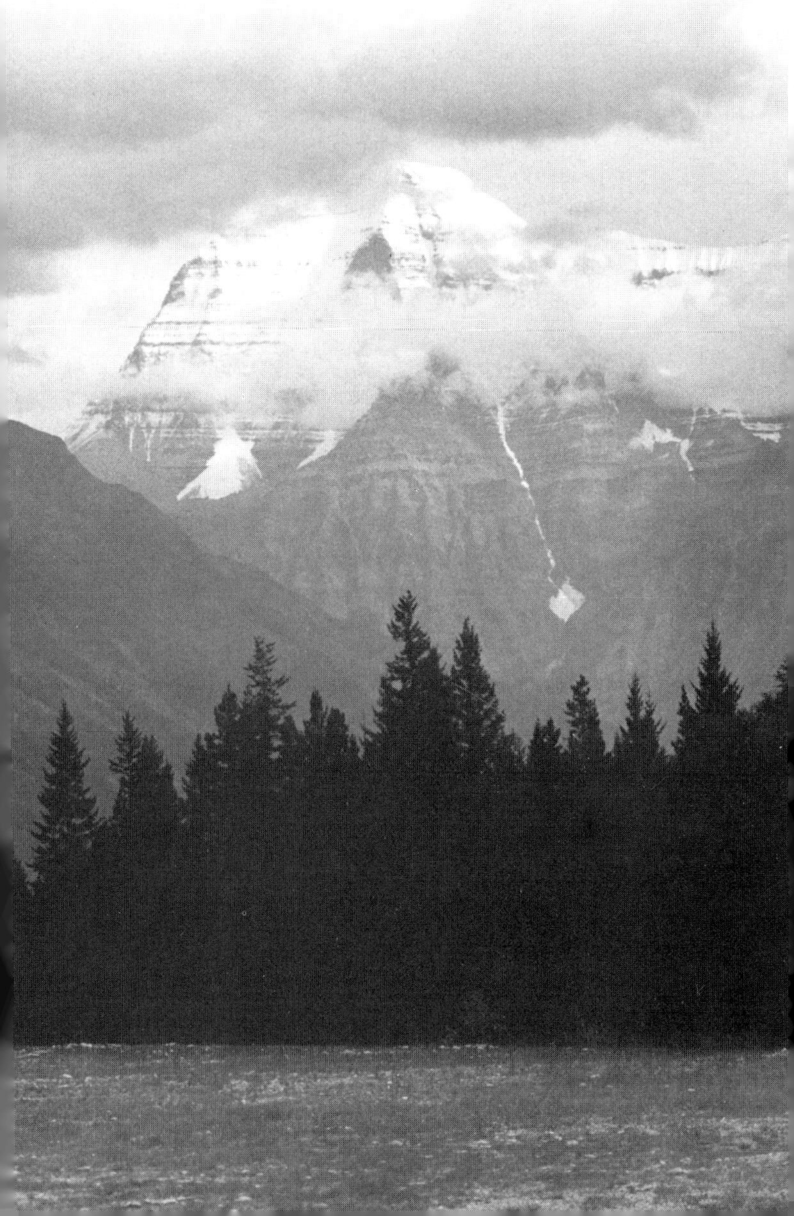

Der Yellowhead Highway führt kurz vor Alberta noch durch den *Mount Robson Provincial Park*. Bei wolkenlosem Himmel grüßt bereits von weitem der kantige Mount Robson, mit 3945 Metern Höhe die «Zugspitze» der kanadischen Rocky Mountains. Dieses Naturgebiet ist ein Paradies für Bergsteiger und Reiter. Als die am schönsten gelegene Reiterranch gilt in dieser Region die «Mount Robson Ranch». Das Tal der tausend Wasserfälle mit Blick auf fünfzehn Gletscher verlockt, dorthin einen Ausflug hoch zu Roß zu unternehmen.

Vancouver Island: Berge noch zum Erstbesteigen

Am Abend, kurz vor der Provinzhauptstadt Victoria, studierten wir in dem kleinen Store unseres Campingplatzes die Straßenkarte. Robert, dem der Laden und der Trailerpark gehörte, sah uns über die Schultern und meinte schmunzelnd, wir könnten uns auf Vancouver Island einen Namen machen. Bedeutend fuhr er mit der Hand über die nördliche Inselhälfte: «Hier warten zum Beispiel noch einige Zweitausender auf eine Erstbesteigung.»

Das Abenteuer schien zunächst ziemlich unkompliziert zu sein: Wer als Erster einen Gipfel der Vancouver Island Ranges erreicht, befestigt dort eine numerierte Plakette, meldet anschließend die gelungene Expedition der Provinzregierung, worauf eine Hubschrauber-Crew sich von dem geglückten Unternehmen, sprich von der deponierten Plakette, überzeugt. Es bleibt dann nur noch die Qual der Wahl, ob man dem Berg den eigenen oder den Namen der Freundin gibt. Mit einem Alpenvereinsweg, Übernachtungshütten oder Hilfe in Notfällen kann natürlich nicht gerechnet werden, dämpfte Robert unser keimendes Interesse. Höchstens mit Bären, bestimmt aber mit teuflischen Moskitos, dichter Wildnis und keiner Menschenseele. Präzise Auskünfte, entsprechende Warnungen und die numerierte Plakette erhalten Sie im Parliament Building in Victoria.

Am nächsten Morgen nahmen wir die Straßenkarte noch einmal zur Hand. Da gibt es einen Mount Albert und eine Victoria Pike, einen Mount Cain und eine Pinder Pike; im Strathcona Provincial Park liegen der Elkhorn Mountain, die Golden Hinde und der Mount Septimus. Nicht allzuviele Namen für eine derartig große Insel. Vermutlich haben nicht alle Profis ihr Ziel erreicht. Wir beschlossen, eine normale Inselrundfahrt auf gängigen Highways zu unternehmen.

Der *Trans-Canada Highway* ist von Victoria aus ziemlich stark befahren. Mit einem herrlichen Panorama erschließt er die Ostküste entlang der Georgia Strait. Die Attraktionen der nördlichen Fortsetzung, des *Highway 19,* sind die Fischerdörfer und die idyllischen Buchten, bekannt für besonders große Lachse und im Sommer für die «Fishing Derbies». Am nördlichen Ende liegt *Kelsey Bay*. Dieser Ort ist Ausgangspunkt für eine bei schönem Wetter unvergeßliche Seereise nach Prince Rupert. Sie dauert eine Nacht und einen Tag, muß der großen Nachfrage wegen jedoch unbedingt vorausgebucht werden.

Insgesamt besitzt Vancouver Island ungefähr die Ausmaße der Schweiz. Die Insel ist 456 Kilometer lang und mißt an ihrer breitesten Stelle 152 Kilometer. Die vielbesuchte Ostküste und die kaum erschlossene felsige Westküste verbindet der landschaftlich einmalig schöne *Highway 4.* Genau 108 Kilometer windet sich die Straße durch das eindrucksvolle Bergland der Vancouver Island Ranges, vorbei an herabstürzenden Wasserfällen, türkisblauen Seen und tiefen Schluchten. Zwischen Parksville und Port Alberni liegt der *MacMillan Park* mit dem berühmten *Douglasfichten-Hain.* Achthundert

Jahre passen diese stattlichen Bäume nun schon auf die Insel auf, ihre Stämme haben inzwischen einen Durchmesser bis zu vier Meter erreicht. Von den Zweigen hängen dicke Flechtenbärte, die daran mahnen, daß es hier feucht und mild ist. Die gewaltigen, vielleicht hundert Meter hohen Bäume gehörten einst zum charakteristischen Waldbestand der Insel, bis vor dreihundert Jahren ein heftiges Feuer nahezu die gesamte Vegetation verschlang. Markierte Trails machen den Besucher auf botanische Besonderheiten aufmerksam.

Später, am *Sproad Lake,* sollten Sie eine kurze Fahrtunterbrechung einlegen. An seinem östlichen Ende sind Petroglyphen, Felszeichnungen der Indianer aus prähistorischer Zeit, zu sehen.

Die *Westküste,* wo der Pazifik schäumend ans Land donnert, gilt gegenwärtig noch als geheimer Urlaubstip. Hier hat die Einsamkeit der wild zerklüfteten Küste noch nicht den bewirtschafteten Charakter von Ausflugsgegenden angenommen. Die wenigen Unterkünfte sind gut, jedoch einfach. Zahlreiche Campgrounds bieten sämtlichen Komfort des kanadischen «Out-Door-Life»: Feuerstellen, Tische mit Bänken, üppige Waldungen, die bis an den Strand reichen. «The Rain Forest», Regenwald, nennen die Einheimischen diesen in der schmeichelnden Salzluft wuchernden Busch- und Waldwuchs entlang der Küste. Vancouver Island rühmt sich, durch die warmen Westwinde die mildeste Durchschnittstemperatur Kanadas zu besitzen. Doch scheint gerade das Wetter dem Tourismus einen Strich durch die Rechnung zu machen. Denn die Sonne meint es mit der Pazifikküste nicht immer so gut, wie die Reiseämter es wünschen.

Doch auch eine Mischung von Wolken, Regen und Sonnenschein hat ihre Reize, fiel uns an Ort und Stelle auf. Der 12 Kilometer lange Sandstrand von *Long Beach* lädt zu sorglosen

*Tifino, ein kleiner Fischerhafen an der Westküste von
Vancouver Island*

Strandwanderungen ein. Zwischendurch, bei Ebbe, lassen sich jahrtausendealte, bizarre Felsgebilde erklimmen, über die der Ozean bei schwellendem Wasser seine Fluten peitscht. In dem kleinen Fischerort *Tofino* leben zurückhaltende, freundliche, dem Meer verhaftete Menschen. Für den ehemaligen Musiker Max aus München ist die Westküste von Vancouver Island der schönste Flecken Erde. Hier konnte er den Traum seines Lebens erfüllen: ein eigenes Haus abseits von Verkehrslärm und Gestank, ein eigenes Boot – und jeden Morgen ist er sein eigener Kapitän, wenn es mit den Netzen hinaus-

Trail durch einen Regenwald auf Vancouver Island

geht auf die hohe See. Er erzählte uns von Walen und Seeottern, Adlern und Reihern, die hier zum Alltag gehören. Bittet man die Fischer darum, nehmen sie einen schon einmal zum Fang mit. Absolute Seefestigkeit ist dabei eine selbstverständliche Voraussetzung. Um seekranke Touristen will und kann sich hier nämlich niemand kümmern.

Long Beach ist der eine Teil des 115 Quadratkilometer großen *Pacific Rim National Park*. Die beiden anderen Abschnitte, die Inselgruppe der Broken Islands [nur mit Boot von Ucluelet erreichbar] und südlich davon der 73 Kilometer lange *Westcoast Trail* mit dem historischen «Lebensretterpfad» sind eher etwas für geübte und erfahrene Wildnisabenteurer, die den Wunsch nach ungestörter Einsamkeit haben. Rauh und wild ist diese Landschaft, in die keine angenehm befahrbaren Wege führen. Der «Lebensrettungspfad» wurde für gestrandete Seeleute angelegt, denen er die Möglichkeit bot, mit der Außenwelt über Telefonanschlüsse Kontakt aufzunehmen. Die Regierung ist bemüht, diesen wildschönen Weg als Wanderweg auszubauen.

Wer von Campbell River die *Route 28* durch den Strathcona Provincial Park wählt, eine weitere eindrucksvolle Querverbindung durch das Wildnisgebiet zur Pazifikküste, kann vom Ende der Straße auf dem Wasserweg den historischen Ort *Nootka* erreichen. *Kapitän Cook* landete hier auf einer seiner Entdeckungsfahrten im Jahre 1778. Als er bei seiner Landung die kostbaren Seeotterfelle der Indianer bemerkte, forcierte er sofort ein Tauschgeschäft. Der Seltenheit und dementsprechend großen Nachfrage wegen entsprach der Wert eines Seeotterfelles damals fast dem Jahressold eines britischen Seemanns. Kein Wunder, daß in den folgenden Jahren nicht nur die Engländer, sondern auch Russen und Amerikaner die Rümpfe ihrer Segelschiffe mit den hochdotierten Inselgütern füllten. Sie kümmerten sich wenig darum, daß die Spanier bis dato das Gebiet ihr eigen nannten, weil 1774 Juan Perez an Vancouver Island vorbeigesegelt war. Noch im letzten Augenblick konnte ein Krieg zwischen Spanien und England verhindert werden. Der diplomatisch gewandte und angesehene *Kapitän George Vancouver* wurde 1790 von Londons Regierung nach Nootka gesandt, um dort mit den Spaniern ein Abkommen zu schließen, in welchem dem britischen Inselreich die Gebiete nördlich der Bucht von San Francisco zugesprochen wurden. George Vancouver ließ anschließend die Küste vermessen und entdeckte, daß es sich um eine Insel handelte.

Vancouver Island war eine selbständige Kronkolonie, bis sie sich 1866 British Columbia anschloß.
Inzwischen hatte auch die Hudson's Bay Company – bis 1870 in den nordwestlichen Territorien uneingeschränkter Herrscher im Pelzhandelsgeschäft – Kunde von den außergewöhnlichen Pelzen des Eilandes erhalten. James Douglas erhielt den Auftrag, für einen günstig gelegenen Handelsposten zu sorgen. 1843 bestimmte er am südlichen Ende von Vancouver Island einen Ort, auf dem Fort Victoria entstand.

Victoria mit Körben voll von Blumen

Fort Victoria verlor als Pelzhandelsposten rasch an Bedeutung, als 1858 die Menschen durch vier magnetische Buchstaben nach Norden gelockt wurden. *Gold* war im Fraser River gefunden worden. In Fort Victoria erhielten die «Miners» die Lizenzen zum Goldschürfen. Tausende von Glückssuchern kamen damals mit Schiffen aus Kalifornien nach Vancouver Island. Wer keine Herberge fand, schlug irgendwo sein Zelt auf. Mitunter sollen über 30 000 Menschen rund ums Fort kampiert haben. Läden, Restaurants, Werkstätten schossen zur Versorgung der Goldsucher wie Pilze aus dem Boden. Über Nacht stiegen die Grundstückpreise von fünf auf fünfhundert Dollar und mehr. Das Geschäft blühte. 1862 erhielt Victoria Stadtrechte.
Als vier Jahre später, 1866, sich die Kronkolonie Vancouver Island mit der Kolonie British Columbia zusammenschloß, konzentrierte sich die Stadt auf das ruhigere Geschäft des Verwaltens. 1868 wurde Victoria die Hauptstadt der Kolonie British Columbia. Daran änderte sich auch nichts, nachdem

British Columbia 1871 dem Dominion of Canada als Provinz beitrat.
Heute zählt die Provinzkapitale zusammen mit den eingemeindeten Außenbezirken rund 200000 Einwohner. Zurückhaltend liegen die Häuser hinter gepflegten Gärten. Die Alleebäume sehen fast aus wie in einem Kurort. Umgeben von den beiden breiten Wasserarmen, der Haro- und der Juan de Fuco-Strait, schwimmt die Stadt sozusagen in einer blauen Flut von Meeresluft und Wasser. Im Blau des kanadischen Himmels sind auch die Pfosten der Laternen gestrichen, an denen Körbe voll bunt blühender Blumenarrangements im Sommer balancieren. Alles, was die Prospekte an Schmuckhaftigkeit und Beschaulichkeit preisen – die Provinzhauptstadt löst das Versprechen ein. Nicht von ungefähr wählen wohlhabende Pensionäre Victoria als Wohnort. Die Provinzhauptstadt ist auch Sitz der Wissenschaften mit einer modernen Universität.
Um einen Eindruck von dem einmaligen Panorama der Stadt zu erhalten, empfiehlt sich bei schönem Wetter eine Fahrt zum Aussichtspunkt im *Mount Tomie Park* [über Cedar Hill Cross Road]. Die gegenüberliegenden Ufer gehören bereits zum Staat Washington in den USA.
Für Besucher mit eigenem PKW wurde im Stadtplan die sogenannte «Golden Sightseeing Route» eingezeichnet. Wer ihr folgt, kommt automatisch an Victorias wichtigsten Sehenswürdigkeiten vorbei.
Ausgangspunkt für eine Rundfahrt könnte im Zentrum *Victoria Harbour* sein, der innere Stadthafen mit den Hauptattraktionen. Hier liegen zunächst einmal das *Tourist-Informationsbüro* sowie die Abfahrtstellen für Rund- und Ausflugsfahrten per Schiff oder mit dem roten Doppeldecker-Bus. Weiter finden Sie am Hafen die *Undersea Gardens,* wo der Besucher un-

ter Wasser die Meerestiere aus unmittelbarer Nähe in ihrem Element kennenlernen kann. Im vielbesuchten *Royal London Wax Museum* stammen die Wachsnachbildungen international bekannter Persönlichkeiten und berühmter Szenen der Weltgeschichte von denselben Händen, die auch das Wachsfigurenkabinett der Madame Tussaud in London laufend auf dem neuesten Stand halten.

Das *Parliament Building* ist Victorias bekanntestes Gebäude. Seines eigenartigen Kuppelbaues wegen nannte es der Volksmund kurz und treffend «Vogelkäfig». Oben auf der Kuppelspitze steht erhobenen Hauptes in goldenem Habitus Kapitän George Vancouver, seines Amtes englischer Seefahrer und Friedensstifter auf Vancouver Island. Vor dem Parlamentsgebäude hat die Statue von Königin Victoria ihren Platz erhalten.

Nicht weit vom Wasser steht auch das ehrwürdige *Empress* mit seiner gepflegten Tradition der Canadian-Pazific-Schloßhotels. Entweder unter Palmen oder im Stil von «Old England» läßt sich in dieser Nobelherberge angenehm, doch etwas teuer eine Kaffee- oder Teepause genießen.

Das *Provincial Museum* [Eintritt frei] vermittelt den über Treppen rollenden Besuchern in mehreren Stockwerken einen Überblick über die Kultur, die Geschichte und die Tierwelt an der Pazifikküste. Der Alltag der Haida, der Bella Coola, der Nootka, der Tsimshian Indianer lebt durch Funde von Flechtwerken, Geräten und in zahlreichen Darstellungen weiter. Wie sie wohnten, die Indianer in ihren Blockhütten und die Pioniere in den Holzgebäuden, wird fesselnd dokumentiert. Lohnend ist auch ein Besuch des danebenliegenden *Thunderbird Park* mit einer Sammlung von Totempfählen.

Des *Doktor's Helmcken House* in der Elliot Street, eines der ältesten Pionierhäuser Victorias, stammt aus dem Jahre 1852.

Es ist ein Museum mit der bescheidenen Einrichtung einer Arztpraxis. Was würde Dr. Helmcken für Augen machen, könnte er die heute üblichen, hochtechnisierten Geräte seiner Standesgenossen zum Beispiel im General oder Royal Jubilee Hospital sehen, die zuweilen weniger bewirken als die einfachen Heilmethoden eines Pionierarztes. John Sebastian Helmcken erreichte immerhin das stolze Alter von 96 Jahren.

Das Besondere von Victoria, die einmalige landschaftliche Szenerie, vermitteln der *Beach Drive und die Crescent Road.* Immer wieder führt diese zusammenhängende Küstenstraße durch Parks. Unterhalb breitet sich der Wasserarm des Juan de Fuca mit einem metallisch schimmerndem Glanz aus. Am Weg liegt das *Sealand of Pazific,* in dem Delphine, Seelöwen, Killerwale und Kormorane ihre Kunststücke zeigen. Der *Beacon Hill* ist unter Victorias vierzig grünen Parks der größte. Seen nehmen die Schattierungen des Himmels auf, um diese mit dem Grün der Bäume, des Rasens zu mischen. Hauptattraktionen sind der 35 Meter hohe Totempfahl und die herrlichen Rosenbeete.

Victoria zu verlassen, ohne die «Mile 0» gesehen zu haben, wäre immerhin eine Unterlassung. An der Ecke Dallas Road und Douglas Street markiert die «Mile 0» den Beginn des Trans-Canada Highway, jenes gewaltigen Straßenprojekts, das mit einer Länge von 7820 Kilometern durch zehn Provinzen führt und die Pazifikküste mit dem Atlantik verbindet.

108/109   Das Parlamentsgebäude in Viktoria auf Vancouver Island
110   Ein Totem vor dem Provincial Museum in Viktoria

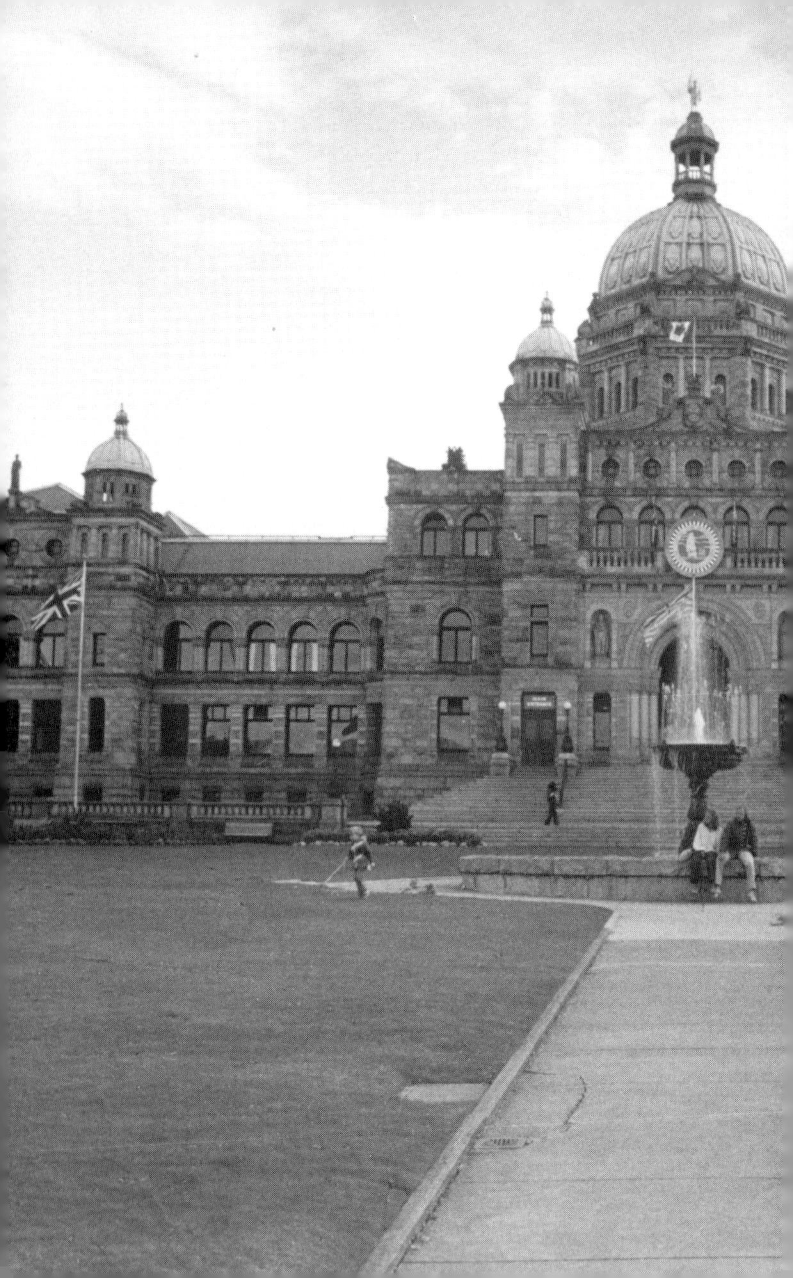

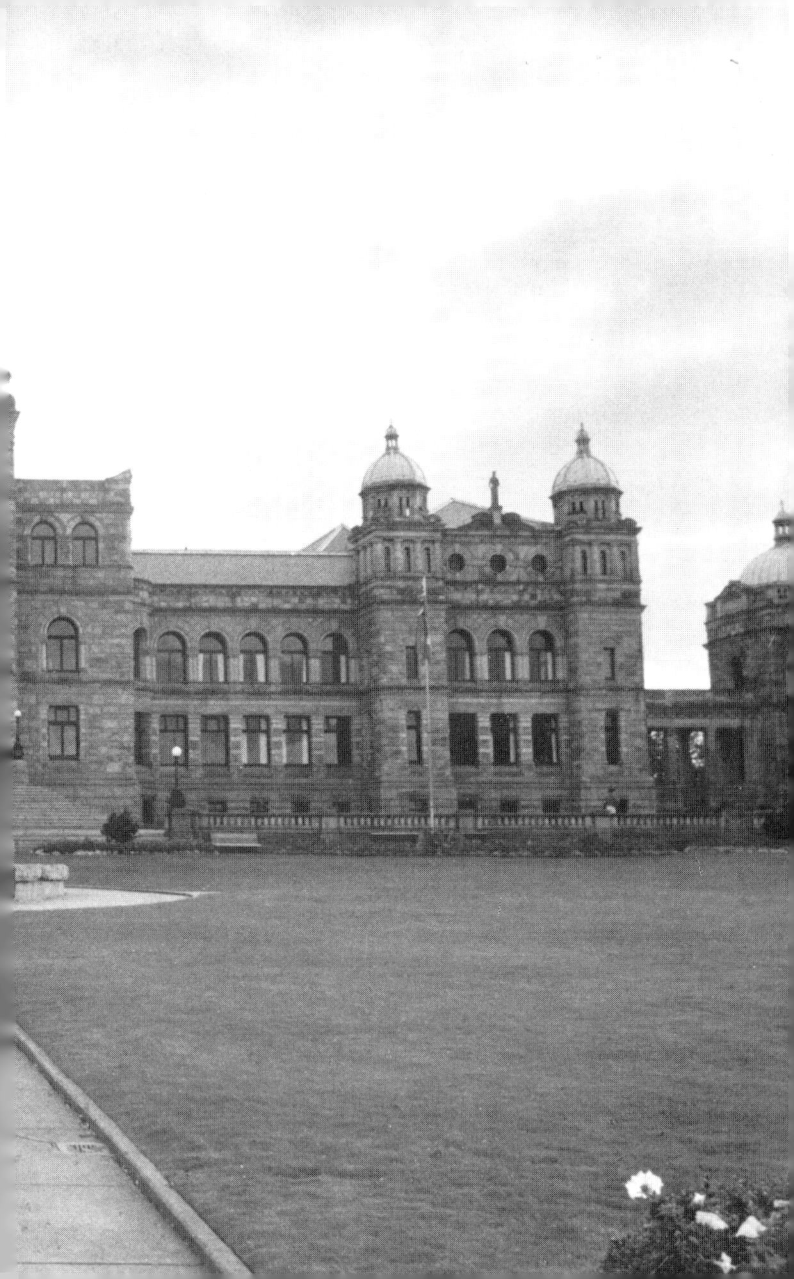

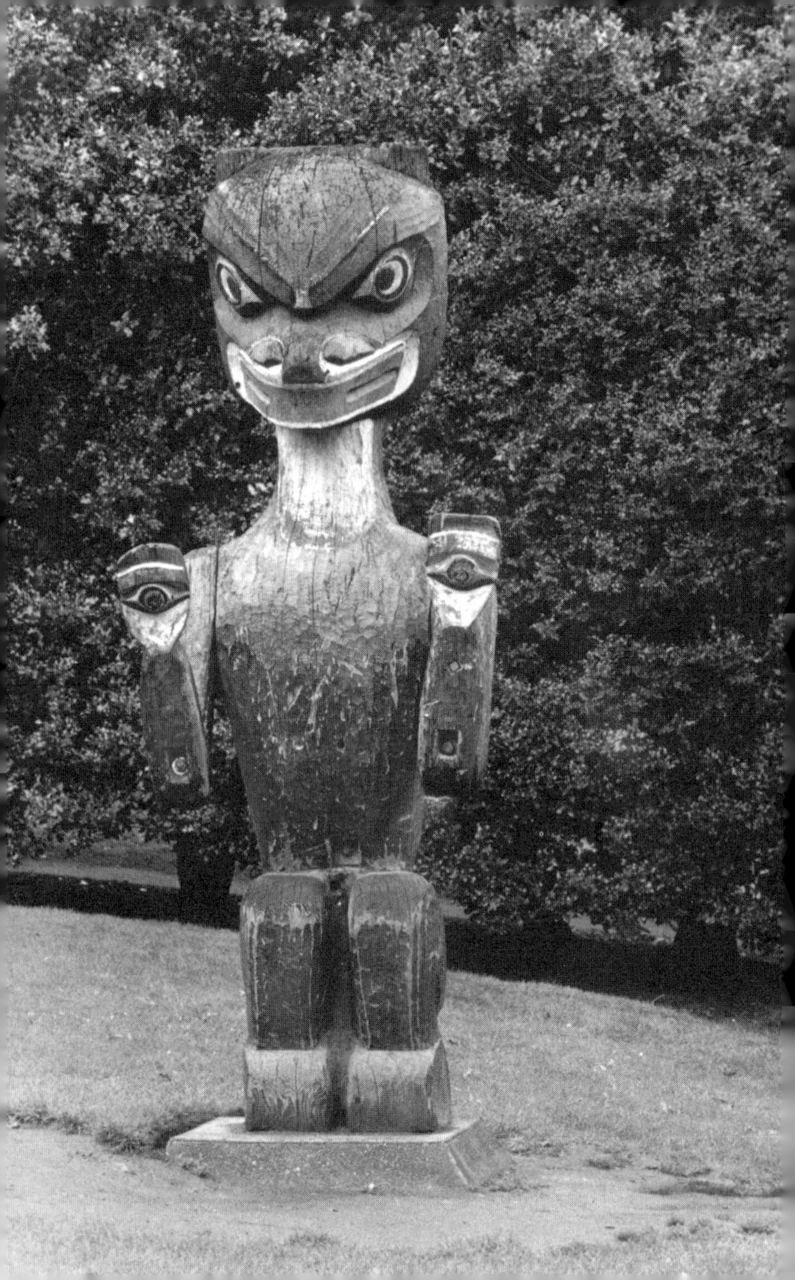

Butchart's Gardens

Butcharts Blumengärten am Tod Inlet sind der beliebteste Ausflugsort und der sinnbetörendste Park auf Vancouver Island. Der Lohn für eine circa zwanzig Kilometer lange Fahrt in nördliche Richtung sind Gärten, Beete, Rabatten von Blumen in allen Farben und Spielarten. Auf einer zehn Hektar großen Fläche entfalten sich die schönsten Blüten aus allen Ländern der Erde zu voller Pracht. Zwischen Rasenflächen, exotischen Bäumen, künstlichen Seen und Teichen liegen die japanischen Gärten und die steng angelegten italienischen Blumenbeete, die englischen Rosen und die verspielt versunkenen Gärten. Wege aus Zement führen die Besucher durch die hinreißenden Blütenszenerien. Einen Mittelpunkt bildet die Ross-Fontäne, deren Wasser in einem ständigen Wechselspiel auf- und niedersteigen.
Die Gartenanlage verdankt Vancouver Island dem Zementfabrikanten Butchart und dessen Frau. Die Liebe zu Blumen brachte beide auf die Idee, einen nutzlosen, abgewirtschafteten Steinbruch künstlerisch zu gestalten. Schön sind die Gärten auch am Abend unter der Flut einer versteckten Beleuchtung. Über die einzelnen Pflanzenarten informiert ein gesondertes Blatt, am Eingang auch in deutscher Sprache erhältlich.

Nanaimo

Nanaimo ist ein Ort, von dem aus die meisten Touristen ihre Reise auf Vancouver Island beginnen. Hier landen nach einer landschaftlich erlebnisreichen Fahrt von einer Stunde und vierzig Minuten die Fähren aus Vancouver.

Seine Entstehung verdankt Nanaimo einem intensiven Kohleabbau. Ihre berühmte *Mine No 1* schloß die Hudson's Bay Company im Jahre 1938, nachdem bei Cranbrook wesentlich bedeutendere Kohlelager entdeckt worden waren. Letztes historisches Zeugnis des Kohlebooms der Jahrhundertwende ist die *Bastion* der Hudson's Bay Company, heute ein Museum mit Darstellungen des Kohlebergbaus, der Haus- und Handwerksgeräte der Pioniere. Die Stadt zählt inzwischen 60 000 Einwohner und verweist selbstbewußt auf ihre wichtige Rolle als Verteilerzentrale und Handelshafen. Schiffe von 30 000 Tonnen liegen vor Anker aus Finnland, den USA, Japan. Im Laufe der nächsten Jahre soll der Hafen zu einem bedeutenden Tiefseehafen ausgebaut werden.
Einmal im Jahr geht es hoch her in der kleinen Stadt: im Juli, wenn das Badewannenrennen zwischen Nanaimo und Vancouver stattfindet. Wenn jung und alt sich in den eigens für diese Wassergaudi zurechtgebastelten Wannenfahrzeugen über die Georgia Strait um den ersten Preis mühen.

Einen Jux wollt er sich machen oder vielmehr seinen Traum vom eignen Heim erfüllen: Mr. George Plump aus Duncan. Dazu sammelte er Flaschen. Als er 180 000 Stück beisammen hatte, begann er 1962 burgähnliche Gebäude zu errichten wie aus einem Kinderbaukasten. «Glass Castle» nennt er stolz seine Wohnanlage, in der die Plumps heute leben. Mr. Plump ist nicht nur glücklich über die gelungene Arbeit, sondern auch über die gute Isolation der Flaschen gegen Kälte und Lärm.
Sicher ein fotogenes Beispiel dafür, was in Kanada alles möglich ist an alternativem Wohnen. «Glass Castle» liegt bei Duncan auf halber Wegstrecke zwischen Nanaimo und Victoria. Besichtigungen sind jederzeit möglich.

Strathcona Provincial Park.
Oder wie man lernt zu überleben

Zwischen der Ost- und Westküste von Vancouver Island liegt der 220000 Hektar große *Strathcona Provincial Park,* ein Wildnisgebiet mit Gletschern, Bergen, Wild und mit Wasser, das trinkbar ist. Die einzige Verbindung dorthin besteht über den Highway 28 von Campbell River aus. An der Straße liegt die Strathcona Park Lodge mit einer Besatzung junger, sportlicher Menschen. Sie gehören zu den gut ausgebildeten kanadischen Wildnisführern. Je nach Kondition, Fitness und Interesse kann auch jeder Neuling unter ihrer Anleitung die ersten Paddelschläge im Kanu lernen oder im Motorboot auf Entdeckungsreise gehen. Er kann an einer mehrtägigen Gletscherexpedition teilnehmen oder mit dem Segelboot auf James Cooks Wasserwegen fahren. Er lernt, wie Feuer ohne Streichhölzer entfacht wird, die Orientierung ohne Kompaß gelingt und ein Schlaf im Freien unter allen Witterungsbedingungen möglich ist. «Die entscheidenden Erfahrungen eines Menschen resultieren nicht aus erlebten Situationen, sondern daraus, wie ein Mensch diesen Situationen gerecht wird», heißt der Leitspruch im Stammbuch der Strathcona Lodge. Welchen tiefen Lebenswert dieser Gedanke birgt, wird spätestens dann zur eigenen Erfahrung, wenn inmitten einer Gruppe am Abend die selbstgefangenen Lachse am Lagerfeuer gebraten werden und die Wildnis zu einem Freund geworden ist.
Busverbindungen zur Strathcona Lodge bestehen täglich [außer Samstag] von Campbell River aus.

ALBERTA: EINE «GEMACHTE PROVINZ»

Alberta ist innerhalb der vergangenen dreißig Jahre mit Abstand wirtschaftlich zur attraktivsten und reichsten Provinz Kanadas geworden. Diesen Aufstieg verdankt sie ihren immensen Öl-, Gas- und Kohlevorkommen. Von den fossilen Brennstoffen, die Kanada jedes Jahr verbraucht und exportiert, stammen 80 Prozent Gas, 75 Prozent Öl und 45 Prozent Kohle aus Alberta. Allein im Südosten der Provinzhauptstadt Edmonton fließt das schwarze Gold aus 650 Ölquellen. Die riesigen Teersandvorkommen im Norden Albertas, vor allem in den Gebieten entlang des Peace und Athabasca River, versprechen in absehbarer Zeit die völlige Unabhängigkeit Kanadas von den Ölpressionen der OPEC-Länder. Die größte Anlage, die Syncrude Canada Ltd. bei Fort McMurray am Athabasca River, soll bei einer Jahreskapazität von rund 5 Millionen Tonnen einen Barrel Rohöl für etwa 21 kanadische Dollar produzieren. Vorausschätzungen sehen bis 1995 eine Steigerung der Ölproduktion aus Teersanden auf 50 Millionen Tonnen pro Jahr vor. Trotz der reichen Energievorräte sind Ackerbau und Viehzucht wichtige Wirtschaftspotentiale der Provinz geblieben.

Albertas großes, weites Land von insgesamt 662 000 Quadratkilometern Fläche läßt sich in vier große Landschaftsgebiete aufteilen: Von der Südgrenze zu den USA bis zum 52. Breitengrad erstreckt sich *Prärie*, durch riesige Bewässerungsanlagen in fruchtbares Weide- und Getreideland umgewandelt. Die weitverstreuten Ranches und Farmen diesseits und jenseits der Highways verstärken oft das Gefühl der Verlassenheit. Überall in den kleinen Orten – die mit einem Drugstore, ein paar Tankstellen und Einkaufsläden, vielleicht einer Bank, den Getreidespeichern und den Holzhäusern alle gleich trostlos wirken – finden Rinderauktionen statt. Hier paart sich Langeweile mit handfester Wildwestromantik.

Südlich von Red Deer bis nördlich von Edmonton durchquert man das sogenannte *Parkland.* Seen, Flüsse, Wälder, Wiesen, Felder, Sümpfe, Moskitoschwärme und Bohrtürme bestimmen dieses Landschaftsgebiet. Das Tal des *Battle River* versteht sich als Albertas Kornkammer und bestes Jagdgebiet auf Wildenten und kanadische Gänse. Denn im Herbst wählen die Hochlandvögel die geernteten Getreidefelder als Zwischenstation auf ihrem Flug gen Süden. Die zahlreichen Flüsse und Seen sind ideal zum Fischen und zum Bootfahren.

Nach Westen zur Provinz British Columbia steigt das Land über die Foothills hinauf bis zu den schnee- und eisbedeckten Dreitausendern der *Rocky Mountains.* Die beiden Nationalparks von *Banff* und *Jasper* gehören zu den großartigen Naturschutzgebieten Kanadas. Der *Icefield Parkway,* der durch diese hochalpine Gebirgswelt führt, präsentiert die imposanten Felsmassive wie ein Kinofilm: eine Traumstraße der Welt aus erster Hand.

Nördlich der Parkgrenze beginnt die wilde Einsamkeit der *nördlichen Regionen,* die bis zu den Northwest Territories reicht: ein Reich von Wäldern, Sümpfen, Seen, eine Welt des Abenteuers, der unberührten Wildnis. Mehr als 3000 Elche, ungezähltes Rotwild, Schwarzbären und Berglöwen sollen in dem Gebiet des mächtigen *Peace River* sich aufhalten. Hier leben in kleinen Gruppen die *Cree-Indianer* und einige Trapper fern der Zivilisation ein freies Dasein, in dem Zähigkeit und Durchsetzungskraft vor allem anderen zählen. Auch Albertas

Norden ist Urlaubsland, ein Traumland vor allem für Jäger. Ein erfahrener und weitgereister Waidmann aus Europa versicherte mir, daß von sämtlichen Jagderlebnissen seines Lebens das Jagen in Albertas Norden unüberbietbar gewesen sei. Gewiß, die Ortschaften entlang des *Mackenzie Highway* – der nach Yellowknife führt – sind nicht besonders aufregend. Doch bieten sie angenehme Unterkünfte und Standquartiere für Unternehmungen in die Umgebung. So kann zum Beispiel in den Provincial Parks zwischen Grand Prairie und Peace River der seltene Trompetenschwan beobachtet werden.

Die *geschichtliche Entwicklung* Albertas leitete der frankokanadische Entdecker *La Verendrye* ein. 1751 hatte er irgendwo in Calgary's Downtown einen Versorgungsposten für seine Erkundungsfahrten eingerichtet, der rasch wieder verfiel. Die Kunde vom Pelztierreichtum in den nördlichen Waldregionen aktivierte bis zum Ende des 18. Jahrhunderts zunächst die North-West-Company, dann die stark konkurrierende Hudson's Bay Company, sich mit möglichst zahlreichen Pelzhandelsposten entlang der Flüsse zu etablieren. Fort Chipewyan war zur Zeit des Forschers *Alexander Mackenzie* [1789] der nördlichste Basisposten der North-West-Company. Heute ist der Ort Ausgangspunkt für Kanutouren in den südlichen Teil des Wood Buffalo National Park. In Rocky Mountains House am North Saskatchewan River erinnert eine Tafel an den bedeutenden Entdecker, Pelzhändler und Kartographen *David Thompson,* der hier 1799 ebenfalls ein Hauptquartier errichtet hatte, um im Auftrag der Hudson's Bay Company die Flüsse in den Rockies zu erforschen und aufzuzeichnen. Seine Karten und Aufzeichnungen sind von einer derartigen Exaktheit, daß sie bis heute Gültigkeit besitzen.

1870 war die kanadische Pelzhandelsära zu Ende. Als die Regierung das Szepter in die Hand nahm, gab es in Albertas Sü-

den bereits mehr als ein Dutzend Forts, die von Alkoholschmugglern aus dem benachbarten US-Staat Montana in Schwung gehalten wurden. Anstatt seßhaft zu werden – wie vom Gouverneur gewünscht – tauschten die Indianer jetzt ihre Tierfelle dort gegen ein «teuflisches Gebräu aus gebranntem Alkohol mit rotem Pfeffer, Melasse und Tabak vermischt». Die Wirkung des Alkohols konnte leicht zu kriegerischen Auseinandersetzungen zwischen den ohnehin feindlichen *Blackfeet*-Indianern auf kanadischem Boden mit den *Sioux* in den angrenzenden Staaten führen. Dies hätte einen Einmarsch von US-Truppen nach Kanada zur Folge gehabt. Doch bevor es dazu kam, sorgte die 1873 in Ottawa gegründete North West Mounted Police für Ordnung.
Zehn Jahre später erreichte die Eisenbahnlinie der *Canadien Pacific Railway* die Frontiers. Viehhalter kamen und versorgten die Eisenbahnbauer mit Fleisch. Dann wurden die ersten Parzellen zur Landbestellung abgesteckt. Ein bescheidener Aufschwung begann durch Einwanderer aus England, Schottland, der Ukraine, Polen und den USA. Deutsche, Russen und Skandinavier folgten. 1905 traten Alberta zusammen mit Saskatchewan als Provinzen dem Dominion of Canada bei. Und als Ingenieure 1911 in Drumheller auf Kohle, drei Jahre später auf Gas und Öl in Turner Valley stießen, war Alberta eine «gemachte Provinz».

Calgary: Kühe, Cowboys und Kultur

Ohne in den engen Sesseln richtig geschlafen zu haben, landeten wir nach langem Flug etwas «verspannt» auf Calgarys modernem International Airport morgens um halb acht. Die Teppichböden, womit die Hallen ausgestattet, dämpften angenehm den bereits begonnenen Betrieb. Jemand von der Leihwagenfirma sollte uns hier in Empfang nehmen, dann zum Trailerpark am entgegengesetzten Stadtende fahren, wo wir unser Gepäck in den vorbestellten Camper umladen und ohne viel Zeitverlust zur geplanten Rundreise starten wollten. So nahtlos funktionierte die Homemobilübernahme allerdings nur in unseren Vorstellungen. Auf Calgarys Flugplatz war weit und breit kein Firmenangehöriger mit dem verabredeten Fähnchenzeichen zu sehen, auch nach der telefonisch vereinbarten Stunde kam niemand. Etwas von der vielzitierten kanadischen Lässigkeit wurde spürbar.

Während einer unterhaltenden Taxifahrt zur angegebenen Trailerpark-Adresse erfuhren wir von dem jungen Palästinenser am Steuer, daß er es in Chicago nicht länger ausgehalten habe und in dem soliden Calgary der ausgezeichneten Arbeits- und Verdienstmöglichkeiten wegen hängengeblieben sei. «Viel zu sehen und zu erleben gibt es in der Stadt nicht», beteuerte er, «aber es läßt sich leben. Vor allem die Umgebung ist einmalig.» Während er von den Rocky Mountains zu erzählen begann, passierte der Highway Viehboxen, die kein Ende zu nehmen schienen. «Calgary ist Kanadas ‹*Cowtown*›», ergriff der Palästinenser jetzt Partei für die Stadt. Sämtliches aus Europa importiertes Zuchtvieh erhält hier nach strengen Bestimmungen den letzten o.k.-Stempel für den Weiterverkauf im Land. Die führenden Bullen- und Pferdemärkte Kanadas finden ebenfalls in Calgary statt. Und an den Wochentagen gehören die frühen Morgenstunden den in Calgary nachgemästeten Rindern, den großen Viehauktionen vor den *Stockyards,* Mittelpunkt des westkanadischen Viehhandels [Ecke 21.Avenue und 12.Street S-E; interessierte Zuschauer sind zugelassen]. Zum Schluß gab der aus Palästina eingewanderte Taxifahrer uns wie altvertrauten Freunden den Tip, daß

auf der Welt wohl kein Steak an Calgarys Western Beef Steak herankomme. «Ganz gleichgültig, in welchem Restaurant ihr es bestellt.»
Gelöst, gelockert und an all dem Neuen interessiert, versorgten wir uns anschließend im Büro der Leihwagenfirma vier Stunden lang geduldig aus einem Automaten mit dünnem Kaffee in Plastikbechern, bis der Camper startbereit war. Schließlich arrangierten wir uns auch noch mit einem weniger wendigen Wohnmobil von erschreckenden sechs Metern Länge anstelle des vorbestellten «Pick Up». Anscheinend hatte die bemerkenswerte Fähigkeit der Kanadier, sich ihr Lebensglück nicht durch unabänderliche Umstände zerstören zu lassen, unsere eigene Haltung bereits ein wenig zurechtgerückt.
Wer von den Außenbezirken ins Zentrum fährt, wird den Hang des Westkanadiers zum isolierten Wohnen hier wohl am besten studieren können. Der Traum vom eigenen Bungalow mit Garten, von der komfortablen Unabhängigkeit, kann gerade in Calgary von vielen Menschen durch das allgemein hohe Einkommen realisiert werden. Anstelle urbaner Dichte präsentiert sich die Stadt wie ein Seestern, der in vielen Armen vom Citykörper weg nach allen Richtungen ins Land hinausgreift. Abseits der Downtown in weitentfernten Vororten zu leben, gilt als erstrebenswert. Ein gutentwickeltes Straßennetz verbindet, was im Grunde nicht zusammengehört. Im Bus zur Arbeitsstelle fahren nur die weniger Bemittelten.
Calgary, am Zusammenfluß des Bow und Elbow River gelegen, ist eine wohlhabende Stadt mit 500000 Einwohnern und mit einer offensichtlich großen Zukunft. Die Ausbeutung und Verwertung des schwarzen Goldes brachte die Niederlassungen einiger hundert Öl- und Erdgasfirmen in die City. Dementsprechend auf dem architektonisch neuesten Stand ist die Downtown mit modernen Bürohochhäusern, namhaften Ho-

tels, den großen Kaufhäusern und einer Fußgängerzone. Die Orientierung ist einfach: die «Avenues» verlaufen von Ost nach West, die «Streets» von Nord nach Süd. Der Bow River und die Centre Street teilen das Stadtgebiet in vier Sektoren.
Einmal im Jahr, anfangs Juli, ist dieses sonst nicht besonders turbulente City-Zentrum nicht wiederzuerkennen. Die *Calgary Stampede* hebt die Stadt zehn Tage aus den Angeln, bringt Tausende von Menschen aus allen Teilen Kanadas, Europas, den USA auf die Beine und in Schwung. Bereits Wochen vorher beherrscht «The great Western Style» die Schaufenster. Western Jeans mit den obligatorisch schräg nach unten geschnittenen Seitentaschen, Western Boots mit reichverzierten Schäften, großkarierte Hemden und natürlich der weiße Stetson-Hut mit breiter Rollkrempe werden überall angeboten. Seit neuestem werden die Cowboyhüte nicht mehr aus Filz, sondern der Hitze wegen immer mehr aus Stroh gearbeitet. «Stampede Fashion» versorgt die Menschen vom Lasso bis zum guten Western Food. Selbst Kanadas Premierminister zeigt sich hemdsärmelig, wenn er hoch zu Roß die lange, farbenprächtige Parade dieses größten kanadischen Volksfestes der Cowboys, Cowgirls und Indianer eröffnet. Während der turbulenten Stampede-Tage beginnt der Morgen mit einem kostenlosen Stampede-Frühstück, auf den Straßen feiern und tanzen die Menschen zu mitreißender Westernmusik, Schausteller bieten die neuesten Vergnügungen, und im Stampede-Park werden die Rodeo-Champions lautstark bejubelt. Dort reiten Cowboys von Weltrang wilde, ungesattelte Pferde, schwingen im Galopp den Lasso um die Fesseln der Kälber, wechseln vom Pferd auf den Rücken rasender Stiere. Höhepunkte sind am Abend die vierspännigen Chuckwagonrennen. Die meisten der Zuschauer sind selbst Cowboys und beherrschen die Kunststücke der Champions, wenn sie weit

draußen auf ihren eigenen Ranchen den Jungtieren die Stempel aufdrücken.

Auch wenn die Stampede gerade nicht stattfindet, lohnt sich ein Blick auf die Stadt vom 190 Meter hohen *Calgary Tower* am Palliser Square. Im Hintergrund steigen aus der Ebene die Rockies beinahe wie Aquarellgemälde. Man kann die Sicht entweder vom rotierenden Restaurant oder ohne besonderen Aufwand vom Aussichtsplateau genießen.

Glenbow Museum und *Gallery,* ein moderner Bau, fällt nicht jedem sofort ins Auge. Interessant und sehenswert ist dort die Entwicklung Albertas, dargestellt in Exponaten aus der Zeit, bevor der weiße Mann kam, aus der Pelzhandelsära, der Ankunft der North West Mounted Police und der Ölherrschaft des 20. Jahrhunderts. Die Kunstgalerie zeigt Werke namhafter kanadischer Künstler [Ecke 9. Avenue und 1. Street S-E].

Die *Devonian Gardens,* eine idyllische Indoor-Freizeitoase, verstecken sich ebenso überraschend in einem modernen Gebäudekomplex. Inmitten immergrüner Pflanzen plätschern Brunnen, stehen Bänke zum Ruhen und Lesen, finden gelegentlich Konzerte statt. [Eintritt frei. Gegenüber der Royal Bank.]

Die *Armengol-Skulpturen* sind ein Ruhepol inmitten des Verkehrs. Freundschaft und guten Willen zwischen den Menschen wollen die über sechs Meter hohen Figuren symbolisieren. 1967 stand die Gruppe während der EXPO in Montreal vor dem britischen Pavillon und wurde anschließend der Stadt Calgary gestiftet. [Am Education Centre.]

Um bei den Sehenswürdigkeiten zu bleiben:

Dem *Planetarium,* das den Besuchern die Himmelskörper in interessanten Shows nahebringt, ist das Museum der Transporttechnik angeschlossen [Ecke 7. Avenue und 11. Street S-W]. Wie Edmonton besitzt auch Calgary ein *Jubilee Audito-*

VULCAN
CONFECTIONERY & ICE CREAM PARLOR
SUNDAES
CONES
SODAS
D.E.BLACK

rium, in dem Symphoniekonzerte und Theateraufführungen das Programm bestimmen [Ecke 14. Avenue und 13. Street N-W]. Die *University Calgary* zählt zu den modernen wissenschaftlichen Institutionen des Landes.

Unbedingt einen Abstecher verdient der *Heritage Park* im Glenmore-Reservat mit der Nachbildung eines Pionierdorfes vom frühen 19. Jahrhundert. Diesem mit unendlicher Sorgfalt und großer Sachkenntnis eingerichteten Freilichtmuseum läßt sich im Westen bis jetzt nichts Gleichwertiges entgegensetzen. Hier lebt die Geschichte Albertas weiter, wie sie einmal begann: mit einer Indianersiedlung und dem Pelzhandelsposten der Hudson's Bay Company, der 1875 zum Fort der North West Mounted Police wurde, um das sich allmählich ein Dorf entwickelte. Nichts fehlt, was zum Alltag der Pioniere gehörte: die Bäckerei, in der es noch immer frischgebackenes Brot zu kaufen gibt, der Krämerladen, die Kirche, die Schule, der Getreidespeicher, das Feuerwehrhaus oder die Unterkünfte der North West Mounted Police. Alles ist wie anno dazumal, wenn der Heizer während einer Eisenbahnrundfahrt durch die Wagen geht, um die Bulleröfen mit Holz am Brennen zu halten. Von der komfortablen Inneneinrichtung eines kanadischen First-class-Eisenbahnwaggons konnte ich mir bis dahin auch noch keine Vorstellung machen.

Mit der Eisenbahn, der Canadian Pacific Railway, eng verknüpft ist die *Geschichte Calgarys.* 1883 erreichten die Schienenstränge den Zusammenfluß des Elbow und Bow River, wo seit 1875 ein Außenposten der North West Mounted Police

122 Der Heritage Park in Calgary ist eine getreue Nachbildung einer Pionierstadt Ende des letzten Jahrhunderts

Der Chuckwagon ist der berühmte Pferdewagen, mit dem die Pioniere in langen Trecks durch das unerforschte Indianerland fuhren

lag, benannt nach dem Ort Calgary in Schottland. Die Bahn brachte Missionare, Handwerker, Landwirte, Viehhalter, aber auch gescheiterte Existenzen in die peripheren Gebiete des noch wilden Westens. Am Ende des Jahres 1883 lebten in Calgary 600 Menschen. Acht Jahre später zählte der Ort durch den Zuwandererstrom nahezu 4000. 1893 wurde Calgary zur Stadt erhoben. Seitdem 1914 im Turner-Tal Öl gefunden wurde, blieben Wachstum und Wohlstand der Stadt eng verbunden mit der Förderung dieses wertvollen Rohstoffes.

Ins Tal des Red Deer River, wo einst die Dinosaurier waren

Von den Tausenden von Urlaubern, die jedes Jahr durch Alberta reisen, wissen die meisten von den berühmten *Badlands* des «Big Country», 140 Kilometer nordöstlich von Calgary. Über den Highway 9 geht es zunächst durch unendlich weites Weideland und Weizenfelder. Der Ort Beiseker nennt sich etwas hochtrabend der «King» unter den Welt-Weizenlieferanten. Am Straßenrand liegen völlig verloren ein paar Pioniergräber. «Hier harrt der Auferstehung am Jüngsten Tag: P. Schneider», erinnert eine Inschrift an Einwanderer aus dem deutschsprachigen Raum.

Horseshoe Canyon vermittelt dann erste Eindrücke von den merkwürdigen Sandsteingebilden, die Erosionen in Millionen von Jahren entstehen ließen. Aus 120 Metern Tiefe, wo sich der Kneehills Creek hindurchschlängelt, stufen sich die eigenartig geformten Hügel in die Höhe [Vorsicht: ins Tal führen nur steile, schlüpfrige Wege, die man auf eigene Verantwortung begeht].

Ein paar Kilometer weiter verläßt der Highway 9 ziemlich unvermutet die Prärieebene und führt hinab ins *Red Deer Valley* nach *Drumheller*. Die Stadt war von 1911 bis 1948 bedeutendes Handelszentrum eines Kohlebooms, der Orte wie Midlandvale, Nacime oder Newcastle rasch aus der Erde wachsen ließ. Außer bei East Coulee wurden inzwischen sämtliche Kohlenbergwerke im Red Deer Valley stillgelegt. Denn auf der Höhe holen heute zahlreiche Bohrtürme und Pumpen die wertvollen Brennstoffe Öl und Gas aus dem Boden. In Drumheller sehenswert ist das Dinosaurier- und Fossilien-Museum [hier befindet sich das Informationsbüro] mit dem Skelett eines 9 Meter langen und 2 Meter hohen Edmontonsauriers.

Eine Eisenbahnlinie durch die unendlichen Weizenfelder Albertas

Daneben beweisen Fossilien, daß in diesen Gebieten vor 75 Millionen Jahren ein subtropischer Urwald aus Palmen, Zypressen, Platanen und hohen Farngewächsen wucherte. Die Fossilien entstanden, als der Wald durch einfließendes Wasser zugedeckt wurde und im Sand erstickte. Da durch Druck

127   *Das alte Grabkreuz zeugt von den vielen deutschsprachigen Einwanderern, die sich in ganz Kanada verstreut niedergelassen haben*

Hier harrt
der Auferstehung
... ...
... Schneider

von oben das meiste zu Kohle wurde, sind die Fossilien einzige Zeugen vergangener Vegetation und einstigen Lebens.

Dinosaurier-Trail nennt sich beziehungsreich die Straße, die als Rundfahrt den Besucher über die Höhen und durch das variationsreiche Tal zu den sehenswerten Punkten leitet. Vorschriftsmäßig fotografieren die Touristen am Weg die winzige Kirche, die nur sechs Personen Einlaß gewährt, lassen sich auf halber Strecke vom Fährmann kostenlos auf der alten Bleriot Ferry über den Red Deer River bringen und besichtigen bei Newcastle das Museum mit der restaurierten Kohlenmine. Zum erklärten Liebling dieser Rundfahrt gehören die kleinen gelbblühenden Kakteen, die allerdings einer großen Aufmerksamkeit bedürfen.

Eine ebenso vielfrequentierte Route [Highway 10] führt von Drumheller nach Osten zu den *Hoodoos*. Diese Bezeichnung hat für den Kanadier etwas mit «Unglück», «Teufelsfallen» zu tun. Der lehmige Boden bröckelt durch Witterungseinflüsse ständig ab und ist bei Feuchtigkeit glitschig. Allzuleicht kommt man dann ins Rutschen, Gleiten, verliert den Boden unter den Füßen. An Steilhängen ist daher äußerste Vorsicht geboten. Den zentralen View Point auf der Fahrt gen Osten bilden Formationen, die, wie von Künstlerhand geformt, großen Pilzen ähnlich zwischen den ausgelaugten Hügeln und Wänden stehen. Doch waren die Gebilde schließlich nicht so eindrucksvoll wie erwartet.

Interessierten sei noch ein Abstecher zur Atlas-Kohlenmine empfohlen.

Außergewöhnliche Eindrücke von Albertas Badlands vermittelt der *Dinosaurier Provincial Park,* ca. 40 Kilometer nordöstlich von Brook. Hier wurden über 120 Fossilien freigelegt, Dinosaurierskelette, denen der Kanadabesucher in den Nationalmuseen in Ottawa, Toronto und Victoria begegnet. Die

spektakulären Fundorte können allerdings nur mit Führungen besichtigt werden. Bustouren dauern über eine Stunde.
Südöstlich von Brook liegt Westkanadas führendes Gartenbaugelände. Auf einer Fläche von 240 Hektar züchten, kultivieren und kreuzen Gärtner und Wissenschaftler verschiedene Gemüsearten, Ziersträucher und Obstbäume speziell für die besonderen klimatischen und geologischen Bedingungen des Westens. Ganz in der Nähe soll demnächst ein großes Vogelgehege der Öffentlichkeit seine Tore öffnen. Dann lassen sich hier Fasane, Adler, Falken, Habichte, Eulen und kanadische Gänse in Ruhe beobachten.

Mormonen und Hutterer abseits der sündigen Welt

In einem weiten Umkreis von Calgary und Lethbridge leben religiöse Sekten wie die Mormonen und Hutterer. Ihres eigenwilligen Glaubens wegen verfolgt, gefoltert und verjagt, mußten sie – wie zahlreiche andere Glaubensgemeinschaften – immer wieder ihre Habseligkeiten zusammenpacken und weiterziehen.
1887 hatte ein Treck gläubiger *Mormonen*, Anhänger der Kirche Jesu Christi der Heiligen der letzten Tage, die unwirtliche Salzwüste Utah in den USA verlassen und den Südwesten Albertas erreicht. In den Reservaten der Blood-Indianer fanden sie zunächst einen Ort zum Überwintern. Im folgenden Frühjahr pachteten sie etwas Land, bewässerten und bestellten den

130/131   Durch Erosion hat die Natur in den Badlands bei Drumheller diese Pilzfelsen geschaffen, sie werden «Hoodoos» genannt

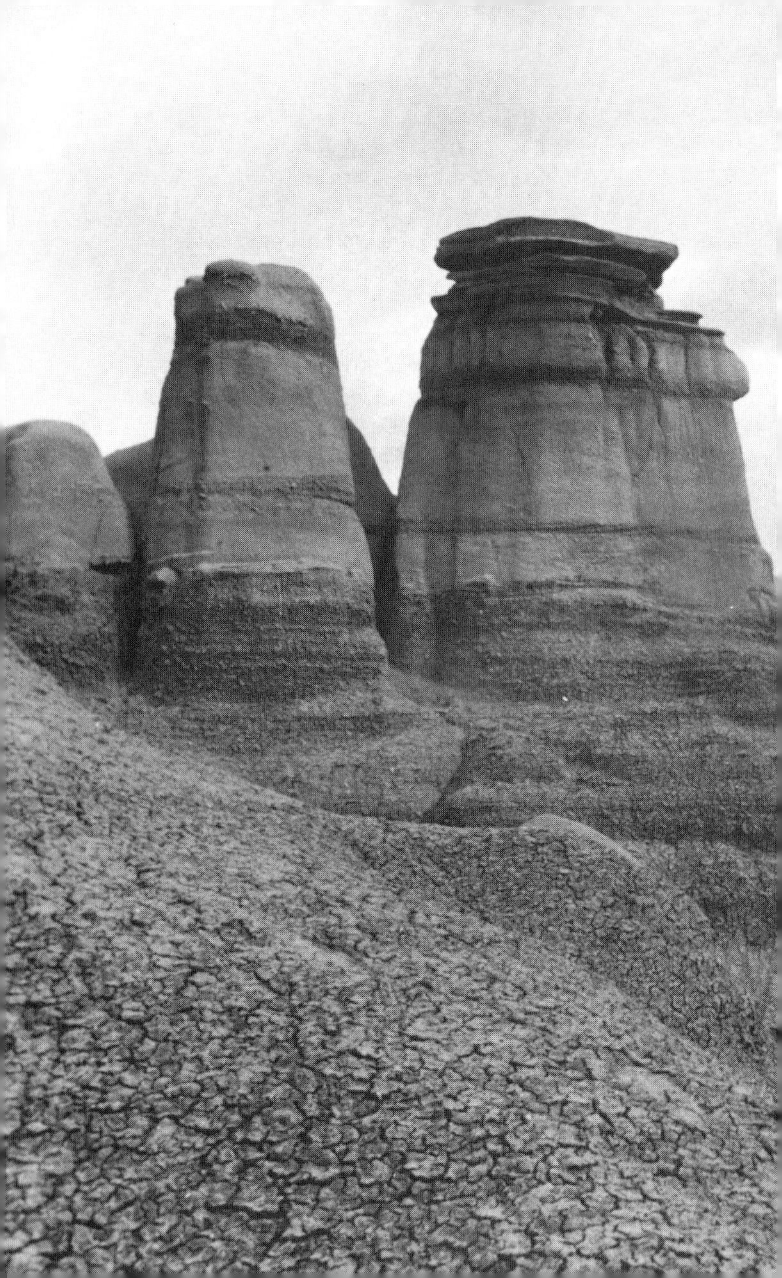

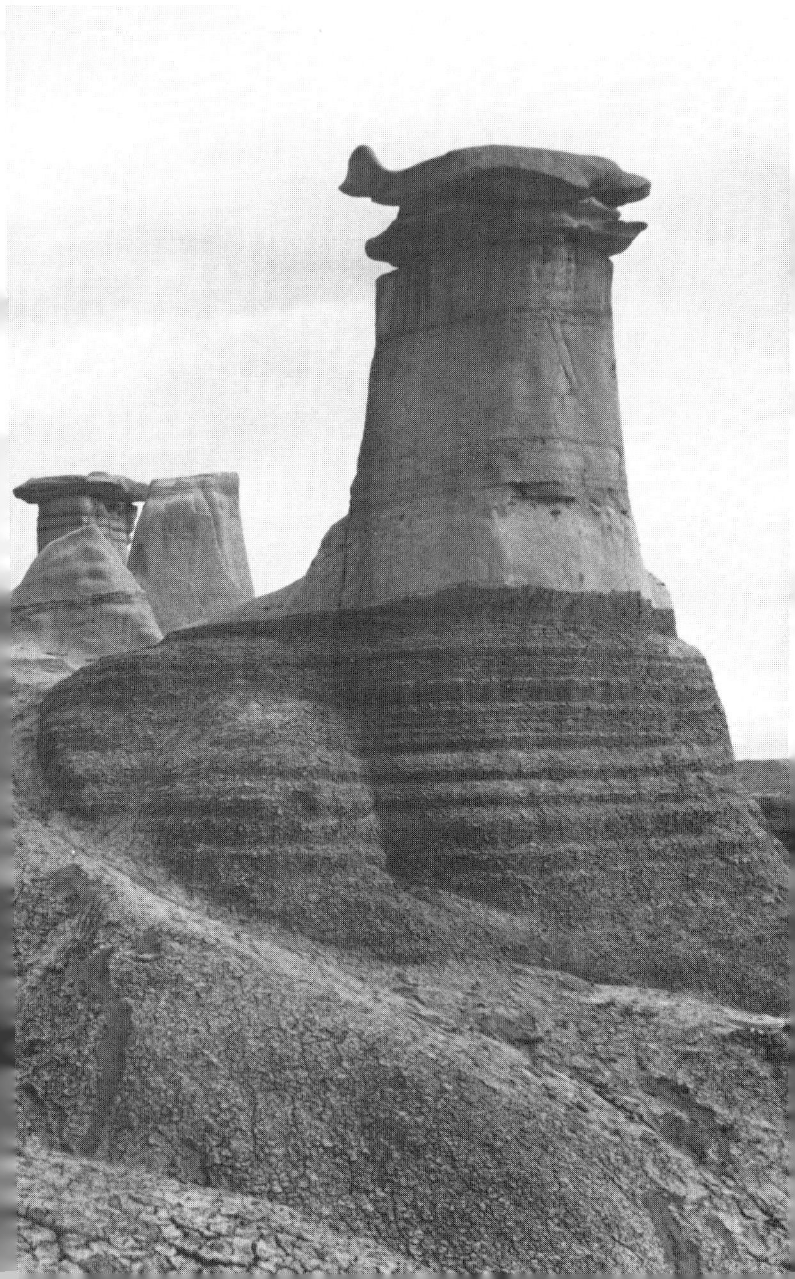

Boden und blieben. Ihre Stadt heißt *Cardston*. Heute steht dort der einzige Mormonen-Tempel Kanadas.

Die *Hutterer* leben in Kolonien. Wiedertäufer wie die Mennoniten sind sie ihrem Glaubensgründer Jakob Hutterer verpflichtet. In einem kompromißlosen Einhalten ihrer Religionsvorschriften, die einzig und allein auf der Bibel basieren, kennen die Hutterer kein Privateigentum. Sie arbeiten für die Gemeinde. Um durch nichts von ihrem frommen Lebensweg abgebracht zu werden, distanzieren sie sich von der «übrigen sündigen Welt» in einer selbstgewählten Isolation abseits der Highways. Die Hutterer produzieren alles selbst, von der Kleidung bis zu den Nahrungsmitteln. Doch wie eng die Banden nach draußen bereits geknüpft sind, zeigen die Markttage in den Städten, an denen die Glaubensbrüder ihre Überschußprodukte wie Wolle, Eier, Gemüse, Getreide auf den Großmärkten verkaufen. Für den Erlös erwerben sie technische Geräte und hochspezialisierte Landwirtschaftsmaschinen.

Die Hutterer flohen – ähnlich wie die Mennoniten – im 16. Jahrhundert vor dem bedrohenden Katholizismus und dem Kriegsdienst aus dem süddeutschen Raum über Mähren, Ungarn, die Ukraine nach Dakota in den USA. Als sie auch dort während des Ersten Weltkrieges zum Militär einberufen werden sollten, zogen viele von ihnen weiter nach Kanada. Wie ihre Religion, so trennt auch die deutsche Umgangssprache die Hutterer von den «Englishmen» der übrigen Umwelt. Und dort heißen sie nicht ohne Grund «the black birds». Rabenschwarz wie vor 400 Jahren sind Jacken, Hosen und Hüte der Hutterer-Männer. Die Frauen tragen lange Gewänder von ähnlich dunkler Farbe. Röcke, die mehr als acht Zentimeter oberhalb des Knöchels enden, sind bereits der Ansatz zum Minirock, bemerkt Michael Holzach. In einer solchen Tracht stecken auch die zartesten Mädchen, die ihre langen Zöpfe brav unter Hauben und Kopftüchern versteckt halten. Doch wer, wie die Hutterer, aus vollen Taschen zahlen kann, bleibt in jedem Habitus ein gerngesehener Kunde.

Auf dem kürzesten Weg in die Rocky Mountains

Calgary benützen die meisten europäischen Urlauber als Ausgangspunkt für ihre Rundreise durch den kanadischen Westen. Zu den Hauptzielen gehören die beiden zusammenhängenden Nationalparks von *Banff* und *Jasper*. Gemessen an den Weiten des Landes liegt einer der Parkeingänge direkt vor Calgarys Haustür. Die kürzeste Verbindung dorthin ist der Trans-Canada Highway, ungefähr eine Stunde Fahrzeit.
Jene wenigen, welche sich etwas in die Vorgebirgslandschaft der Foothills vertiefen und den Hauch der Geschichte spüren möchten, bevorzugen den am Nordufer des Bow River parallel verlaufenden *Highway 1A*. Zwischen Einzäunungen geht es mitten durch die Reservate der Stoney-Stämme. Ganze Bezirke von Birken sind zu sehen. Am Straßenrand liegen verrostete Autowracks. Aus den Pioniertagen des weißen Mannes stammt die Missionskirche *MacDougal*, und im *Stoney Indian Park* sind Überreste eines alten Pelzhandelspostens aus dem Jahre 1832 erhalten. Von hier läßt sich das Hügelland mit den nahegerückten Rocky Mountains am besten überschauen.

*134/135 Die fruchtbaren Foothills sind die Kornkammer
           Kanadas*

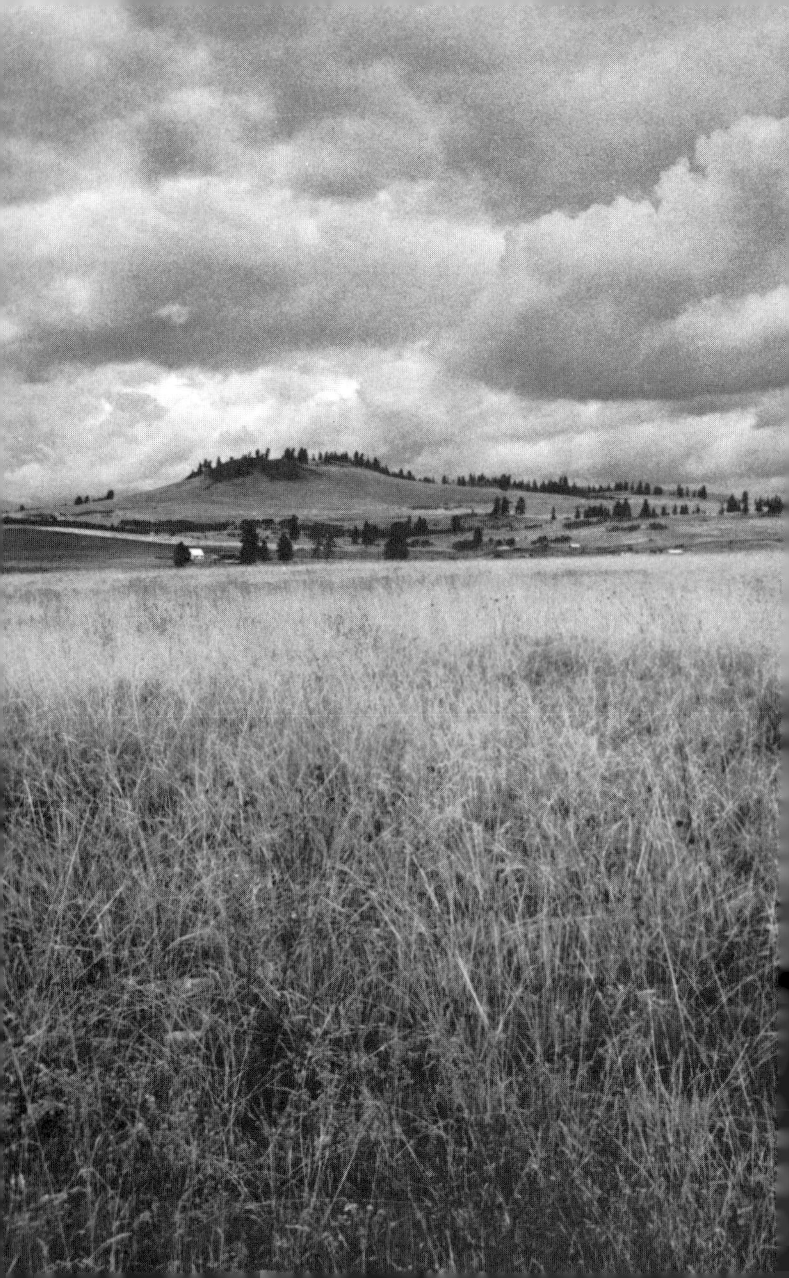

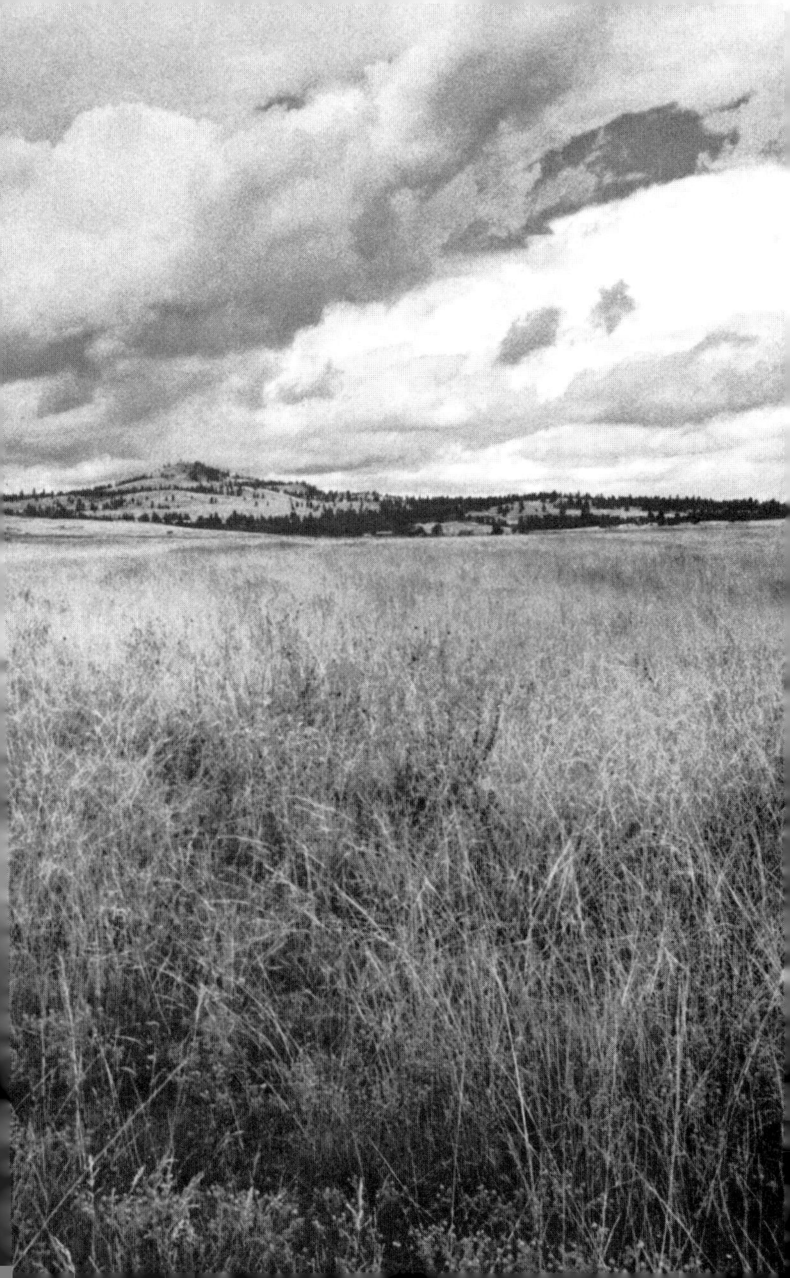

Ein Faible für die Foothills [Highway 3]

Die herbe Entrücktheit der Foothills ist besonders eindrucksvoll, wenn der Besucher sich den Rockies über den *Highway 3* nähert. Vor allem am Abend, wenn der Mond durch «zerfetzte Wolkenränder verwegen, schön und traurig» über die Vorberge scheint, erhält die Landschaft einen weltfernen Zug. In diesem weiten Hügelland fanden zahlreiche kriegerische Auseinandersetzungen zwischen den verschiedenen Indianerstämmen statt. Heute leben hier in Reservaten die *Peigan*-Indianer von Viehzucht.

Lethbridge, ein langweiliger Prärieort und das Eingangstor zu den Foothills, ist mit 50 000 Einwohnern die drittgrößte Stadt der Provinz. Der *Indian Battle Park* erinnert an die letzte große Schlacht auf Albertas Boden, als im Herbst 1870 sich die *Cree*-Indianer aus dem Norden und die die Prärie beherrschenden *Blackfeet* feindlich gegenüberstanden. Damals töteten die Blackfeet – sowohl durch Ortskundigkeit als auch durch Feuerwaffen überlegen – zweihundert Cree-Krieger, während sie selbst vierzig Mann verloren. Außerhalb der Stadt wurde das in den frühen siebziger Jahren des 19. Jahrhunderts so berüchtigte Alkoholschmuggler-Fort *Whopp Up* rekonstruiert. An den Wänden stapelten sich die vollen Fässer, die Kerzen brannten und die Orgien dauerten bis spät in die Nacht. Probleme wurden mit dem Colt erledigt. 1873 beendete die North West Mounted Police das florierende Geschäft des illegalen Whiskyhandels. Zu Kanadas hundertjährigem Bestehen gestalteten 1967 die aus Japan stammenden Bürger die Japanischen Gärten *Nikka Yuko.* Dieses Denkmal exotischer Gartenbaukunst gilt in Nordamerika als einmalig.

Fort Macleod, das erste Hauptquartier der North West Mounted Police im westlichen Grenzland, wurde als Museum

Ein neugieriger Beobachter am Wegesrand

rekonstruiert und mit Bauten sowie Gegenständen ergänzt, die mit der Ankunft der «Mounties» zusammenhängen.
Nach Pincher Creek repräsentieren Orte wie Cowley, Hillcrest Mines und Coleman das große Kohlegebiet des kanadischen Westens, das bis Fernie reicht. In Fernie, das bereits in British Columbia liegt, sollte niemand die erst seit kurzem organisierte *Kaiser Resources Bustour* zu den immensen Kohlelagerstätten in 2000 Metern Höhe versäumen. Diese zweistündige Fahrt hinauf und hinein in die Gebirgswelt der Rockies bleibt in jedem Fall ein unvergeßliches Erlebnis. Während der Fahrt sorgen Erklärungen des Fahrers für erste Kenntnisse

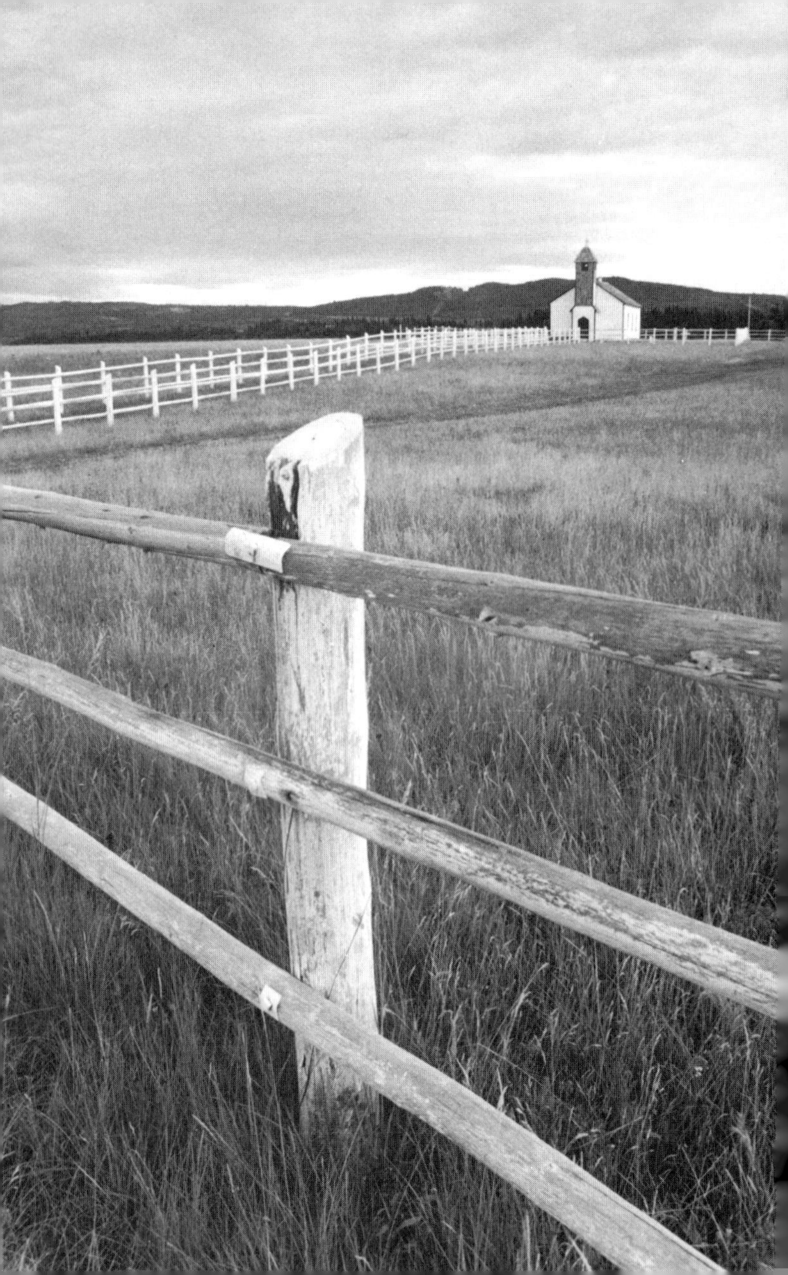

über die kanadische Kohlegewinnung in den im Tagbau abbaubaren Flözen, über den anschließenden Transport per Eisenbahn in den eigens dafür angelegten Hafen südlich von Vancouver und den folgenden Verkauf per Schiff in das Hauptabnehmerland Japan. Auf dem weiträumigen Plateau kann dann jeder selbst den Abbau mit gigantischen Maschinen, Baggern und Förderbändern beobachten. Die Exkursionen sind im Juli und August von Montag bis Freitag kostenlos.

Die beiden Nationalparks von Banff und Jasper

Manchen Touristen sah ich während der Fahrt durch die gigantische Bergwelt der beiden *Nationalparks* von *Banff* und *Jasper* unbewußt im Greyhound-Überlandbus die Zigarette ausdrücken. Eine Natur mit solch schroffen Felsmajestäten, starren Steinrücken, grandiosen Zacken, schneebedeckten Mulden, greifbar nahen Gletschern und strudelnden Wildwassern gibt es in den Rockies nicht noch einmal. Der *Icefield Parkway* führt 230 Kilometer von Lake Louise nach Jasper durch das Herz dieser großartigen Gebirgswelt und gehört zu den schönsten Hochstraßen der Welt. Es gibt entlang des Parkway zahlreiche gutausgestattete Camps, Campgrounds, Cabins und Blockhütten. Sie sind der großen Nachfrage wegen im Sommer jedoch häufig ausgebucht. Denn über eine Million Menschen aus allen Teilen der Erde wählen jedes Jahr die beiden Nationalparks als Urlaubsziel. In den Luftkurorten wie Banff, Lake Louise oder Jasper – die auch als Kanadas renommierte Wintersportplätze gelten – gibt es Aus-

Die Mufflons im Jasper National Park [Alberta] sind zwar nicht zahm, haben jedoch die Scheu vor den Menschen weitgehend verloren

weichmöglichkeiten in feine wie mittelfeine Hotels, Motels und Self-Service-Chalets aller Preiskategorien.
Die Eingänge zu den Nationalparks sind gleichmäßig auf die West- und Ostseite verteilt. Drei Zufahrten gibt es von der Provinz British Columbia, drei von der Provinz Alberta. Beim Eintritt in einen der Nationalparks haben PKW-Fahrer eine einmalige Gebühr zu zahlen.
Im Eintrittspreis nicht eingeschlossen ist allerdings die Garantie, entlang der Parkways Großwild zu sehen. Denn viele

Tiere wie Wapitis, Deer oder Dickhornschafe ziehen im Sommer aus den Hochtälern in noch höhere Gebirgsregionen, wo sie die schmackhaften, proteinhaltigen Kräuter finden und außerdem nicht allzuheftig von den stechenden Moskitos geplagt werden. Dennoch: keine Regel ohne Ausnahme. Die beste Zeit für Wildbeobachtungen ist während der frühen Morgen- und Abenddämmerung.

Ihren Schutz, ihr ungefährdetes Dasein verdanken die Tiere wie die seltene Gebirgsflora dem Ingenieur *William Van Horen,* der im Auftrag der Eisenbahngesellschaft Canadian Pacific Railway in den frühen achtziger Jahren des 19. Jahrhunderts das Gebirgsland erforschte. 1883 stieß er auf die Schwefelquellen am Sulphur Mountain, erlebte dabei das beeindruckende Panorama der umliegenden Bergkolosse und kam auf die Idee, dieses herrliche Gebiet müsse für alle Zeiten vor dem Raubbau der Menschen geschützt bleiben. Nach Ottawa zurückgekehrt, konnte er die Regierung von seinem Gedanken überzeugen. 1885 wurden 680 Quadratkilometer rund um Banffs heiße Quellen zum ersten kanadischen Nationalpark erklärt. Die touristische Zukunft dieses einmalig schön gelegenen Ortes voraussahnend, baute die CP-Gesellschaft 1886 das Springs Hotel. Die kleine Siedlung um das Hotel nannte sich Banff nach der schottischen Stadt Banffshire, dem Geburtsort des letzten Präsidenten der Eisenbahngesellschaft Lord Strathcona. Als 1907 die Canadian National Railway einen Schienenweg von Edmonton über Jasper plante, erklärte die kanadische Regierung das Gebiet um Jasper ebenfalls zum Nationalpark. Heute umfaßt der Jasper National Park

*142/143 Schneebedeckte Gipfel der Rocky Mountains
im Banff National Park*

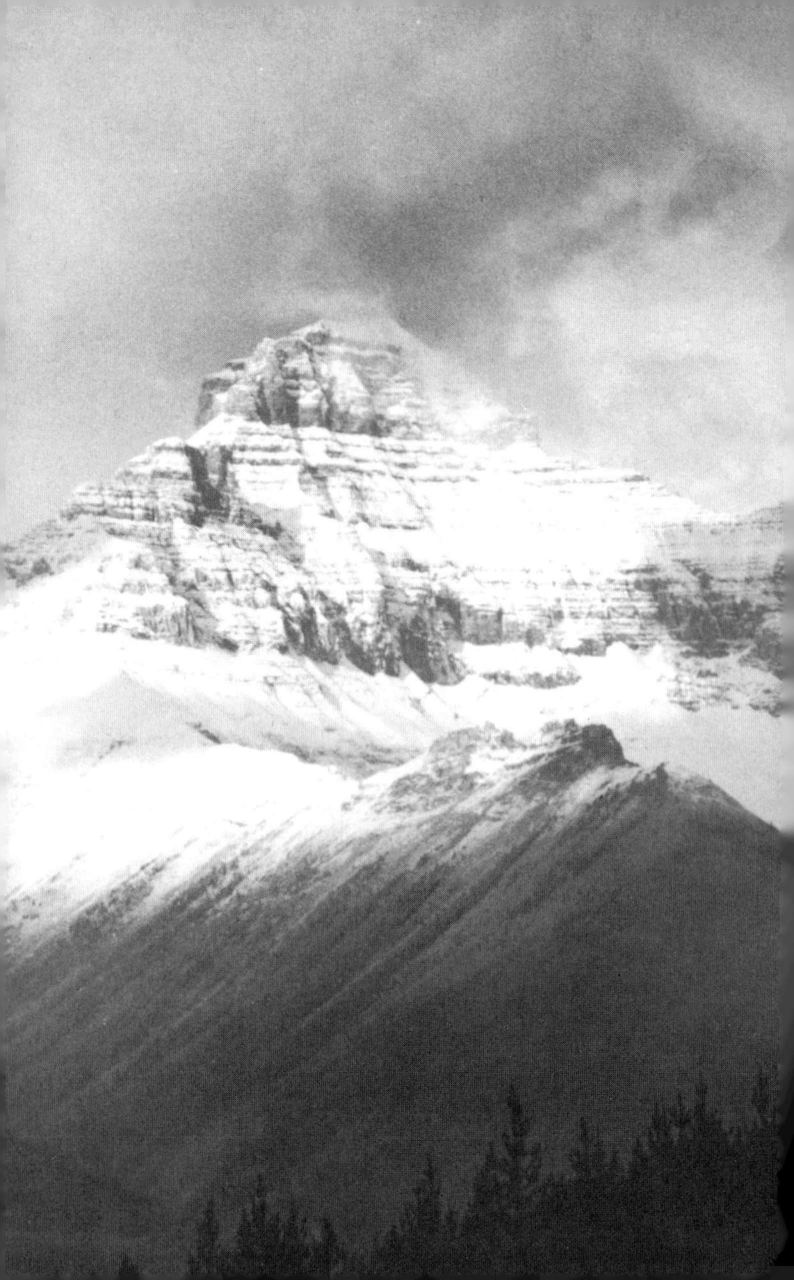

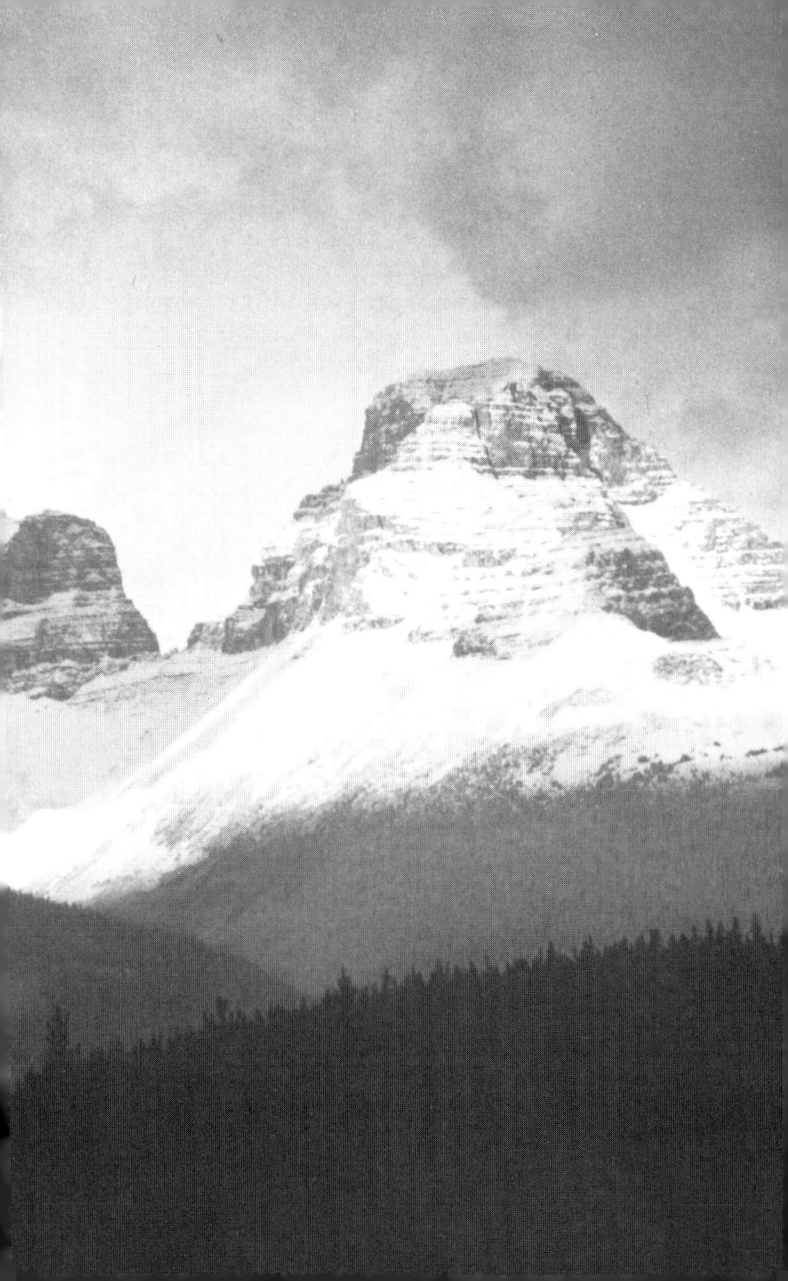

eine Fläche von 10 878 Quadratkilometern, der südlich daran angrenzende Banff National Park ein Territorium von 6600 Quadratkilometern.

Banff, 1384 Meter hoch am Zusammenfluß von Spray und Bow River gelegen, wurde berühmt durch die heißen Schwefelquellen. Vor hundert Jahren gaben sich die Pioniere noch mit den etwas schwierigen Quellenzugängen von *«Cave and Basin»* zufrieden, um Rheuma-, Ischias- und Nierenschmerzen zu lindern. Heute läßt der *Upper Spring Pool* auf dem *Sulphur Mountain* an Badekomfort und Panorama nichts mehr zu wünschen übrig. Wer anschließend die Mountain Avenue weiter emporfährt, kommt zur Liftstation mit Gondelverkehr, die zum Gipfel führt. Bei klarem Wetter bietet die Terrasse eine grandiose Sicht über die unendliche Gipfelkette der Rokkies – während im Tal *Aktiv-Programme* auf unternehmungslustige Gäste warten:

Da harren in Banffs «Stables» Pferde auf Reiter für Tagesritte. Das Springs Hotel verleiht Fahrräder, und am Lake Minnewanka, Two Jack Lake, Lake Louise und Morain Lake gibt es Boote zu mieten. Vom Omnibus-Depot [oder Springs Hotel] starten täglich Sight-Seeing-Touren durch die szenenreiche Naturlandschaft der Parks zu ausgesucht schönen View Points. Einmal vielleicht sollte sich jeder Kanada-Urlauber das Vergnügen eines Floßabenteuers gönnen, eine atemberaubende, nasse Wildwasserfahrt den Bow River hinab, die zu den besonderen Ferienattraktionen in den Rockies gehört. Nicht genug empfehlen kann man das Erwandern der Natur auf eigene Faust. Ein weitverzweigtes Netz von Wanderwegen in sämtliche Richtungen erschließt über tausend Kilometer lang die Landschaft, führt über blühende Gebirgswiesen, entlang an Schluchten, hinauf zu Gipfeln, soweit die Füße tragen und die Zeit reicht [eine ausführliche Beschreibung mit Zeit-

Hirsch beim Durchqueren des Bow River im Banff National Park, Alberta, Kanadas größtem Nationalpark

angaben bietet der empfehlenswerte Wanderführer «The Canadian Rockies Trail Guide» von Brian Patton und Bart Robinson]. Zum ersten Kennenlernen genügt das kostenlose Faltblatt «Drive and Hikes Banff Vicinity», erhältlich im Informationsbüro.

Außerhalb des Ortes, westlich der Brücke, liegt noch das sehenswerte *Luxton Museum*. Es dokumentiert in authentischen Nachbildungen, auf welche Weise Albertas Prärieindianer vom Fallenstellen und Jagen lebten, bevor der Besitz des Pferdes ihre Gewohnheiten änderte. Interessant zu sehen sind die

Hundeschlitten und das gejagte Wild, ebenso interessant Tätigkeit und Aufgabengebiet der Frauen. Aufschlußreich ist auch ein Blick ins Innere eines Teepee. Doch grauenvoll wirkt der Anblick eines Sonnentanzes. Nur wenn ein Mann – meist blutüberströmt – vom Aufgang bis zum Untergang der Sonne zu Trommel- und Gesangsrhythmen der umstehenden Zuschauer mit den durch die Brust gebohrten Stäben ausharrte, konnte er den Großen Geist für sich und seinen Stamm milde stimmen. Etwas abseits liegen die Skalps. Ein echter Skalp entsprach anatomisch der Scheitelstelle einer menschlichen Kopfhaut, war also der Punkt, an dem sich die Haare eines Menschen teilten. Als Siegestrophäe wurden Skalps getrocknet und oft wunderlich verziert. Viele Krieger trugen an ihren Beinkleidern Skalplocken, das abgeschnittene Kopfhaar ihrer Feinde. Die vergangene Welt der Indianer wird jedes Jahr im Juli an Banffs Indian Days vor einer großen Zahl schaulustiger Touristen vor dem Vergessen bewahrt.

Von Banff nach Lake Louise bietet der altgediente *Highway 1A* mehr Muße zum Schauen und Genießen der Natur als die parallele, moderne Schnellstraße des Trans-Canada Highway. Eine der populären Wanderrouten an dieser Strecke führt von Johnston's Canyon Lodge ins wilde *Johnston Canyon* zu Wasserfällen [1 Kilometer zu den unteren Wasserfällen; 3 Kilometer zu den oberen Wasserfällen. Die weitere Route zu den Ink Pots ist schlecht markiert]. Die Entfernung von Banff nach Lake Louise beträgt 56 Kilometer.

Lake Louise präsentiert sich im Sommer als internationaler Umschlagplatz ferienfroher Urlauber. Touristenschwärme schieben sich entlang des Uferweges, Kameras klicken, Filmkameras surren, die Hot Dog- und Eisverkäufer haben Hochbetrieb. Lautstark animieren Bootsverleiher zu Paddelbootfahrten, Pferdehalter zu Bergritten, Bergführer zu Gebirgstouren aller Schwierigkeitsgrade, während im vornehmen CP-Hotel Chateau Lake Louise Liebesgrüße nach Ost und West, nach Übersee und in die benachbarten USA geschrieben werden. Omnibusse, Trailer, Camper, Personenwagen sorgen auf den Parkplätzen in ständigem Wechsel für regen Publikumsaustausch, für Postkarten- und Souvenirverkauf. Lake Louise ist zur Hauptreisezeit das lebendige Beispiel für den englischen Ausdruck «overcrowded».

Doch am Abend, wenn die Menschenfluten verebbt sind, wenn der See wieder sich selbst gehört, wird der tiefe Zauber des von wuchtigen Bergwänden umrundeten grünblauen Wassers spürbar. Sechs Gletscher senden ihre Schmelzwasser in den Lake Louise, lassen ihn aus den aufsteigenden Fichtenwäldern als ein unergründliches Bergseewunder leuchten. Die beiden gegenüberliegenden Berge – der Beehive Mountain rechts und der Fairview Mountain links – geben dem aufmerksamen Bewunderer noch eine kleine Gedächtnisstütze mit auf den Weg: Ihr Zusammentreffen an des Sees Spitze bildet ein weites V, Anfangsbuchstaben des Mount Victoria, der mit seinem Gletscher das Tal im Süden abschließt. Benannt wurde der See nach Prinzessin Louise, der Tochter Königin Victorias, die am Anfang des 19. Jahrhunderts mit dem damaligen Generalgouverneur von Kanada verheiratet war.

Das hochalpine Gebiet um Lake Louise mit Felsgipfeln, Gletschern, Fichtenwäldern, Espen und herrlichen wildblühenden Gebirgswiesen ist geradezu eine Aufforderung für Bergwanderungen und Bergritte in die Einsamkeit der Natur [1 bis 2 Stunden müssen zum Teehaus Lake Louise gerechnet werden; einen halben Tag beansprucht eine Tour zu «Plain of Six Glaciers», einen Tag die Wanderung zu «Saddleback». Zum Moraine Lake führt seit ein paar Jahren außer einem Fußpfad auch eine Fahrstraße].

In dem gleichnamigen Ferienort Lake Louise beginnt der *Icefield Parkway*, der nach Nordwesten den Bow Pass und den Sunwapta Pass überquert. Obwohl während der Fahrt eine ständig wechselnde, überraschende und überwältigende Bergszenerie nahezu die gesamte Aufmerksamkeit beansprucht, sollte hin und wieder die Möglichkeit einer Fußwanderung zu verborgenen Seen und Wasserfällen wahrgenommen werden. Herrlich zum Beispiel ist ein Rundgang zum Peyto Lake, über wilde Wiesen, überblüht von prächtigen Alpenblumen [Hauptblütezeit Juli und August]. Die lustigen «Litter Box» in Form von Fröschen, Bären und Fabeltieren stehen an den View Points übrigens für Abfälle bereit und nicht nur als fotogene Schaustücke. Selbst ein unachtsam zum Fenster hinausgeworfener Apfelrest kann in Kanada zu hohen Dollarstrafen führen.

An der Grenze zwischen den beiden Nationalparks liegt das gewaltige *Columbia Icefield* mit Albertas höchster Erhebung, dem Mount Columbia mit 3747 Meter Höhe. Es handelt sich hier um die größte Eiswüste der Rockies. Drei von den diversen Gletschern, die aus der letzten Eiszeit zurückgeblieben sind und insgesamt eine Fläche von 310 Quadratkilometern bedecken, sind vom Parkway aus zu sehen: Der Saskatchewan-Gletscher [3336 Meter hoch], der Athabasca-Gletscher [3490 Meter hoch] und der Dome-Gletscher. Nur tausend Meter von der Straße entfernt endet der Athabasca-Gletscher. Wer will, kann auf einem Trampelpfad bis zu seiner Zungenspitze gehen oder vom Tourist Centre mit einem der Snowmobils eine Gletschertour unternehmen. Jedes Jahr, so stellten

149   Die Sunwapta Falls im Banff National Park
150/151 Die Rocky Mountains im Jasper National Park

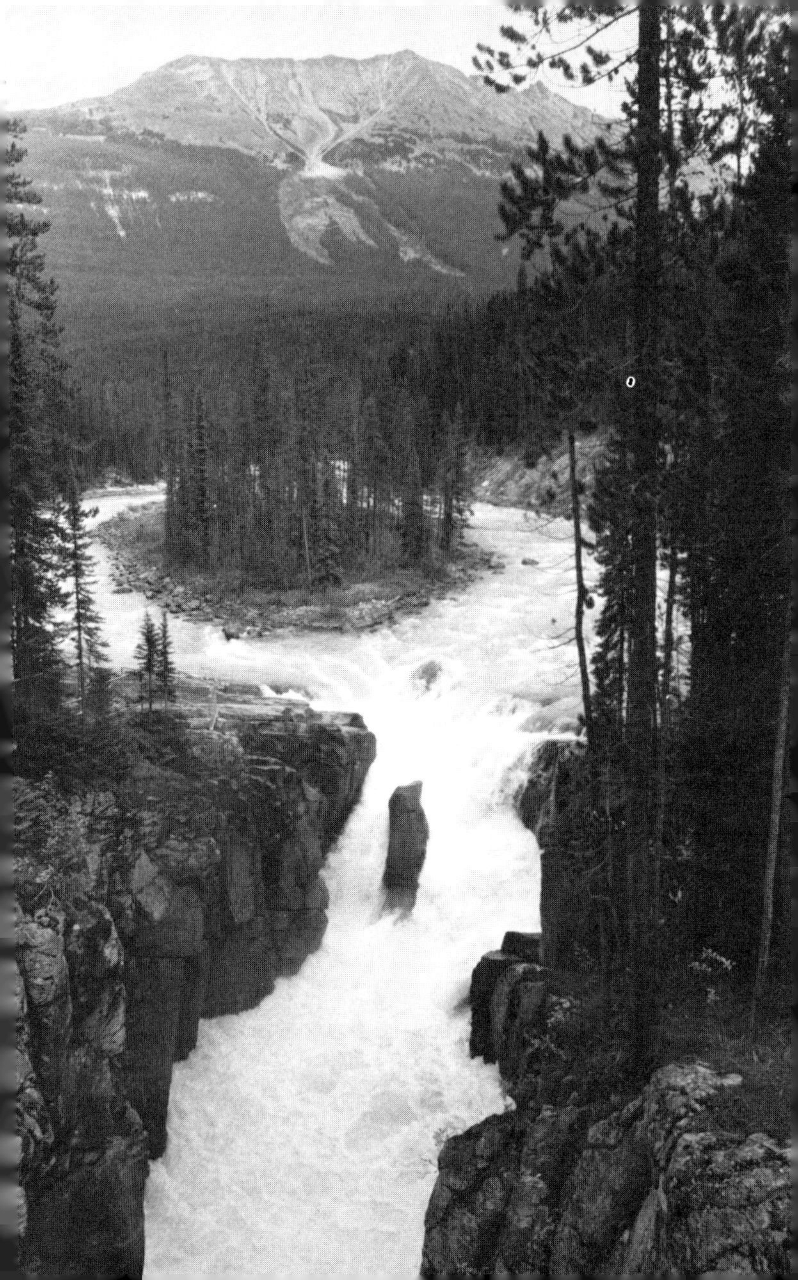

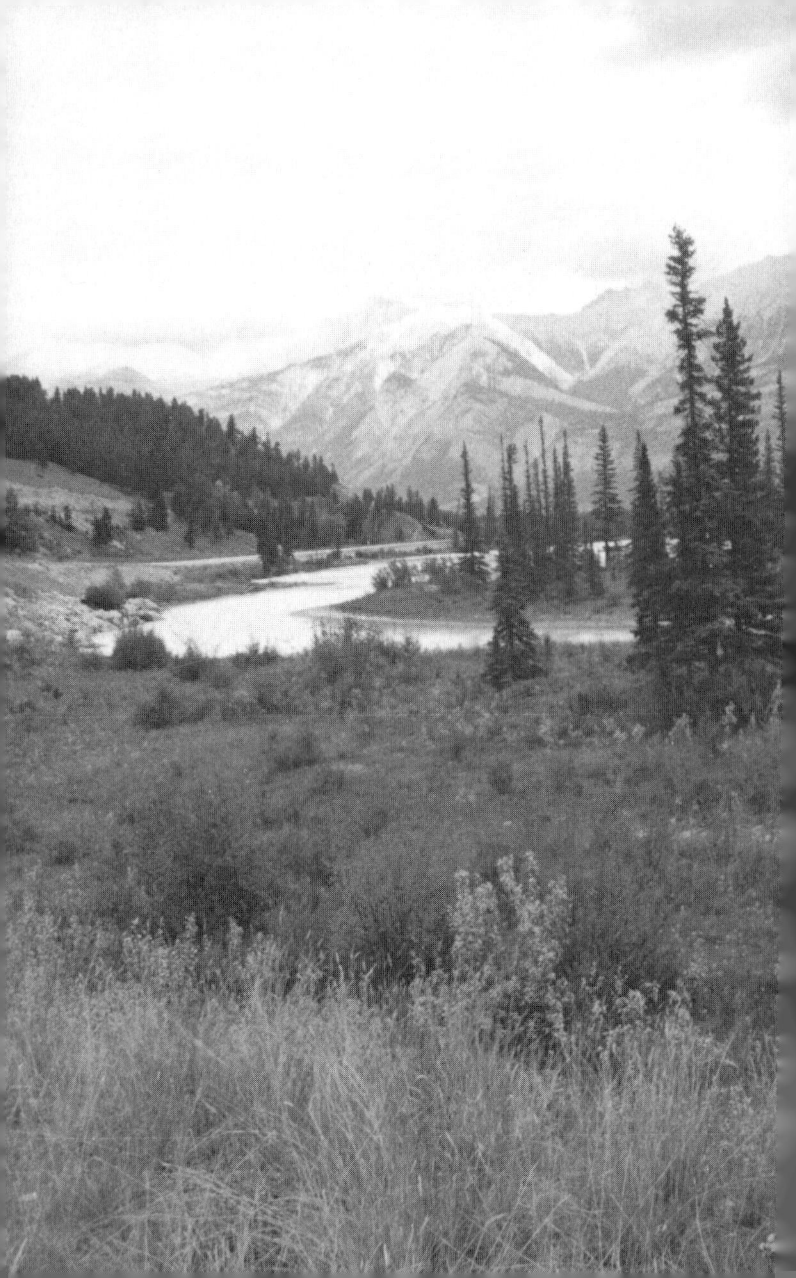

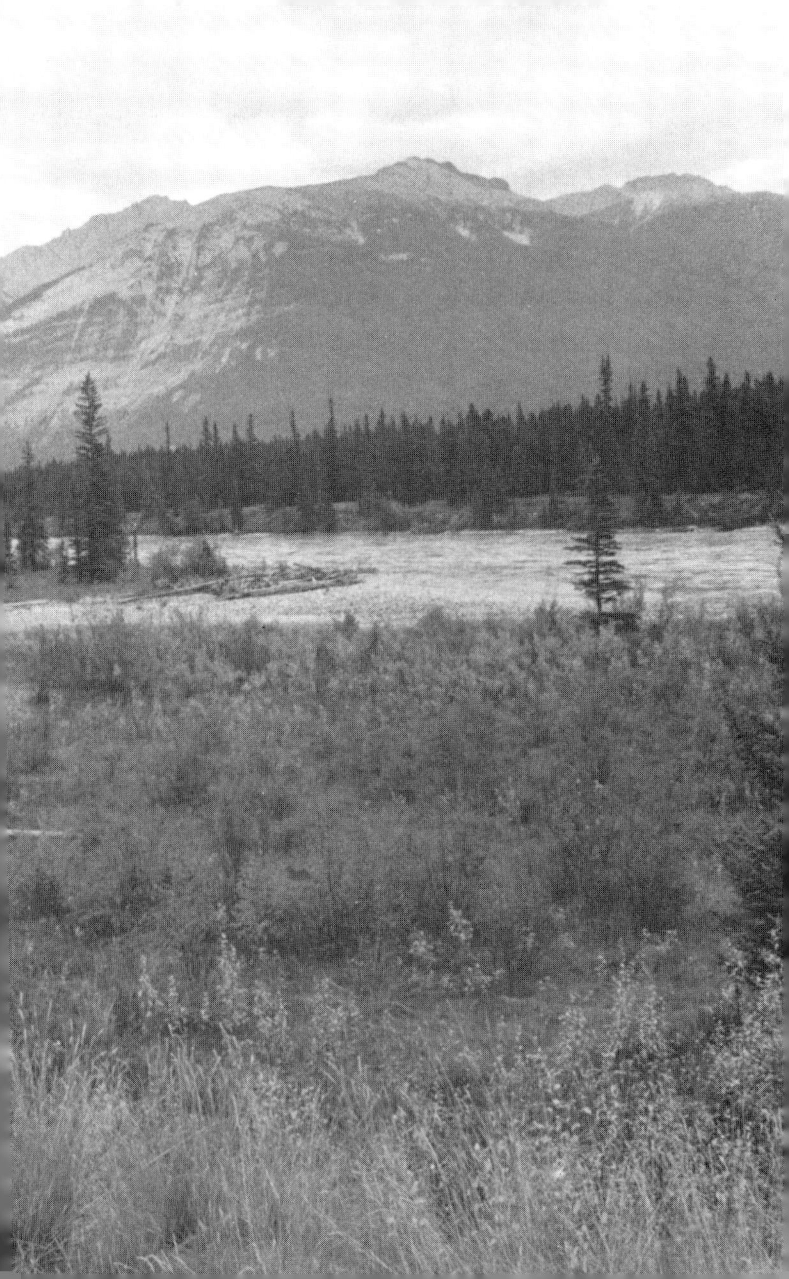

die Geologen fest, weicht der Athabasca-Gletscher ca. sechs Meter zurück und hinterläßt öde Moränenlandschaft mit dem ständig wachsenden See. Dieses wilde, weite Gletschergebiet des Columbia bildet außerdem die große Wasserscheide des Landes, die Verteilerstelle der Schmelzwasser in drei Meere. Der Athabasca River nimmt von hier seinen Weg in den Mackenzie und mit diesem ins Nördliche Eismeer. Der Saskatchewan fließt in den Lake Winnipeg und von dort mit dem Nelson River in die Hudson Bay. Der Columbia River windet sich durch die Columbia Mountains und mündet in den USA in den Pazifischen Ozean.

Zentrum des Jasper Nationalparks ist der gleichnamige Ort *Jasper* mit 4000 Einwohnern. Wiederum bestimmen wilde, nackte Felsgipfel das Panorama. Dazwischen liegen die weiten grünen Täler des Miette und Athabasca River. An ihrem Zusammenfluß entwickelte sich Jasper um die Bahnstation der Canadian National Railway zu einem freundlichen Ferienort, gleichermaßen begehrt von Sommer- wie von Winterurlaubern. Den besten Blick über die umliegenden Gipfel, Täler und Seen vermittelt der *Mount Whistler,* zu dessen Hochplateau eine «Sky Tram» schwebt. Das Information und Warden Office gibt Auskünfte über aktuelle Gebirgstouren, über Ausflüge hoch zu Roß und Wandervorschläge. Bei kurzem Aufenthalt empfiehlt sich ein Abstecher ins *Maligne Canyon* und zum *Medicine Lake.* 30 Kilometer südlich des Ortes sind die Athabasca-Wasserfälle sehenswert, und 56 Kilometer östlich von Jasper dampfen die Mineralquellen Miette Hot Springs mit 54 Grad C aus der Erde. Die Hochstraße zu der Badeanlage ist sehr eindrucksvoll.

Edmonton, reich durch Öl

Edmonton ist nicht nur die Provinzhauptstadt, sondern zugleich geografisch der Mittelpunkt und die größte Stadt Albertas. Breite Straßen, eine repräsentative Skyline, ein weites Netz von Über- und Unterführungen zeugen vom raschen Wachstum der Stadt, die sich beidseitig am North Saskatchewan River ausdehnt und heute bereits über eine halbe Million Einwohner zählt. Für die Bürger wurden in den vergangenen Jahren Parkanlagen von insgesamt dreißig Kilometern Länge mit Picknickplätzen, Seen, Golf- und Jogging-Anlagen als Erholungsreservate entlang des Flusses gestaltet. Das Bauvorhaben einer Untergrundbahn soll kurz vor der Ausführung stehen. Die Westdeutsche Akademie für urbanes Wohnen hat Edmonton als Modell für gute Stadtplanung ausgewählt.

Die Edmontoner sind natürlich stolz auf diese Auszeichnung, wie sie überhaupt gern auf den Fortschritt in ihrer Metropole hinweisen. Am Südeingang der Stadt steht als Wahrzeichen der erste Bohrturm, der 1947 den Ölboom einleitete und die Stadt zu dem machte, was sie heute ist: Kanadas reiche Ölstadt. Kenner wissen, daß Benzin im Land nirgendwo billiger ist als an Albertas Tankstellen. Vor allem in Edmonton, wo vor der Stadt die großen Ölfelder von Leduc, Woodbend und Redwater liegen.

Eine Fahrt durch Edmontons Randgebiete zeigt inmitten kurzgeschnittener Rasen die Bungalows der Ölmillionäre, die nach britischem Vorbild ihre Freizeit gern in Clubs verbringen. Wer in Albertas Provinzhauptstadt etwas auf sich hält, besitzt zumindest einen Mitgliedausweis für einen der zahlreichen Golfclubs. Die Plätze reihen sich entlang des North Saskatchewan River; vor allem aber liegen sie am Brandmoor Boulevard.

Am östlichen Ende des Victoria Park mit dem Golfplatz grüßt der klassizistische Kuppelbau von *Albertas Parlamentsgebäude* über den Fluß, erbaut im Jahre 1912 an Stelle des ehemaligen Fort Edmonton. Führungen finden täglich statt.

Nicht allzufern von der Bahnstation der CNR liegt im Karree angeordnet das *Civic Centre* mit Einkaufsmöglichkeiten auch von Eskimoartikeln und indianischem Kunsthandwerk, mit der City Hall, der Kunstgalerie, dem modernen Citadel Theatre, der architektonisch interessanten Stadtbibliothek sowie dem Information Visitors Bureau. Im Jubilee Auditorium spielt das Philharmonische Orchester, finden Ausstellungen und kulturelle Veranstaltungen statt. Wer zum erstenmal nach Edmonton kommt, sollte sich vom 33. Stockwerk vom Alberta-Gouvernment-Telephone-Hochhaus [A.G.T.] oder vom drehbaren, jedoch teuren Restaurant des Hotels Château Lacombe einen Überblick über die Stadt verschaffen. Am Südufer des North Saskatchewan River liegt der Campus der University of Alberta, die von nahezu 25000 Studenten besucht wird, mit einem Museum und eigener Kunstgalerie. In der Nähe der Universität liegt das historische Rutherford House, die Villa des ersten Premierministers von Alberta.

Trotz Wissenschaft, Repräsentativbauten und kulturellen Bemühungen hat Edmonton eine provinzielle Note behalten. Die Stadt ist ein Hauptumschlagplatz für Vieh, landwirtschaftliche Produkte und Zentrum für Unternehmungen in den Norden. Der berühmte Highway 43 führt von Edmonton nach Valleyview. Dort gabelt er sich in die beiden Anschlußstrecken an den Mackenzie Highway [bis Yellowknife] und an den Alaska Highway. Auf dem Flugplatz herrscht vom Frühsommer bis Herbst reger Betrieb. Buschflugzeuge bringen Jäger, Fischer und die «Survival»-Abenteurer zu den Camps in der ungezähmten Nordwildnis. Die Grenze zu den North

West Territories liegt von Edmonton ungefähr genausoweit entfernt wie die südliche Grenze zu den USA.

Edmontons Geschichte gleicht der vieler anderer kanadischer Präriestädte. Die Stadt entwickelte sich aus einem Fort der Hudson's Bay Company. Der Handelsposten wurde im späten 18. Jahrhundert zunächst am Nordufer des North Saskatchewan River erbaut, da nördlich des Flusses die den Pelzhändlern wohlgesinnten Cree-Indianer lebten. Die südlichen Gebiete beherrschten die Blackfeet, deren Mißtrauen und Haß dem weißen Mann gegenüber in ständigen Überfällen zum Ausdruck kam. Als dann 1870 die kanadische Regierung der Hudson's Bay Company die Nord-West-Territorien abkaufte, kam nach Edmonton eine Sägemühle. Damit begann die Entwicklung einer Siedlung. Einen ersten Aufschwung nahm der Ort von 1897 bis 1898 durch die Goldfunde im North Saskatchewan River und im Bonanza Creek im Yukon. Tausende von Goldwäschern drängten damals nach Edmonton, später dann weiter nach Norden.

Als ein besonderes Glücksjahr der Stadtgeschichte verzeichnet die Chronik das Jahr 1905. Edmonton wurde Bahnstation der Canadian National Railway und aus politischen Gründen die Hauptstadt von Alberta. Mit der Eisenbahn kamen Siedler aus allen Teilen der Erde und dem Osten Kanadas. Engländer, Iren, Schotten, Ukrainer bestimmten zunächst den Charakter der wachsenden Stadt. Heute setzt sich die Bevölkerung aus 36 verschiedenen ethnischen Gruppen zusammen. Die Ukrainer besitzen ein eigenes Museum, und die Mosque of Al Raschid ist die erste islamische Moschee in Nordamerika.

Im *Fort Edmonton Park* wird gegenwärtig das historische Holzfort rekonstruiert. Das *Provincial Museum and Archives* informiert die Besucher über die Geologie, die Pflanzen- und

Tierwelt der Provinz, über die Geschichte Albertas, seiner eingeborenen Indianer und seiner ersten Siedler.

Die aufregenden goldenen neunziger Jahre des vergangenen Jahrhunderts sind in Edmonton zu einer Erinnerung geworden, die jedes Jahr Ende Juli an den *Klondike Days* zum Leben erweckt werden. Zehn Tage lang schwelgt dann die ganze Stadt im High-life-Fieber der Goldrauschzeit. Die Damen promenieren in bunten, volantreichen langen Kleidern mit breiten, geschmückten Hüten durch die Straßen. Musikkapellen und Bands sorgen in Umzügen für Unterhaltung, das Honky-Tonk-Klavier bringt Stimmung in die Säle. Pferderennen lösen Floßfahrten ab, der Morgen beginnt mit einem öffentlichen Pancake-Frühstück, und anschließend versucht wer will sein Glück in der Chilkoot-Goldmine.

Eine halbe Autostunde von Edmonton – östlich am Yellowhead Highway – liegt der *Elk National Park.* Außer Elchen, Wapitis, Mardern und Wieseln leben hier die letzten großen Büffelherden, die bis ins 19. Jahrhundert die Prärie beherrschten. Als Kanadas Regierung die Tiere vom amerikanischen Staat Montana abkaufte und in den Elk National Park bringen ließ, wertete Edmonton diese Aktion als eine besondere Auszeichnung für die Stadt. Der Park ist sowohl für die Touristen als auch für die einheimische Bevölkerung ein vielbesuchtes Ausflugsziel. Es gibt dort einen See mit Sandstränden, Picknick- und Golfplätzen.

IM NORDEN DAS GARANTIERTE ABENTEUER

Dawson Creek [B.C.], wo ein Obelisk die Entfernung markiert: Fairbanks 1520 Meilen. Dies bedeutet, daß sich die Straße 2451 Kilometer zunächst durch das nordöstliche British Columbia schlängelt, dann den südlichen Teil des Yukon-Territoriums durchquert und von Alaskas Grenze an als Asphaltstraße nach Fairbanks führt. Das ist eine Entfernung «vom Bodensee nach Leningrad».

Die wenigsten Touristen wissen, unter welch bedrohenden Verhältnissen der Alaska Highway 1942 gebaut worden war. Die Amerikaner erwarteten nach dem japanischen Überfall auf die USA-Flotte bei Pearl Harbour [7. Dezember 1941] einen weiteren Vorstoß über die Aleutenkette nach Alaska und von dort gegen die Westküste der USA. Alaska besaß bis dahin keinerlei Landverbindungen vom Süden. Im März 1942 trafen amerikanische Kommandos mit Bautrupps in dem verschlafenen Dawson Creek ein. Ihnen folgten riesige Bulldozer und schwere Fahrzeuge, die täglich bis zu acht Kilometer Urwald abräumten, sich durch Wälder, Sümpfe und durch Berge nach Norden vorwärtskämpften. Was sie zurückließen, war eine notdürftig mit Kies befestigte Lehmpiste. Und dies ist der Alaska Highway bis heute geblieben. Entlang der staubigen Straße wurde eine Reihe von Flugplätzen geschaffen, die noch immer das Rückgrat für den Luftverkehr nach Norden bilden.

Nach dem Rückzug der Japaner im Herbst 1942 verlor der Alaska Highway seine strategische Bedeutung. Für den kanadischen Norden wie für den USA-Staat Alaska wurde die Straße von nun an zu einem wirtschaftlichen Faktor, der die bis dahin isolierten Gebiete aus ihrem Dornröschenschlaf erlöste. Die großen Transportfahrzeuge in beiden Richtungen sind von der holprigen Lehm- und Schotterpiste inzwischen nicht mehr wegzudenken.

Trotz seiner Abgeschiedenheit bietet der Alaska Highway einen guten Service. In Abständen gibt es Tankstellen, Werkstätten, Imbißeinrichtungen und Unterkünfte mit bequemen Betten, die zur Hauptreisezeit allerdings meistens belegt sind. Alternativ bieten sich die kostenlosen Campgrounds an mit frischem Trinkwasser, Brennholz neben den Grillplätzen und Toilettenhäuschen. Während der Weiterfahrt begegnen einem inmitten der weit sichtbaren Staubwolke immer wieder einmal Baufahrzeuge, welche die Fahrbahn glätten, Schlaglöcher beheben, Kies aufschütten. An den Staub muß man sich gewöhnen. Scheint die Sonne, dringt er durch sämtliche Ritzen ins Wageninnere, patiniert Menschen und Gegenstände mit einer feinen hellen Schicht. Bei Regen macht der Reisende Bekanntschaft mit feuchtem Schlamm. Überhaupt fordert der Alaska Highway dem Autofahrer sämtliche Fahrkünste und gute Ideen ab. Bewährt hat sich ein Plastikschutz über den Scheinwerfern, die auch tagsüber eingeschaltet bleiben. Zu empfehlen sind außerdem zwei Ersatzreifen, gefüllte Benzinkanister und etliche Konserven. Viele decken den Benzintank zusätzlich noch mit Matten gegen den unvermeidlichen Steinhagel ab.

Doch weniger die extremen Straßenbedingungen als die Schönheit der Landschaft, das sich ständig wechselnde Bild, der Zauber des Nordens bleiben für die meisten Touristen das Überzeugendste des Alaska Highway. Als eine der faszinierenden Strecken gilt der Abschnitt zwischen *Fort Nelson* und *Watson Lake*. Es handelt sich um die östlichen Ausläufer der Rocky Mountains und gleichzeitig die an Wild reichsten Gebiete Kanadas. Grizzlybären, Elche, Rentiere, Wildschafe, Schneeziegen, Wölfe, Kojoten, Berglöwen, Luchse, Biber und der Vielfraß lassen sich in den Bergen beobachten. Zwischen Mai und Juni kommen die noch hungrigen Tiere oft bis an die

Straße, gewohnt an das Gefüttertwerden von den Touristen. Im *Liard River Hot Springs Park* [Meile 493] bieten die heißen Quellen Badegelegenheiten und eine für diese Nordgebiete ungewöhnliche Vegetation. Auf die Orchideen sei besonders hingewiesen.

Im Yukon ist der Alaska Highway inzwischen zum Stamm eines sich immer weiter verästelnden Straßennetzes geworden. Von *Watson Lake,* dem Ausgangspunkt für Expeditionen auf dem Nahanni River und einer Anhäufung von über tausend originellen Wegschildern, führt die Route 9 auf dem geschotterten sogenannten *Klondike Highway* nach *Dawson.* Vor der Fahrt müssen die Benzintanks gefüllt und das Fahrzeug noch einmal auf Geländesicherheit überprüft sein. Die Einsamkeit ist hier riesengroß und unvergeßlich. Vollkommen ungestört bleibt vermutlich auch eine Reise auf dem neuen *Dempster Highway,* der Verbindungsstrecke zwischen *Dawson* und *Inuvik.* Diese Schotterstraße in den Norden der Northwest Territories ist 1979 fertig geworden und bietet dem Besucher Waldwildnis und Tundra bis zum Delta des Mackenzie River. Hinter dem Wagensteuer kann der Besucher jetzt auch die beeindruckende Landschaft zwischen *Whitehorse* und *Skagway* erleben. Die neue Fahrstraße passiert den Bennet Lake und endet direkt am Hafen von Skagway [Alaska].

Wer den Alaska Highway als passiver Beobachter genießen möchte, dem bietet das Greyhound-Busunternehmen eine 31stündige Fahrt von *Edmonton* nach *Whitehorse.*

164/165 Der Dempster Highway öffnet die Arktis erstmals dem Motortouristen. Die Straße führt von Dawson City, Yukon, nach Inuvik, nördlich des Arctic Circle

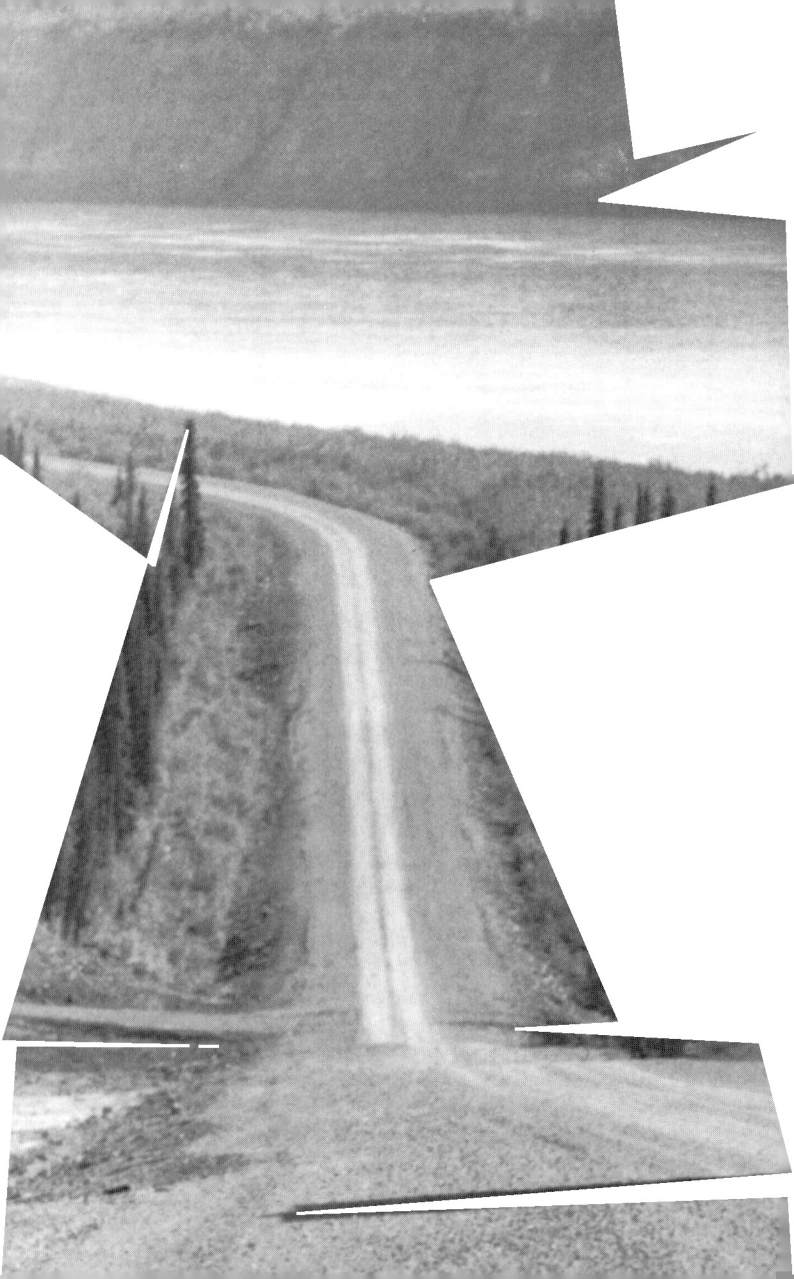

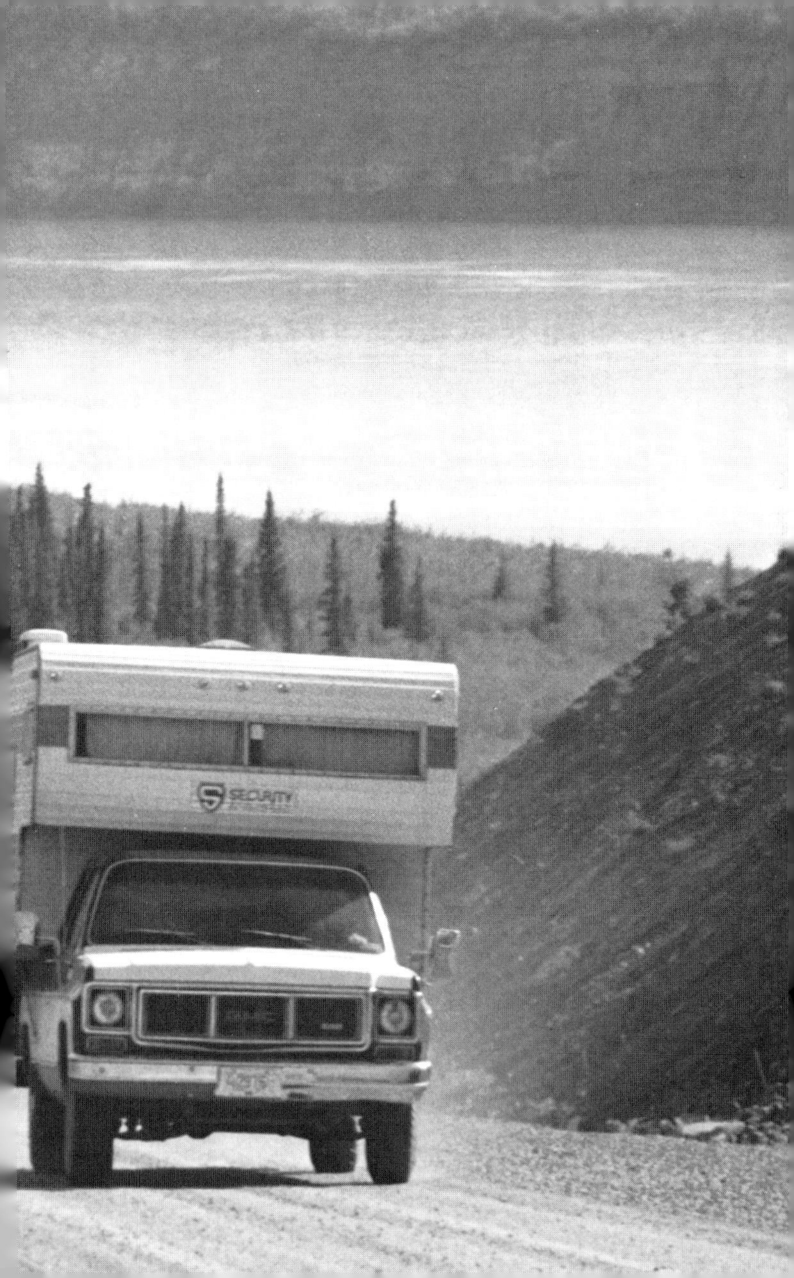
SECURITY

Whitehorse, die junge Hauptstadt

Whitehorse ist seit 1952 die Hauptstadt und der wichtigste Verkehrsknotenpunkt des 536000 Quadratkilometer großen Yukon-Territoriums. Die Stadt liegt direkt am *Alaska Highway.* Hier endet auch die abenteuerliche Schmalspureisenbahn aus Skagway [Alaska]. Wer von den staubigen Schotterstraßen genug hat, kann ebenso den umgekehrten Weg einschlagen, sich und sein Auto der *White Pass and Yukon Railway* in Whitehorse anvertrauen und von Skagway aus anschließend auf einer Schiffskreuzfahrt durch die Inside Passage nach Vancouver oder Prince Rupert schippern [Vorausbuchungen sind unbedingt erforderlich]. Seit 1978 läßt sich Skagway von Whitehorse aus auch über die neugebaute Fahrstraße erreichen. Auf dem Whitehorser Flugplatz landen außerdem täglich die CP Air aus Vancouver und Edmonton, starten Buschflugzeuge zum Weiterflug nach Alaska und in die Northwest Territories. Während der Sommermonate fährt ein Ausflugsdampfer in das einst so gefürchtete *Miles Canyon,* in dessen Schluchten Hunderte von Goldsuchern ihr Leben ließen. Busrundfahrten bringen Besucher von der Stadt zu den Sehenswürdigkeiten der noch weiter nördlich gelegenen Regionen des Yukon-Territoriums, nach Alaska und in die Northwest Territories.

Whitehorse, im Sommer ein Touristenumschlagplatz, diente den Golddiggers ursprünglich als Zwischenstation auf ihrem Weg nach Dawson. Als 1900 die Schmalspurbahn zum erstenmal zwischen Skagway und Whitehorse verkehrte, war der Ort lediglich eine Missionsstation. Doch die habgierigen Glücksritter hielten im allgemeinen wenig vom Wort Gottes. Ihre Gedanken galten einzig und allein dem metallhaltigen Gestein des Yukon und Klondike River, wohin sie sich auf dem schnellsten Wege in Booten, später an Bord der Schaufelraddampfer bringen ließen. Erst durch den Bau des Alaska Highway entwickelte sich der Ort zur Stadt. Viele der Straßenbauer und Soldaten blieben und siedelten hier. Heute zählt die Stadt 15 000 Einwohner, über die Hälfte der gesamten Yukoner Bevölkerung.

Trotz der jungen Geschichte ist Whitehorse nicht ohne Sehenswürdigkeiten. Die wilden Klondike-Tage spiegelt das *Mc Bride Museum*. Ebenfalls aus dieser Zeit stammt der historische Schaufelraddampfer «Klondike», der von 1898 bis 1954 den Flußverkehr zwischen Whitehorse und Dawson regelte. Die bescheidene Holzkirche aus dem Jahre 1900 erinnert an die erste Missionsstation im Yukon. Beachtung verdienen außerdem die «Log Skyscramper», Blockhäuser mit mehreren Stockwerken, die von der Bevölkerung humorvoll als die «Wolkenkratzer des Nordens» bezeichnet werden. Wer sich für den Totenkult der Indianer interessiert, sollte den *«Indian Burial Ground»* mit den Spirit Houses besuchen. Die Indianer glauben, daß sich die Seelen der Toten in diesen bemalten Miniaturhütten aufhalten.

Informationen über weitere Sehenswürdigkeiten, Veranstaltungen und Ausflugsfahrten erhalten Sie im Yukon Department of Tourism and Information in Whitehorse. 18 Kilometer nördlich von Whitehorse liegen die heißen Quellen von *Takhini*.

So hart und erbarmungslos auch der Winter im Yukon sein mag, viele der Bewohner finden selbst die kältesten Monate reizvoll und amüsant. Wie überall in Kanada, so wächst auch im hohen Norden die Begeisterung für Ski- und Schneeschuhlaufen. Und Ende Februar feiert Whitehorse das *Sourdough Rendez-vous,* zu dessen Höhepunkten Indianertänze, vor allem aber aufregende Schlittenhunderennen gehören.

Der Chilkoot Pass – Kein einfacher Climb

Als der Schriftsteller *Pierre Berton* mit seiner Familie vor ein paar Jahren den Chilkoot Pass erstieg, machte sein Unternehmen in den kanadischen Tageszeitungen Schlagzeilen. Denn der etwa 60 Kilometer lange historische Goldgräber-Trail von Skagway nach Bennet Lake gehört zwar – immer mehr – zu den attraktivsten Out-Door-Touren im Yukon, jedoch auch zu den gefährlichsten. Wie einst die Goldsucher, so müssen auch heute noch die Paßwanderer die gesamte Verpflegung samt Behausung auf dem Rücken mitschleppen. Bei eventuellen Unfällen hilft nur ein Hubschraubereinsatz. Es ist zu raten, einen Wildnisführer von Skagway mitzunehmen.

Yukonfahrt mit Paddelschlag

Whitehorse hat sich als vortrefflicher Ausgangspunkt für zahlreiche *Kanuexpeditionen* durch das Territorium erwiesen. Wo noch vor 80 Jahren die Glücksritter ihre Boote bestiegen, gibt es heute Kanus samt erfahrenen Wildwasserführern zu mieten. Eines der interessantesten Abenteuer – auch für Anfänger – bleibt nach wie vor eine Flußfahrt den Yukon hinab nach Dawson City. Zu bewältigen gilt es eine ziemlich risikolose Strecke von ca. 850 Kilometern, die insgesamt 14 Tage dauert. Die Wildwasserfahrt führt durch eine der grandiosen Landschaften des Nordens, durch ein Stück Geschichte des Yukon-Territoriums. Ca. 50 Kilometer nördlich von Whitehorse verbreitert der Fluß sich zum Lake Laberge. Der See verlangt besondere Konzentration, wenn der Wind die Wellen aufpeitscht. Nördlich von *Carmacks* tauchen dann die ersten Stromschnellen auf: die *Five Finger Rapids,* zu deren Bewältigung etwas Aufmerksamkeit, jedoch keine große Bootserfahrung gehören. Auf der Weiterfahrt nach Norden folgen die Zuflüsse des *Takhini, Stewart* und *Pelly River*. Die Schwierigkeitsgrade des Yukon und einiger interessanter Nebenflüsse hat Elmar Engel in seinem «Kanadischen Abenteuer-Almanach» beschrieben. Auskünfte erhalten Sie im Yukon Department of Tourism and Information in Whitehorse.

Dawson, die Geisterstadt

Für Besucher des Yukon ist eine Fahrt in die einst so berühmte blühende Goldgräberstadt *Dawson* beinahe obligatorisch. Die meisten Touristen wählen für die Tour zunächst den Alaska Highway, der am 22 000 Quadratkilometer großen *Kluane National Park* vorbeiführt. Bei *Haines Junction* zeigen sich die Gipfel des St.-Elias-Gebirges. Unter den Fünftausendern erreicht der *Mount Logan* eine Höhe von 6050 Metern und ist damit Kanadas höchste Erhebung. Zwischen den sich reckenden Felsen starren die Hochfelder der Gletscher, die größten außerhalb der Polarzone. Dabei kamen mir die Verse des Dichters *Robert Service* in den Sinn: «beauty that thrills me with wonder... the stillness that fills me with peace.» Im ungestörten Frieden des Wildnisparks leben Grizzlybären und Schwarzbären, Dallschafe, Bergziegen, die Karibus und Elche. Zum Nationalpark erklärt wurde diese südwestliche Ecke des Yukon gerade des außergewöhnlichen Wildlife wegen. So besitzt die St. Elias Range die höchste auf der Erde bekannte Bärendichte, d.h. auf 2 Quadratkilometer kommt jeweils ein Bär. Biologen haben außerdem festgestellt, daß die Dallschafe in diesem Lebensraum um ein Drittel größer werden als auf dem übrigen Kontinent. Längere Touren, vor allem aber Expeditionen in die abgelegenen Hochgebirgsregionen dürfen nur in Begleitung des Parkpersonals unternommen werden. Da jeden Sommer ungefähr 25 Anmeldungen vorliegen, müssen schriftliche Anfragen der Parkverwaltung möglichst frühzeitig unterbreitet werden. Sie befindet sich südlich von Haines Junction.

Von Tok Junction in Alaska führt dann der Taylor Highway 280 Kilometer lang nach Dawson. Von dort bietet der staubige Klondike Highway die Möglichkeit, auf der Rückfahrt nach Whitehorse neue, eindrucksvolle Landschaften kennenzulernen.

Dawson City zehrt von frühem Glanz und Ruhm. Über die Treppenaufgänge der langsam in sich zusammenfallenden Häuser wuchert Unkraut. Die Fenster starren mit hohlen Rahmen auf den vorüberziehenden Touristenstrom. Über der Geisterstadt scheinen die Worte zu schweben «Es war einmal».

Begonnen hat der märchenhafte Aufstieg von Dawson, als George Carmack zusammen mit den beiden Indianern Skookum Jim und Targish Charlie 1896 im Klondike River und Bonanza Creek aufsehenerregende Goldmengen entdeckte. Die Kunde von den beachtlichen Funden breitete sich wie ein Lauffeuer aus. In den folgenden Jahren brachte das Goldfieber Tausende von Menschen aus allen Teilen Kanadas und den USA an den Klondike River. Die meisten Goldsucher wählten von Seattle den Seeweg nach Skagway. Von dort zogen die Trupps unter unvorstellbaren Strapazen mit Sack und Pack – das Mindestgewicht des Proviants mußte nach den Vorschriften der North West Mounted Police eine halbe Tonne betragen – über den White Pass nach Whitehorse. Bis zum Einsatz des Raddampfers [1898] ging es weiter in Booten stromabwärts nach Dawson.

Wer trotz sämtlicher Widrigkeiten schließlich die ersehnten Goldfelder des Nordens erreichte, ließ sich in Dawson von der fiebernden Fröhlichkeit des Goldrausches mitreißen. Das Geschäft blühte, Geld wurde an Gold verdient, Wohlstand bei Spiel gewonnen oder verloren. Bardamen, Can-Can-Girls, Prostituierte sorgten in den Saloons wie in den übrigen Amüsieretablissements für Unterhaltung, Abwechslung, aufregenden Betrieb. 1897/98 galt Dawson City als «ein Paris der Frontiers», 1898 wurden die Grenzen des Yukon-Territoriums abgesteckt und Dawson zur Hauptstadt erklärt. Nahezu 40 000 Menschen lebten damals am Zusammenfluß des Klondike River mit dem Yukon.

Doch die sensationellen Goldfunde erschöpften sich rasch. 1900 hatte bereits die Hälfte der Bevölkerung dem Yukon den Rücken gekehrt, war weiter nach Alaska gezogen. In den zwanziger Jahren lebten noch knapp 5000 Seelen in Dawson City. Heute zählt der Ort 750 Einwohner, eine buntzusammengewürfelte Versammlung von Goldsuchern, Trappern, Jägern und Bergleuten. Ein Drittel sind Indianer. Gut beraten ist, wer sich mit Goldpfanne und Gummistiefeln einem Goldwäscher anvertraut, um einen Tag lang ein echtes Goldgräberdasein zu führen vielleicht am Bonanza, Eldorado oder Sulpher River.

Außer den langsam verfallenden Holzhäusern besitzt Dawson einige beachtenswerte Gebäude wie das *Historical Museum* mit zusammengetragenen Gebrauchsgegenständen aus der Jahrhundertwende. In dem restaurierten *Diamond Tooth Gertie's Spielkasino* herrscht den Sommer über ein reger Touristenrummel, und auf dem Programm des aufpolierten *Palace Grand Theatre* stehen die berühmten «Gaslight Follies». Auch ein Besuch des traditionellen *Flora Dora Hotel* lohnt sich und hält sich preislich in Grenzen. Zu besichtigen sind außerdem das historische Post Office sowie die Blockhütten des Dichters *Robert Service* und des Schriftstellers *Jack London.* Am 17. August feiert Dawsons Bevölkerung drei Tage lang den *Discovery Day,* der einen Abglanz der ersten Goldfunde im Klondike River inmitten einer glanzlosen Kulisse gibt. Für Übernachtungen sorgen – nicht nur während dieser fröhlichen Tage – ein paar Hotels, Motels, Lodges und ein schöngelegener Campground. 1952 wurde die Hauptstadt des Yukon von Dawson nach Whitehorse verlegt.

NORTHWEST TERRITORIES

Trotzdem die Natur an die Menschen die härtesten Anforderungen stellt, der Tourismus sich jedes Jahr auf nur wenige abenteuerlustige Urlauber beschränkt, gehören die *Northwest Territories* zu den meistbeschriebenen Feriengebieten Kanadas. Rundfunk, Fernsehen, zahlreiche Jagd- und Abenteuerbücher preisen den hohen, unbekannten Norden als etwas vom Gewaltigsten, was ein Mensch an Landschaft erfahren kann. Für jeden Besucher werden die außergewöhnlichen Fischarten, das seltene Wild inmitten einer Wildnis, wo die Bäume um ihr Leben kämpfen, das Licht des arktischen Himmels, die Gastlichkeit der hier beheimateten Bevölkerung unvergeßlich bleiben. Der Tierschützer *Bernhard Grzimek* erforschte im Sommer 1978 mit einem Boot den *Nahanni,* «ein Strom so lang wie die Elbe, dessen Name dennoch in keinem Nachschlagewerk zu finden ist. Die Grizzlies und Schwarzbären sind hier noch nicht durch Scharen von Menschen verdorben. Als sich nachts ein Grizzly hartnäckig an unserem Zelt zu schaffen macht, kann ich ruhig mit der Taschenlampe hinausgehen und ihn verjagen», schrieb Grzimek begeistert über den paradiesischen Zustand des Nordens.

Die Northwest Territories steigern Kanadas Wildnis noch einmal ins Unermeßliche. Die Landschaft dieser 3 380 000 Quadratkilometer großen Landmasse reicht von undurchdringlichen Wäldern, den großen einsamen Strömen und Seen über die tierreichen Tundren bis zu den 3500 Meter hohen Bergen und Gletschern von Ellesmere Island. Das Abenteuer ist garantiert für diejenigen, die auf Zivilisation und Komfort verzichten können. Die einzige Verbindung über den Landweg bestreitet der *Mackenzie Highway* von Edmonton nach Yellowknife mit Abzweigungen nach Fort Simpson, Fort Resolution und Fort Smith. *Fort Smith* besitzt einen kleinen Flugplatz für die tägliche Luftverbindung mit Edmonton, ein indianisches Kulturzentrum sowie die Parkverwaltung des 45 000 Quadratkilometer großen *Wood Buffalo National Park,* dessen größter Teil bereits in Alberta liegt. Den Ausschlag für die Parkbezeichnung gaben die letzten 10 000 hier frei lebenden Woodbuffalos – die Bisons Athabascae –, die sich in Größe und dem dunkleren Fell wesentlich von den kleineren Präriebüffeln unterscheiden. Wildbeobachtungen erfolgen normalerweise in Kettenfahrzeugen von Fort Smith aus. Bis Peace Point, wo am See einige Cottages stehen, führt eine Fahrstraße. Dann bleibt jeder sich selbst überlassen.

Zu den Seltenheiten des Parks gehören außerdem die Nistplätze der letzten 70 kanadischen Schreikranichpaare. Die Tiere stehen unter dem Schutz der Regierung. Wenn sie im Herbst vom Wood Buffalo Park aufbrechen, um am Golf von Mexiko zu überwintern, wird ihr Flug dorthin von Flugzeugen begleitet. Durch diese Maßnahme konnte die Zahl der im Aussterben begriffenen Vögel in den vergangenen Jahren immerhin konstant gehalten werden.

Die übrigen Stützpunkte und Gemeinden stehen nur über Funk und Flugverkehr mit der Außenwelt in Verbindung. Wer die hohen Flugkosten berappen kann, dem bieten private Charterexkursionen von den verschiedenen Gemeinden der Northwest Territories aus die Möglichkeit, noch völlig unberührte arktische Regionen mit ihrer ganz besonderen Tier- und Pflanzenwelt kennenzulernen. Doch Robinsonaden dieser Art machen nur im Sommer Spaß: wenn von Juni bis

Ende August das Eis auf Flüssen und Seen gebrochen und die Erdoberfläche aufgetaut ist, wenn die gewaltige Farbenpracht der Pflanzen hervorbricht und die Sonne noch um Mitternacht das Kartenlesen ermöglicht. Die Lichtzeit des Nordens ist für einen Abenteurerurlaub wie geschaffen: Es regnet kaum, und die Temperaturen können über 30 Grad Celsius steigen. Hans Otto Meißner, der die Northwest Territories bis zum entlegensten Außenposten menschlicher Zivilisation besuchte, wurde darüber hinaus versichert, daß es im Norden nicht eine einzige giftige Pflanzenart gäbe. Doch können einem die Moskitos, so man mit entsprechenden Schutzmitteln keine Gegenmaßnahmen getroffen hat, den Aufenthalt zur Qual machen.

Die scheinbar so heile Welt, «das rauhe Paradies am äußersten Rande der Welt», geriet in den vergangenen Jahren politisch in Bewegung. Die dort lebenden Indianer und Eskimo haben seit den sechziger Jahren in Organisationen wie der «Indian Brotherhood» einen harten Widerstand gegen die Zivilisation aus dem Süden aufgebaut. Denn die mit ihr verbundenen Schäden im kulturellen und sozialen Leben der Dene- und Inuitvölker nehmen verheerende Ausmaße an. So führt das Lohnsystem zur Abhängigkeit von Arbeitsplätzen, die gerade im Norden so rasch wieder verschwinden können, wie sie kommen. Die Folgen sind Unselbständigkeit, Sozialfürsorge, Minderwertigkeitsgefühle, Alkoholismus, eine hohe Selbstmordquote und der Haß auf die Bessergestellten, die auch in den Northwest Territories die Weißen sind.

Um auch in Zukunft unabhängig weiterexistieren zu können, dürfen die traditionellen Lebensformen auf keinen Fall aufgegeben werden, sinnierte Häuptling *Philipp Baker*. Wie die meisten Stammeshäupter hält er am Fischen, Jagen und Fallenlegen als einer gesicherten Ernährungsbasis fest. Er kämpft für Selbstbestimmung, appelliert an die bewährte Ordnung innerhalb der Großfamilie, die Bereitschaft zu teilen und die Liebe zum Land: «Wir haben jahrtausendelang auf diesem Land gelebt, und das Land hat uns ernährt. Wir haben nicht versucht, das Land zu verbessern, und wir haben auch nicht versucht, das Land zu zerstören. Es ist unser Wunsch, daß wir so weiterleben können. Daß wir das Land in demselben Zustand an die kommende Generation weitergeben können, in dem wir es von unseren Vätern erhalten haben. Wir wollen, daß die Weißen uns nicht als Relikt der Vergangenheit ansehen, sondern als eine Lebensform. Als ein System von Werten, die ein Überleben in der Zukunft ermöglichen», erklärt Baker weiter.

Doch der Wunsch der Indianer und Eskimo wird vermutlich ein Wunschtraum bleiben. Die beiden Volksgruppen bilden in den Northwest-Territorien zwar eine Mehrheit, in Kanada jedoch eine nicht allzuernst genommene Minderheit. Bei Gesprächen mit kanadischen Regierungsbeamten über die Probleme des Nordens wurde sofort das Mißtrauen deutlich gegenüber den Naturmenschen, die keine Übung in der profitorientierten Nutzung des Landes hätten. Die Verantwortung gegenüber der Wirtschaft und dem Gemeinwohl der Nation machten den Abbau der Bodenschätze im Norden einfach notwendig, entgegneten mir Regierungsbeamte in Ottawa. In Yellowknife gibt es Gold und Uran, in Norman Wells Öl und am Großen Bärensee Silber. Das Mackenzie-Delta zählt zu den drei größten unerschlossenen Öl- und Gasreservaten Kanadas. Es bleibt zu hoffen, daß die breite Solidaritätsbewegung – getragen von Professoren, Studenten, den drei großen kanadischen Kirchen und den Ökologen – den Indianern und Eskimo doch noch zu dem Recht verhelfen, ihren eigenen «Way of Life» zu bestimmen.

Rund 38 000 Menschen, die Bewohnerzahl einer mittleren europäischen Stadt, leben auf dieser immensen Landmasse, die über fünfzehnmal so groß wie die Bundesrepublik Deutschland ist. Sie leben zum großen Teil noch immer genau so wie vor hundert Jahren, als das Land niemandem gehörte als ihnen und den Bären, den Karibus, Moschusochsen, Robben und Walen, die sie jagten. Dann kamen die großen Pelzhandelsgesellschaften in ihrer unersättlichen Gier nach den kostbaren Fellen. Sie brachten Feuerwaffen und Alkohol ins Land. Allen voran die North-West-Company, in deren Auftrag 1789 der Forscher Alexander Mackenzie den gewaltigen, nach ihm benannten Strom in seiner gesamten Länge bis zur Mündung in die Beaufortsee entdeckte und erforschte. Handelsposten wie Fort Simpson [1804], Fort Good Hope [1805] oder Fort Liard [1807] folgten entlang der Flüsse. Von 1821 an beherrschte die Hudson's Bay Company die Gebiete, bis diese 1870 zusammen mit den übrigen Westgebieten von der kanadischen Regierung abgekauft wurden. Seitdem werden die Northwest Territories von dem in weiter Ferne liegenden Ottawa verwaltet, mit einer Zentralstelle in Yellowknife.
Zur besseren Orientierung wurde das nahezu unübersehbare Land zwischen Grönland und dem Yukon in drei große Distrikte eingeteilt: in den Mackenzie District, den Keewatin District und den Franklin District.

178/179   Die Alexandra Falls am Mackenzie Highway,
Northwest Territories

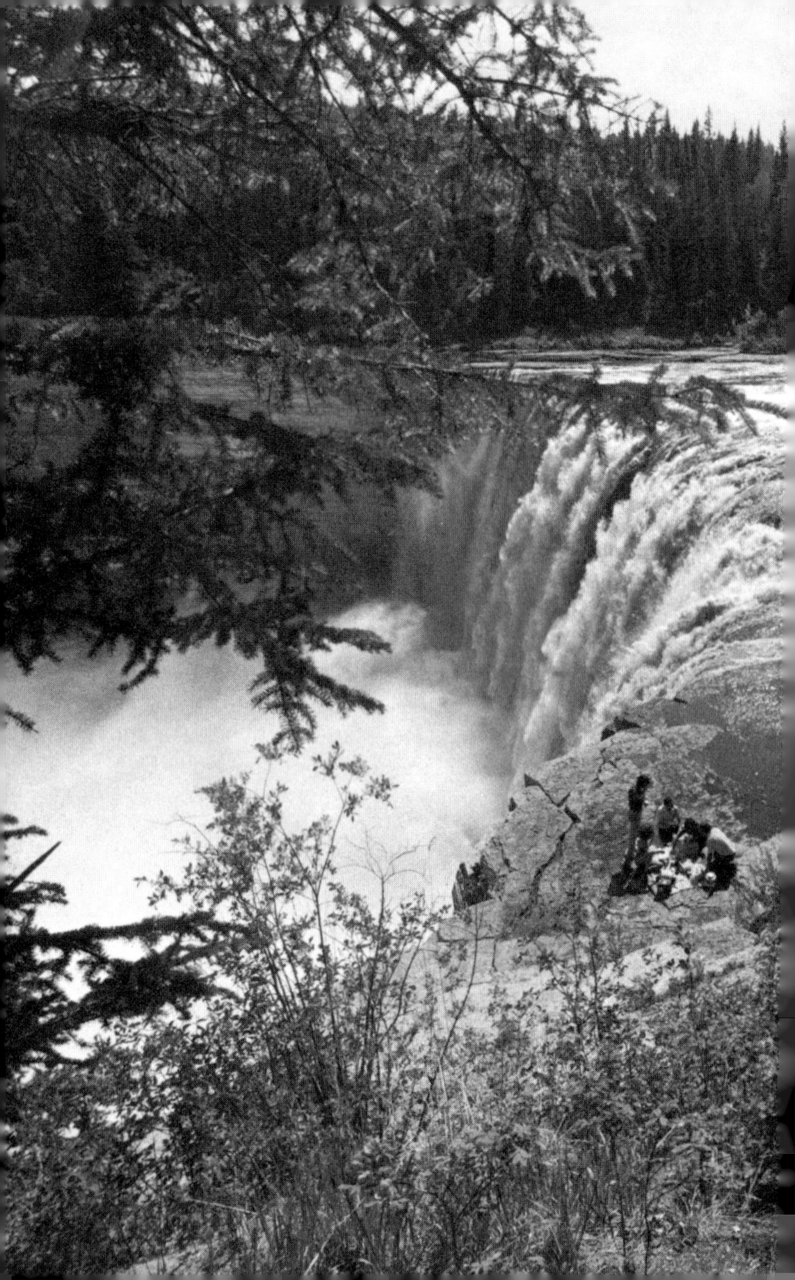

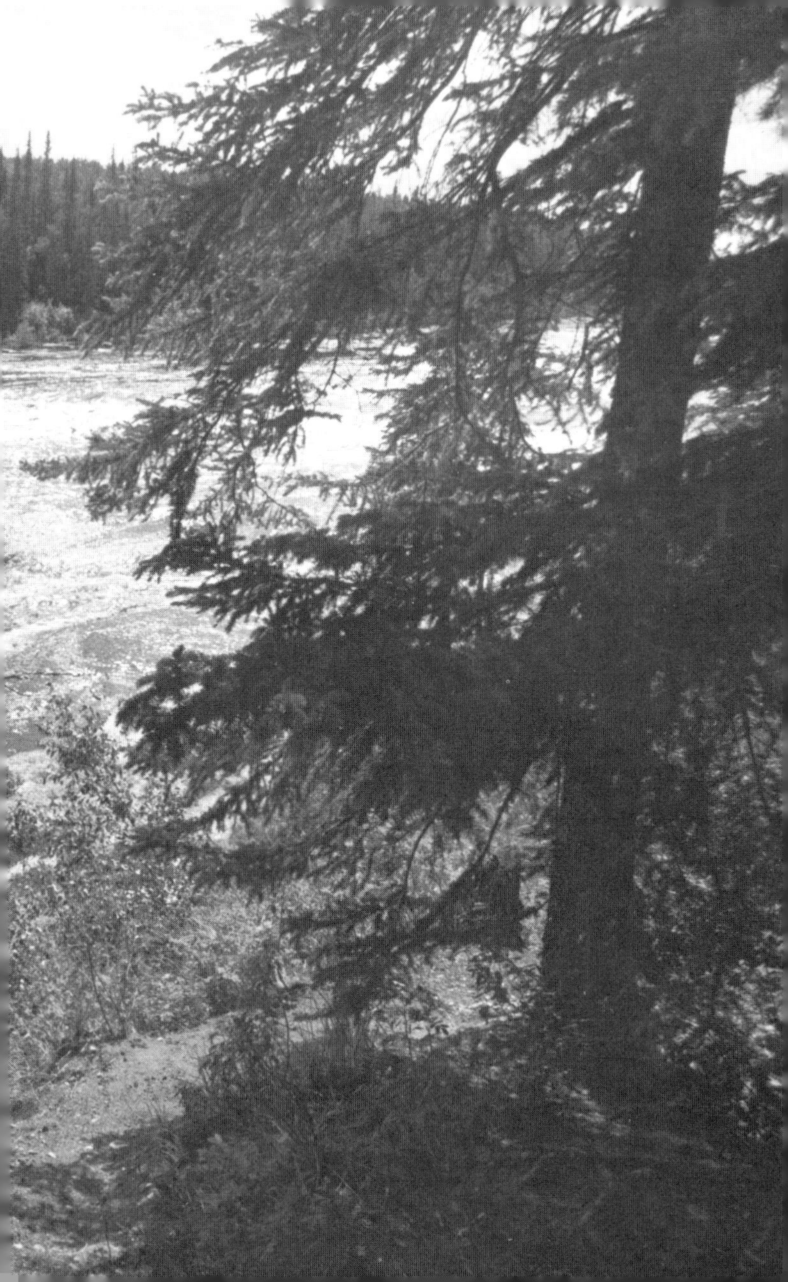

Mackenzie: Route der Pelzhändler und Goldsucher

So sich ein derartig unbekannter Landrücken wie die Northwest Territories überhaupt nach Popularität gliedern läßt, gilt der *Mackenzie District* als die bekannteste Region des hohen Nordens. Diesen Vorzug verdankt das Gebiet dem mächtigen *Mackenzie-Strom,* der den westlichen Teil der Territorien von Süden nach Norden durchzieht und schon früh eine Hauptroute für den Pelzhandel, dann für die Goldsucher war. In *Fort Providence,* einer kleinen Indianersiedlung von 700 Seelen, verläßt er den Großen Sklavensee, um seinen 1180 Kilometer langen Weg zum Eismeer anzutreten. Zu den interessantesten Strecken dieses einsamsten Stromes der Welt, der zugleich – nach dem Mississippi – der zweitgrößte Fluß Nordamerikas ist, gehören die *Stromschnellen von St. Sault.* Der Mackenzie verengt hier sein Bett, intensiviert seine Wasserkräfte und zwängt sich mit vehementer Gewalt durch steil aufragende, bis über dreißig Meter hohe Felswände von rosa- bis rotglühendem Granitgestein.

Nach *Fort Good Hope* beginnt das Reich der Eskimo, jener Nation, die am Rande der Arktis sich in unübertrefflicher Weise gegen Eis, Schnee und Polarstürme behauptete und lange Zeit des eisigen Klimas wegen ohne feindliche Mitbewerber war. An ihren Hütten und Zelten vorbei gleitet im Sommer der Ausflugsdampfer «Norweta». Und an Bord des Schiffes weiß der Passagier aus Europa nicht so recht, ob er die Inuits ihres anspruchslosen Lebenstandardes wegen beneiden, ihres Überlebenkönnens bewundern oder ihrer Naturverbundenheit und Abgeschiedenheit wegen bedauern soll. Dabei haben die Menschen im Mackenzie-Delta noch den Vorzug, in einer relativ gemäßigten Klimazone zu leben. Die Beaufortsee, in die der Mackenzie mündet, ist fast so etwas wie eine arktische Riviera. In dem verhältnismäßig warmen Wasser bringen jeden Sommer etwa 500 Weiße Wale ihre Jungen zur Welt. Obwohl in den vergangenen Jahren die Zivilisation auch von diesem kanadischen Randgebiet Besitz ergriffen hat, lebt das Gros der Eskimo noch immer von der Rentierjagd und vom Walfang.

Inuvik, ein modern angelegter Ort am Mackenzie-Delta, gilt als Mustersiedlung der Northwest-Territorien. Mit der Entdeckung von Erdgas und Öl im Jahre 1955 rasch aus der Erde gestampft, trug der Ort viel zur Seßhaftigkeit der Eskimo bei. Zwar dominieren unter den rund 3000 Einwohnern noch immer die Weißen. Doch wählten bis jetzt immerhin 40 Prozent Eskimo die Gemeinde als Heimat und Arbeitsplatz. Die Dritten im Bunde sind 10 Prozent Indianer, so daß der Ort seinem Namen alle Ehre macht: Inuvik bedeutet in der Eskimo-Sprache «Treffpunkt». Eine vergoldete Kugel, zu der drei Bogen führen, symbolisiert als Wahrzeichen des Ortes das friedliche Zusammenleben der drei, in ihrer Mentalität völlig verschiedenen Volksgruppen. Inuviks buntgestrichene Häuser sind Pfahlbauten des modernen Zeitalters. Selbst im Sommer taut der Boden nur bis in 40 Zentimeter Tiefe auf. Der Permafrost würde ein Fundament in der Erde äußerst kostspielig machen. Auch die Wasserleitungen, Verkabelungen, Kanalisationen liegen über der Erde. Unter Blechbehältern versteckt, werden sie durch ein ausgeklügeltes Warmluftsystem vor dem Einfrieren bewahrt.

Touristen, die Inuvik besuchen, kommen meist mit dem komfortablen Ausflugsdampfer «Norweta» den Mackenzie herabgefahren. Sieben Tage dauert die Fahrt von *Hay River* flußabwärts, acht Tage die Rückfahrt. Die Tour muß in jedem Fall lange vorausgebucht werden. Denn einmal dauert der Sommer im Mackenzie District nur drei Monate, zum andern bie-

Kanufahrten auf dem Nahanni gehören zu den beliebtesten Abenteuern in den Northwest Territories

tet bis jetzt nur die «Norweta» diese Schiffsreise an, und schließlich interessieren sich die Amerikaner sowie die Kanadier selbst mit großer Begeisterung für diese Dampferfahrt [Anschrift: Arctic Cruise Lines, Limited. Box 63, Hay River. N.W.T.]. Wenn auch in bescheidenem Umfang, so bemühen sich die Northwest-Territorien, dem wachsenden Besucherinteresse nachzukommen und mehr und mehr Ausflugsmöglichkeiten anzubieten.

Zu den wilden und sicher bleibenden Erlebnissen gehört eine Bootsfahrt auf dem *South Nahanni River.* «Höllentor», «Tal der toten Männer», «Tal ohne Rückkehr» heißen die drei berühmt-berüchtigten Felsschluchten, in denen vor dem Zeitalter des Außenbordmotors manch mutiger Abenteurer sein Leben ließ. Sind hier wirklich Willy und Frank McLeod als kopflose Skelette aufgefunden worden? Spielte sich im «Höllentor» die Tragödie des Goldsuchers Jorgensson ab? Sind Bill Epler und Jack Mulholland im Nahanni-Tal ertrunken, verhungert oder ermordet worden? Wo blieb das Goldbergwerk, das auf mysteriöse Weise verschwunden ist? Die Schauergeschichte des Nahanni-Tales erzählen die Fährmänner mit Vorliebe dann, wenn die Boote durch die gefährlichen Canyons sausen, die zu den acht tiefsten der Welt zählen sollen. Obligatorisch bleibt eine Rast unterhalb der *Virginia Falls*. Mit einer Höhe von 96 Metern sind sie beinahe doppelt so hoch wie die Niagara-Wasserfälle in Ontario.

Die grandiose Landschaft des South Nahanni River wurde mit einem 4800 Quadratkilometer großen Umland, geprägt vom Mackenzie-Gebirge, 1971 zum National Park erklärt. Grizzly- und Schwarzbären, Dallschafe, Bergziegen, Elche, Biber und Adler ergänzen die ohnehin aufregende Wildwasserexpedition. Irgendwo am Ufer schlägt die Gruppe dann am Spätnachmittag ihre Zelte für die Nacht auf, legt eine Atempause ein inmitten der stillen Erhabenheit des Nordens. Am nördlichen Ende des Parks befinden sich heiße Quellen, die *Rabbitkettle Hotsprings,* eine 27 Meter hohe Terrasse zum Baden in verschiedenen Wärmestufungen. Eine Nahanni-River-Fahrt dauert, je nach Start, drei bis zehn Tage. Ausgangspunkte [für geführte Touren] können Watson Lake [Yukon], Nahanni Butte oder Fort Simpson sein.

Einen weiteren Vorzug für den Fremdenverkehr besitzt der Mackenzie District durch den *Mackenzie Highway.* Diese sogenannte «Allwetterstraße» führt 2110 Kilometer von Edmonton nach Yellowknife. Wer an den Großen Sklavensee in öffentlichen Verkehrsmitteln reisen möchte, dem bietet das Canadian Coachways System eine regelmäßige Busverbindung [ca. 17 Stunden Fahrzeit] von Edmonton nach Yellowknife. Mit nahtlosen Anschlüssen nach Yellowknife oder Fort Resolution darf jedoch nicht gerechnet werden. Ein oder mehrere Tage Wartezeit müssen im Nordland Kanadas schon in Kauf genommen werden. Dafür bieten moderne Orte wie Hay River [Endstation der Güterbahnlinie Great Slave Lake Railway, Flughafen und Startpunkte für Mackenzie-Schiffsreisen] gute Übernachtungsmöglichkeiten in Hotels und Motels. Selbstfahrer sollten an der Grenze zwischen Alberta und den Northwest-Territorien nicht versäumen, sich im *Tourism Centre* mit Material über neuausgearbeitete Package Tours, Campgrounds und geführte Wildnisexpeditionen zu informieren.

Yellowknife, am nördlichen Ufer des Großen Sklavensees gelegen, ist seit 1967 die Hauptstadt und mit 7500 Einwohnern die einzige Stadt der Northwest-Territorien. Hier arbeiten der von der kanadischen Regierung beauftragte Verwaltungsstab und das sehr aktive und einfallsreiche Tourismusbüro *Travelarctic Service,* für jeden Urlauber stets eine willkommene, tatkräftige Hilfe. Ihre Entwicklung verdankt die Stadt den beiden Abenteurern John Baker und Henry Muik. Im September 1934 entdeckten sie im Felsgestein eine golddurchsetzte Quarzader, Hinweis auf eines der gewaltigen Goldvorkommen Kanadas. Im folgenden Sommer kamen Hunderte von Glücksrittern. Ihnen folgten die Companies. 1938 übernahm die Con Mine den Abbau der wertvollen Mineralien. Als 1949 weitere Funde gemacht wurden, beteiligte sich die Giant Yellowknife Mine am einträglichen Goldgeschäft. Für Interessierte lassen sich Führungen durch die Schmelzhallen arrangieren.

Eine Besichtigung wert ist außerdem das *Museum of North* mit einer Sammlung historischer Karten, Fotos und Schiffswracks.

Wichtig für Urlauber bleibt Yellowknife vor allem als *Ausgangsbasis für Wildnistouren*. Auf dem Flugplatz herrscht im Sommer ein ständiges Kommen und Gehen von und zu den Fishing Lodges und Outfitter Posts. Denn die Northwest-Territorien bieten alle Attraktionen, die sich gemeinhin mit Fischen und Jagen in Kanada verbinden: vom Großwild jeder Art über eine vielgeartete Vogelwelt bis zum vielbegehrten arktischen Char. Daß sich die meisten Camps in staatlicher Hand befinden, mag für die Touristen eher ein Vor- als ein Nachteil sein, da sie mit der notwendigen Ausrüstung und mit Lebensmitteln bevorzugt über den Luftweg bedient werden. Doch – wie erwähnt – das Wild und die unberührte Wildnis verlangen ihren Preis. Allein die Lizenzen für Schwarz- und Grizzlybären, Karibu, Wölfe, Moose kosten $ 150, Eisbären $ 250. Insgesamt muß für eine Woche Jagen oder Fischen von einer Lodge aus mit ca. 5000 DM gerechnet werden, Flug und den obligatorischen Indianer- oder Eskimoführer miteingeschlossen. Um mehr als die Hälfte billiger sind geführte Wildwasserexpeditionen, noch preiswerter private Unternehmungen. Nur geübten, trainierten und sehr erfahrenen Kanuten kann die alte Trapperroute zwischen dem Großen Sklavensee und dem Großen Bärensee empfohlen werden: ein großartiges Naturerlebnis zwar, versichern Experten, doch auch eine ungemeine Schinderei mit einigen gefährlichen Stellen [vorhergehende Absprache mit Travelarctic Service ist unbedingt erforderlich]. Wer es gemütlicher haben möchte, sollte eine organisierte Ausflugsfahrt auf dem Großen Sklavensee unternehmen.

Keewatin District: Wenn die Barren Grounds glühen

Die weite Tundraregion des *Keewatin District* mit Tausenden von Seen und Flüssen breitet sich unter dem breiten Arm des Franklin District ungefähr vom Coppermine River bis zur eiskalten Hudson Bay aus. Nur mit Moos, Flechten und niedrigem Strauchwerk bewachsen sind die unendlichen Steinwellen, die den nördlichen Teil des Kanadischen Schildes bilden. Seines kargen und monotonen Charakters wegen nennen die Kanadier dieses Gebiet «The Barren Grounds». Dabei vergessen sie nie, auch auf die besonderen Reize dieses unwirtlichen Ödlandes hinzuweisen:

Im Sommer blühen die «Barren Grounds» in einer unvorstellbaren Pracht. Riesige Karibuherden weiden zwischen den von Eis, Stürmen und Regen abgetragenen Felsen, die seltenen Moschusochsen sind zu sehen, Scharen von Schneegänsen lassen sich hier nieder. Kanadas nördlichste Felsregion erwacht jedes Jahr für kurze Zeit zum Leben, zeigt eine von glühenden Farben aufflammende Seele von Lichenen, Zwergheidekraut, verschiedenen Steinbrecharten und dem zartweiß- oder gelbblühenden arktischen Mohn [Dryas integrifolia], seit 1957 das Emblem der Territorien. Dennoch kann die intensiv leuchtende Pflanzenpracht nicht darüber hinwegtäuschen, daß die

187 Oben: Das Barren Ground Caribou legt enorme Distanzen zurück von den sommerlichen Brunstplätzen bis zur Überwinterung in der Taiga
Unten: Polarbären an der Norwegian Bay, Südwestküste von Ellesmere Island in den Northwest Territories, die mehr als ein Drittel Kanadas bedecken und bald die letzte große Wildnis der Erde bilden

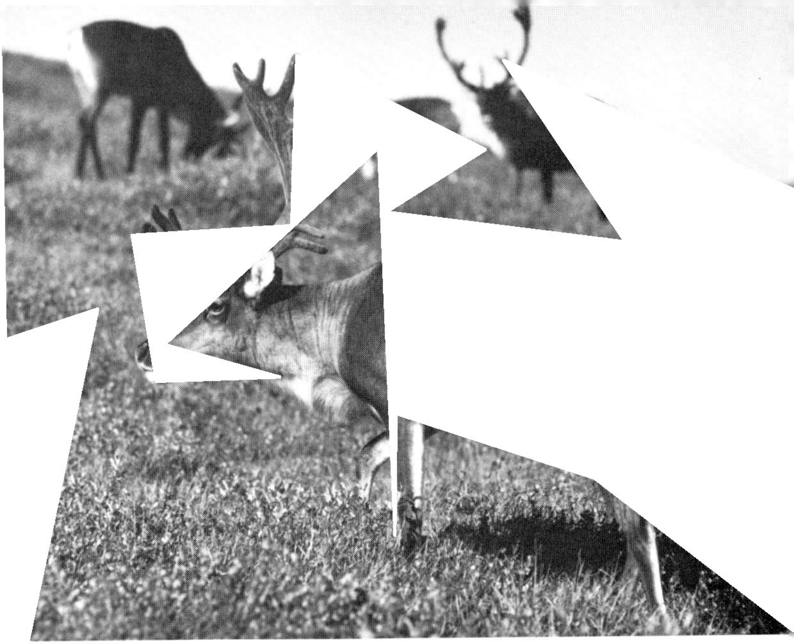

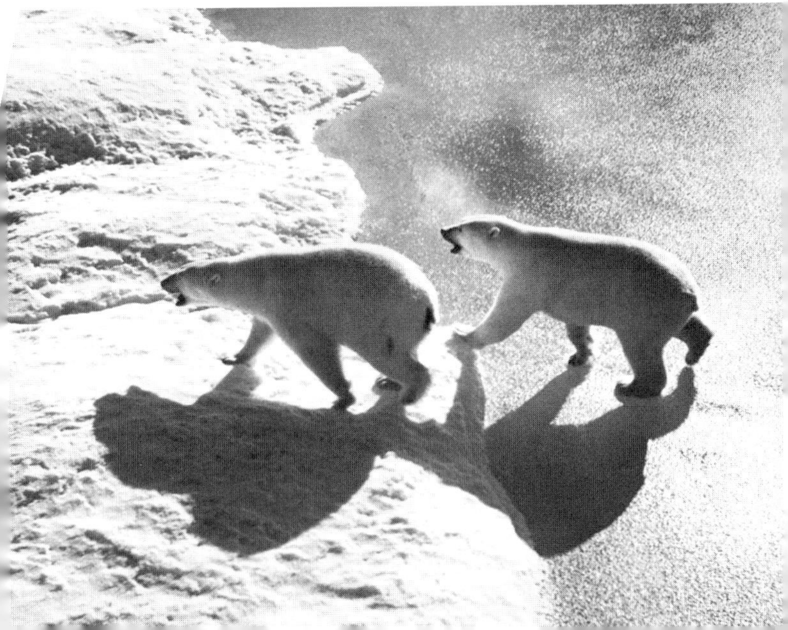

«Barren Grounds» im Grunde ein ungastlicher Landstrich sind. Bis auf wenige Gruppen sind auch die Eskimo aus dem Innern an die Hudson-Bay-Küste abgewandert. Dort forcierte die kanadische Regierung die Seßhaftigkeit dieses alteingesessenen Nomadenvolkes, um das Schul- und Gesundheitswesen besser aufbauen zu können und natürlich auch um den Fischfang sowie die Jagd auf Seehunde, Walrosse und Robben wirtschaftlicher zu gestalten. In den ehemaligen Handelsposten der Hudson's Bay Company wie Eskimo Point, Ranklin Inlet, Chesterfield Inlet oder Baker Lake leben heute zwischen 200 und 800 Menschen.

Am preisgünstigsten gelangt man in den Keewatin District zunächst mit der Eisenbahn bis Churchill [Manitoba]. Von dort halten Chartermaschinen die Verbindung zu den Orten aufrecht. Zur Weiterfahrt vermietet die Hudson's Bay Company [Vorbestellung in Winnipeg ratsam] Kanus und Motorboote. Im Winter werden Hundeschlittenfahrten mit Übernachtungen in Iglus zu sehr stolzen Preisen angeboten. Zwar wird von den Eingeborenen kaum jemand verstehen, was Urlauber in den «Barren Grounds» erleben wollen. Bietet doch das baumlose, ziemlich flache und steinige Land weder Schutz vor intensiver Sonnenbestrahlung noch vor den eiskalten Stürmen, die bereits im August ungehindert vom Nordpol her übers offene Land fegen können. Doch wer sich auf derartige Naturgegebenheiten einstellt, über eine guterprobte Ausrüstung und genügend Wildniserfahrung verfügt, für den wird das Phänomen der «Barren Grounds» bestimmt zu einem unvergleichlichen Pionierabenteuer. Geführte Touren veranstaltet die North-West Expeditions Limited, Box 1551, Edmonton/Alberta.

Franklin District: Top of the World

Dem *Distrikt der Arktischen Inselwelt* – von den Kanadiern «Top of the World» genannt – gab der britische Kartograph und Seefahrer *John Franklin* den Namen. Franklin hatte von England den Auftrag erhalten, die Eismeerküste für die Northwest Passage zu vermessen. 1820 war er mit einigen Indianern und Voyageurs der North-West-Company aufgebrochen und erreichte auf der traditionellen Pelzhandelsroute via Cumberland House im Frühsommer den Großen Sklavensee. Dann folgte er dem Coppermine River bis zu dessen Mündung. Rund tausend Kilometer Küstengebiet nach Osten konnte er erforschen, bis ihn ein überraschend früher Wintereinbruch ins Landesinnere zurück zwang. Bei dem strapaziösen Marsch verhungerte über die Hälfte seiner Mannschaft. Zwanzig Jahre später, bei einem zweiten Unternehmen, wurde Franklin selbst zusammen mit allen seinen Leuten das Opfer seiner Arktis-Expedition.

Wider Erwarten trug sich in diesen dem Nordpol zugewandten Gebieten die früheste Geschichte Kanadas zu. Auf *Baffin Island,* der größten und am weitesten östlich gelegenen arktischen Insel, landeten bereits 982 die Wikinger. Wer ihre Geschichte kennt, weiß um die wirtschaftliche Bedeutung der kanadischen Eismeerinsel. Von Baffin Island wurden lange Zeit die in ihrer Fangkunst unübertrefflichen *Gerfalken* an Europas Fürstenhöfe exportiert. Kaiser Friedrich II. von Hohen-

190/191   Wanderer können eine Ausrüstung mieten für eine Rucksacktour im Auyuittuq National Park auf Baffin Island. Hier unterwegs auf dem Pangnirtung Pass

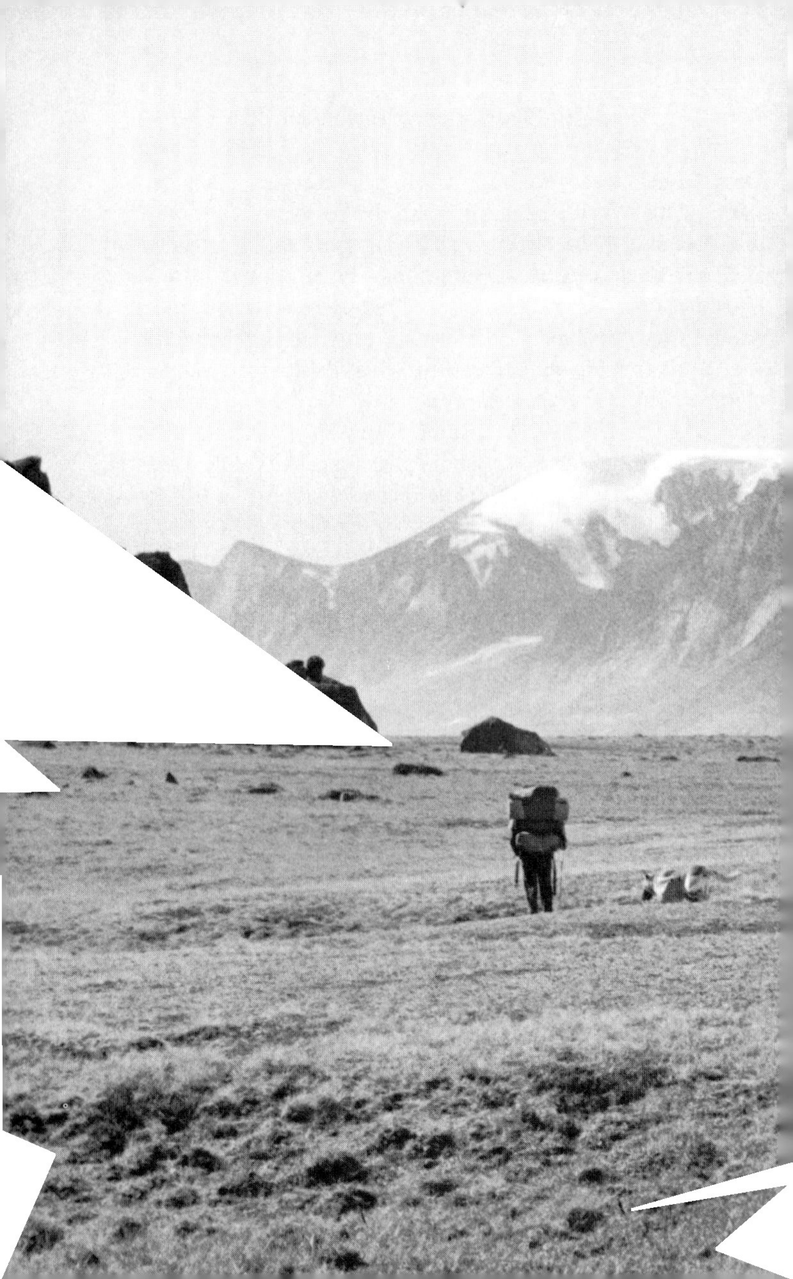

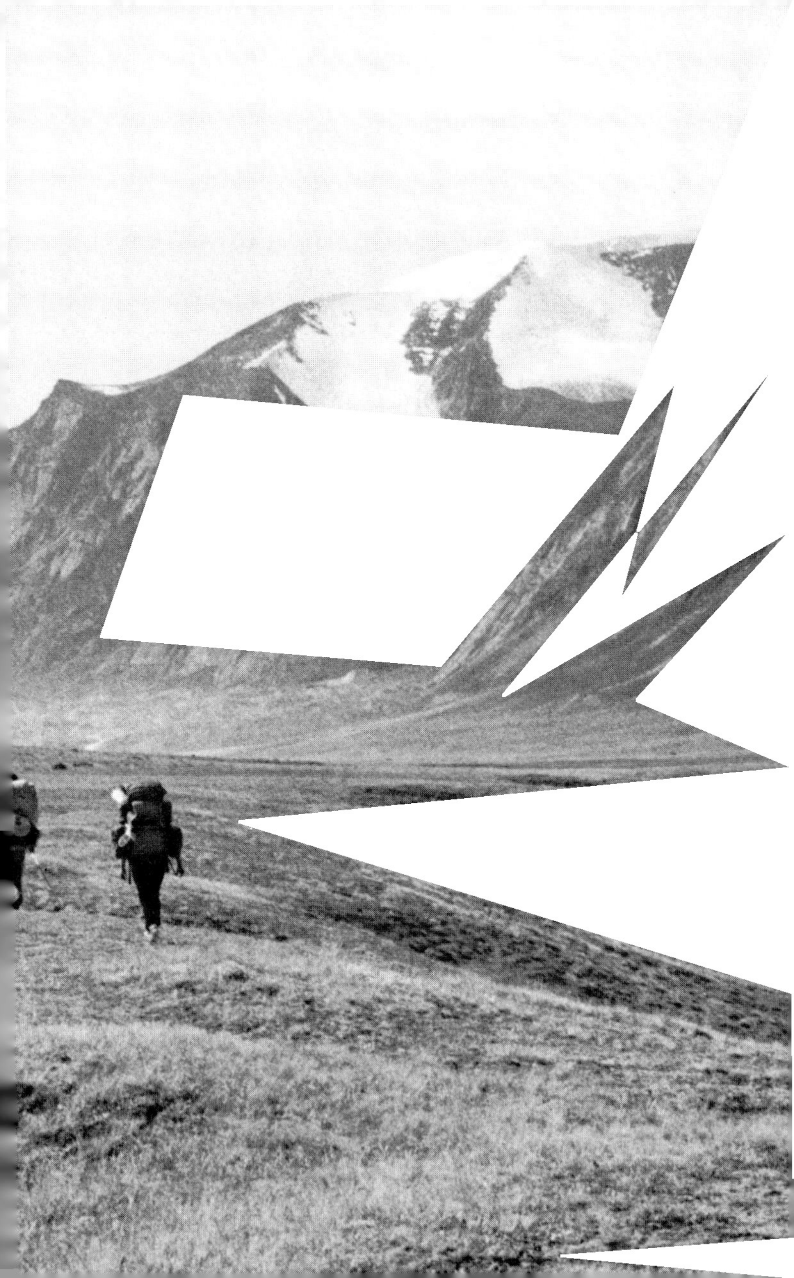

staufen setzte den hochgeschätzten Jagdvögeln ein Denkmal in seinem Lehrbuch «Ars venandi cum avibus». Ende des 15.Jahrhunderts geriet die Insel in Vergessenheit. Bis sie eines Tages – man schrieb das Jahr 1576 – der englische Seefahrer *Martin Frobisher* wiederentdeckte. Die Eskimo erzählen noch heute mit Wonne jene Geschichte, als ihre Vorfahren den britischen Sir mit einem gutgezielten Pfeil ins Hinterteil rasch davonjagten. Die Bucht und der Ort sind inzwischen nach Frobisher benannt.

Der Ort *Frobisher Bay* ist mit 2500 Einwohnern die größte Eskimosiedlung des Franklin District. 1942 bauten die Amerikaner hier einen Militärflughafen mit ein paar Wellblechquartieren. Zu dem Flugplatz kamen eine Funk- und Wetterstation hinzu sowie die üblichen schmucklosen Fertighäuser. An Einfallslosigkeit dürfte der Ort Frobisher Bay kaum zu überbieten sein.

Die wenigen Touristen, die im Sommer auf Baffin Island landen, fliegen im allgemeinen weiter nach Pangnirtung, dem Ausgangspunkt in den neuen *Auyuttuq National Park*. Bei einem Rundflug über dieses 21470 Quadratkilometer große Gebiet verschlug es selbst dem Arktiskenner Meißner die Sprache: «Worte müssen noch gefunden werden, um die wilde Herrlichkeit zu beschreiben», notierte er. Fast senkrecht steigen Felsen aus dem Eismeer, dessen blaugrünes Wasser sich bis 60 Kilometer fjordähnlich ins Land hineingefressen hat. Im besten Sinne des Wortes liegt heruntergekommener Schnee, alt und grau, das ganze Jahr über in den Tälern. Eindrucksvoll ist vor allem das *Penny-Hochland*. Von der Tundra

193 Diese hübsche Miß wurde aufgenommen in Broughton Island, einer Siedlung der Baffin-Region

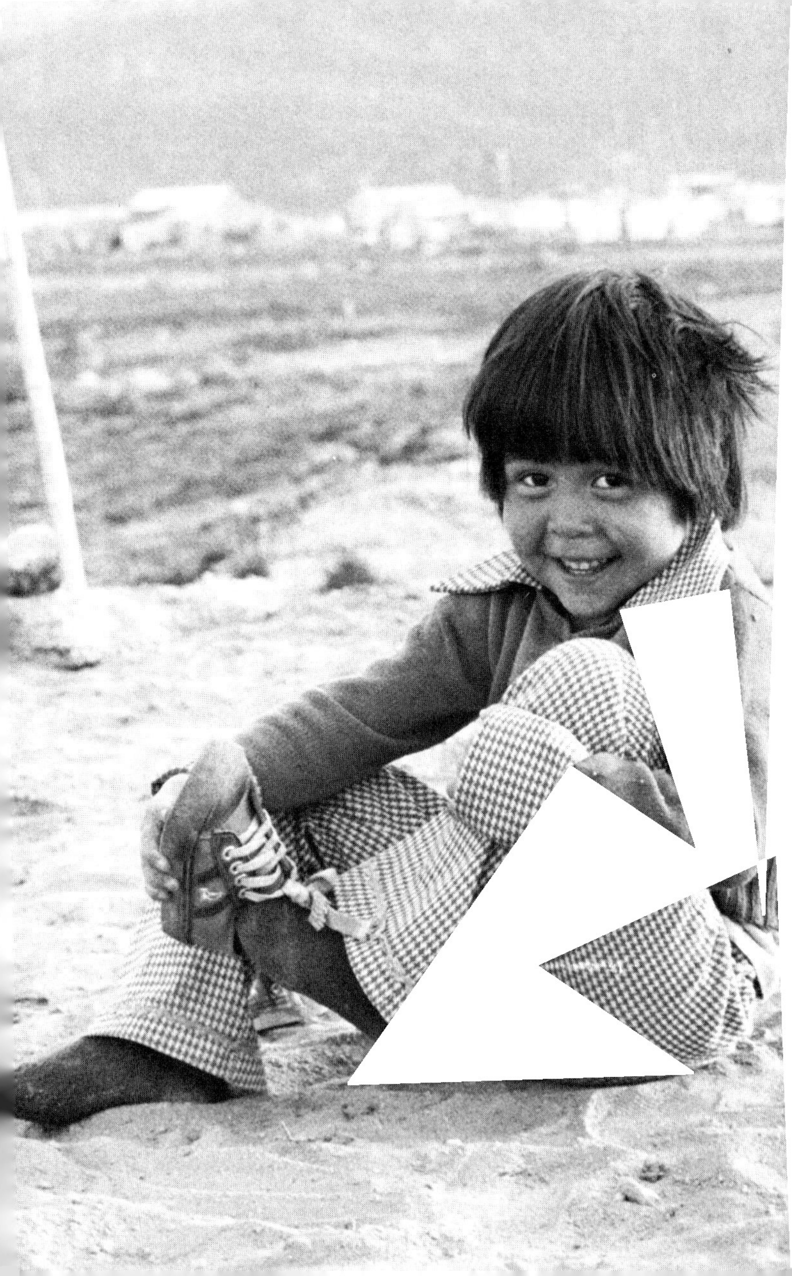

bis zu einem 50 Kilometer weiten Gletscherfeld kann der Bergsteiger hier sämtliche arktischen Landschaften kennenlernen. Auch die Gerfalken sind noch zu beobachten sowie Robben, Eisbären, Polarfüchse und Wölfe. Nach Baffin Island besteht ein ständiger Flugverkehr von Montreal aus. Auskünfte über Expeditionen und Touren durch den Park erhalten Sie vom Superintendent, Auyuttuq National Park, Pangnirtung, N.W.T.

Viele Eskimo haben sich auf ihre traditionellen Handarbeiten spezialisiert. Nirgendwo in Kanada erhalten Sie die bekannten Figuren aus Speckstein, Mukluks aus Seehundfell, Schnitzereien aus Elfenbein von Walroßzähnen billiger als in den Siedlungen der Northwest Territories.

ZENTRALKANADA:
SCHWARZE ERDE, GOLDENE WEITE

SASKATCHEWAN – VOM NIEMANDSLAND ZUR WEIZENPROVINZ

«Kisiskatchewan» nannten die Cree-Indianer den mächtigen Fluß *Saskatchewan,* der in Alberta seine Quellgebiete hat und sich gen Osten quer durch die 651 900 Quadratkilometer große Provinz hinzieht. «Kisiskatchewan» läßt sich mit «eilige Gewässer» übersetzen. Aus dem Süden kommt der South Saskatchewan; der andere Flußarm heißt seiner geografischen Lage entsprechend North Saskatchewan. Von der Stadt Saskatoon an eilen die beiden Flußhälften lange Zeit parallel nebeneinander her, bevor sie zirka fünfzig Kilometer östlich von Prince Albert zusammenströmen. Jenseits der Provinzgrenze, in Manitoba, mündet der Saskatchewan River bei Grand Rapids in den Winnipeg Lake.

Als 1905 die Regierung in Ottawa die Grenzen von Saskatchewan festlegte: im Westen zu Alberta, im Osten zu Manitoba und im Norden zu den Northwest Territories, wurde der Saskatchewan River nicht nur für den Namen der Provinz bestimmend, sondern in gesteigertem Maße auch für die Landwirtschaft. Der Fluß bildet die Trennungslinie zwischen dem fruchtbaren Farmland im Süden und dem unwirtlichen, seenreichen Felsland des Präkambrischen Schildes im Norden, das ein Drittel der Gesamtfläche der Provinz bestimmt.

Gletscherschliff und Erosionen haben diese Nordgebiete in Millionen von Jahren geformt und abgetragen. In diesen Regionen Saskatchewans, wo außer Holz bisher nichts zu holen war, haben moderne Techniken den Abbau von Mineralien ermöglicht. *Uranium City* am Athabaskasee nahe der Grenze zu den Northwest Territories entwickelte sich zum größten Uranproduzenten Kanadas. In *Creighton* werden – wie im gegenüberliegenden Flin Flon – Silber, Cadmium, Selen, Tellur abgebaut. Der Ort *Esterhazy* hat sich einen Namen durch reiche Kalivorkommen gemacht. Weiter werden in Saskatchewan Kohle, Erdöl und Erdgas in noch unvorstellbaren Mengen vermutet. Schon heute gilt die Provinz – nach Alberta – als zweitgrößter Erdöllieferant des Landes.

Indessen führt Saskatchewans Industrie, vor allem auch die touristische Infrastruktur, noch ein Schattendasein gegenüber den anderen kanadischen Provinzen. Für die Außenseiterposition im devisenbringenden Reisegeschäft sind sicher die einförmige Landschaft und die extremen klimatischen Verhältnisse mitverantwortlich. Im Sommer muß man im Süden mit einer Durchschnittstemperatur vom 32 Grad C rechnen. Und im Winter pfeifen die eisigen Polarstürme aus dem Norden über die unermeßlichen Weiten der Prärie. Auch wenn die trockene Kälte als sehr gesund, die Luft als wunderbar rein und viel Sonne garantiert werden, so können sich selbst die abgehärteten Saskatchewaner mit 30 Grad unter Null nur widerwillig arrangieren.

Doch die meisten Besucher reisen ja im Sommer durch die mittlere der drei Prärieprovinzen. Vorwiegend sind es Jäger und Fischer, die in *Saskatchewans Norden* einen effizienten Urlaub genießen. Von Anfang Juni bis September stehen den zivilisationsmüden Wildnisabenteurern über zweihundertachtzig sogenannte *Fly-in-Camps* offen, von wo aus die Waidmänner zur Großwildjagd auf Elche, Wapitis und Bären aufbrechen und Petrie-Jünger aus aller Welt die Fangrekorde zu brechen versuchen. Von Saskatoon, Prince Albert oder La Ronge starten Buschflugzeuge in die Einsamkeit des waldreichen Nordens zu den sportlich einfachen Unterkünften, im

Dank den Schutzmaßnahmen der Regierung gibt es immer mehr Büffel in Kanada. Die Herde auf dem Bild weidet ungestört in einem weit umfriedeten Gebiet nahe des Prince Albert National Park in Saskatchewan

allgemeinen direkt an fischreichen Seen gelegen. Dort können Boote samt kundigen Wildnisführern sowie eine komplette Anglerausrüstung für Stunden, aber auch für Wochen gemietet werden. Je nach Flugziel erwarten den Sportfischer der seltene Nordhecht, der arktische Lachs, Zandern, Störe, Forellen, Weißfische, Pickerels – um nur einige der wichtigsten Fischarten zu nennen. Am Abend, wenn das Nordlicht das Firmament verzaubert, wird die Großartigkeit des Nordens in ungeahnter Weise spürbar. Billig allerdings ist so ein Urlaub nicht. Zwischen 60 und 125 Dollar kostet der Tag in einem Fly-in-Fishing-Camp im nördlichen Saskatchewan.

Um mehr als die Hälfte preiswerter wird das Fischen im südlicheren Teil der Provinz. Die *Drive-in-Resorts* lassen sich im PKW über schmale Teerstraßen oder staubige Schotterstraßen erreichen. Auch hier sind die Voraussetzungen für schwergewichtige Trophäen außerordentlich gut. Im Jahre 1962 wurde aus dem South Saskatchewan River ein Stör von 270 Pfund gezogen. Ein Rekord, der seitdem nicht mehr überboten werden konnte. Auskünfte über Camps, Fisch- wie Jagdlizenzen und Preise erhalten Sie in jedem Telefonhäuschen Saskatchewans kostenlos unter der *Rufnummer des Tourist Service 112-800-667-3674;* in Regina lautet die Rufnummer 565-2300.

Die freundliche Stimme am anderen Telefonende informiert Sie aber ebenso hilfsbereit über den nächstgelegenen Campground oder über Teilnahmebedingungen an Kanuexpeditionen, eine der besonders beliebten Freizeitgestaltungen in der seenreichen Landschaft des Kanadischen Schildes. Über fünfzig Kanurouten aller Schwierigkeitsgrade sind in Saskatchewan erprobt und erschließen die historischen Highways, die ehemaligen Wasserstraßen der Pelzhändler, Pioniere und Forscher. Trainierten Kanuten sei eine Tour auf dem Churchill River empfohlen, eine der attraktivsten Kanurouten Kanadas überhaupt. Der besondere Reiz dieser Tour besteht darin, daß der Fluß den nördlichen Teil der Provinz vom Westen nach Osten in einer fast unendlichen Kette von Seen durchzieht, die untereinander wiederum durch Flußarme, Stromschnellen und Wasserfälle verbunden sind. Ein Traum für erfahrene Kanuten, ein Wildnisabenteuer ohnegleichen.

Sie können aber genauso gut *südlich des Saskatchewan River*

ein paar Tage auf einer von dreißig Guest Farmen Ferien machen. Denn Saskatchewan ist der Inbegriff für fruchtbares Getreideland, für Weizenfelder, so weit das Auge reicht. Über 40 Prozent der gesamten landwirtschaftlich genutzten Landmasse Kanadas liegen in dieser mittleren Prärieprovinz. Zieht man darüber hinaus in Betracht, daß 60 Prozent des kanadischen Weizens aus Saskatchewan kommen, wird die Rolle dieser Provinz als «Brotkorb der Welt» deutlich.
Durch die ertragreichen Ebenen ziehen die Straßen in langen, langweiligen Geraden. Die einzige Abwechslung, oft über Stunden, bieten dem einen oder anderen Reisenden vielleicht das Studium der verschiedenen Getreidearten. Da gehen die riesigen Roggenfelder plötzlich in weiten Flachsanbau über, Rapsäcker wechseln mit Weizenflächen, Sonnenblumen mit Hafer. Dazwischen liegen sogenannte Trockenfarmen, das heißt, daß die Farmer ein Brachjahr einschieben, um den Boden nicht allzustark «auszulaugen».
Dennoch besteht die Provinz Saskatchewan in ihrer südlichen Hälfte nicht nur aus tellerflachen Getreidefeldern. Parklandschaften fehlen ebensowenig wie ausgedörrte Steppengebiete, sumpfige Moorlandschaften ebensowenig wie malerisch sich schlängelnde Flußläufe. Im Tal des Qu'Appelle-Flusses können sogar Obst und Gemüse angepflanzt werden; Kühe weiden hier, und Pferde führen ein munteres Dasein. Den anderen Akzent bilden die großen Sandhügel im Westen nahe der Grenze zu Alberta, auf denen jede Vegetation erstorben ist. Selbst der South Saskatchewan River macht um diese unbelebte, unbewohnte Sandöde einen weiten Bogen und wendet sich kurz darauf abrupt nach Norden.
Der erste Europäer, der seinen Fuß auf den Boden der heutigen Provinz Saskatchewan setzte, hieß *Henry Kelsey.* 1690 suchte er im Auftrag der Hudson's Bay Company zur Auswei-

tung des Pelzhandels nach neuen, einträglichen Jagdgründen, die er nördlich des Saskatchewan River fand.

Richtig interessant wurde Saskatchewan für den Handel erst achtzig Jahre später, als die Pelzbeute aus den Wäldern der östlichen Regionen mehr und mehr zurückging. 1774 errichtete *Samuel Hearne* den Handelsposten *Cumberland House* am Lake Cumberland. Dieser erste, im Innern des Landes angelegte Stütz- und Knotenpunkt der Hudson's Bay Company erfüllte für den Pelzhandel gleich mehrere Zwecke: Zum einen galt «Cumberland House» als wichtige Sammelstelle für die Felle aus dem Eingzugsgebiet des Saskatchewan River und Athabascasees; zum andern konnten die «Voyageurs», jene ersten kanadischen «Fernfahrer», von hier aus mit ihren Kanus am ehesten den Churchill River erreichen, der sie zur Hudson Bay brachte.

Der *Churchill River* gehörte im 19. Jahrhundert zu den wichtigen Verkehrswegen Kanadas, nachdem Peter Pond 1777 die *Methy Portage* entdeckt hatte: eine sumpfige Landstrecke zwischen dem Lac La Loche [Quellgebiet des Churchill River] und dem Clearwater-Fluß [Nebenarm des Athabasca River], über welche die Kanus samt Fracht etwa zwanzig Kilometer getragen werden mußten. Diese Wasserscheide hatte für das weitere Vordringen in den Westen und Nordwesten des Landes eine Schlüsselposition. Über die Methy Portage gelangten die Pelzhändler in das Einzugsgebiet des Athabascasees mit seinen wie ein Spinnennetz nach allen Himmelsrichtungen verlaufenden Wasserwegen. In den Südwesten gelangten die Voyageurs flußaufwärts über den reißenden Athabasca River, den Peace River hinauf kamen sie nach Westen, der Slave River stellt eine Verbindung nach Norden her, und nach Osten besteht eine direkte Kanuroute zum Churchill River, auf dem wiederum die Hudson Bay zu erreichen ist.

Nachdem durch die Methy Portage der Durchbruch nach Westen gelungen war, fuhr Ende des 18. Jahrhunderts der schottische Forscher *Alexander Mackenzie* – ein Angestellter der North-West-Company – in Begleitung einiger Indianer mit vier Birkenrindenkanus von Montreal zum Athabascasee. Von dort nahm er über den Slave River Kurs nach Norden, entdeckte unter ungeheuren Strapazen den später nach ihm benannten Mackenzie-Strom und gelangte auf diesem zweitgrößten Fluß Nordamerikas 1789 ans Nördliche Eismeer. Enttäuscht, nicht am Pazifik gelandet zu sein, startete Mackenzie drei Jahre später vom Athabascasee aus eine Expedition in südliche Richtung. Den Athabasca flußaufwärts kam er bis zum Gebirgsmassiv der Rocky Mountains, durch dessen wilde, starr aufragende Hochfelsen er mit Hilfe eines Indianers schließlich den Weg vom Athabasca zum Fraser River fand. Auf dem Fraser gelangte er 1793 bei Bella Bella zur erhofften Küste des Pazifischen Ozeans. Mackenzie war der erste Weiße, der Kanada von Osten nach Westen durchquert hatte.

Besondere Erwähnung verdienen noch die Unternehmungen von *David Thompson*. Sein Interesse galt vor allem geografischen Erkenntnissen über das noch unbekannte Land. Thompson erreichte 1811 von Saskatchewan aus die Mündung des Columbia River. Seine geologisch wie geografisch fundierten Reiseberichte zählen zu den ersten Meisterwerken kanadischer Landeskunde.

Diese jungen Forscher, die im Auftrag entweder der North-West-Company oder der Hudson's Bay Company reisten, hatten mit den Entdeckungen neuer Wasserwege und Landschften ihren Brotgebern gleichzeitig unermeßlich reiche Pelzgebiete erschlossen. Jede der beiden florierenden Pelzhandelsgesellschaften wollte natürlich die erste im Geschäftemachen sein. So entstanden entlang der hinzugewonnenen Wasserwege binnen kurzer Zeit eine Reihe einander stark konkurrierender Handelsposten – bis sich die beiden Gesellschaften 1821 zur Hudson's Bay Company zusammenschlossen.

Kanadas blühende Pelzhandelsära nahm ein Ende, als die junge Bundesregierung die immensen Gebiete nordwestlich der Großen Seen der «Bay» 1870 abgekauft hatte.

Damit die nomadisierende Bevölkerung in den unübersehbaren Gebieten des Wilden Westens nicht herrenlos wurde, vor allem aber um den dort stark zunehmenden Alkoholschmuggel in Griff zu bekommen, gründete die Kanadische Regierung am 23. Mai 1873 in Ottawa die *North West Mounted Police*, jedem Kanadareisenden ein Begriff unter der heute üblichen Bezeichnung *Royal Canadian Mounted Police*. Die Truppe von ausgewählt unerschrockenen, zuverlässigen Ordnungshütern unternahm im folgenden Jahr durch die weglose Steppe ihren berühmten «großen Ritt nach Westen».

Daß die «Mounties» in den ihnen unterstellten Westgebieten von Anfang an Achtung und Respekt genossen, hat seinen tieferen Grund: Sie traten nicht als massive Staatsgewalt auf, sondern als Institution, die reibungslos funktionierte, wenn kritische Situationen die Ordnung störten. Sie schützten die wenigen Siedler vor Überfällen der Indianer und verwiesen die Alkoholhändler aus den angrenzenden US-Staaten des Landes. Rasch gewannen die in ihren scharlachroten Röcken weithin sichtbaren Reiter das Vertrauen auch der Indianer. «Wäre nicht die Polizei gekommen, hätte uns der Branntwein vollständig zu Fall gebracht», soll Crowfoot, der Häuptling der die weiten Steppen beherrschenden Blackfeet, einmal dankbar geäußert haben. Ein Gürtel von Stützpunkten – teilweise waren es von der Hudson's Bay Company übernommene Handelsposten – ermöglichte den «Mounties» eine konstante Kontrolle des weiten Territoriums. Das rekonstruierte *Fort Carlton* zum Beispiel [72 Kilometer nordwestlich von Saskatoon; Route 212] vermittelt die wechselvolle Vergangenheit dieser ersten Polizeiquartiere.

Mit den «Mounties» kamen auch die von der Regierung geschickten Landvermesser. Zunächst wurden im Süden die für den Bau der «Canadian Pazific Railway» notwendigen Sektionen abgesteckt. Die Privatgesellschaft, die dieses technische Meisterwerk in die Hand genommen hatte, erhielt beiderseits der Schienenstränge Regierungsländereien von jeweils dreißig Kilometern Tiefe geschenkt. Die Eisenbahngesellschaft verkaufte die Sektionen zum großen Teil wiederum an Siedler, sofern sie den Boden nicht selbst zum Errichten von Bahnhöfen oder Hotels benötigte. Die berühmten kanadischen, inzwischen etwas antiquiert anmutenden Schloßhotels mit den grünspanigen Kupferdächern wurden zum Beispiel alle von der CPR gebaut.

Die Regierung – vor allem an der Landbestellung interessiert – vergab den Boden ihrer Nordwest-Territorien zu beinahe optimalen Bedingungen. Bis zum Jahre 1930 mußte ein Siedler bei seiner Ankunft lediglich eine Einschreibgebühr von 10 Dollar berappen können, britisch oder «naturalisierungswillig» sein, über 18 Jahre alt, möglichst Familienoberhaupt und bereit, innerhalb von drei Jahren von 160 Acres [64 Hektar] mindestens 10 Hektar urbar zu machen. Wenn er diese Voraussetzungen erfüllte, dann durfte er nach den drei Jahren die ganzen ihm anvertrauten 160 Acres sein eigen nennen. Er konnte Land billig dazukaufen, so viel er finanziell und arbeitsmäßig verkraftete.

Von den lockenden Angeboten animiert, kamen – Mitte der achtziger Jahre des 19. Jahrhunderts – Scharen von Einwanderern mit der Eisenbahn in die unwirtliche Wildnis des Westens. Zu den Pionieren gehörten Iren, Schotten, Deutsche, Engländer, Kanadier aus den französischsprechenden Ostgebieten, Ukrainer und viele religiöse Sekten wie die Mennoniten, die Hutterer, die aus Rußland kommenden Doukhobors oder die aus Amerika geflohenen Mormonen. Als Saskatchewan 1905 sich als Provinz der Konföderation angliederte, lebten hier rund 250000 Menschen.

Daß die Bevölkerung seitdem die 900000-Grenze erst knapp überschritten hat, liegt vermutlich an den besonderen Gegebenheiten dieser Agrarzone. Die Weite der fruchtbaren Prärieebene mit ihrem kontinentalen Klima führte zu großräumigem Anbau witterungsresistenter Getreidesorten, zur extensiven Landwirtschaft und damit zum Großbetrieb. Hinzu kommt, daß die ausgeklügelten Techniken und hochspezialisierten Maschinen den sogenannten «Ein-Mann-Betrieb» ermöglichen. Das bedeutet: die Bewirtschaftung riesiger Flächen kann von verhältnismäßig wenig Menschen geleistet werden.

Interessant ist in diesem Zusammenhang vielleicht noch, daß von der Gesamtbevölkerung Saskatchewans 25 Prozent Farmer sind. Die restlichen 685000 Seelen verteilen sich auf Ranchen, auf die abseitigen Industriegebiete und die Städte. Allein Regina besitzt 155000 Einwohner. In Saskatoon, der zweitgrößten Stadt der Provinz, leben 130000 Menschen.

Regina, die Provinzhauptstadt in des Landes Mitte

Regina mit 155000 Einwohnern liegt mitten in der Prärie und ist die Hauptstadt der Provinz Saskatchewan. Als Platz in der Mitte – zwischen Winnipeg und Calgary – wollte sich die Kapitale mit dem goldenen Weizenmantel allein nicht mehr zufriedengeben. Heute ist Regina der Sitz wichtiger Stahlkonzerne, bedeutender Brauereien, fleischverarbeitender Betriebe, Papierfabriken, Futtermittelwerke und einiger Forschungsinstitute der Agrarwirtschaft. Auch Saskatchewan Wheat Pool, die Weizengenossenschaft der Provinz, befindet sich hier. Der Ross Industrial Park ist mit 600 Hektar zwar ein imposantes Industriegebiet, kann dennoch an trister Einförmigkeit kaum überboten werden.

Die Auswirkungen von Reginas wirtschaftlicher Entwicklung spürt der Besucher an allen Ecken und Enden. Die *Downtown* hat das architektonische Wirrwarr der Gründerjahre beseitigt und an seine Stelle repräsentative Gebäude mit den üblichen modernen Fassaden gesetzt. Eine dieser die Stadtsilhouette beherrschenden Bauten ist die *Saskatchewan Power Corporation*. Das Aussichtsplateau dieses Verwaltungsgebäudes bietet den besten Über- und Rundblick über die Stadt und ihre weite Umgebung.

Südlich von Downtown erstreckt sich das *Wascana Centre,* ein rund tausend Hektar großer Freizeitpark mit Picknickplätzen, blühenden Blumenrabatten und den Kulturbauten der Stadt. Der zu einem See gestaute Wascana Creek gehört dazu wie die Blumen, Bäume und Büsche, die in dieser ursprünglich baumlosen Gegend unter normalen Bedingungen nicht wachsen würden. Friedlich belauschen und fotografieren lassen sich Enten, Hunderte von kanadischen Gänsen und andere Wasservögel in dem eigens dafür angelegten *Waterfowl Park.*

In der nördlichen Ecke des Wascana Centre liegt das sehenswerte *Saskatchewan Museum of Natural History.* Glasvitrinen, Bilder und Diorama Shows informieren über das Leben der Tiere, die besonderen geologischen Gegebenheiten, die Besiedlung und das Leben in Saskatchewan. Die Art Gallery, hervorgegangen aus einer Privatsammlung des Generalgouverneurs Massey, bietet einen repräsentativen Überblick über das Kunstschaffen in der Provinz. Nicht zu übersehen ist Saskatchewans *Regierungsgebäude,* dessen Kuppel aus dem Marmor verschiedener Länder gebaut wurde. *Diefenbaker Homstead Home* vermittelt einen Eindruck vom Pionierstil am Anfang des 20. Jahrhunderts. Kanadas 13. Premierminister, John G. Diefenbaker, verbrachte hier seine Jugend. In Wascana Centre finden Sie außerdem die Universität und nicht weit davon das Kulturzentrum mit drei verschieden großen Theaterräumen. Das Regina-Symphonie-Orchester ist hier zu Hause.

Wer mit dem PKW nach Regina kommt, dem fällt die stupide Geometrie der Stadtkonzeption vermutlich bald auf die Nerven. Lange, schnurgerade Straßen führen in sämtliche Richtungen immer geradeaus: ohne Steigungen, ohne Biegungen, eintönig, langweilig, todnüchtern mit zwei oder vier Baumreihen an der Seite.

Die schachbrettartige Ordnung scheint das einzige zu sein, was von Reginas Geschichte zurückgeblieben ist. Das rechtwinklige Rastersystem geht auf das 19. Jahrhundert zurück, als die Northwest Territories in Quadrate vermessen wurden. Die vor den Autostraßen angelegten Wege folgten zum großen Teil den «section lines». Eine dieser quadratisch vermessenen Sektionen erhielt 1882 die North West Mounted Police für ein neues Hauptquartier am *«Pile of Bones Creek»* [Knochenhaufenbach], weil hier vorerst die Eisenbahn endete und eine Polizeistation notwendig machte. Archäologen vermuten, daß an dieser Stelle die Indianer das Wild zum Erlegen in die Falle lockten. Funde von Geräten und Büffelknochenhaufen gaben Anlaß zu dieser Annahme. Prinzessin Louise, verheiratet mit dem Generalgouverneur von Kanada, nannte das neue Polizeiquartier zu Ehren ihrer Mutter, Königin Viktoria, jedoch «Regina». Das friedlich sich dahinschlängelnde Gewässer erhielt den salonfähigeren Namen Wascana Creek.

An die Tage der Pionierzeit erinnert jedes Jahr, von Ende Juli bis Anfang August, die große *Exhibition.* Höhepunkte dieser bedeutenden Messe sind der Pile-of-Bones Day und die Buffalo Days. Zehn Tage schlagen dann Reginas Uhren die Zeit von «Old West-Canada». Die Damen promenieren in langen Röcken. Die Männer, in karierten Hemden, geben sich ein Stelldichein in den Arenen. Über eine Woche wechseln Rodeos mit Paraden, Tänze mit Konzerten.

Im Saskatchewan House kommt die historische Begebenheit «Louis Riels Verurteilung» von Mitte Juni bis Ende August zur Aufführung. Fußball-Fans sollten sich ein Spiel der Roughriders, den Favoriten der kanadischen Fußball-Liga, im Taylor Field nicht entgehen lassen.

Ein Besuch in Regina wäre unvollständig ohne einen Abstecher ins *Trainingslager der «Mounties».* Die Kasernenanlagen liegen im Westen der Stadt. Diese staatlichen Ausbildungsstätten verlassen jedes Jahr im Durchschnitt achthundert frischgebackene Polizistinnen und Polizisten, um anschließend irgendwo in Kanada zum Einsatz zu kommen: sei es als Ordnungshüter in den staatlichen Parks, bei einer Feuerbekämpfung oder wenn es gilt, einen Vermißten im menschenleeren Norden zu finden. Sehenswert ist die Kapelle aus dem Jahre 1873, deren bunte Glasfenster verdienstvolle «Mounties» würdigen. Im Museum fesseln des geschichtlichen Hintergrundes wegen Uniformen, Flaggen, Bilder und Gebrauchsgegenstände aller Art. Selbst das Kreuz, das der Mestizenanführer Louis Riel vor seinem Tod durch den Strang in der Hand hielt, hat hier einen Platz gefunden.

Als 1920 das Hauptquartier der «North West Mounted Police» nach Ottawa verlegt wurde, verband die Regierung damit die Umbenennung der Polizeitruppe in «Royal Canadian Mounted Police».

Informationen über Reginas aktuelle Veranstaltungen sowie Tourenvorschläge durch Saskatchewan erhalten Sie bei «The Department of Tourism and Renewable», 1825 Lorne Street oder in der 2145 Albert Street.

Ins tiefe Tal Qu'Appelle

Das *Qu'Appelle Valley* ist eines der beliebten Ausflugsziele von Regina aus. Tagestouren werden dort in den Informationsbüros angeboten. Autofahrer müssen etwa eine Stunde [75 Kilometer] Fahrzeit rechnen.

Der Weg führt vom Trans-Canada Highway nach Nordosten durch die leicht gewellte Prärie, bis die Straße plötzlich, ganz unvermittelt in eine Tiefe von etwa sechzig Metern führt. «Versunkene Gärten» nannten die Indianer das grüne Tal, das sich jetzt vor dem Besucher ausbreitet mit sieben stimmungsvollen Seen für den Wassersport und drei Provincial Parks zum Picknicken und Sich-Erholen. Vom Wind geschützt gedeihen hier unten sogar Nadelhölzer. Dieses drei Kilometer breite Tal ist das Werk eines alten Eiszeitgletschers. Nach jahrhundertelanger Arbeit hinterließ er die Seen und den Fluß, nach dem das Tal benannt wurde.

Zentrum des langen, breiten Qu'Appelle Valley ist der historische Ort *Qu'Appelle,* ein ehemaliger Handelsposten der Hudson's Bay Company. Im Museum [mittwochs geschlossen] gibt es nicht nur geschichtsträchtige Gegenstände zu sehen, sondern für teures Geld auch Handarbeiten der Sioux zu kau-

fen. Häufig besucht werden auch die Töpferei von Former Hansen und die Fischzuchtanstalt.
Wer sich für die verschiedenen Pflanzenkulturen der Prärie interessiert, sollte sich bei *Indian Head* einer Führung durch die *Dominion Experimental Farm* anschließen.

Petroglyphen bei St. Victor

Es gibt immer wieder Touristen, die von Saskatchewans unübersehbaren Weiten, der unkontrollierten Stärke dieser Natur mit verschwenderischen Sonnenuntergängen tief beeindruckt sind. Wer sie liebt, die fernen Horizonte und die gelbe Unendlichkeit der Getreidefelder, die Ödnis der Steppe und die pfeilgeraden Straßen, der wird bei einem Abstecher in den St. Victor Petroglyphes Historic Park voll auf seine Kosten kommen.
Der *St. Victor Petroglyphes Historic Park* mit den Felszeichnungen früher Indianerkultur liegt 134 Kilometer südlich der Stadt Moose Jaw und ist am besten über Assiniboia und St. Victor zu erreichen. Wählen Sie für diesen Ausflug zu den Sandsteinfelsen nach Möglichkeit einen Tag mit bedecktem Himmel, oder planen Sie die Ankunft auf den Spätnachmittag. Dann nämlich, wenn das Licht gebrochen die ersten Schatten wirft, kommen die Felszeichnungen plastisch voll zur Geltung: der Fuß eines Mannes, Umrisse von Tieren, ein Gesicht, ein Maul mit Zähnen. Wann und wer sie dem Felsgestein anvertraute, blieb bis heute ungeklärt. Fest steht jedoch, daß es den Steppenbewohnern, schon lange bevor der weiße Mann das Land betrat, ein Bedürfnis war, sich bildlich zu artikulieren. Zu den Felszeichnungen führt vom Picknickplatz aus ein Pfad mit Stufen.

Cattle Country. Badland. Cypress Hills
Eine Fahrt in den Südwesten

Der *Trans-Canada Highway* führt als eine fast ebene Asphaltstraße durch Saskatchewan. Die wenigen Autofahrer, die einem begegnen, scheinen sämtliche Tom zu gleichen, den der kanadische Erzähler Garner Hugh treffend charakterisiert: «Den Ellbogen ins offene Fenster gestützt, starrte er vor sich hin auf das flimmernde Grau der Straße, während der Zähler die Kilometer abtickte.» Weltverloren kauern die Siedlungen, in denen das Leben einer eigenen Gesetzmäßigkeit unterliegt, um ein paar Getreidespeicher an der Straße.

Mit der Fahrt nach Westen nehmen die Niederschläge ab und die Weiden zu. Die Viehherden bleiben Tag und Nacht draußen, verfressen ihr Dasein, um im Herbst in den Schlachthöfen zu verschwinden. Weideland ist Cowboyland. Hier ist für die Rancher und ihre Söhne das Pferd nach wie vor das beste Fortbewegungsmittel, um dem Jungvieh die Brandstempel aufzudrücken oder die Tiere zum Zählen zusammenzutreiben. Doch darf man sich keinen Illusionen hingeben. Im Alltag hat der Rancher den Sattel längst mit dem bequemen Autositz vertauscht, die Steigbügel mit dem Gaspedal.

Südwestlich von Swift Current lassen vor allem die Menschen erstaunen, die in der äußerst dürftigen Landschaft und in der lauernden Stille dieser Abgeschiedenheit versuchen, der Erde doch noch etwas Nutzbringendes abzugewinnen. *«The Badland»* nennen die Prospekte diese zerschluchteten, regenarmen Gebiete. Und die französischen Entdecker und Forscher sprachen bereits von «terre mauvais pour traverser», von einer Gegend, die am besten zu meiden sei.

Für unentwegte Saskatchewan Travellers hat auch diese Region ihre Sehenswürdigkeiten. Salbeibüsche wachsen hier, und seltene Tiere sind zu beobachten. So hat der kleine Ort *Val Marie* mit dem Beinamen «Prairie Dog Town» sich der Präriehunde angenommen. Diese den Coyoten verwandten Tiere beherrschten die Prärie einst zu Milliarden. Doch wurden die lustigen «Kerlchen» den Farmern bald lästig, als sie unbekümmert und in Scharen an den Futterstellen der Haustiere mitfraßen. Außerdem brachen sich immer wieder mal ein Pferd oder eine der Kühe ein Bein, wenn sie in den aufgewühlten Gängen der Prairie Dogs einsackten und darin hängenblieben.

Cypress Hills ist ein Landschaftsbezirk mit halb sandigem Boden, mit urwüchsigem Buschwerk, anmutigen Bächen und grünbestandenen Hügeln. Das schönste Gebiet dieser Grünlandschaft hat Saskatchewans Regierung zum *Cypress Hills Provincial Park* erklärt. Hier findet der Besucher die höchsten Erhebungen Saskatchewans [bis zu einer Höhe von 1400 Metern], Gewässer zum Fischen, Schwimmen, Bootfahren. Es gibt Wanderwege und Reitmöglichkeiten. Im weiter westlich gelegenen *Fort Wals National Historic Park* wurde ein ehemaliger Posten der «Mounties» aus dem Jahre 1880 rekonstruiert.

Über die Route 42 nach Saskatoon

Für eine Reise von Regina nach Saskatoon, der zweitgrößten Stadt Saskatchewans, sollte großzügig ein Tag kalkuliert werden. Die exakte Entfernung beträgt 259 Kilometer, wohlgemerkt, über den schnellen Highway 11 gerechnet.

Interessanter ist die Route über *Moose Jaw,* eine rege moderne Kleinstadt mit 35000 Einwohnern. Zweimal im Jahr bringt diese Gemeinde Tausende von Menschen von nah und fern auf die Beine: Mitte Mai, wenn das Kingsmen Band Festival vier Tage lang mit über siebzig Musikkapellen für Unterhaltung und Abwechslung sorgt, und im Juli, wenn die Piloten der kanadischen Streitkräfte eine atemberaubende Super-Air-Show gewagter Flugkünste bieten. Für den Europäer sind die zottigen Bisons oder Büffel, die bis zum Anfang des 19. Jahrhunderts noch in riesigen Herden die Steppe durchzogen, im *Moose Jaw Animal Park* eine besondere Attraktion.

Über die *Route 42* erreicht der Besucher den Douglas Provincial Park am Lake Diefenbaker mit Campgrounds und Picknickplätzen. Das riesige Wasserreservoir des South Saskatchewan River von 224 Kilometern Länge entstand durch den *Gardiner-Damm,* eine der gewaltigsten Stauanlagen der Welt. Vom Danielson Provincial Park führt die Route 219 direkt nach Saskatoon. Die dicken Hecken- und Baumreihen – immer mal wieder eine wohltuende Unterbrechung inmitten der weiten Landschaft – stammen aus den dreißiger Jahren. Damals, als Dürreperioden und Mißernten den Farmern stark zusetzten, subventionierte der Staat diese grünen Windschutzstreifen. Die Pflanzungen sollen den Boden vor allzuraschem Austrocknen durch die starken Winde bewahren.

Saskatoon, mit über 130 000 Einwohnern, ist eine Stadt der Museen, Studenten, Parks und Industrieanlagen und erstreckt sich beiderseits des South Saskatchewan River. Über den Fluß führen sechs Brücken. Und weil die Flußübergänge ein Charakteristikum der Stadt sind, erhielt Saskatoon den Beinamen: «Stadt der Brücken».

Dank der günstigen Lage am Ende der fruchtbaren Prärie und am Beginn von Saskatchewans nördlichen Parklands, am Schnittpunkt bedeutender Verkehrswege [die CN wie die CP haben hier ihre Bahnhöfe] und inmitten einer Region mit gewaltigen Kalivorkommen entwickelte sich Saskatoon rasch zu einem reichen Wirtschaftszentrum. So faßt zum Beispiel der

Getreidespeicher über fünf Millionen Bushels, das sind 136 Millionen Kilogramm. Auch holzverarbeitende Betriebe und führende Fleischkonservenfabriken liessen sich hier nieder. Überall in der City ist eine moderne Beweglichkeit zu spüren. Saskatoon hat erstaunlicherweise viel von seiner Vergangenheit erhalten. Die *Victoria School* aus dem Jahre 1887 läßt das unkomplizierte Schulsystem der Pionierzeit beneidenswert erscheinen. Aus diesen Anfängen von Bildung und Erziehung entwickelte sich Saskatoon zur bedeutendsten *Universitätsstadt* Saskatchewans. Der Campus wird heute von 10 000 Studenten besucht.
Erinnerungen an die ersten Siedler, die zum großen Teil aus der Ukraine kamen, dokumentieren *The Ukrainian Arts and Crafts Museum* und das *Museum of Ukrainian Culture*. Im *Western Development Museum* zeigt eine wertvolle Sammlung an Landwirtschaftsmaschinen, Fahrzeugen und Gerätschaften, mit welchen Hilfsmitteln der Mensch schließlich über die ihm feindliche Natur Herr wurde. Außerdem wurden in einem Raum typische Gebäude des alten Westens mit den dazugehörenden Einrichtungen wiederaufgebaut.
Läge der *Blackstrap* nicht in Saskatchewan, würde vermutlich niemand den Kopf nach ihm umdrehen. In der Prärie hat ein neunzig Meter hoher Berg dagegen einen anderen Stellenwert. Er ist eine Sehenswürdigkeit.
Als für 1971 ein Austragungsort für die kanadischen Winterspiele gesucht wurde, kam das Komitee in Saskatoon auf die Idee, vierzig Kilometer südlich der Stadt einen künstlichen Berg anzulegen. Der Blackstrap Mountain kann immerhin eine Skiabfahrt von stolzen 420 Metern aufweisen.

Historische Parks – Zeugnisse der Vergangenheit

Wir erwähnten es bereits: Saskatchewans Geschichte ist jung. Da sich Touristen auf Reisen gern von der Gegenwart in die «guten alten Zeiten» zurückversetzen lassen, wird in Saskatchewan alles sorgfältig gehegt und gepflegt, was auf Verschollenes, Vergangenes hinweist: Pelzhandelsposten, Forts, Pionierdörfer, Trapperhütten und Indianerschmuck.

Für eine Exkursion in die Vergangenheit der Provinz eignet sich Saskatoon als Ausgangspunkt besonders gut. Denn hier, an der Grenze zwischen Parkland und Ebene, spielten sich die dramatischen Kämpfe zwischen den Mestizen und den kanadischen Soldaten ab. Rund achtzig Kilometer nördlich der Stadt liegt *Batoche National Historic Park,* wo unter der Führung von Louis Riel die Mestizen und Indianer vor der kanadischen Armee unter General Middleton kapitulierten.

139 Kilometer auf dem Yellowhead Highway beträgt die Entfernung in westlicher Richtung bis *Battleford,* dem ersten Verwaltungszentrum der Northwest Territories. Die Siedlung war bis 1882, der Name verrät es, auch Fort der North West Mounted Police. Fünf ihrer Gebäude sind im National Historic Park originalgetreu restauriert. Jenseits des North Saskatchewan River wurde im Western Development Museum ein Pionierdorf wiederaufgebaut: proper, steril, eine kulissenhafte Ausstellung. Hier hat der Besucher nicht das Gefühl, der Dentist oder Richter könnte jeden Augenblick die Räume betreten, wie dies in glücklicheren Rekonstruktionen mitunter der Fall ist. Mancher Sinn ist beim Besichtigen bereits wieder auf die Straße gerichtet, auf den Yellowhead Highway, der gegen Osten nach Winnipeg führt.

MANITOBA: FARMEN, FELSEN, SEEN

Reist der Kanadaurlauber mit der Eisenbahn von Calgary [Alberta] nach Osten oder von Toronto [Ontario] nach Westen, erlebt er jedesmal dasselbe Schauspiel: Felder, Weiden, Äcker. Schaut er am nächsten Morgen erneut aus dem Abteilfenster seines kommoden Waggons, hat sich nichts geändert: Weiden, Äcker, Felder, so weit das Auge reicht. Das sind Kanadas Weiten, die Prärie, das Herzstück des Landes. Und weil dieses Herz bereits seit langem gut funktioniert, wird seine Existenz von vielen nicht weiter beachtet. Die meisten Kanadier, und mit ihnen die Touristen, fliegen über die große Ebene des Landesinnern hinweg, im besten Fall mit einem wohlwollend stolzen Blick nach unten.

Manitoba ist ein Teil dieser Ebene, eine der drei Prärieprovinzen Kanadas. Im Westen grenzt sie an Saskatchewan, im Osten an Ontario, und im Norden geht sie in die Tundra der Northwest Territories über. Dreifünftel der rund 635000 Quadratkilometer großen Landfläche gehören zum Northland des Präkambrischen Schildes mit den zahllosen von Eiszeitgletschern eingekerbten Flüssen und Seen. Die höchste Erhebung mit 831 Metern heißt Mount Baldy und liegt im Duck Mountain Provincial Park nahe der Grenze zu Saskatchewan. Pappeln, Erlen, Espen, Kiefern und Fichten bilden die Mischwälder dieser felsigen Regionen des Nordens, deren Mineralienreichtum die Experten eben dabei sind zu erforschen. In Flin Flon, Thompson, Lynn Lake und Leaf Rapids gibt es bereits gewaltige Bergwerke, in denen Nickel,

Kupfer, Zink, Silber Selen, Tellurium und Kadmium abgebaut werden. Bis 1985 soll entlang des Nelson River eine Kette von sechs Wasserkraftwerken auch Elektrizität für den Export in die USA erzeugen. Kurzum: die Kornprovinz Manitoba hat sich auf den Weg ins industrielle Zeitalter gemacht.

Bislang wurde Manitobas Wirtschaft vorwiegend von den ertragreichen Weizenfeldern der Prärie bestimmt. Doch hat die Provinz als Agrarland inzwischen ihren wirtschaftlichen Kulminationspunkt erreicht. Trotz Züchtungen rostimmuner, frühreifender und ertragreicher Getreidesorten, trotz Weiterentwicklung der hochspezialisierten arbeits- wie zeitsparenden Landwirtschaftsmaschinen, trotz Einsatz von Kunstdünger und Chemikalien können die Ernteerträge nicht mehr gesteigert werden. Das Wirtschaftswachstum der Prärieprovinz Manitoba wäre im Grunde genommen erschöpft, gäbe es nicht die vielversprechenden Ressourcen, die Mineralien des Präkambrischen Schildes.

Manitobas Norden ist jedoch nicht nur Industrieland in den Kinderschuhen. Er präsentiert sich ebenso stolz als «Vacation-Land» für Naturabenteurer: für Fischer und Kanusportler, für Jäger und Wildnisliebhaber. In Landschaften, wo die Tierwelt am interessantesten zu beobachten ist und die Anglermöglichkeiten als optimal gelten, stehen die «Outposts», die Holzhütten und Cabins ohne viel Komfort, jedoch mit vollständiger Ausstattung für Kurzaufenthalte und Übernachtungen. Sogenannte «Wildlife Managements», Vermittlungsstellen für Jagd- und Wildnisunternehmungen gibt es in Ashern, Hodgson, Langruth. Zu den Wildbeständen der nördlichen Reviere gehören Elche, Braunbären, Coyoten und Wölfe. Die Marschgebiete der Seen sind außerdem ein Paradies verschiedenster Vogelarten. Petersfield kann einen der bedeutendsten Nistplätze nordamerikanischer Wasservögel bieten. In dem Gebiet um Bronhill, das als botanisch besonders interessant gilt, treiben Habichte und Falken ihr Wesen.

Der Tourist, der durch Manitoba fährt, lernt im allgemeinen entweder per Eisenbahn oder über den Trans-Canada Highway den südlichen Teil der Provinz kennen: die fruchtbare Prärie. Sie erstreckt sich ohne besondere landschaftliche Höhepunkte ziemlich flach südlich des Winnipegsees bis in die USA. In diesen fruchtbaren Regionen von *Süd-Manitoba* gibt es kaum noch ein Stück Erde, das nicht beackert würde. Der Anbau von Weizen und Gerste, von Raps, Roggen, Flachs und Hafer haben der Bevölkerung zu großem Wohlstand verholfen. Die Farmer gestehen, ohne sich im geringsten zu brüsten, offen und frei ihre Zufriedenheit mit dem Dasein eines kanadischen Landwirtes. Dreihundert Hektar groß sind die Ländereien im Durchschnitt; tausend Hektar Besitz sind keine Seltenheit.

Das Ergreifende an Süd-Manitoba sind die unendlichen Weiten, die Fernen mit dem unerhörten Horizont. Im Frühling, wenn das Saatgut über der Scholle aufgegangen ist, gibt die Prärie ein Naturschauspiel in Grün. Dann gleicht sie einem modernen «Patchwork Quilt», zusammengesetzt aus zarten, lichten Weizensprossen und saftigem Wiesengrün, die mit fortschreitender Jahreszeit kräftiger werden und allmählich der farblichen Abstufungen des Frühlings entbehren. Kurz vor der Ernte leuchten die Flächen in Goldgelb bis Ocker. Ein flimmernd lichtblauer Himmel wölbt sich majestätisch über die Flut schnittreifen Korns und färbt sich allmählich mit Abendglanz. Das letzte Sonnenrot, ein Sonnenuntergang über der Prärie, gehört zu den Augenblicken unvergeßlicher Erlebnisse.

Fünfzig Farmen bieten links und rechts des Trans-Canada Highway so etwas Ähnliches an, das bei uns «Ferien auf dem

Bauernhof» heißt. Mit dem Unterschied, daß der Bauernhof eben eine kanadische Farm ist. Solche «Farm Vacation Centres» sind der ideale Platz, ein paar Tage vom Autofahren, vom Sitzen und Schauen auszuspannen und ein Farmerleben inmitten von Manitobas Prärielandschaft kennenzulernen. Sie können ebensogut als Ausgangspunkt für wassersportliche Aktivitäten dienen, für Fischen, Golf oder Reiten. [Auskünfte über Farmen sind erhältlich vom 11. Mai bis 15. September in den Informationszentren an den beiden Provinzübergängen oder in Winnipeg bei Manitoba Farm Vacations Association, 437 Assiniboine Ave.]

Die *Entdeckung Manitobas* durch den ersten weißen Mann, den englischen Kapitän Thomas Button, hinterließ in der Provinz nichts als eine Gedenktafel in Churchill. Im Jahre 1612 war der abenteuerlustige Seemann mit Segelschiffen von England aufgebrochen, um den nördlichen Seeweg von Europa nach Asien zu finden. Der frühe Kälteeinbruch im Norden zwang die Expedition, in der Hudson Bay zu überwintern. Im Frühsommer des folgenden Jahres nach England zurückgekehrt, hatte Button anstelle der gewünschten Asienroute «nur» einen reichen Wildbestand im amerikanischen Nordland zu melden. Aber um Pelze wollte sich in dem auf den Orient fixierten Inselreich zunächst niemand kümmern.

Bis eines Tages der progressive Prinz Rupert von der Pfalz, ein Vetter König Charles II., ausgerechnet von zwei frankokanadischen «Coureurs de Bois» namens Radisson und Grosseillier auf den Pelzreichtum an der Hudson Bay erneut aufmerksam gemacht wurde. Die beiden Abenteurer waren ohne Genehmigung des Gouverneurs von Quebec in die von Henry Hudson entdeckte Bucht vorgedrungen, hatten von dort eine große Ladung edler Biberpelze mitgebracht, die sie zur Strafe für den Verstoß ohne irgendeine Anerkennung an die Regierung abliefern mußten. Erbittert und erbost wandten sie sich an das englische Königshaus. Prinz Rupert erkannte sofort die Chance und das große Geschäft. Am 29. September 1668 landete eine königliche Flotte in der James Bay – dem südlichen Teil der Hudson Bay –, errichtete dort Fort Charles und beanspruchte das Gebiet um die Gewässer für den König von England. Dieser bedankte sich damit, daß er am 2. Mai 1670 «The Governor and Company of Adventures of England Trading into Hudson's Bay» stiftete und der Gesellschaft – kurz *Hudson's Bay Company* genannt – das Monopol für den Pelzhandel zusprach und ihr sämtliches Land vermachte, das zu den in die Hudson Bay mündenden Flüssen gehörte. Das gesamte Gebiet wurde auf den Landkarten zunächst als «Rupertsland» vermerkt.

Um den Pelzhandel etwas anzukurbeln, errichtete die Hudson's Bay Company zunächst einmal Handelsposten an wichtigen Knotenpunkten der Kanurouten von Indianern und Eskimo, denn die englischen Geschäftsleute waren auf die Hilfe der Eingeborenen angewiesen. Mit Tauschgegenständen wie bunte Tücher, Kleidung, Lebensmittel, Geräte der europäischen Zivilisation und Branntwein waren die Indianer rasch für das Geschäft mit den begehrten Fellen gewonnen. Gewonnen werden konnten außerdem tüchtige, erfahrene «Coureurs de Bois» und «Voyageurs» – meist Söhne frankokanadischer Siedler aus den Niederungen des St. Lawrence-Stroms –, die von Kindheit an mit Fallenstellen, Paddeln und dem Gütertransport auf den damals üblichen Wasserwegen vertraut waren. In Fort Prince of Wales bei Churchill, in Fort Dearn Cairn bei Emerson, Fort Alexander, Norway House, Selkirk oder York kann sich der Besucher heute noch ein Bild verschaffen von den Anlagen dieser historischen Handelsposten.

Daß das harte Geschäft mit den Pelzen vorwiegend Männersache war, versteht sich beinahe von selbst. Den größten Teil des Jahres verbrachten die robusten Kanumänner auf den reißenden Flüssen mit dem Transport ihrer kostbaren Waren. Wen in den zivilisationsfernen Wäldern kümmerte es, wenn die jungen Wildnisabenteurer den Winter über eines der Indianermädchen mit in ihre Hütte nahmen. Die Mischlinge, die aus diesen Verbindungen hervorgingen, Métis oder Mestizen genannt, bildeten bald eine respektable Bevölkerungsschicht inmitten der ohnehin dünn gesäten Menschen. Je nach der Herkunft ihrer Väter sprachen die Indianermischlinge französisch-indianisch oder englisch-indianisch, was damals viel zum Verständnis zwischen Indianern und Weißen beitrug.

Die Hudson's Bay Company begann allmählich zu blühen und sich weiter nach Westen auszudehnen. Währenddessen waren über die Südroute frankokanadische Pelzhändler der im Jahre 1784 in Montreal von Schotten gegründeten North-West-Company bis zu der Stelle vorgedrungen, wo der Assiniboine River in den Red River mündet. Um ihre eigenen territorialen Ansprüche vor der landgierigen Hudson's Bay Company zu schützen, errichtete die North-West-Company am Zusammenstrom der beiden Flüsse *Fort Gibraltar*.

Die geschäftstüchtige Hudson's Bay Company ergriff sofort Gegenmaßnahmen. Zumal der frankokanadische Schachzug ihr ausgezeichnet ins Konzept paßte. Schon seit einiger Zeit hatten die Gesellschafter sich eine Besiedlung des Red-River-Tales vorgenommen, um unabhängiger von den kostpieligen Nahrungsmitteleinfuhren zu werden. Lord Selkirk, Schotte und Hauptaktionär der Hudson's Bay Company, brachte 1812 einige Hundert der völlig verarmten «Crofters» der schottischen Highlands über die Hudson Bay an den Red River. Gegenüber Fort Gibraltar überließ er seine Landesgenossen mit etwas Saatgut ihrem Schicksal und hißte auf einem Mast die Fahne der Hudson's Bay Company. Trotz ständiger Zwistigkeiten mit den frankokanadischen Pelzhändlern – die erst 1821 mit dem Zusammenschluß der beiden Handelsgesellschaften ein Ende hatten – wuchs *Red River Settlement* langsam durch den Zuzug neuer Einwanderergruppen. Felder wurden entlang des Flusses bestellt und von Überschwemmungen wieder zerstört; das Fleisch der Büffel, von denen es in der Ebene mehr als genug gab, wurde zu «Pemmican» getrocknet, der Haupt- und Kraftnahrung von Indianern und Voyageurs. Um 1860 lebten entlang des Red River 1500 weiße Siedler und etwa 6000 Indianermischlinge, von denen ein Großteil in der Prärie auf Büffeljagd ging.

1867 hatte sich durch den Zusammenschluß der britischen Kolonien im Osten das Dominion of Canada profiliert. Die Besiedlung und die Konföderation standen von nun an im Vordergrund kanadischer Politik. So kaufte die in Ottawa neugegründete kanadische Regierung 1870 der Hudson's Bay Company die Gebiete westlich der Großen Seen für 1 500 000 Dollar ab. Damals in den Augen vieler Kritiker eine unverantwortlich hohe Summe für das vermeintlich nutzlose Land im menschenleeren Westen. Die mächtige Handelsgesellschaft erhielt für den Verkauf weiterhin «ausgedehnte Handelsrechte und den zwanzigsten Teil ihres gewaltigen Territoriums», das damals über das heutige Saskatchewan, Alberta bis nach Britisch-Kolumbien reichte.

Wenn ein Kanadier heute von «The Bay» spricht, dann meint er die modernen Kaufhäuser der Hudson's Bay Company. Vom Osten bis in den Westen Kanadas bieten sie vom Hermelinmantel über Babyausstattung bis zum Gartenstuhl und Fertiggericht alles, was ein Mensch zum Leben braucht. In

vielen Gebieten des Nordens ist «The Bay» nach wie vor die einzige Einkaufsmöglichkeit für Indianer, Eskimo und Weiße geblieben. Außer ihren Warenhäusern besitzt die Hudson's Bay Company heute Fabriken und Bergwerke, noch immer viel Land und einflußreiche Aktien.
Als die Herrschaft dieser bedeutenden Handelsgesellschaft von der kanadischen Regierung abgelöst wurde, als Landvermesser an den Red River kamen, als die Mischlinge sich von den englischen Gentlemen als minderwertige Rasse behandelt fühlten, und als schließlich noch ein aus Ottawa geschickter Gouverneur die Verwaltung des Red-River-Gebietes in die Hand nehmen wollte, da sahen die Eingeborenen ihre Rechte und Freiheiten bedroht. Aufgeschreckt und verunsichert schlossen sich die Métis unter der Führung von *Louis Riel* gegen die kanadische Regierung zusammen und besetzten die damals einzige Siedlung Red River Settlement. Louis Riel, selbst einer der Mestizen, ließ sich sofort als Präsident im Amt bestätigen, bildete ein selbständiges Parlament und sandte Unterhändler nach Ottawa. Die Mestizen, so lautete seine Forderung, würden der kanadischen Regierung ihre Gebiete nur überlassen, wenn die französische Sprache, die römisch-katholische Religion und das Land der Métis geschützt blieben sowie eine eigene Provinzregierung garantiert wäre.
Louis Riel war über Nacht zum Volkshelden geworden. Die Quebecer blickten stolz und gespannt nach Westen, wo zu ihrer Freude eine neue französischsprechende Provinz sich zu etablieren schien. Premierminister McDonald wollte innerpolitische Spannungen in den eigenen Reihen vermeiden und schlug klug den Weg der Mitte ein. Er entschied, «daß das Red-River-Gebiet von dem übrigen Land, das der Hudson's Bay Company abgekauft worden war, isoliert werde und als die Provinz Manitoba in die Konföderation eintreten solle».

Ebenso wurde ein getrenntes Schulsystem für frankokanadische und anglokanadische Schüler bestätigt. Sämtliche Zugeständnisse unter der Bedingung, Militäreinheiten in Manitoba zur Aufrechterhaltung des Friedens zu stationieren.
Während die Verträge in Ottawa zur Zufriedenheit der Mestizen unterzeichnet wurden und sich die Soldaten auf den Weg nach Westen machten, ließ Louis Riel in Red River Settlement einen aus Ontario stammenden Anglokanadier namens Scott hinrichten, weil dieser sich seiner Regierung widersetzt und einen Indianermischling brutal zusammengeschlagen hatte. Als aber Riel die Truppen sah, die nach monatelangem Marsch durch die menschenleere Wildnis schließlich 1870 vor Red River Settlement ankamen, bekam er es mit der Angst zu tun. Heimlich floh er über die Grenze in die USA. Seine Anhänger, nun ohne Führer, zogen weiter nach Westen in das heutige Saskatchewan. 1885 wurde Louis Riel nach einer verlorenen Schlacht bei Batoche in Saskatchewan gefangen, des Hochverrats angeklagt und in Regina gehängt.
1870 wurde vertragsgemäß die Red-River-Siedlung zur Provinz Manitoba erklärt. Erst 1905 kamen die Prärie und die nördlichen Gebiete dazu. Für das Wappenschild wurde das Georgskreuz und der Büffel gewählt, jenes Tier, das bis dato das Hauptnahrungsmittel der Bevölkerung gewesen war. Heute hat die Provinz Manitoba eine Bevölkerung von rund 1 100 000 Einwohnern. Ihre Hauptstadt ist Winnipeg.

Winnipeg, ein Besuch in der Getreidebörse

«That's Winnipeg – look!» Um den Blick auf Manitobas Provinzhauptstadt beim Anflug besser vermitteln zu können, hatte mir der Co-Pilot einen kurzen Aufenthalt im Cockpit der

alten Propellermaschine gestattet. Zärtlich, wie eine Liebeserklärung hing dieses «That's Winnipeg» des Flugkapitäns im Raum zwischen Schalthebeln, Funkgeräten und Computern. Unter uns lag die Metropole im Meer der Nacht, wie wenn ein Arm voll Sterne vom Himmel gefallen wäre. Dahinter starrte dunkeldrohenden Auges der riesige Winnipegsee herauf. Doch die Stadt strahlte mit tausend Lichtern aus dem Dunkel. «That's Winnipeg»: um halb elf Uhr in der Nacht.
Bei Tag, wenn das Licht alles umfängt, präsentiert sich Manitobas Provinzhauptstadt wesentlich nüchterner. Die Silhouette Winnipegs wird von Hochhäusern beherrscht, neben denen die kanadischen Allerwelts-Erdgeschoßbauten der dreißiger Jahre nahezu ganz verschwinden. Dazwischen immer wieder Parkanlagen, Bäume, Büsche, grüne Rasenflächen. Winnipeg nennt sich zu Recht eine grüne Stadt. 650000 Menschen, über die Hälfte der Gesamtbevölkerung Manitobas, haben die Stadt am Zusammenfluß des Assiniboine River mit dem Red River gewählt, um darin zu leben, zu arbeiten oder ihr Monatssalär zu genießen. Wer ein Haus erwirbt, schätzt inzwischen die Vororte mit den Annehmlichkeiten vielseitiger Freizeitmöglichkeiten und dem Vorzug, einen eigenen Garten zu besitzen.
Das *City Centre*, die moderne Innenstadt, läßt sich gut zu Fuß erschließen. Die Main Street mit dem Bahnhof teilt die City in Ost und West. Rechtwinklig dazu verlaufen die sechsspurige Portage Avenue und der Broadway. Von diesen drei geschäftigen Hauptstraßen Winnipegs läßt sich jede wichtige Adresse erreichen: die großen Waren- und Kaufhäuser, die Kinos und renommierten Hotels, die Universität, die Kunstgalerie, das Regierungsgebäude und die Weizenbörse. Denn Winnipeg ist Kanadas Getreidestadt Nummero eins und somit auch eine bedeutende Verwaltungs- und Finanzmetropole. Um diese

zentralen Funktionen repräsentativ zu signalisieren, wetteiferten in den vergangenen Jahren Banken, Versicherungen und Verwaltungen buchstäblich um den höchsten und eindrucksvollsten «Tower» der Stadt. Wie Pilze schossen die Glas- und Betontürme aus dem Boden der City, der eine vom andern allein noch durch das Firmensignet zu unterscheiden. Bei klarem Wetter bieten die Höhen dieser Hochhausriesen die beste Fernsicht ins Hinterland [*Observationsgalerie* im Lombard-Place-Komplex].

Aus der Prärie, oft aus einer Hunderte von Kilometern weiten Entfernung, kommen die Farmer über die schnurgeraden Highways in die Stadt, in ihre Stadt gefahren: einmal im Monat, eventuell auch nur ein- bis zweimal im Jahr. Beim alten Jim um die Ecke gibt es glücklicherweise noch Maschinenersatzteile älteren Datums; neue Kaffeetassen für den Hausgebrauch sind vielleicht überfällig; ein neuer Stetson-Hut fürs Feld ist nicht notwendig, doch «for sale» – im Ausverkauf. Zwischen Bankgeschäften und einem Termin in der City Hall läßt sich Farmer Edd von der zuvorkommenden Angestellten der privaten Fluggesellschaft über einen Winterurlaub auf Hawaii informieren. Und last not least gibt es für ihn im Wheat Pool immer Neuigkeiten über das Weizengeschäft.

Die Weizenhändler und die Männer aus der Prärie mit ihren Cowboyhüten bestimmen die Atmosphäre Winnipegs. Trotz Skyline, trotz exklusiver Hotels und regem Geschäftsleben besitzt Manitobas Metropole nichts von hektischer Großstadtunruhe. In der Mitte der Stadt glänzt der Red River, dem von Nordwesten der Assiniboine River zufließt. Im Osten gibt es noch die Seine. Zwischen ihr und dem Red River hat sich der französischsprechende Stadtteil St-Boniface erhalten. Winnipeg ist ein Ineinander von Flußfrische, weiter Prärie, kanadischer Großzügigkeit und familiärer Freundlichkeit.

Wer nicht gerade auf den einfallslosen Varianten von Sandwiches und Hamburgers besteht, wird in Winnipeg eines der zahlreichen Spezialitätenrestaurants aufsuchen. Interessant ist die Gastronomie der unterschiedlichen, hier lebenden Volksgruppen. Bei den Ukrainern findet sich sicher «Pirogy» auf dem Speisezettel, bei den Italienern Pizza und Spaghetti, «Moussaka» bei den Griechen. Die Fischspezialität Winnipegs ist das Goldauge, und das bevorzugte Restaurant für deutschstämmige Einwanderer heißt «Ratskeller». Hier gibt es Blasmusik, Sauerbraten und Kartoffelsalat. Doch eigens eines Sauerbratens wegen wird ein Europäer natürlich nicht nach Winnipeg reisen.

Was sich der Besucher nach Möglichkeit nicht entgehen lassen sollte, ist Winnipegs *Grain Exchange* oder Wheat Board genannt: Kanadas Getreidebörse. Hinter der unscheinbaren Fassade des weltwichtigen Gebäudes an der Lombard Street werden von Montag bis Freitag die Getreidepreise ausgehandelt. Erkundigen Sie sich am Eingang nach einem deutschsprechenden Agenten. Mit einer grenzenlosen Geduld und Freundlichkeit erklären die Herren das etwas komplizierte, aber interessante Börsengeschehen.

Eisenbahnfans sei ein Blick von der Salter- oder Arlington-Brücke auf Winnipegs *Rangierbahnhof* von Weltformat geraten.

Wer wenig Zeit hat, kann im modernen *Convention Centre*, gebaut im Jahre 1975, «Little Winnipeg» genießen. Hier finden namhafte Ausstellungen und kulturelle Veranstaltungen statt;

229   «The Golden Boy», Winnipegs Wahrzeichen über der fünfundsiebzig Meter hohen Kuppel des Regierungsgebäudes, ist aus purem Gold

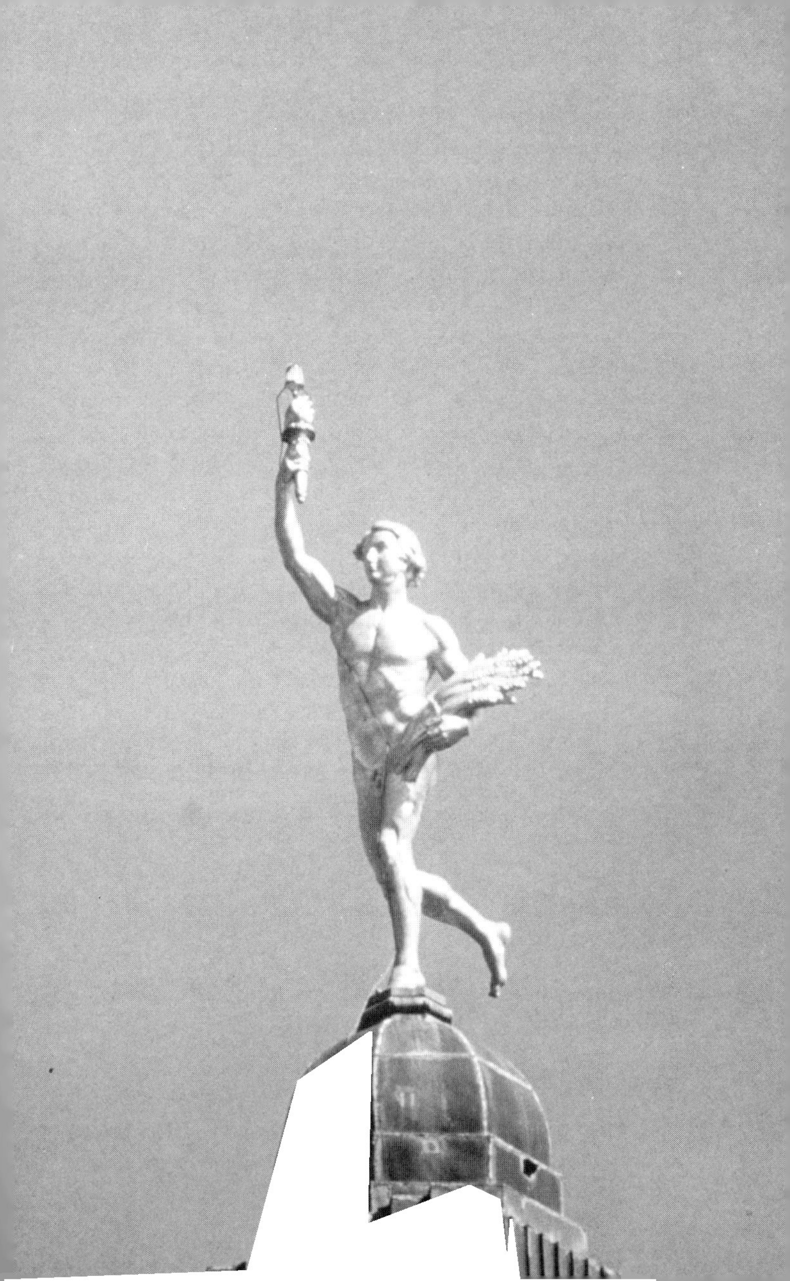

es gibt Boutiquen, ein Kino, Restaurants und die Aussichtshöhen eines gutgeführten Hotels [Eingang: 375 York Street].

Im *Manitoba Centennial Centre* sind unter einem Dach: das Planetarium, das Museum of Man and Nature, ein Theater und die Concert Hall. Die vom Winnipeg-Symphonie-Orchester veranstalteten Konzerte und die bedeutenden Aufführungen des Royal Winnipeg Ballet verhalfen dieser Kulturinstitution zu international anerkanntem Ansehen [555 Main Street].

Im *Ukrainian Cultural and Education Centre* geben die Ukrainer, die neben den Angelsachsen in Winnipeg eine führende ethnische Majorität darstellen, einen Überblick über die Lebensweise, das Volksbrauchtum und das Kunsthandwerk ihrer Urheimat.

Das bescheidene Kirchlein gegenüber dem *Polo Park Shopping Centre* heißt *St. James Anglican* und stammt aus dem Jahre 1853. Es soll angeblich die älteste Holzkirche von West-Kanada sein.

Will der Besucher in Winnipeg nicht nur Museen und Kirchen besichtigen, wäre das *Legislative Building* immerhin ein «Soll». Im neoklassizistischen Stil zwischen 1913 und 1920 erbaut, lockt vor allem *The Golden Boy* unter die fünfundsiebzig Meter hohe Kuppel des Regierungsgebäudes. «On the top», über den Köpfen, strahlt Manitobas Goldknabe. Nicht nur, weil er tagsüber vom goldenen Sonnenlicht und am Abend von Scheinwerfern angestrahlt wird, sondern weil er tatsächlich aus Gold ist. Der jugendliche Bote ist Winnipegs Wahrzeichen: Die Fackel in seiner rechten Hand symbolisiert der Provinz wirtschaftliche Zukunft durch die Bodenschätze des Nordens; die Weizengarbe im linken Arm die erfolgreiche Landwirtschaft Süd-Manitobas. Um das Regierungsgebäude haben die Statuen von Kanadas Gründerpersönlichkeiten ihren Platz gefunden: Königin Viktoria, Lord Selkirk, La Vérendrye, General Wolfe... Der frankokanadische Forscher La Vérendrye war übrigens – zusammen mit seinen Söhnen – der erste weiße Mann, der auf seinen Entdeckungsreisen 1738 bis an den Red River vorgedrungen war und dort Fort Rouge errichtet hatte. Rund fünfzig Jahre später wurde dieser kleine Pelzhandelsposten von der North-West-Company zu Fort Gibraltar ausgebaut.

Der Memorial Boulevard passiert in nördlicher Richtung den Memorial Park und die *Winnipeg Gallery* mit einer Sammlung traditioneller und zeitgenössischer kanadischer, amerikanischer wie europäischer Kunstwerke und der Welt größten Ausstellung von Lithographien und Specksteinfiguren der Eskimo. Von hier ist es nicht weit zur *University of Winnipeg*.

Ganz in der Nähe liegt auch das Bus-Depot. Der zentrale Omnibusbahnhof bietet Möglichkeiten, in sämtliche Richtungen Ausflüge und Überlandfahrten zu unternehmen. Erholsam und unterhaltend ist es zum Beispiel im *Assiniboine Park* mit dem Zoo, dem größten Naherholungsbiet Winnipegs.

Auf historisches Gelände begeben Sie sich im *Lower Fort Garry* in Selkirk, etwa dreißig Kilometer nördlich der Stadt. Das alte Steinfort der Hudson's Bay Company, zwischen 1831 und 1839 gebaut, repräsentiert ein Stück Frühgeschichte Manitobas. Im Siedlerhaus am Red River wird deutlich, unter welch harten Bedingungen und Entbehrungen die Menschen damals ihr Leben fristeten. Die Pioniere, die hier gelandet sind, waren vermutlich froh, in dem Pelzhandelsposten wenigstens einen Verkaufsladen und eine Schmiede vorzufinden. Funde aus der Pelzhandelsära, Kostüme und Perlenarbeiten der Indianer lassen auf eine Welt zurückblicken, in der zu leben gewiß weniger angenehm war als in der heutigen entwickelteren Zeit.

Aus *Winnipegs Frühgeschichte,* die zugleich die Entwicklung der Provinz Manitoba war, ist nur noch das Nord-Tor von Upper Fort Garry originalgetreu übriggeblieben. *Upper Fort Garry* war die Bezeichnung der Hudson's Bay Company für das ehemalige Fort Gibraltar der North-West-Company, nachdem sich die beiden Pelzhandelsgesellschaften 1821 zusammengeschlossen hatten. Das Tor steht gegenüber dem Bahnhof.

Als die Eisenbahngesellschaft «Canadian Pacific Railway» die ersten Schienenstränge über Land legte, da war Winnipeg rasch den Kinderschuhen seiner Anfänge entwachsen. Auf dem Eisenbahnweg trafen Menschen aus allen Ländern der Alten Welt ein, die von dem vielen Land in Kanada gehört hatten: Schotten und Iren stiegen aus den Waggons, Skandinavier, Juden, Engländer, Deutsche, Ukrainer. Sie alle versprachen sich Glück und Segen von dem hochgelobten Boden Nordamerikas. Viele der Einwanderer blieben nicht direkt in Winnipeg, sondern gründeten in der Umgebung neue Siedlungen.

Nachdem schließlich 1885 in Vancouver der goldene Schlußnagel in die letzte Eisenbahnschwelle geschlagen worden war und die Canadian Pacific Railway [CPR] Ost- mit Westkanada verband, als später die Canadian National Railway [CNR] über Winnipeg eine Eisenbahnverbindung nach Edmonton herstellte – da war aus Winnipeg ein wichtiger Eisenbahnknotenpunkt geworden. Für Einwanderer galt Manitobas Provinzmetropole von nun an als das «Tor zum Westen».

Folklorama heißt im August Winnipegs großes Volksfest. Es ist eigentlich weniger ein Festival zum Ansehen als zum Mitmachen. In dreißig Pavillons wird getanzt, gesungen, werden die besonderen kulinarischen Spezialitäten der jeweiligen Volksgruppe präsentiert. Alle Nationen, die zum Aufstieg der

Stadt beigetragen haben, sind eine Woche auf den Beinen, um mit viel Frohsinn zu festen und zu feiern.

In dem französischsprechenden *Stadtteil St-Boniface* ist das *Festival du Voyageur* kaum weniger bekannt. Dort, am Ostufer des Red River, geht es Ende Februar heiß her mit Sportwagenrennen auf dem Eis, Pferderennen und Eishockey-Wettkämpfen. Am Abend erinnern Kostümbälle an die Zeit der mutigen frankokanadischen Voyageurs: die Kanumänner der Hudson's Bay Company. Und manche Blumenblüte aus Buntpapier wandert am nächsten Morgen aus dem Haar einer Schönen auf das Grab des Métis-Anführers Louis Riel. «Put a flower on Louis Riel's Grave» heißt die Aufforderung dieses Stadtviertels an diejenigen, die nicht mit leeren Händen auf dem Friedhof vor der Basilika von St-Boniface ankommen möchten.

Informationen über Veranstaltungen, Straßen- und Stadtpläne von Winnipeg und Manitoba erhalten Sie in *The Manitoba Government Travel,* 200 Vaugham Street, oder in *Manitoba Government Dept. of Tourism and Recreation,* Legislativ Building.

Winnipeg Lake

Die Badestrände der Winnipeger, die Häfen der Segel- und Motorboote liegen rund um den südlichen Teil des Winnipegsees. Der Grand Beach Provincial Park, ca. hundert Kilometer nördlich der Metropole, bietet ausgezeichnete Badestrände und Campgrounds. Zahlreiche Fischerorte mit Fischrestaurants liegen am Westufer.

Gimli lebt vorwiegend von der Fischindustrie. Der Ort wurde 1875 von Isländern gegründet. Diese Nachkommen der Wikinger bestreiten heute noch den größten Teil der Bevölkerung. In der ersten Augustwoche heißt ihr traditionelles Volksfest Islendingadagurinn. Ein Rundgang durch das *Historical Museum* schafft Kontakte zur Siedlungsgeschichte und zum Fischereiwesen am Winnipeg Lake.

Steinbach, das Erbe der Mennoniten

Eine Reise durch Manitoba verbinden viele Touristen mit einem Abstecher nach *Steinbach,* etwa eine halbe Autostunde südöstlich von Winnipeg. Das hat seinen guten Grund in dem sehenswerten Mennonite Village Museum, der Nachbildung eines authentischen Mennoniten Dorfes der Pionierzeit.
Die Mennoniten, auch Anabaptisten oder Wiedertäufer genannt, gehörten zu den ersten Siedlern Manitobas und bilden noch heute in Kanada eine starke, selbstbewußte religiöse Sekte. Die erste Einwanderergeneration lebt inzwischen «retired» in Steinbach City, während ihre Söhne stattliche Farmen der Umgebung bewirtschaften: vollautomatisch und technisch auf dem neuesten Stand. Fast alle Mennoniten, vom Großvater bis zum Enkel, sprechen Deutsch.
Was die Mennoniten, bekannt für ihren Fleiß und äußerlich oft erkennbar an den schwarzen Hüten der Männer und dem altmodischen Habitus der Frauen, von anderen Farmern unterscheidet, ist vor allem ihre Glaubenseinstellung. Nachdem sie einmal die Bibel gründlich studiert hatten, waren sie zu der Erkenntnis gekommen, daß sich die christliche Lehre am besten in völliger Unabhängigkeit von Staat und Kirche praktizieren ließe. Für die Mennoniten ist die Kirche nicht ein Gebäude, sondern die Menschengemeinschaft, die zu christlichem Verhalten täglich herausfordert. Aus ihrem starken Verantwortungsbewußtsein gegenüber der Liebe zum Nächsten

lehnen sie den Wehrdienst ab. Außerdem taufen die Mennoniten ihre Gläubigen erst, wenn diese als erwachsene Menschen über ihre Religionszugehörigkeit selbständig entscheiden können. Derartigen Standpunkten waren weder die Häupter der Regierungen noch die der Kirche wohlgesinnt. Die Mennoniten wurden immer wieder verfolgt, verjagt, des Landes verwiesen.
Ihre Sektengründung geht in die Reformationszeit zurück. Zunächst eine kleine Gruppe in der Schweiz, gewannen die Glaubensbrüder rasch zahlreiche Anhänger in Frankreich, in Süddeutschland und in den Niederlanden. In Friesland hatte sich ein ehemaliger katholischer Priester namens *Menno* Simon mit einem derartigen Engagement für die Ideen der Bewegung eingesetzt, daß sein Fanatismus dem Kaiser unangenehm wurde. Menno mit seinen Anhängern – jetzt Mennoniten genannt – wurde außer Landes geschickt. Die Gruppe zog über Holland zur Danziger Bucht und brachte den dort bisher nutzlosen Boden zum Grünen und die Saat zum Reifen. Als Danzig zu Preußen kam, mußten die Mennoniten wiederum die Felder räumen. Zarin Katharina die Große von Rußland – interessiert an einer Besiedlung der neuhinzugewonnenen Gebiete ums Schwarze Meer – machte den fleißigen und friedfertigen Glaubensbrüdern sämtliche religiösen und politischen Zugeständnisse für den Fall, sie würden den fernen Boden kultivieren. Nur mit Müh und Not überstanden dort wenige die harten Anfänge. Erst als die Züchtung eines besonders widerstandsfähigen Weizens gelungen war, des «Russian Wheat», schienen die Jahre der Not und des Elends ein Ende zu finden. Doch kaum hatten die Mennoniten in Rußland Boden unter den Füßen, wurden die Konzessionen der Regierung wieder rückgängig gemacht. In festem Gottvertrauen folgten zunächst neunzehn Familien 1874 den Werbungen der

Hudson's Bay Company, die zur Besiedlung Manitobas tüchtige Menschen suchte.
Im September 1874 gründete eine Gruppe Mennoniten die Siedlung Steinbach. Was sie damals zusammen mit ihren bescheidenen Habseligkeiten mitbrachten, war jener «Russian Wheat», der grobkörnige Russische Weizen, der heute noch zum Grundbestand von Manitobas Getreide gehört.
Mennonite Village Museum ist als Straßendorf angelegt, wie es bei den Mennoniten zur Pionierzeit üblich war. Das heißt, um allen Bewohnern gleichermaßen den Zugang zur Straße zu ermöglichen, sind die Häuser entlang des Hauptverbindungsweges gebaut. Derartige Dorfanlagen wurden ganz für das Zusammenleben der Glaubensbrüder konzipiert, die alle sich selbst versorgende Ackerbauern waren. Später kamen die Käserei dazu, die Schmiede, der Gemeinschaftsbackofen, ein Krämerladen und die Windmühle. Im Sommer können Sie im Mennonite Village Museum «live» dabeisein, wenn das Getreide wie in alten Zeiten mit der Sense gemäht wird, Ochsenkarren Heu einfahren oder die Windmühle in Betrieb ist. In dem kirchenähnlichen «Artifact Building» befindet sich eine Sammlung von interessanten Einrichtungs- und Gebrauchsgegenständen aus der Pionierzeit der Mennoniten.

The Five Brothers. Oder die Entwicklung einer Farm

Als Manitoba mit seinen heutigen Provinzgrenzen gerade den dritten Geburtstag feierte, traf die fünfzehnjährige Frida aus Königsberg nach einer langen und strapaziösen Reise in Rosenort am Morris River ein. Weder die erhofften Rosen noch ein Ort von ostdeutschen Maßstäben empfingen das gerade der Schulbank entwachsene Ostpreußen-Mädel. «Welcome», lachte der Onkel, zeigte auf die paar Holzhäuser mit dem spärlich gerodeten Land und hob sie vom Pferdegespann: Rosenort im Jahre 1908.

Die Familiengeschichte der fünf Brüder – weithin bekannt als «The Five Brothers' Farm» – klingt beinahe wie ein Märchen, wäre sie nicht der geglückte und glückliche Aufstieg europäischer Einwanderer in Kanada. Gern erzählt Herbert, der älteste, die interessante Vergangenheit seiner Vorfahren. Der Großvater mit seiner kernigen Art, im ersten Winter fast verhungert, hatte im dritten Jahr eine gute Ernte. Als der Vater 1910 die junge Frida aus Ostpreußen heiratete, betrug der durch Fleiß und Können erworbene Besitz des damals noch sehr billigen Landes achthundert Hektar: für den Vater, die Mutter und die acht Kinder eine lohnende Lebens- und Aufbauarbeit. «Alle packten wir von Anfang an kräftig zu; als Kinder gingen wir sofort nach der Schule aufs Feld», erinnert sich Lloyd. Der Lohn des unermüdlichen Einsatzes waren gute Ernten – von katastrophalen Trockenperioden einmal abgesehen. Hinzu kam, daß die Nachfrage nach Weizen und damit die Preise stiegen und die Landwirtschaftsmaschinen allmählich speziell für die immensen Ländereien der Prärie-farmer entwickelt wurden. Heute fahren Eggen von siebenundzwanzig Metern Breite übers Feld, Kultivatoren von zwanzig Metern, Schwadmäher von sechs Metern. 1947 war auch bei den «Five Brothers» das letzte Stück Prärie des großen Familienbesitzes in Ackerland verwandelt, und die neuesten Maschinen standen in den Schuppen.

Einer der sechs Brüder und die beiden Schwestern leben verheiratet in Winnipeg, kommen aber häufig und gern auf die Farm zu Besuch. Die Familie hält zusammen – auch über den Tod hinaus. Nahe des Farmerhauses haben die Großeltern und die Eltern unter einem grüngepflegten Rasenstück mit einem schlichten Denkmal aus zusammengetragenen Feldsteinen ihre letzte Ruhe gefunden. Und Mutter Frida, die als Fünfzehnjährige einem Ort der Rosen entgegenzureisen glaubte, hat inzwischen die Blumen erhalten. Ein Strauß dunkelroter Wachsrosen, liebevoll von den derben Farmerhänden der Söhne arrangiert, steht auf ihrem Grab.

Die Arbeit auf dem Erbgut haben sich die fünf gastfreundlichen Junggesellen rationell und den besonderen Begabungen des einzelnen entsprechend eingeteilt. Der älteste sitzt sozusagen auf dem Kutscherbock, er ist der Boß für den Einkauf und Verkauf der landwirtschaftlichen Produkte, muß zusehen, daß am Jahresende die Kasse stimmt. Während die anderen auf den Feldern arbeiten, ertüftelt der jüngste die Mahlzeiten nach Mutters Hausrezepten, sieht nach dem Wetter und hält Küche, Haus und Hof in Ordnung. Hofhalten bedeutet auf dieser Farm: einen Gemüsegarten bestellen, vier Schweine, fünfundsiebzig Hühner und zwanzig Enten zur Selbstversorgung füttern sowie in Werkstatt und Maschinenhallen nach dem Rechten sehen. Zur Haupt- und Erntezeit helfen dann alle gemeinsam. Ein Familienbetrieb par excellence, eine Musterfarm, die weit und breit als «so beautiful and so clean» hoch gepriesen wird.

Doch was die Farm der «Five Brothers» zuerst und vor allem für einen Kanadier so bewunderswert macht, ist die lange Familientradition. Drei Generationen lang ein Land in einer Hand ist für einen Nordamerikaner, dessen Existenz noch oft auf «Abbruch und Neubeginn», auf Wechsel und Verändern basiert, eine phänomenale historische Angelegenheit. Der Boden von Kanadas Prärie ist im allgemeinen «mobil»: Land wird willkürlich verkauft und gekauft, gepachtet und verpachtet oder einfach als Kapitalanlage betrachtet und einem Verwalter zum Bewirtschaften überlassen.

«Wer hier tüchtig ist», meint Robert, «kann rasch aufbauen.» Unter «tüchtig» versteht er die Fähigkeit, im Großformat sinnvoll zu wirtschaften. Die «Five Brothers» kaufen zum Beispiel jedes dritte Jahr für eines der Felder Saatgut von Spitzenqualität, um dieses für die übrigen Felder selbst weiterzuvermehren. Ein Farmertip, der so geheim wiederum nicht ist, als daß er in diesem Buch nicht vermerkt werden könnte.
Der Tag reichte knapp zum Schauen, Fragen und die Annehmlichkeiten der Gastfreundschaft zu genießen. Das Farmhaus, 1953 im Do-it-your-self-Verfahren aus Fertigteilen gebaut und mit sämtlichen wohntechnischen Raffinessen ausgestattet, liegt kaum wahrnehmbar ein wenig erhöht auf einer Bodenwelle. Der Schneewehen wegen, erklärte Lloyd, denn die Winterstürme türmen in den Mulden oft Schneeberge bis zu drei Metern Höhe. In dieser Zeit, wenn die Temperaturen in der Prärie bis auf minus 26 Grad Celsius fallen und Schnee bis zu einem halben Meter liegt, sind Holidays auf der Farm, gibt es auf dem Anwesen so gut wie nichts zu tun. Wer von den fünf Brüdern nicht gerade auf Ferientrip ist, nimmt den Schlitten mit dem darangebastelten Flugzeugmotor und Propellerantrieb und braust weithin hörbar zum Nachbarn. Bei einer Sommertemperatur von 28 Grad Wärme blieb es auf der Rückfahrt unserer Phantasie überlassen, die Prärie unter glitzerndem Schnee sich vorzustellen.

Parks und Forests

Zwanzig Landschaftsgebiete mit ganz besonderen geografischen Gegebenheiten sind in Manitoba geschützt: Weil sich dort die Natur einfallsreich und sehenswert äußert in Formationen und Flora, weil dem Wild und der Vogelwelt ein sicheres Refugium vor der Zivilisation garantiert bleiben soll und weil schließlich der Mensch in der unberührten Welt der Wildnis den besten Dialog mit sich und der Natur führen kann. Wer die Sprache der verschiedenartigen Landschaften vernehmen möchte, dem sei eine Reise über den *Highway Nummer 10* geraten. Er beginnt oder endet – je nachdem, woher man kommt – in Flin Flon und passiert sechs große Wildnis- und Erholungsparks.

Der Grass River Provincial Park im Norden gehört zu den wenig besuchten Naturschutzgebieten. Über hundertfünfzig Seen laden zu stillen, einsamen Kanutouren ein, zur Jagd auf Riesenforellen [bis zu 40 Pfund], auf Weißaugen und Weißfische: drei besonders begehrte Fischspezialitäten Manitobas. Absolute Sicherheit in Karten- und Kompaßorientierung sind dafür allerdings Voraussetzung. Der Mensch ist hier wie die Karibouherden sich selbst überlassen.

Weiter südlich liegt der *Clearwater Provincial Park,* genannt nach dem großen, die Landschaft beherrschenden See. Dieser See, der Clearwater Lake, macht seinem Namen alle Ehre. Für die Biologen wurde er zum Begriff für Sauberkeit, der Superlativ für intaktes Gewässer. Superforellen von strotzender Gesundheit schießen in froher Eile durch die klaren Fluten und sind die begehrten Trophäen dieser Gegend. Außer dem unerschöpflichen Reichtum der Fischgründe brüten hier zahlreiche seltene Wasservögel, und vor allem ist der Elch, in Kanada «Moose» genannt, in diesen Regionen zu Hause.

Manitobas Provincial Parks versuchen sich durch ihre einmaligen Bedingungen für Petrie-Jünger zu überbieten. Der *Porcupine Provincial Forest* ist berühmt für nordische Hechte, Forellen, Weißauge und das Manitoba Goldauge. Auf die Kuppe des 823 Meter hohen *Harte Mountain,* des zweithöchsten Berges der Provinz, führt ein schmaler Forstweg. Einfache

Picknickplätze und Areas ermöglichen vorübergehendes Zelten und Campen.

Duck Mountain Provincial Park, ein Teil des Manitoba Escarpment, gehört bereits zum belebteren «Vacation-Land». Vom Highway ist zu spüren, daß ein Gewaltakt der Natur dieses Plateau vor Tausenden von Jahren oder noch länger aus der Prärie gehoben hat. *Baldy Mountain* mit einer Höhe von 831 Metern galt den Pionieren und Forschern einst als wichtiges Orientierungsmerkmal. Diese Bedeutung hat er inzwischen eingebüßt. Doch blieb ihm der Ruhm, der höchste Berg Manitobas zu sein. Als weiteres Merkmal dieses Wildnisgebietes muß die natürliche Aufforstung großer, durch wochenlange Waldbrände zerstörter Gebiete angesehen werden. Informationstafeln weisen die Besucher darauf hin, wie sich der Wald seit 1961 ohne menschlichen Eingriff langsam zu regenerieren beginnt. Auf markierten Wanderpfaden, von Campgrounds aus, und auf über siebzig Seen läßt sich dieses Naturparadies erschließen. Mit etwas Glück bekommt man Elche vor die Kamera.

Mit Abstand der populärste Naturpark ist der *Riding Mountain National Park*. Alles, was Manitoba an phänomentypischer Vegetation hervorbringt, kann der Besucher hier gleich auf einmal kennenlernen: die Baumbestände des Nordens und die des Ostens, das Grasland des Westens und über siebzig dunkle, klare Seen. Etwas abseits, aber auch direkt am Highway Nummer 10, der durch dieses Naturparadies mitten hindurchführt, laden Lodges, Motels, Bungalows und gepflegte Campgrounds diejenigen Gäste ein, die auch in der Wildnis nicht ganz die Annehmlichkeiten der Zivilisation entbehren möchten. Das *Touristenzentrum Wasagaming* am Clear Lake bietet sämtliche Out-door-Aktivitäten organisiert und kommerzialisiert an: Familienfischen und Segeln, Wasserskilaufen und Reiten, Tennisspielen und Schachpartien im Freien. Doch auch zivilisationsmüden Urlaubern sind keine Grenzen gesetzt. Kanurouten und markierte Wander-Trails erschließen die unberührte Natur. An der Straße nach Lake Audy lebt eingezäunt eine Bisonherde.

Der Turtle Mountain Provincial Park im Südwesten Manitobas – direkt an der Grenze zu den USA – bietet dem Naturfreund ebenfalls eine Fülle von Betätigungsmöglichkeiten. Zu den natürlichen Sehenswürdigkeiten zählt die reiche Vogelwelt, allen voran die *Western Painted Turteltaube*, die dem Park den Namen gab. Außerdem nisten hier Schwärme von Wildenten, Tölpel, Scharpen und Reiher. Ihr Lebensruf hallt im Sommer durch die lichten Laubwälder, eine heiter frohe Mischung aus Espen und Pappeln, Erlen, Ulmen, Birken, dem Ahornbaum und der Eiche, auch Sträuchern, die kaum übersetzbare Namen wie «Saskatoon» und «Dogwood» tragen. In diesem südlichen Naturparadies der Provinz leben Biber und Nerze, Bären und das Moose. Die besondere Attraktion ist der *Friedens-Garten*: die eine Hälfte gehört zu Manitoba, die andere zu den USA. In einem ständigen Schönheitswettbewerb demonstrieren die beiden Staaten mit Blumenanlagen und Wasserspielen ihr langjähriges friedliches Nebeneinander.

Der Whiteshell Provincial Park wurde 1962 als erstes Landschaftsgebiet von der Provinz Manitoba zum Naturschutzgebiet erklärt. Er liegt ca. 150 Kilometer östlich von Winnipeg an der Grenze zu Ontario und ist von den Stadtbewohnern verhältnismäßig rasch über den Trans-Canada Highway zu erreichen. Das touristische Zentrum heißt *Falkon Lake* mit einem vielseitigen Angebot an Sportmöglichkeiten zu Wasser und zu Land. Vorzugsweise verbringen die Besucher auch hier die Ferien im Boot. Die Seenketten des Präkambrischen

Schildes sind wie geschaffen für herrliche Kanutouren, die einen Tag, aber auch einige Wochen dauern können. Wer sich nicht allzu sicher mit dem Paddel fühlt, wählt die verschiedenen Wanderpfade zu den interessantesten Punkten des Parks. Dem Naturfreund stehen als Ausgangsbasis elf Campgrounds und einundzwanzig Picknickplätze zur Verfügung. Pavillons informieren anschaulich über die Naturgegebenheiten, über die typische Tier- wie Pflanzenwelt.

Städte am Weg

Die meisten Städte in Manitoba sind nach amerikanischem Vorbild rasterartig angelegt, das heißt: die Straßen verlaufen im rechten Winkel zueinander mit Durchschnittsbauten im Süden und transportablen Trailern im Norden. Zwischen dem Alltagsgetriebe der Städte gibt es aber immer mal wieder Sehenswertes, Entrücktes, besondere Attraktionen.

Flin Flon, die im Norden ganz auf Felsen gebaute Grenzstadt zu Saskatchewan, ist nicht mehr «aus der Welt», seitdem dorthin die Eisenbahn und der Highway Nummer 10 führen. Der Name auf dem Ortsschild wirkt inmitten des düsteren Grüns der Waldungen aufheiternd, ja sogar komisch, kurios. Und ein Kuriosum ist in der Tat die acht Meter hohe Statue des *Flintabbatey Flonatin,* der jeweils die ersten vier Buchstaben seines Doppelnamens für die Ortsbezeichnung zur Verfügung stellte. Flin Flon, der Held eines amerikanischen Dreigroschenromans, hatte von einer Unterwasserexpedition – vermutlich im Athapapuskow Lake – stattliche Goldschätze mitgebracht. Als die Hudson's Bay Mining and Smelting Company dann erstaunlich viel Gold an der Grenze zu Saskatchewan fand, hielt sie den Namen des Romanhelden für ein glückver-

sprechendes Omen. Flintabbatey Flonatin lacht und wacht jetzt über den Erfolgen der Stadt und des Bergbauunternehmens. Aus den weitgehend automatisierten Minen werden heute Kupfer, Zink, Gold, Silber, Cadmium, Selenium und Tellurium gefördert. Besichtigungen sind von Mai bis September am Dienstag und Mittwoch möglich. Im Juli findet das *Flin Flon Trout Festival* statt. Dabei geht es beim Wettfischen um die größte Forelle, beim Kanurennen um den ersten Preis, beim Backen von Bannocks um die Handfertigkeit und bei der Wahl der Miss Flin Flon um die Schönste im Ort.
The Pas am Saskatchewan River war – wenn auch als Außenseiter – ein wichtiger Sammel- und Pelzhandelsposten der Hudson's Bay Company. Diese Position hat sich längst geändert, nachdem eine Fahrstraße und die Eisenbahn durch das Städtchen gelegt wurden. Der eine Schienenstrang zweigt von hier aus zur Nickelstadt Lynn Lake, der andere nach Churchill an die Hudson Bay. The Pas gilt heute als *Tor zum Norden.*
Zu den Eigenarten dieses regen Ortes gehört das Festefeiern. Im allgemeinen ist die Bevölkerung Anfang Februar noch unter sich, wenn in The Pas das berühmte *Manitoba Trapper Festival* stattfindet, zu dessen Höhepunkten das 240 Kilometer lange Hundeschlittenrennen gehört – ein Wettkampf, der weitgehend in der Einsamkeit der zugefrorenen Landschaft ausgetragen wird. Wer sich Anfang August gerade auf der Durchreise befindet, kann das *The Pas Rodeo* erleben; die gerittenen Pferde sind tatsächlich wild, und das Chuckwagon-Rennen vermittelt einen Hauch des legendären Wilden Westens. Mitte August kämpfen dann die hier lebenden Indianer um die ersten Preise der *Opasquia Indian Days:* beim Messer- und Speerwerfen, beim Kanurennen und Brotbacken. Zwischendurch lohnt ein Blick in die *Christ Church* aus dem Jahre

1840. Die Innenausstattung stammt zum großen Teil von Seeleuten, die 1848 auf der Suche nach dem verschollenen britischen Arktisforscher John Franklin in The Pas durch Schnitzarbeit einen harten Winter hinter sich brachten.

Churchill an der Hudson Bay ist der nördlichste Tiefseehafen Kanadas und wird von den meisten Menschen von The Pas aus per Eisenbahn erreicht. Keine Straße, nicht einmal eine staubige Schotterstraße führt in die herbe Tundralandschaft um die Stadt. Ein Riesenheer von dreitausend Arbeitern hatte die Verbindung geschaffen: Jahr für Jahr wurden die Schienen von mehr als achthundert Kilometern Länge unter großen Schwierigkeiten über mückenverseuchten Muskeg, Sumpfgebiete mit gefrorenem Untergrund, vorwärts getrieben. Das heißt, der Bahndamm bedurfte gegen den Permafrost einer besonderen Isolierung, damit die durch die Züge erzeugte Wärme die Gleise nicht in den Boden versinken ließ. Am 29. März 1929 war das grandiose Bauwerk der Canadian National Railway beendet. Seitdem rollen im Sommer viele hundert kilometerlange Getreide-Güterzüge zum Hafen nach Churchill, um das Korn über den Norden, den kürzesten Seeweg, zu verschiffen: fünfundzwanzig Millionen Bushels sind es jedes Jahr, umgerechnet rund 700 Millionen Kilogramm.

Für den Besucher ist der *Hafen mit den Getreidespeichern* interessant. Das Stadtzentrum befindet sich unter einem Dach: der sogenannte *Town Centre Complex* beherbergt ein Krankenhaus, die Schule, eine Bücherei und Einkaufsläden. Zu empfehlen sind außerdem ein Besuch des *Eskimo Museum* und ein Ausflug zum *Fort Prince of Wales.*

In Süd-Manitoba am Trans-Canada Highway liegen zwei Städte, die zu Zwischenstationen einladen:

Brandon, Manitobas «Weizen-City», ist eine lebendige, progressive und die zweitgrößte Stadt der Provinz. In großen Getreidespeichern lagern hier sämtliche Ernteüberschüsse, die nicht zum Export kommen.

Dreimal im Jahr gehört die City den Farmern und Viehhändlern, denn dreimal im Jahr finden in Brandon große Landwirtschaftsmessen und Viehmärkte statt: Von Ende März bis Anfang April die *Royal Manitoba Winter Fair;* Mitte Juni die *Provincial Exhibition,* eine Landwirtschaftsmesse verbunden mit dem bunten Programm eines frohen Festivals; schließlich treffen sich Ende Oktober die Viehhändler noch einmal zur *Ag-Ex-Major.* Die staatliche Versuchs- und Experimentieranstalt *Canada Research Station* gibt Aufschluß über den neuesten Stand an Getreide- und Viehzucht. Führungen von 8 Uhr bis 16.30 Uhr täglich außer am Wochenende.

Portage la Prairie liegt 80 Kilometer westlich von Winnipeg. John Sutherland Sanderson war der erste Europäer, der am 2. Juli 1872 in dieser Gegend Land rodete. An seine Pioniertat erinnert im Norden der Stadt eine Gedenktafel. Hundertdreiunddreißig Jahre zuvor, 1739, hatte bereits La Vérendrye den Posten «Fort La Reine» als Basis für seine Forschungsreisen an dieser Stelle errichtet.

Fort La Reine Museum und *Pioneer Village* sind Rekonstruktionen aus dem 18. Jahrhundert. Sie informieren über Einzelheiten der frühen Besiedlungsgeschichte. Dieses Freilicht-Museum befindet sich an der Kreuzung des Trans-Canada Highway mit dem Highway 26.

OSTKANADA:
GRENZRAUM ZWEIER KULTUREN

ONTARIO MIT SEINEN WUNDERBAREN SEEN

Zart und bescheiden grüßt die duftige *Trillium-Blüte* mit ihren drei weißen Blütenblättern von den Informationstafeln und aus dem Wappenschild Ontarios. Die Blume gilt, wenn Ende April sich die Laubwälder des Präkambrischen Schildes in lindes Grün kleiden, als kleines Frühlingswunder der Region. Da die Trillium-Pflanze vorwiegend nur in Ontario wächst, ist ihre Blüte das Symbol der Provinz.

Der seit 1867 gebräuchliche Name *Ontario* stammt aus dem Wortschatz der Irokesen: «Skanadario» bedeutet so viel wie wunderbarer See. Gemeint ist der Ontariosee. Von ähnlicher Schönheit und Anziehungskraft wie der Ontariosee sind die sich daran anschließenden *Great Lakes:* der Eriesee, der Huronsee mit der Georgian Bay im Nordosten und der Obere See. Diese vier Großen Seen begrenzen im Süden die Provinz Ontario und gehören zu dem bekannten nordamerikanischen Fünffingerseen-System. Es handelt sich um das größte zusammenhängende Süßwassergebiet der Erde mit einer Gesamtfläche von 240000 Quadratkilometern, das nicht nur von einer gewaltigen Naturfaszination ist, sondern von einer ebenso ungeheuren wirtschaftlichen Bedeutung. In einem friedlichen Abkommen haben Kanada und die Vereinigten Staaten von Amerika sich in diese gemeinsamen Grenzgewässer geteilt. In der Mitte der Großen Seen und des St. Lawrence-Seeweges verläuft unsichtbar die Grenze zwischen den beiden Staaten. Am Lake Michigan, dem fünften im Bunde, hat Kanada allerdings keinen Anteil. Er gehört ganz zu den USA.

Durch ein aufwendiges Kanal- und Schleusensystem sind die Großen Seen miteinander verbunden und dem St. Lawrence-Seeweg angeschlossen, der aus dem Ontariosee kommt und seit 1959 auch den Ozeanschiffen einen direkten Zugang vom und zum Atlantik ermöglicht. Kein Wunder also, wenn tief im Landesinnern – mehr als 2000 Kilometer vom Atlantik entfernt – in den Häfen gewaltige Schiffsriesen auftauchen.

Wunderbare Seen und wilde Flüsse, reißende Ströme und glasklare Bäche sind überhaupt ein Charakteristikum der Provinz Ontario. Die genaue Zahl der Gewässer kennt keiner. Schätzungen ergaben zwischen einer Viertels- und einer halben Million; das heißt, daß rund 17 Prozent der 1 069 000 Quadratkilometer großen Landfläche aus Binnengewässer bestehen. Die meisten der Flüsse und Seen liegen einsam, unberührt und oft namenlos in der unerschlossenen Wildnis, die im Norden von den kühlen Fluten der James und Hudson Bay begrenzt wird. Im Osten bildet der Ottawa River seit 1791 die natürliche Grenze zur französischsprechenden Provinz Quebec.

Von den über acht Millionen Menschen, welche in dieser zweitgrößten Provinz Kanadas leben, haben sich die meisten auf der Landzunge angesiedelt, die sich zwischen dem Erie- und dem Huronsee in den Süden vortastet: geografisch etwa auf der Höhe von Südfrankreich und Mittelitalien. In diesen milden Regionen Ontarios gedeihen Obst und Gemüse in Hülle und Fülle. Es wächst der etwas herbe kanadische Wein, Pfirsiche, Kirschen, Äpfel, Birnen, Tabak und Mais. Ein Drittel der gesamten landwirtschaftlichen Erzeugnisse Kanadas stammen aus Süd-Ontario. Dies bedeutet, daß nahezu in sämtlichen Ortschaften dieser Gegend die sehr sehenswerten und lebensfrohen Märkte abgehalten werden, auf denen die Farmer frühmorgens ihre frischen Produkte anbieten.

Die Geschichte Ontarios geht auf französische Pioniere zurück. Im 17. Jahrhundert waren Pelzhändler, Abenteurer und Missionare über den St. Lawrence-Strom unter ungeheuren Strapazen nach Westen vorgedrungen. Sie lernten die Sprache der Indianer, lernten, mit ihnen in der Wildnis zu leben und mit dem Kanu umzugehen. Als erstem Europäer soll *Etienne Brûlé*, einem jungen Abenteurer aus Quebec, das Zusammenleben mit den Eingeborenen in den Wäldern des Westens gelungen sein. Mit den Huronen kam er 1610 an die Georgian Bay, später nach «Toronto» an den Ontariosee, einem traditionellen Treffpunkt der Eingeborenen. Als dann einige Jahre danach der französische Kolonisator Samuel de Champlain den Pelzhandel in diesen westlicheren Regionen forcierte, entstanden an geschützten Buchten und Flußmündungen kleine Stützpunkte, Siedlungen und Missionsstationen, doch ohne besondere Entfaltungsmöglichkeiten. Die Irokesen sorgten dafür, daß es den Weißen im Westen nicht allzu wohl in ihrer Haut wurde. Die ständigen blutigen Auseinandersetzungen zwangen die französischen Pioniere schließlich, wieder in den Osten zurückzukehren. Die Wildnis verwischte ihre Spuren.
Erst die Pioniertat der «Empire Loyalists» blieb von Bestand. Die britischen Königstreuen waren während der amerikanischen Unabhängigkeitsbewegung am Ende des 18. Jahrhunderts nach Kanada ausgewandert. Dort konnten sie in Ruhe und Frieden und weiterhin im Bewußtsein ihrer Zugehörigkeit zur britischen Monarchie leben. Die meisten von ihnen waren angelsächsisch und protestantisch. Da sie von Anfang an zahlenmäßig anderen ethnischen Gruppen weit überlegen waren, wurde Kanada westlich des Ottawa River von ihrem Geist und ihrem Lebensstil geprägt. Die auf Besucher vom europäischen Festland so angenehm wirkende Gelassenheit der

Kanadier und das Zusammengehörigkeitsgefühl, das naturgemäß das Gruppenleben fördert, sind typische Eigenschaften englischer Lebensprinzipien.

Verständlicherweise gab es in Ontario – wie auch im übrigen Kanada – während der harten und unerbittlichen Aufbaujahre keine sozialen Unterschiede. Wer damals allein voranzukommen strebte, machte sich nicht nur unbeliebt, sondern galt als seltsamer Typ. Die einzige gesellschaftliche Abgrenzung von den anderen bestand – wenn überhaupt – in der Zugehörigkeit zu einer bestimmten Religionsrichtung. Im sektenreichen Kanada wurde die Kirche für viele Menschen nicht nur Mittelpunkt geistiger Solidarität, sondern auch Mittelpunkt gesellschaftlichen Lebens. Innerhalb der Glaubensgemeinschaft wurden Feste gefeiert, Ausflüge veranstaltet, und oft fand die mitgebrachte Sprache hier noch einen letzten Zufluchtswinkel. In Süd-Ontario werden heute vereinzelt noch in Gemeinden Gottesdienste auf deutsch, italienisch oder russisch gehalten, während die Umgangssprache der Gläubigen längst Englisch ist.

Inzwischen sind jedoch auch in Kanada – speziell in dem hochindustrialisierten Ontario – die Tendenzen aller modernen Gesellschaften zu beobachten. Die ursprünglichen Bindungen an Glaubensgemeinschaften – vor allem in den Städten – sind zerbrochen. Wer jedoch weiterhin sein Glück in der Gruppe sucht und es sich leisten kann, der schließt sich meist einem der zahlreichen Clubs an. So können die Veranstalter der klassisch kanadischen Sportarten wie Golf- und Kanuclubs, Ski- und Eishockeyclubs laufend steigende Mitgliederzahlen verzeichnen. In großem Ansehen stehen auch Vereine, bei denen die Pflege überkommenen Volksbrauchtums aus der alten Heimat im Vordergrund steht. Eine besondere Erwähnung verdienen dabei die deutsch-kanadischen Clubs, deren Aktivitäten und Vitalitäten im ganzen Land vorbildlich sind.

Die meisten deutschsprachigen Einwanderer, die sich als erste in solchen deutschen Clubs zusammenfanden, waren nach Ontario zwischen l830 und 1850 in der Flucht vor politischer Verfolgung im Zusammenhang mit den beiden Revolutionen, vor Hunger, Armut und Arbeitslosigkeit gekommen. Für die meisten bedeutete die Fahrt über den Ozean die einzige Überlebenschance. Platz und Arbeit gab es zwischen den Großen Seen genug. Ortsnamen wie Dresden, Bamberg, Heidelberg, Neustadt, New Hamburg, Gravenhurst oder Zurich erinnern an die Pionierleistungen und vielleicht auch an das Heimweh der Einwanderergruppen aus dem deutschsprachigen Raum.

Etwa zwei Kilometer außerhalb von *Dresden* ist die Holzhütte des Joshia Henson zu besichtigen, weltbekannt als Zufluchtstätte farbiger Sklaven durch den Bucherfolg *«Onkel Toms Hütte»* von Harriett Beecher Stowe. Die Negersklaven wurden durch eine von Quäkern ins Leben gerufene Fluchthelfer-Organisation – *«The Underground Railway»* – mit viel Geschick und Einfallsreichtum nach Kanada in die Freiheit gebracht. Allein von 1850 bis 185l sollen es rund 5000 Menschen gewesen sein.

In den Blickpunkt Europas rückte Ontario nach dem Zweiten Weltkrieg. Als die Provinz begann, den fruchtbaren Boden ihrer südlichen Regionen in Industrieland umzuwandeln, entschlossen sich Millionen Europäer zur Auswanderung nach Kanada, um sich dort eine neue Lebensexistenz aufzubauen.

254/255 Hier in der kargen Landschaft um Sudbury haben amerikanische Astronauten ihre ersten Versuche unternommen

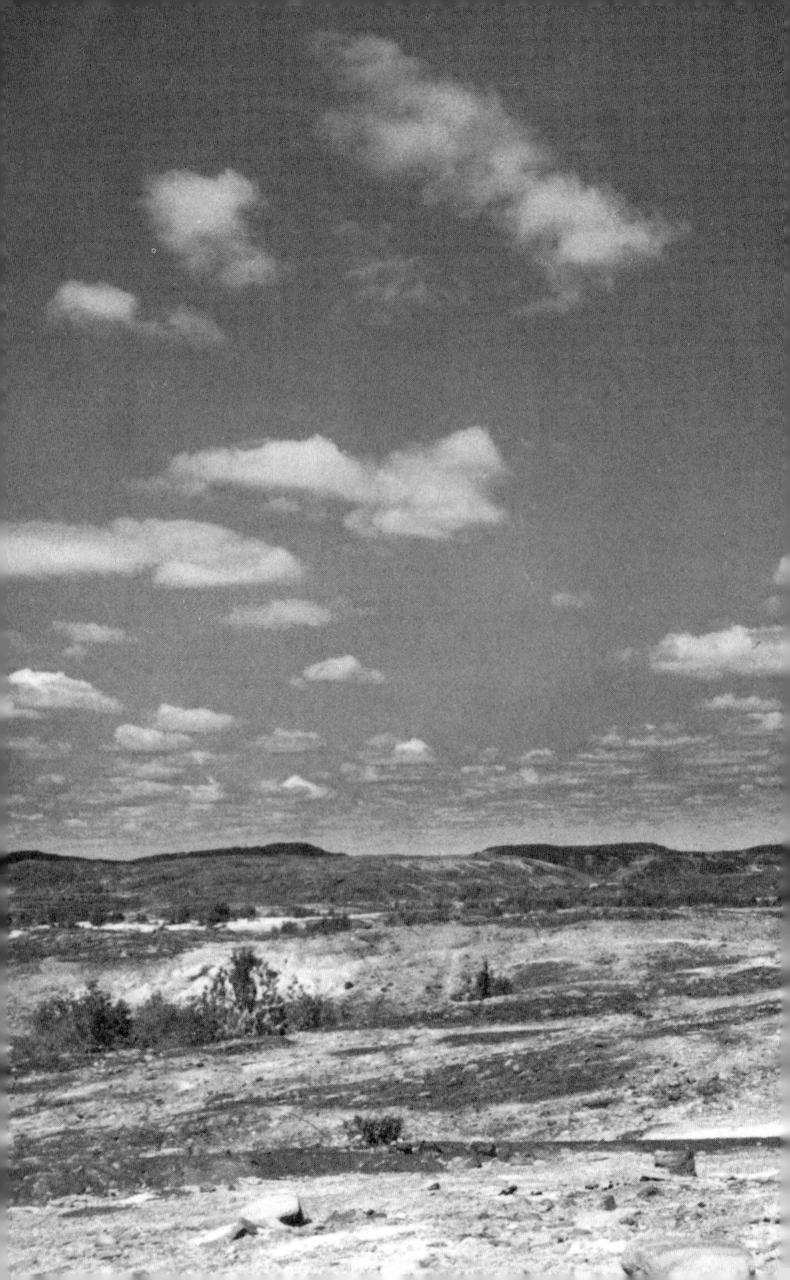

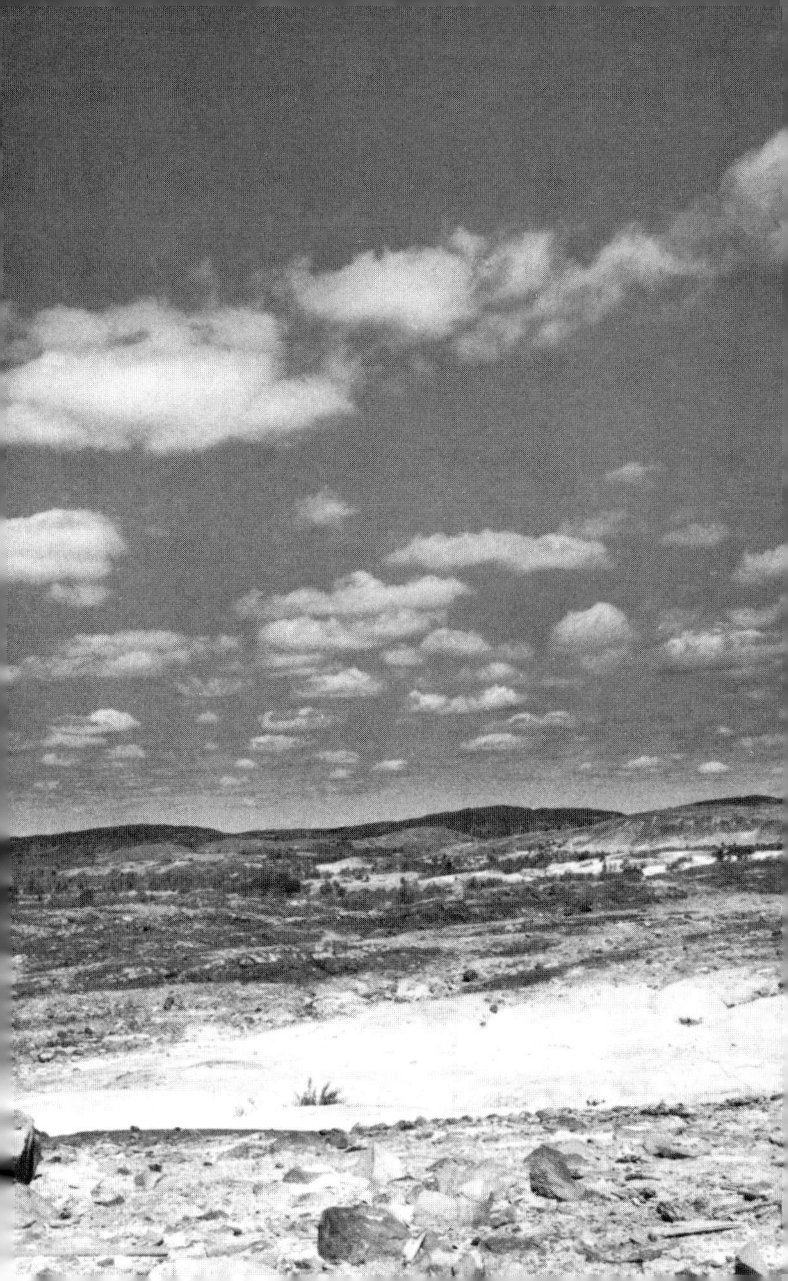

Die Jahre nach 1945 brachten für Ontario einen Einwanderungsrekord, wie es ihn vorher und nachher nicht mehr gegeben hat. Rund 60 Prozent aller Neuankömmlinge in Kanada sind damals in Ontario geblieben. So dauerte es nicht lange, bis die Städte zu wachsen und die Industrie zu blühen begann. Der Gürtel um den Ontariosee gilt inzwischen als das *Goldene Hufeisen* der Provinz. *Hamilton* ist der größte Stahlproduzent der Welt. Von immenser Bedeutung für die Wirtschaft und den Handel sind außerdem die Autofabriken von *Oakville* und *Oshawa*. Doch über allen brilliert, jung und dynamisch, der Star unter den kanadischen Städten: die Metropolitan Toronto, die reiche Hauptstadt der Provinz.

Weiter im Landesinnern produziert *Cambridge* an modernen Fließbändern die Textilien für den Massenkonsum der Städte. Und *Windsor*, die südlichste Stadt Kanadas, ist, wie ihr gegenüberliegender amerikanischer Nachbar Detroit, eine namhafte Automobilstadt. Die Firmen Ford, Chrysler und General Motors sind aufs engste mit Windsor verknüpft. Entscheidend zur Entwicklung der Stadt trug die Schnapsbrennerei von Hiriam Walker bei. Von den über 30 Millionen Menschen, die Windsor jedes Jahr als Grenzübergang von den USA wählen, macht so manch munterer Tourist einen kurzen Abstecher zur Brennerei. Sie ist – wie auch die Autofabriken – zu besichtigen.

Glücklicherweise wurden für den wachsenden Energieverbrauch der Fabriken an den Ufern des Huronsees rechtzeitig die notwendigen Energieressourcen entdeckt. In *Oil Springs*, *Petrola* und *Sarnia* sprudeln ertragreiche Ölquellen. Hinzu kommen zur Energieversorgung die Wasserkraftwerke und in jüngster Zeit einige heftig umstrittene Atomkraftwerke.

Für Ontarios Wirtschaft wichtig sind außerdem die südlichen Randregionen der unerschlossenen Wildnis im felsigen Bergland des Präkambrischen Schildes. Das Gebiet um *Timmins* nahm unter den Großgoldlieferanten der Welt lange Zeit eine Spitzenposition ein. Sudbury ist heute hochgeschätzt seiner reichen Kupfer- und Nickelminen wegen. Hinzu kommen der Abbau und die Verhüttung von Blei, Zink, Silber, Asbest, Zinn und Eisen. Städte wie *Bruce Mines, Elliot Lakes, Cobalt* oder *Kirkland Lake* trugen durch die Förderung von Bodenschätzen viel zu dem ungeheuren Wohlstand und wirtschaftlichen Wachstum der Provinz bei. Museen, teilweise untertag, machen den Besucher mit dem jeweiligen Bergbau dieser Gegend bekannt.

Die Entwicklung vom Agrar- zum Industrieland verlief in Ontario in einem derartigen Tempo, daß die Auswirkungen der Ausbeutung von natürlichen Rohstoffen oft schneller waren als die der Gegenmaßnahmen. So wurde durch Rauch und Giftabgase in einem weiten Umkreis von *Sudbury* jede Vegetation zerstört. Ergebnis: eine öde, jedoch fesselnde Gesteinslandschaft, in der die sich dunkel wölbenden Hügelketten den dramatischen Weiten Perspektiven verleihen. Für die amerikanischen Astronauten war diese gespenstische Landschaft gerade richtig, um die Mondlandung und das Sammeln von Gesteinsproben zu üben. Von den Höhen des *Centennial Numismatic Park* mit den gigantischen Nickel-Cents, die faszinierend über den dunklen Halden in der Sonne glitzern, erhält der Besucher von Sudbury ein Bild von der Unendlichkeit dieser leblosen Industriewüste. Interessierten wird die Möglichkeit zur Einfahrt in eine stillgelegte Kupfermine und anschauliche Informationen über den Untertagebau geboten.

Wie in den großen Bergbaugebieten des Nordens, so hatten die massiert vorangetriebenen Industrie- und Straßenbauprogramme in den wirtschaftlichen Ballungs- und Siedlungsgebieten des Südens ebenfalls zu Belastungen der Umwelt ge-

Angeln gehört sicher zu den erholsamsten Beschäftigungen eines Kanadareisenden, wie hier im Arrow Head Park

führt. Wer es sich finanziell leisten konnte, baute eine Cottage so weit wie möglich abseits an einem der klaren, stillen Seen. *Muskoka Land* und *Haliburton Highland* bieten den naturhungrigen Städtern noch immer Landschaften von der einsamen Schönheit eines weiten bewaldeten, rosaleuchtenden Felslandes, das der Herbst in eine Farbenkavalkade der Blätter ohnegleichen taucht. Hier kann sich der Erholungsuchende an menschenleere Gewässer zurückziehen, um Barsche, Forellen und Pickerels für den Kochtopf zu angeln oder im Herbst Hirsche, Rehe, Birkhühner und Fasane zu pirschen.

Die Natur der Provincial Parks präsentiert sich dem Besucher völlig unberührt

Entlang des Eriesees sorgen zehn Provincial Parks mit großzügig angelegten Campgrounds, Picknickplätzen und Badestränden für Ruhe und Entspannung. Der südlichste Zipfel des kanadischen Festlandes, *Point Pelee,* wurde seiner besonderen Fauna und vielfältigen, seltenen Vogelwelt wegen zum Nationalpark erklärt. Bretterstege führen über sumpfiges Gelände hinaus zu den Nistplätzen der gefiederten Sonderlinge. Und es soll nicht verschwiegen werden, daß die Ornithologen im Sommer – bewaffnet mit Filmkameras, Fotoapparaten und Feldstechern – diese Einrichtungen zu Tausenden für

Schnappschüsse und Beobachtungen nutzen. Doch auch an den Ufern des Huronsees und der Georgian Bay kann der Mensch in zahlreichen Naturschutzgebieten die noch paradiesische Küstenlandschaft mit ihren bizarren Felsformationen genießen.

Unter den neununddreißig von der Provinz Ontario geschützten Naturparks sind der *Quetico Provincial Park* westlich des Lake Superior und der *Algonquin Provincial Park,* etwa eine Tagestour nördlich von Toronto, die beiden meistfrequentierten Naturoasen Ontarios. Hier geben sich im Sommer die sportlich geübten Kanuten und solche, die es werden wollen, ein Stelldichein, um tage- oder wochenlang mit lautlosem Paddelschlag das weitverzweigte Wasserlabyrinth zu durchqueren. In der unendlichen Stille der Natur lassen sich Moose und Bären, Hirsche, Eichelhäher und Fischreiher beobachten, solange die gegenseitige Geduld reicht. Dieses einmalige Erlebnis des freien Schweifens und Gleitens mit Kompaß, Karte und Kanu liegt einigen Reiseveranstaltern so sehr am Herzen, daß sie ihren Kunden kurzerhand einen Gratisbon für eine Probefahrt durch den Algonquin Park mit auf die Reise geben. Ein gutgemeintes Angebot, das manchem Campingfreund schon zu einer neuen Urlaubsleidenschaft in Kanadas Osten verholfen hat.

Den Polar Bear Provincial Park kennen selbst die Kanadier nur vom Hörensagen. Dieses 24000 Quadratkilometer große Wildnisreservat entlang der Hudson und James Bay liegt derartig abseits und weit entfernt, daß es nur mit dem Buschflugzeug erreicht werden kann. Es ist ein Riesengebiet unerforschter Urlandschaft, jungfräulich, abweisend und rauh. Das Caribou und der seltene Polarbär sind hier zu Hause, Seehunde und Weißwale wurden gesichtet. Besuchen dürfen diesen Wildnispark jedoch nur erfahrene Arktiskenner, denn der

Kanutouren gehören im Algonquin Park wie anderswo in Kanada zu den großen Erlebnissen

Mensch ist «hier oben» ohne Kontakte und Verbindungen zur Außenwelt.

Doch wenn Sie sich für ein paar Tage die Wildnis, die einsame Uferlandschaft des Kanadischen Schildes vorgenommen haben und dazu frei sein wollen von allen Autosorgen, bietet Ihnen die Ontario Northland Railway, im Volksmund kurz *Polar Bear Express* genannt, eine Tagestour von Cochrane nach Moosonee, an der James Bay. Sie können in Cochrane morgens um 8.30 Uhr abfahren und sind – mit einem vierstündigen Aufenthalt in Moosonee – abends etwa 21.30 Uhr wieder in Cochrane. Auch wenn man mit der arktischen Atmosphäre des kanadischen Nordens nicht so recht «warm» werden sollte, so ist die Reise allein schon ein Erlebnis für sich. Irgendwo links oder rechts stehen die Siedlungen der Bergleute. Sie brechen jedes Jahr aus dem Gestein Erze im Wert von beinahe einer Milliarde Dollar. Die Reiseleitung macht während der Fahrt auf diese und andere Merkwürdigkeiten über Lautsprecher aufmerksam. Und für die Indianer und Trapper, die mitten auf der Strecke im Gras sitzend die Eisenbahn erwarten, ist Zeit nicht einfach «money». Sie wollen vielleicht dem benachbarten Reservat einen Besuch abstatten oder sich bessere Jagdgründe suchen.

West-Ontario auf der Straße der Blauen Gewässer

Wird für eine Reise von oder nach Manitoba nicht das Flugzeug, sondern der etwas zeitaufwendigere, aber interessantere Landweg gewählt, dann stehen dem Besucher zwei Möglichkeiten zur Verfügung: das Schienennetz der beiden kanadischen Eisenbahngesellschaften «Canadian National Railway» und «Canadian Pacific Railway» – oder der zweispurige Trans-Canada Highway. Beide transkontinentalen Verkehrswege führen durch den südlichen Teil des Kanadischen Schildes, auch Präkambrischer Schild genannt. Es handelt sich um eines der ältesten Gebirge der Erde, das von eiszeitlichen Gletschern, von Wind und Wetter in Jahrmillionen zu den heutigen Formationen abgetragen wurde. Die so entstandenen mäßigen Höhen aus rosa und grauem Felsgestein mit unendlichen Mischwäldern und Gewässern machen diese abgeschiedene Landschaft von *West-Ontario* zu einem Königreich für Angler und Jäger, für Bootsfans und Naturfreunde.

Dieses abseitige, wilde Urlaubsgebiet nordwestlich und entlang des Lake Superior mit Tausenden von Inseln, mit einsamen Sandstränden und Felsbuchten, mit Wasserfällen und romantischen, stillen Seen ist mit seinem unermeßlichen Waldreichtum zugleich ein Zentrum blühender Holzwirtschaft.

Kenora am Lake of the Woods hat sich durch seine florierende Papierindustrie zu einer der wenigen großen Städte dieser Region entwickelt. Der gute Ruf und das Ansehen verpflichteten die Stadtväter, den Ort auch für den Fremdenverkehr attraktiv zu machen. So findet auf dem *Lake of the Woods* jedes Jahr in der letzten Juliwoche eine große internationale Segelregatta statt, und im August lockt eine grandiose Wassershow mit interessanten Schwimmwettbewerben Champions und Zuschauer von nah und fern in die Stadt. Doch berühmt ist Kenora vor allem als Ausgangspunkt für Naturabenteuer. Jäger starten von hier aus mit dem Buschflugzeug in die Camps des höheren Nordens zur Pirsch auf Wildgänse, Weißwedelhirsche, Moose und Bären. Petri-Jünger bekommen in den reichen Gewässern nahezu mühelos kapitale Forellen, Lachse, Hechte, Pickerels [Gelbhecht] oder Störs an die Angel. Schließlich läßt sich unter den mehr als 14500 Inseln auch ein entsprechendes Eiland finden zur Zubereitung des frischgefangenen Fisches am Lagerfeuer. Geübte Wasserwanderer können in Kenora Boote mit kompletter Campingausrüstung für individuelle Entdeckungsfahrten mieten. Wer jedoch die Wildnis nicht unbedingt auf eigene Faust erobern möchte, begebe sich an Bord von «Agyle II» zu einer zweistündigen Ausflugsfahrt über den Lake of the Woods.

Thunder Bay liegt etwa eine Tagestour von Kenora entfernt, genau 619 Kilometer, an einer geschützten Bucht des Lake Superior. Die Stadt kann auf eine über 150jährige Geschichte zurückblicken. 1803 hieß die Siedlung an der Mündung des Kaministikwia River noch *Fort William.* Sie war ein Hauptknotenpunkt der alten Kanuroute, die bis zum Arktischen Meer hinaufreichte, und damit ein Hauptquartier der North-West-Company, die in ständiger Rivalität zur Hudson's Bay Company den Fellhandel des Landes organisierte. In den Sommermonaten muß es im Fort fidel zugegangen sein, wenn die sogenannten «Northmen», die Trapper und Fallensteller aus dem Norden, eintrafen, um mit den Voyageurs aus Montreal die wertvollen Pelze gegen Waren der europäischen Zivilisation einzutauschen. Manche Isegrimhaut mag dann beim Geschichtenerzählen als harter Brandy die rauhe Kehle hinabgeronnen sein. Denn für die harten Kanumänner aus der Wildnis war das Fort oft der einzige zivilisierte Flecken Erde inmitten der weiten Wälder. Old Fort William ist vollständig restauriert und eine Besichtigung wert.

Aus Fort William und der späteren Siedlung Port Arthur wurde die Stadt Thunder Bay mit inzwischen 115 000 Einwohnern. Anstelle der Felle steigert heute der Weizen die Umsätze. Lange Güterzüge, deren Waggons zu zählen man kaum den Atem besitzt, bringen im Herbst das Gold der Prärie nach Thunder Bay. Dort wird es entweder in den riesigen Getreidesilos gespeichert oder in Überseeschiffe verladen, welche die Fracht auf dem Wasserweg der Großen Seen und des Sankt-Lorenz-Stromes über den Atlantik zu ihrem Bestimmungsort bringen. Doch die meisten Ozeanriesen kommen nicht mit leerem Bauch in den Hafen von Thunder Bay. Im allgemeinen bringen sie wertvolle Importgüter zur Weiterleitung in den Westen mit. Ein überaus wirtschaftlicher Güterumschlag also, der die Docklandschaft mit Kränen und Silos in ständigem Atem hält [Führungen durch die Getreidespeicher vermittelt das Visitors Information Büro in der Arthur Street Nr. 193].

Neben den *Kakabeka-Wasserfällen,* die in der gleichnamigen Schlucht von vierzig Metern Höhe in die Tiefe donnern, gehört die *Amethyst Mine* zu den beliebten Ausflugszielen dieser Region. Wer von den reichen Halden [etwa 60 Kilometer nordöstlich von Thunder Bay] ohne einen der tiefvioletten Halbedelsteine zurückkommt, der hat entweder beim Suchen einfach kein Glück gehabt oder er hat auch noch die Tische übersehen, auf denen diese matt glänzenden Kostbarkeiten in allen Größen und Preislagen angeboten werden. Ein Amethyst aus Thunder Bay wäre sicher ein Souvenir, an dem die Freude auch noch nach der Reise groß ist.

Der Weg nach Osten führt weiter entlang des Lake Superior, der mit einer Fläche von 80 000 Quadratkilometern im Grunde ein Binnenmeer ist. Dementsprechend ist auch der Wellengang. Einheimische wollen bei Sturm Fluten bis zu zwölf Metern Höhe beobachtet haben. In friedlicher Stimmung bietet der See Sonnenuntergänge von überwältigendem Eindruck.

Bei Nipigon teilt sich die Straße in den nördlichen Highway 11 und die südlichere Route 17, eine Teilstrecke des Trans-Canada Highway. Von beiden ist letzterer die empfehlenswertere Route via *Sault Ste Marie.* Zwischen dem Füllen der Autotanks und einer Sandwichpause sind die Reize der Stadt Sault Ste Marie schnell besichtigt. Das *Ermatinger Haus* wurde 1814 von Sir Ermatinger, einem wohlhabenden Pelzhändler schweizerischer Herkunft, für seine junge, bezaubernde Indianerfrau gebaut und gilt als das älteste Steinhaus von Nord-Ontario. Wenn Sie anschließend noch einen kurzen Bummel zur «Water Front» unternehmen, um dort zu beobachten, wie das Verbindungssystem zwischen dem Lake Superior und dem Lake Huron funktioniert, dann haben Sie vermutlich auch große Frachter gesehen, die zu den kanadischen und amerikanischen Häfen am Lake Superior fahren oder von dort kommen, und somit alles Wesentliche dieser Stadt kennengelernt. Auf der gegenüberliegenden Uferseite liegt übrigens die amerikanische Schwesterstadt gleichen Namens. Der hier überall spürbare Wohlstand ist auf die großen Eisenerzvorkommen im nahe gelegenen Agawa Canyon zurückzuführen.

Eine Zufahrt mit dem Auto zu diesem auf sämtlichen Prospekten gepriesenen Tal wird sich allerdings auf einer Straßenkarte kaum finden lassen. Die Postkartenidylle des *Agawa Canyon* zwischen sanften Waldhängen ist nur in einem Tagesausflug per Eisenbahn, der «Algoma Central Railway» auf einer Schmalspurstrecke zu erleben. Es geht über zahlreiche Brücken, vorbei an kleinen Seen zum Bergwerk der Algoma Bergwerksgesellschaft. Die erste Freude, so viel Grün zu sehen, ist bis dahin allerdings vorüber; man tritt gerne wieder die Rückkehr an. Im Winter wird der gläserne Aussichtswaggon lautstark vom Leben sportbegeisterter Skiläufer und Schneeschuhwanderer erfüllt. Frei jeder Pflichten lassen sie sich zu den Wintersportparadiesen dieses Tales bringen [Abfahrt täglich 8 Uhr früh, Rückkehr gegen 18 Uhr].

Huronia: Eine Erinnerung an die Huronen

Vielleicht kann sich der eine oder andere Autofahrer entschließen, vor der Sägemühlstadt Espagnola vom Trans-Canada Highway auf die Straße Nr. 68 abzubiegen. Die Route führt durch bilderbuchschöne Waldungen, über Brücken und Inseln auf das *Manitoulin Island,* angeblich eine der größten von Süßwasser umgebenen Inseln der Welt. Die Buchten und Strände dieses von Seen zerlappten Eilandes werden umspült von den Wassern des Huron Lake und der Georgian Bay.

Und über Erde und Wasser wacht der «Great Spirit», der große Geist Manitu, von dessen uneingeschränkter Macht der Name der Insel kündet.

Abseits des Tourismus liegen die wenigen Bade- und Ferienorte wie Gore Bay, Meldrum Bay und Providence Bay mit dem längsten Sandstrand der Insel – Namen, die bei Eingeweihten längst als geheimer Tip gelten. Wer baden und fischen, segeln und seine Ruhe haben möchte, ist hier gut aufgehoben. Außer Wassersport und die eindrucksvollen landschaftlichen Motive gibt es hier wenig zu sehen und zu tun. Einmal im Jahr, Ende Juli/Anfang August, treffen sich die hier in Reservaten lebenden Indianer sechs Kilometer östlich von Manitowaning zu ihrem traditionellen Stammesfest *Wikwemikong Indian Pow Wow* mit Tänzen und Zeremonien. Der weiße Mann ist dazu eingeladen.

Für den konstanten Kontakt mit dem Festland sorgt die *Fähre Chi Cheemaun* in *South Baymouth*. Täglich mehrmals können Passagiere allein oder zusammen mit ihrem Vehikel zwischen South Baymouth und Tobermory auf der Bruce Halbinsel hin und her pendeln. Das Vergnügen dieser zweistündigen Überfahrt sollte man sich durchaus gönnen, allein schon der stimmungsvollen Atmosphäre der Großen Seen wegen.

Die *Bruce-Halbinsel* ist berühmt für ihre bizarren Felsgebilde, entstanden und geformt durch ständige Erosionen. Ganz in der Nähe von *Tobermory* liegt *Flower Pot Island,* ragen die Felsen der Blumentopfinsel. Nach kanadischer Vorstellung fehlen nur noch Riesentulpen als künstliche Ergänzung dazu. Der *Tobermory Underwater Park* bietet die einzigartige Möglichkeit, als Froschmann mit eigenem oder gemietetem Taucheranzug in die Tiefen zu den Wracks der hier einst gesunkenen Segelschiffe hinabzusteigen.

Huronia, die szenenreiche Landschaft um den Huronsee und

Georgian Bay, ist das Gebiet, in dem sich die *Frühgeschichte Ontarios* zugetragen hat.

Missionare des Recolletordens waren die ersten Europäer gewesen, die nach den erfolgreichen Entdeckungsfahrten des französischen Forschers Samuel de Champlain von Quebec aufbrachen, um die Indianer im Landesinneren zu christianisieren. Mit Schiffen und Kanus drangen sie unter ungeheuren Strapazen 1500 Kilometer bis an den Huronsee und die Georgian Bay vor, wo die Huronen friedlich in kleinen Dörfern lebten, Ackerbau betrieben, fischten und jagten. Die Ordensbrüder freundeten sich mit den Eingeborenen an, lebten mit ihnen unter einem Dach zusammen und lehrten die christlichen Heilsbotschaften.

Bald trafen auch die Jesuiten ein. 1639 entstand in einer geschützten Bucht der Georgian Bay die erste feste Missionsstation. Aus Holz entstanden Häuser, eine Kapelle und eine Kirche, ein Kochhaus, ein Krankenhaus, Stallungen und Werkstätten. Für die an menschliches Zusammenleben gewohnten Indianer wurde ein separates Langhaus gebaut. Die ganze Siedlung umgab ein Palisadenzaun zum Schutz gegen die benachbarten, feindlich gesinnten Irokesen. In *Sainte Marie,* wie das Dorf hieß, lebten sechsundsechzig Franzosen.

So gut es auch die Europäer mit den Indianern meinten, sie brachten Krankheiten mit, an denen die Huronen im Laufe der Jahre zu Tausenden starben. Die ständigen Kämpfe mit den Irokesen taten dann das übrige, den ohnehin geschwächten Huronenstamm völlig zu vernichten. In den bittern Stammeskriegen von 1649 fanden auch zahlreiche Patres den Tod, unter ihnen die beiden Missionare Brébeuf und Lalemant. Ihr Andenken lebt in der Wallfahrtskirche *Martyrs' Shrine* weiter. Am Ende des 17. Jahrhunderts waren die Missionsstationen von Huronia verlassen und verfallen. Die Anlage Sainte-Marie-among-the-Hurons, die erste europäische Siedlung im Westen, wurde inzwischen in der Nähe der Stadt *Midland* mit sämtlichen Gebäuden wiederaufgebaut und kann von Mai bis Oktober besichtigt werden.

Als der Fremdenstrom in den vergangenen Jahren zunahm, stampfte Midland noch zusätzlich ein Huronendorf aus dem Boden mit Nachbildungen von Langhäusern, Blockhütten und Vorratsgruben.

Nur wenige Kilometer von Midland entfernt hat der Ort *Penetanguishene* für den Tourismus das ehemalige Flotten- und Militärzentrum der Oberen Großen Seen herausgeputzt. Siebzehn Kasernengebäude, eine Schmiede und ein altes Marine-Zeughaus lassen die Militärszenerie des frühen 19. Jahrhunderts erahnen. Die benachbarte *Kirche St. James-on-the-Lines* verblüfft den Besucher durch ihr überdimensionales Mittelschiff. Ein kühner Geist hat das Gotteshaus konzipiert, um dort Matrosenkompanien in Viererreihen aufmarschieren zu lassen: ein ungeheures Schauspiel, das die Gläubigen damals auch noch aus den letzten Winkeln der weiten Umgebung zur Messe lockte.

Wer dem Tourismus entfliehen möchte, miete sich am Hafen ein privates Motorboot und fahre hinaus auf den See. Die Georgian Bay bietet nahezu 48 000 Inseln, von denen Sie sich eine aussuchen können mit der Gewißheit, der einzige Mensch weit und breit zu sein.

Turbulenter geht es in dem Seebadeort *Wasaga Beach* zu. Der prachtvolle Sandstrand von fünfzehn Kilometern Länge mobilisiert an sonnigen Wochenenden sogar manchen Torontoer, die weite Entfernung in Kauf zu nehmen für die Vorzüge einer weichen, schönen Sable Beach.

Eine Attraktion ganz besonderer Art ist der *Bruce Trail,* Ontarios grüner Fußgängergürtel. Es handelt sich um einen 772

Kilometer langen Wanderweg, der an der Nordspitze der Bruce-Halbinsel in Tobermory beginnt und von dort über Höhen, durch Täler, vorbei an Flüssen und Bächen fern jeder Zivilisation quer durch das Land nach Queenston führt, kurz vor die Niagara-Wasserfälle. Auch wenn diese grüne Fußgängerzone nur von wenigen wanderfrohen Trüppchen wahrgenommen wird, so ist die Anlage allein schon eine beachtenswerte und vorbildliche Leistung umweltbewußter Aktivitäten. Die Idee hat in der Provinz bereits Schule gemacht. Eine Verlängerung im Norden entlang des Lake Superior als *Lake Superoir Trail* ist geplant und teilweise schon in Angriff genommen. Eine Verbindung zum Appalachian Trail in den USA kann so gut wie sicher gelten. Kurz: Ontario ist dabei, die Schönheiten seines Landes auch Wanderern zugänglich zu machen. Sicher verlangt so ein Urlaub auf weichen Sohlen Kondition und Energie. Er erschließt jedoch die Natur auf eine Weise, wie man sie sonst nicht kennenlernt.

Niagara Falls im Frühling

«Es ist ein Halbkreis von Fällen. Mehr als ein Halbkreis…, oben massig, unten tobsüchtig. Sie gurgeln, peitschen, fetzen in einen Schlund, dieser Schlund ist wiederum Wasser, Felsgebirge, zermürbt daraus hervorächzend. Vom Hufeisen oben stürzen sie alle trennungslos herab, zerfleischen sich dann, zerreißen sich, erbrüllen sich, – unter ihnen abermals Wasser. Seit Jahrmillionen dies Gepeitsch. Dies Gesprüh. Dieser Kochwirbel. Es ist eine Hölle.» So notierte im Juli 1914 der weitgereiste Globetrotter, Schriftsteller und namhafte Berliner Theaterkritiker Alfred Kerr ein unvergeßliches Amerikaerlebnis, welches Niagara Falls heißt.

Solche und ähnliche Aufzeichnungen in Erinnerung, phantastische Großaufnahmen vor Augen mit dem jeweiligen Hinweis, sie seien nur schwache Abbilder der Wirklichkeit, kamen wir von Toronto über den *Queen Elizabeth Expressway* auf den überfüllten Parkplätzen der Stadt Niagara Falls an. Schon von den Höhen waren die Schwaden der Gischt weit sichtbar, in zarten Schleiern sich schließlich mit dem Dunst des milchig blauen Himmels vermischend. Dem pulsierenden Touristenstrom folgend, kamen wir allmählich dem donnernden Gebraus näher. Bis ich – wer wagt es aufs Papier zu setzen – in vorgeschriebener Distanz den gewaltigen Wasserfällen enttäuscht gegenüberstand. Das also war Ontarios Sehenswürdigkeit Nummer eins, der Superlativ Nordamerikas, das unerhörte Naturphänomen, das begeisterte Experten den sieben Wundern der Welt zurechnen. Der Katarakt des Niagara enttäuschte von der Eisenbrüstung der Uferpromenade aus die neugierigen Erwartungen. Die Tiefe schien von hier oben nicht so tief zu sein, wie es die Zahlen nüchtern konstatieren: Die *American Falls* sind achtundfünfzig Meter hoch und etwa dreihundert Meter breit. Die kanadischen *Horseshoe Falls,* zweifellos die imposanteren von beiden, stürzen über einen beinahe achthundert Meter breiten, hufeisenförmigen Felsen in eine Tiefe von achtundfünfzig Metern mit bis zu achtzehn Milliarden Litern Wasser pro Stunde. «Niagara» hatten die Indianer diese «tosenden Wasser» genannt.

Wem es ähnlich wie mir ergeht, wem ein flüchtiger Blick über die Aussichtsplateaus der Uferpromenade nicht genügt, wird

272/273 Die Niagarafälle – hier der kanadische
Horseshoe Fall – sind trotz Touristenrummel
eines der eindrucksvollsten Naturschauspiele

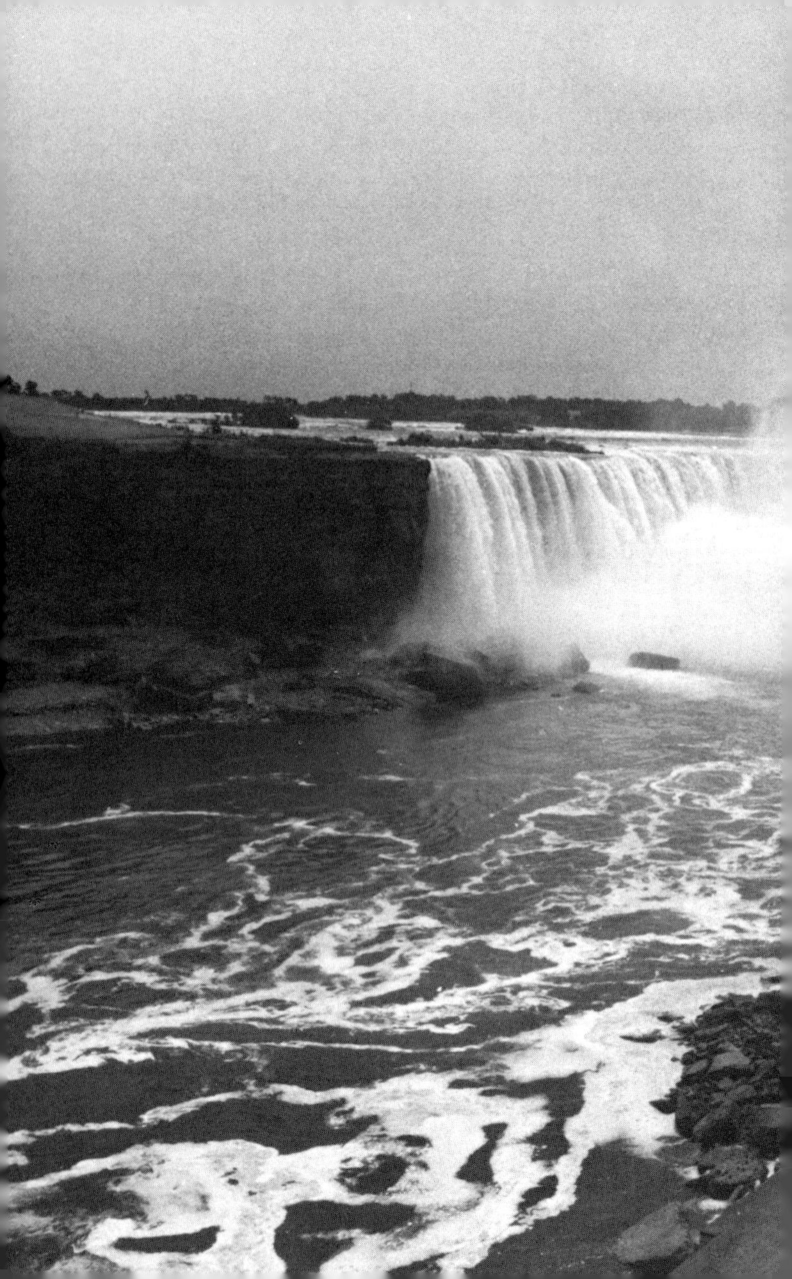

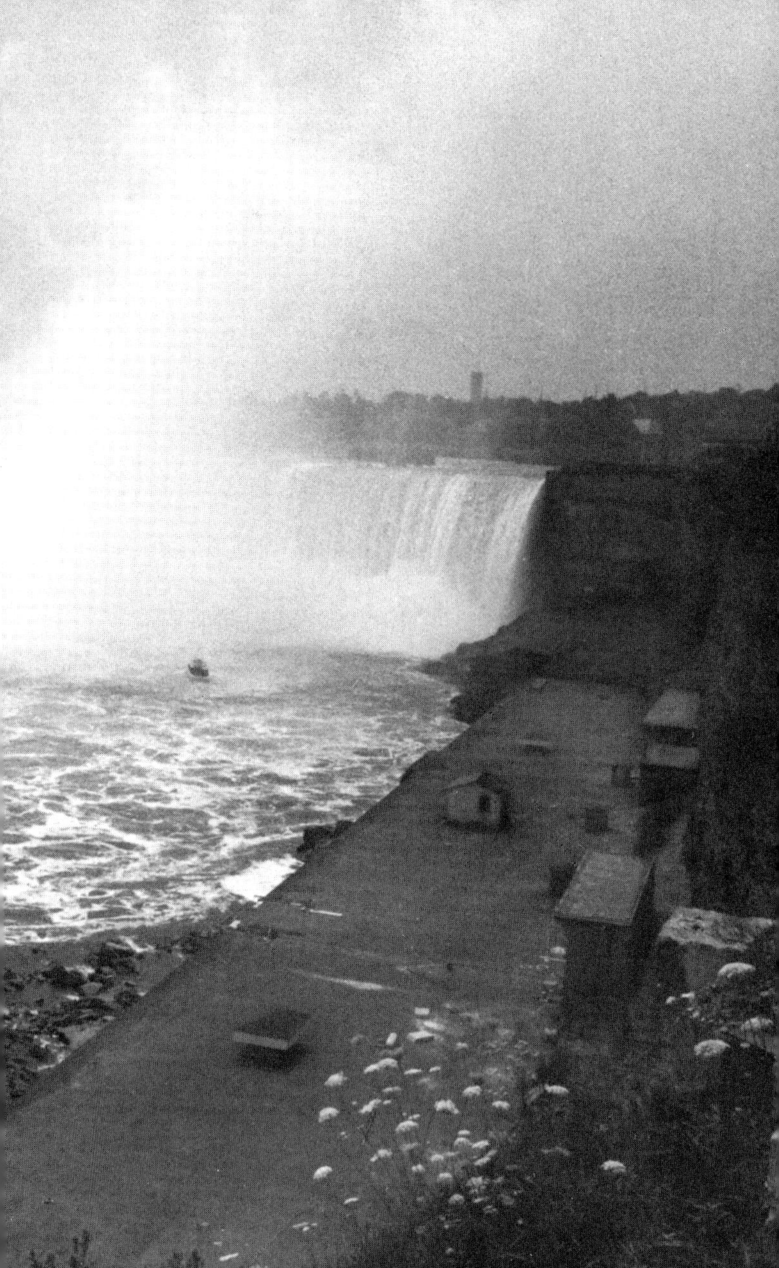

nicht umhin können, einer Begeisterung für das gewaltige Naturereignis den entsprechenden Zoll zu zahlen. Aus der Tiefe, der Ameisenperspektive, wirkt der Katarakt in der Tat grandios. Dort hinterlassen die herabdonnernden Wassermassen auf den Besucher ähnliche Eindrücke, wie sie der französische Missionar Louis Hennepin erlebt haben mag, als er die Niagara-Wasserfälle 1678 als erster weißer Mann entdeckte und die gewaltige Naturerscheinung als überwältigend schilderte. Von Kopf bis Fuß in Ölzeug eingehüllt, werden die Touristen heute durch Tunnels direkt unter die Fälle geschleust. Während ständiger Sprühregen in Bächen übers Gesicht und die wetterfeste Kleidung rinnt, stürzen die Elemente mit einer derartigen Macht über einem, neben einem, unter einem, daß mancher das Fürchten lernen kann.

Unvergeßliche Eindrücke hinterläßt sicher auch eine Fahrt auf der «*Maid of the Mist*». Das Ausflugsschiff fährt die schwarz vermummten Gestalten fast bis an den Punkt, an dem die herabstürzenden Wassermassen auf den Kochwirbel im Schlund niederwuchten. Fotoapparate klicken, Filmkameras surren, die gläserne Donnerwand rückt bedrohlich näher. Bis die Spannung zur Furcht wächst, man könnte doch noch vom Wirbel gepackt werden. Doch keine Angst: der Nervenkitzel ist im Preis inbegriffen. Die Boote kamen bis jetzt alle heil zurück.

Sehr zu empfehlen ist natürlich auch ein Panoramaflug mit dem *Hubschrauber*. Der Blick aus der Vogelperspektive, dem sich das gesamte Umland präsentiert, läßt vielleicht die einst in Schulbüchern gelernte Landeskunde kurz Revue passieren: 500 000 Jahre Entstehungsgeschichte haben dem Tal des Niagara seine Gestalt gegeben. Damals suchte der Eriesee einen Abfluß in den etwas tiefer gelegenen Ontariosee. Der Wassersturz, zunächst bei Queenston gelegen, zerfraß, zernagte und zermürbte das Kalkgestein in jahrtausendelanger Arbeit. Die Felswand der Fälle wurde durch die fortlaufenden Erosionen immer weiter zurückgedrängt. So entstand die Schlucht, durch die heute der Niagara River fließt. Die Wasser rasten noch immer nicht. Rund einen Zentimeter Gestein bringen sie jedes Jahr vom Fels zu Tal. Die Geologen geben dem Spektakel der Niagarafälle noch gut 20 000 Jahre. Dann sollen sie im Eriesee verschwunden sein.

Wer es nicht bei einer Stippvisite belassen möchte, kann den oberen Teil des Flusses auf einem *Raddampfer* mit dem klangvollen Namen «Niagara River Bell» kennenlernen [Abfahrt: River Bridge Park]. Lohnend und empfehlenswert ist außerdem eine Fahrt mit dem Sight-Seeing-Lift hinauf zum *Skylon* oder *Seagram Tower*. Die Aussichtsplateaus bieten am Tag einen herrlichen Rundblick über die Fälle und die Stadt Niagara Falls bis weit hinein ins Land. Am Abend ist jedoch mancher Europäer in dem langsam sich drehenden Restaurant ratlos, ob er in die «Loveley»-Ausbrüche der Amerikaner einstimmen soll, wenn unter ihm das Weltwunder Niagara Falls, angestrahlt in allen Regenbogenfarben, zum technischen Spiel der Scheinwerfer geworden ist.

Die Vermarktung der Niagara-Wasserfälle begann mit der Idee eines cleveren Kutschenunternehmers. Ihn brachte eines schönen Maitages der Frühlingszauber dieser von allen Seiten klimatisch begünstigten Niagara-Halbinsel auf den Gedanken, jungvermählte Ehepaare die Niagarafälle während der Apfel- und Pfirsichblüte erleben zu lassen. Sein preiswertes Honeymoon-Angebot schlug ein wie eine Bombe. Heute kann sich die kanadische Stadt *Niagara Falls* [70 000 Einwohner] zusammen mit ihrer amerikanischen Schwesterstadt gleichen Namens rühmen, die *Weltmetropole der Flitterwöchner* zu sein.

Ein reizvoller Jahrhundertwende-Bau in Niagara-on-the-Lake

Was den glücklichen Hochzeitsreisenden billig war, schien anderen Touristen recht zu sein. Dreizehn Millionen Besucher erweisen jedes Jahr den Wasserfällen ihre Reverenz. Der Dollar fließt, das Profitdenken floriert, Kitsch und Souvenirs werden an jeder Straßenecke angeboten. Hotels und Motels laden ihre Gäste ein, die Nacht zur Abwechslung einmal auf einer wassergefüllten Matratze zu verbringen. Wachsmuseen präsentieren die Elite von Abenteurern und Draufgängern Kanadas, das *Table Rock House* kann mit einer Imitation der britischen und schottischen Kronjuwelen aufwarten, das *Niagara Falls Museum* bemüht sich, seine Besucher mit den Männern und Frauen bekannt zu machen, die in Tonnen die Wasserfälle hinunterstürzten oder todesmutig auf dem Drahtseil darüber hinwegbalancierten. Kurz: eine amerikanisch perfekte Tourismus-Maschinerie versorgt die Besucher mit allem, was sie brauchen und lieben. Kennern ist zu glauben, daß die Wasserfälle im Winter ganz besonders schön seien: wenn bizarre Eisgebilde das tosende Element wie mit langen Spindeln umklammern.

Um sich jedoch vom Sommerrummel etwas zu erholen, sei zur Rückfahrt der *Niagara Parkway* empfohlen. Der Name hält bis zu dem Städtchen Niagara-on-the-Lake, was er verspricht: Eine Parkanlage von sechsundfünfzig Kilometern Länge führt entlang des Niagara River. Künstlich geordnete Baumgruppen, Blumenrabatten und viel gepflegter Rasen säumen den Weg. Malerisch inmitten dieses Parkweges liegt nahe der Stadt Queenston die *Hydro-Blumenuhr,* ein kunstvolles Gebilde aus Tausenden von Blumen und Pflanzen.

Theatersommer in Ontario

Wer einmal während einer Sommerurlaubsreise durch Nordamerika einen Streifzug durch die kulturelle Landschaft unternimmt, wird über das Angebot erstaunt sein, vor allem in dem festivalfreudigen Ontario. Es braucht dort niemanden zu stören, daß das Theaterzentrum der Provinzhauptstadt Toronto – wie übrigens die Theatergebäude der übrigen Großstädte auch – einen kulturellen Sommerschlaf hält.

Bereits ein paar Kilometer südlich von Toronto, in dem verträumten Städtchen *Niagara-on-the-Lake,* finden von Juni bis September erstklassige *Shaw-Festspiele* statt. Das vielseitige Programm reicht von: «Major Barbara» bis «John Gabriel

Borkman». Daneben werden Stücke von Henrik Ibsen und anderen Shaw-Zeitgenossen aufgeführt, Konzerte veranstaltet, Vorträge geboten. Aber auch Urlauber, die nicht hierher gekommen sind, um abends ins Theater zu gehen, kommen nicht zu kurz. Niagara-on-the-Lake war von 1791 bis 1796 die erste Hauptstadt von Upper Canada und hat anschließend das Image einer wohlsituierten Bürgerstadt beibehalten. Entlang der Hauptstraße reihen sich sehenswerte Häuser aus dem 19. Jahrhundert: Interessant ist die *Niagara-Apotheke* mit ihrer historischen Ausstattung; des *Fudge Shop* Spezialität sind Süßigkeiten aus frischem Ahornsirup, hergestellt nach geheimgehaltenem Hausrezept; das *Prince-of-Wales-Hotel* lebt von seiner exquisiten Küche und dem Ruf, den Prinz of Wales für eine Nacht beherbergt zu haben. Sollte Ihrem Portemonnaie das königliche Salär im Augenblick fehlen: in den zahlreichen hübschen Gartenlokalen ringsum sitzt und speist man ebenfalls gut und wesentlich preiswerter.

Stratford, etwa zweieinhalb Stunden von Toronto entfernt, wird von Juli bis Oktober vom Geist Shakespeares beherrscht. Auch das kanadische Stratford liegt – wie die englische Geburtsstadt des Dichters – an einem Fluß, der Avon heißt. Auch hier hinterlassen berühmte *Shakespeare-Aufführungen* mit einer Besetzung von Spitzenstars der Schauspielkunst tiefe Eindrücke in dem stets ausverkauften Festspielhaus. Wer am Abend nicht glücklicher Besitzer einer Theaterkarte für «Hamlet» oder «Romeo und Julia» ist, kann ins Avon-Theater ausweichen. Dort gestalten das Repertoire moderne Experimentiertheater, Musicals, Opern und bekannte Sänger. Am Ende der Theatersaison kann sich die Festspielverwaltung mit Stolz jedes Jahr über eine halbe Million Besucher freuen.

In *Brantford* ist nicht nur interessant, daß *Alexander Graham Bell* 1876 in der Tutelo Heights Road Nr. 94 das Telefon erfand. Hier gibt es auch ein rekonstruiertes *Irokesendorf* und ein Freilichttheater, in dem die Indianer an den ersten drei Wochenenden im August die Geschichte ihrer sechs Nationen dramatisch zur Aufführung bringen.

Rucksack-Abenteurer können von Brantford nach Elora auf dem *Grand Valley Trail* wandern mit einer Zwischenstation in Kitchener-Waterloo, der Metropole des kanadischen Oktoberfestes.

Kitchener-Waterloo

Wer im Herbst den Aufforderungen der Reiseveranstalter folgt und nach Ontario fliegt, um dort den vielgepriesenen Indian Summer in seiner berauschenden Waldfärbung zu erleben, dem sei ein Abstecher nach *Kitchener-Waterloo* empfohlen. Dort findet Anfang Oktober das bedeutendste Oktoberfest des nordamerikanischen Kontinents statt.

Die Posters, Plakate und Rundfunkwerbungen, die lange vorher weithin im Umkreis zu sehen bzw. zu hören sind, künden Blaskapellen aus Bayern in «lederhosen und trachten» an, einen langen Festzug mit Bierfuhrwerken und Musikwagen, Darbietungen von Schuhplattler-Gruppen, Wettbewerbe der Bogenschützen, die Wahl von Miss Oktoberfest und natürlich «some of the great German food». Das bedeutet, daß es in den Festhallen und -zelten zu Tanz und zünftiger Musik Sauerkraut, Würstchen, Kartoffelsalat, Erbsensuppe und Bier gibt.

> Denn in allen schönen Landen
> Wo sich Deutsche je befanden
> Haben sie sich gern erbaut
> Stets an Speck und Sauerkraut

heißt es in der Chronik des 600 Mitglieder starken deutsch-kanadischen Concordia Clubs. Gegessen werden diese Spezialitäten deutscher Kochkunst – wie es sich gehört – auf buntkarierten Tischdecken. Das Bier dazu liefert Löwenbräu aus München. *Canada's Great Bavarian Festival* ist deshalb erwähnens- und erlebenswert, weil es sich hier um die kanadische Neuauflage eines Volksbrauches handelt, den deutsche Einwanderer über den Ozean mitgebracht haben. Dabei waren es nicht nur Siedler aus Bayern, die das Wies'n-Fest 1969 ganz offiziell als ständiges Brauchtum in die zahlreichen öffentlichen ethnischen Veranstaltungen der neuen Heimat einreihten. Als Veranstalter des kanadischen Oktoberfestes zeichnen unter der Schirmherrschaft der Handelskammer von Kitchener-Waterloo die vier großen deutsch-kanadischen Clubs: der Concordia Club, der Transsylvania Club, der Club der Donauschwaben und der Alpine Club. Ihnen allen geht es darum, «Menschen deutscher und nichtdeutscher Abstammung das reiche Erbe der eigenen Vorfahren nahezubringen und somit ein besseres Verstehen unter den ethnischen Gruppen zu ermöglichen».

In den deutschen Clubs von Kitchener-Waterloo wird der Besucher aus Europa inmitten einer großen Stammtischrunde so etwas wie ein deutsches Bewußtsein spüren, den Stolz der Mitglieder auf die reiche Kultur und das originelle Brauchtum ihrer Stammheimat. In den Clubhäusern werden Hochzeiten und Jubiläen gefeiert, Weihnachten und Neujahr festlich begangen, Chorproben abgehalten und Volkstänze einstudiert und ausgeführt. Dabei lernen die Zuschauer auch den Sinn des zur Aufführung gebrachten Brauchs in zwei Sprachen, auf deutsch und englisch, kennen. Über die Tänze der «Almrausch Schuhplattler Gruppe» heißt es zum Beispiel: «Der ‹Schuhplattler› ist einer der interessantesten und überaus faszinierenden deutschen Volkstänze, der seinen Ursprung in den bayrischen Bergen sowie im österreichischen

Tirol hat. Das ‹Platteln› verlangt eine große Geschicklichkeit. Den meisten der Tänze liegt ein sinnvoller Inhalt zu Grunde. So gibt der ‹Holzhacker› einen Tag aus dem Alltagsleben dieser Berufsgruppe wieder. In aller Herrgottsfrühe machen sie sich auf den Weg mit Axt, Säge und Hammer versehen. Um geschmeidig zu werden für die schwere Arbeit, wird einmal geplattelt, das heißt: die Sohlen der Schuhe sowie die Lederhose werden mit den Handflächen in oft rasantem Rhythmus bearbeitet.» Wer über die Bedeutung des «Plattelns» bislang noch nicht so richtig Bescheid wußte, erfährt Wissenswertes darüber spätestens in Kanada.

Aus dem volkskundlichen Eifer der Deutschen in Kanada entstanden in den sechziger Jahren erste Kontakte zur alten Heimat. 1962 wurden die «Bundeschöre» von Kitchener-Waterloo zum großen Sängerfest in Essen eingeladen, und 1967 fuhr die Rottenburger Blaskapelle vom Neckar an den Grand River zum Oktoberfest. Fünf Jahre später empfing in Bonn der damalige Bundeskanzler Willy Brandt eine kleine Delegation von Deutsch-Kanadiern aus Kitchener-Waterloo und würdigte deren Verdienste um die Pflege deutschen Brauchtums in Kanada.

Das rund 200000 Seelen große Kitchener-Waterloo gilt in Nordamerika als Oase von Sauerkraut, Würstchen und Bier. Denn «where you find Germans, there you find beer», heißt es vielversprechend in der Selbstdarstellung der Stadt.

Außer diesen für den amerikanischen Kontinent erwähnenswerten kulinarischen Besonderheiten besitzt Kitchener-Waterloo zwei Universitäten und fünf deutsche Sprachschulen, in denen die Sechsjährigen mit einer gefüllten Schultüte im Arm ihren ersten Schultag beginnen. Doch in den Pausen sprechen die Schüler Englisch. Dies ist verständlich, denn auch ihre Eltern sprechen im Arbeitsalltag Englisch. Doch die meisten Kinder deutschstämmiger Eltern sind von früh an Mitglieder einzelner Vereinsgruppen. Sie wirken als sogenannter «Samen» in den Schützenvereinen mit, in den Volkstanzgruppen und Kinderchören, die neben deutschem Liedgut auch englisches und Lieder der Indianer zum Vortrag bringen.

Die meisten Einwohner von Kitchener-Waterloo kennen die Geschichte ihrer Stadt. Dies ist auch nicht allzu schwierig, da jeder täglich beinahe zwangsläufig mit der Vergangenheit konfrontiert wird. Die Nachfahren der ersten Siedler leben hier teilweise noch genau so wie vor hundert Jahren. Es handelt sich um die Farmer der geschlossenen *Mennoniten-Gemeinschaft* im Stadtteil Waterloo. Diejenigen, die dort streng nach der «old order» leben, bestellen ihre Felder und Häuser mit herkömmlichen, museal anmutenden Geräten, sie fahren mit Pferdefuhrwerken und kennen weder Elektrizität noch Telefon. Die Gemäßigteren unter ihnen haben die Sense bereits mit der Mähmaschine, das Fuhrwerk mit dem Traktor und Auto vertauscht.

Anfangs des 19. Jahrhunderts kamen die Mennoniten in das Tal des Grand River, in dem es damals noch kaum Menschen gab. Sie waren richtige Pioniere, die in harter und mühevoller Arbeit das Land rodeten und kultivierten. Ihnen folgten in den dreißiger und späten vierziger Jahren des vergangenen Jahrhunderts – vermutlich durch den Fleiß und die deutsche Sprache der Mennoniten angezogen – Einwanderer aus dem von Hunger und Mißernten und politischer Repression heimgesuchten Deutschland. Es waren vor allem Bauern und Handwerker aus Süddeutschland, die hier siedelten, aber auch eine Gruppe Berliner, die dem Ort aus Heimweh zunächst den Namen «Berlin» gaben.

Was die kleine Siedlung Berlin in der kanadischen Provinz

Ontario mit der preußischen Metropole an der Spree gegen Ende des Jahrhunderts verband, war eine rasche wirtschaftliche Entwicklung. 1886 zählte Berlin am Grand River 5000 Einwohner. Zahlreiche Betriebe produzierten «Ziegel und Eisenwaren, Hemden, Handschuhe, Leder, Möbel, Kinderwagen und Kutschen». Bald zählte Berlin zu den wichtigsten Gemeinden von Ontario. Die alten Berliner der Gründerjahre erlebten noch, wie 1881 bei ihnen der erste Telefonpfosten errichtet wurde und 1885 die Eisenbahnlinie «Canadian Pacific Railway» den Osten Kanadas mit dem Westen verband. Schließlich brachte noch eine Gasfabrik am Abend Licht in die Stadt und zwei Brauereien fröhliches Leben in die Kneipen. Unter sieben Zeitungen wurden immerhin fünf in deutscher Sprache gedruckt.

Als dann nach dem Ersten Weltkrieg die politischen Spannungen zwischen den Kanadiern deutscher und englischer Abstammung wuchsen, wurde Berlin nach dem verdienstvollen General in «Kitchener» umbenannt. Einige Jahrzehnte später schloß sich der Ort mit dem benachbarten Waterloo zur Stadt Kitchener-Waterloo zusammen.

Auch wenn es in Kitchener-Waterloo außer einem Glockenspiel mit der Darstellung von Schneewittchen und den sieben Zwergen, dem Oktoberfest-Baum und einigen Giebelhäusern im «Bavarian Look» nicht viel zu sehen gibt, sei Bayern und anderen Interessierten ein Abstecher nach Kitchener-Waterloo empfohlen. Es ist ein Vergnügen ganz besonderer Art, sich dort mit den Deutsch-Kanadiern über deren kulturelle Aktivitäten zu unterhalten, die herkömmliche Feldbestellung der Mennoniten zu studieren oder einfach dem Concordia Club einen Besuch abzustatten und sich von Maria eine deftige deutsche Hausmannskost servieren zu lassen. Natürlich muß man nicht nach Kanada reisen, um Sauerkraut mit Würstchen zu essen. Doch nach den schwammigen Hamburgern, den French Frites und Hot Dogs läßt sich leicht nachempfinden, weshalb die deutschen Schmankerl zum Leibgericht der Nordamerikaner gehören. «Willkommen» heißt es in großen Lettern über der Eingangstür des deutsch-kanadischen Clubs.

Toronto – Die Metropole

Toronto... ein guter Bekannter, der im Jahr wenigstens einmal dienstbeflissen die Metropole am Ontariosee besucht, wurde auf meine Frage nach den Sehenswürdigkeiten dieser Stadt nachdenklich und meinte: «Also in Toronto hab' ich mich tatsächlich noch nie so richtig umgesehen.» Und dies zu Unrecht. Denn Ontarios Provinzhauptstadt ist eine schwungvolle Metropole mit einem vielseitigen Kultur- und Freizeitangebot, mit Museen, Theater und zahlreichen volkstümlichen Veranstaltungen. Das Klischee von der langweiligsten Stadt Kanadas stimmt längst nicht mehr.

Doch nichts ist mehr von Dauer als ein schlechter Ruf. Klischees wandeln sich im allgemeinen weitaus langsamer als die Städte selbst. So gilt Toronto, Kanadas zweitgrößte Stadt, mit seinen 2,6 Millionen Einwohnern in den Augen vieler Außenstehender nach wie vor als die kalte Kapitale des Kapitals, als die Stadt hektischen Getriebes mit Wolkenkratzern und unaufhaltsamem Bauboom. Dieses Image hat sich in zunehmendem Maße verstärkt, seitdem die ungeheure Unsicherheit über Quebecs Zukunft wichtige Gesellschaften und Konzerne veranlaßte, den französisch sprechenden Teil Kanadas zu verlassen. Viele Bank-, Industrie- und Wirtschaftsunternehmen haben inzwischen ihre Karriere-Türme reich und stolz in das neukonzipierte Metro-Centre von Toronto gebaut.

Natürlich sind gewisse Assoziationen nicht ohne Grund entstanden. Was dem Besucher in Prospekten als Superlative präsentiert wird, tritt in Bereichen auf, die vorwiegend mit Geschäft zu tun haben. So nimmt Toronto eine Spitzenposition im kanadischen Finanz- und Bankbusiness ein, ist in Kanada konkurrenzlos, was die Erfolge der jährlich abgehaltenen Messen und Ausstellungen betrifft, und nutzt optimal den natürlichen Standortvorteil am Ontariosee mit Anschluß an den St. Lawrence-Seeweg, über den die Ozeanschiffe in die moderne Hafenanlage ein- und auslaufen. Toronto ist die wichtigste Verteilerstelle im nationalen und internationalen Flugverkehr, besitzt ein ebenso hervorragendes wie vorbildliches Straßennetz, kann pro Jahr die meisten Besucher aufweisen, die höchste Zuzugsquote und den größten Farbigenanteil, was von der ansässigen Bevölkerung nicht immer als Vorteil betrachtet wird. Doch gerade dem fortwährenden Zustrom «fremder Menschen» aus Übersee und dem eigenen Kontinent verdankt die Stadt ihr kosmopolitisches Kolorit, ihre Jugendlichkeit und ihren Schwung.

Das bis 1883 selbständige *Yorkville* – in den fünfziger Jahren von Bohemiens, dann von Hippies und schließlich von der Rauschgiftszene beherrscht – wurde gerade noch rechtzeitig vor einer radikalen Erneuerungskur bewahrt. Für Cumberland Street, Yorkville Avenue, Hazelton Avenue und Scollard Street machten die Denkmalschützer dringend eine Bewahrung des Erbes geltend. Die Argumente fielen bei den Baubehörden auf offene Ohren, und die historischen Straßenzüge, die in Elendsquartiere abzusinken drohten, wurden vorbildlich instand gesetzt. Die verwahrlosten Häuser sind jetzt blitzblank restauriert und werden von kulturbezogenen Bürgern der Oberschicht bewohnt. Auch das ehemalige Flair ist nach Yorkville zurückgekehrt. Gepflegte Lokale, Antiquitätenlä-

Mit viel Liebe wurden die einst recht heruntergekommenen Häuschen im englischen Stil in Yorkville wieder restauriert

den, exklusive Shops und Boutiquen, Gemäldeausstellungen und Galerien mit Eskimokunsthandwerk bestimmen die Straßenatmosphäre. Besonderen Charme strahlen Plätze und geschlossene Innenhöfe aus wie Cumberland Court, York Square und Hazelton Lanes. Hier kann der Besucher während der Sommermonate sich im Freien kulinarisch verwöhnen lassen.

Unter städtischer Obhut befindet sich inzwischen *Casa Loma*, von Yorkville ca. 30 Gehminuten in nordwestlicher Richtung entfernt oder mit der Subway erreichbar [Haltestelle: Dupont]. Sir Henry Pellatt, ein großkopfeter Industrieller, hat auf dem grünen Hügelgelände sich einen kindlichen Märchentraum vom Königsschloß im Zuckerbäckerstil von 1911 bis 1914 gebaut. Alles, was sich ein prachtversessener Emporkömmling damals an Pomp, Luxus und Extras leisten konnte, gehört zur Ausstattung des 98 Zimmer großen Schloßhaushaltes. Da gibt es ein goldgekacheltes Badezimmer zu besichtigen, Zimmer aus Teak, Nußbaum und Eiche, Porzellantränken in den Pferdeställen, Tore, Türme, Zinnen, Wendeltreppen und unterirdische Gänge. Mit der hohen Schloßmauer wollten sich Sir und Lady Pellatt vor neugierigen Blicken schützen. Doch allzulange bestand diese Gefahr ohnehin nicht. Herr Pellatts Lebensstil verschlang gigantische Summen und machte in kurzer Zeit das Traum-Schloß zu einem Schloß-Trauma. 1920 mußte Casa Loma mitsamt Inventar versteigert werden. Die Stadtverwaltung erhält heute den Bau als vielbesuchte Sehenswürdigkeit und besondere Attraktion Torontos.

Von Casa Loma aus lohnt ein kurzer Abstecher in die *Markham Street*. Diese hübsche Einkaufsstraße wird gesäumt von Spitzgiebelhäusern im viktorianischen Stil und Gaslaternen.

Daß uns Toronto vom ersten Augenblick an mit einer unvermutet warmen, menschlichen Atmosphäre umfing, verdankten wir nicht allein dem heißen Sommermonat August, sondern zuerst und vor allem Elisabeth und Peter. Sie waren so freundlich, die besten Fremdenführer zu sein, die man sich wünscht.

288/289 Die Yorkville im Herzen von Toronto wurde nach ihrer Restaurierung zu einem beliebten Einkaufs- und Vergnügungsviertel

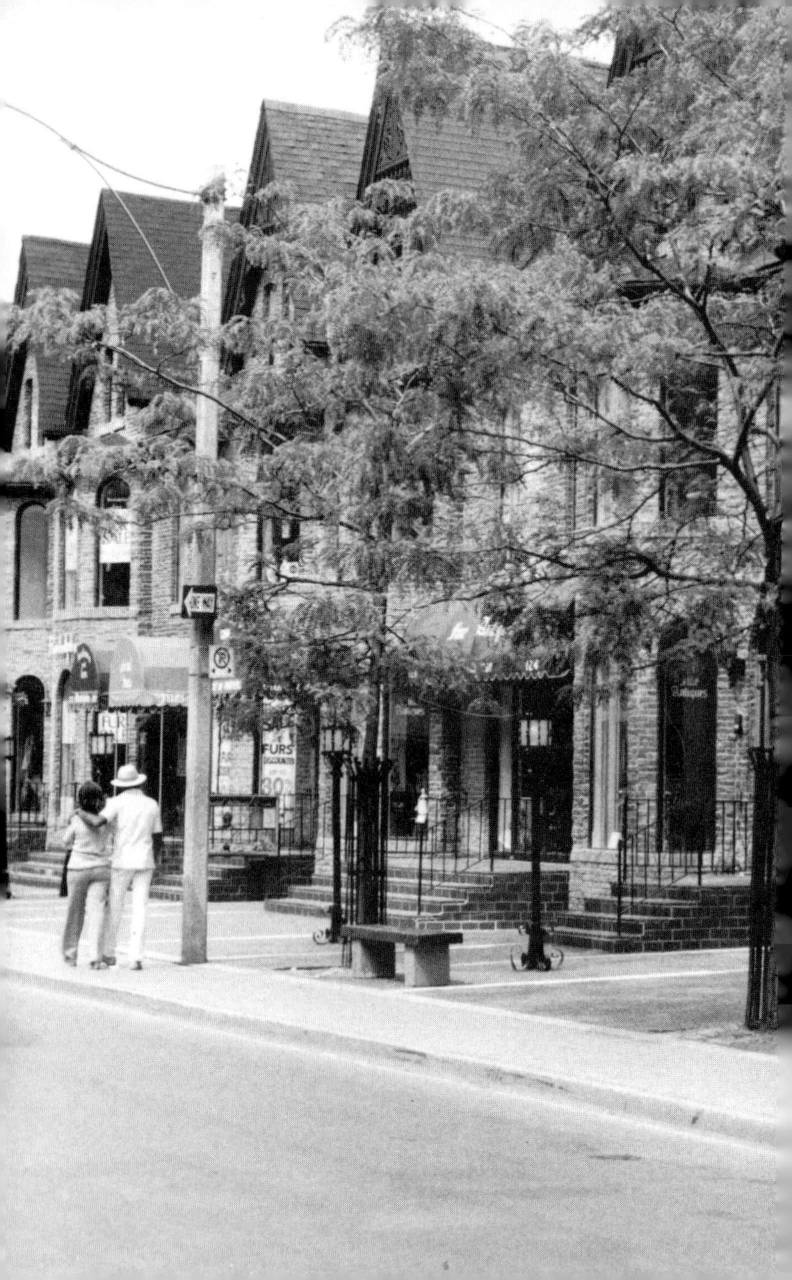
SALE
FURS
30%
124

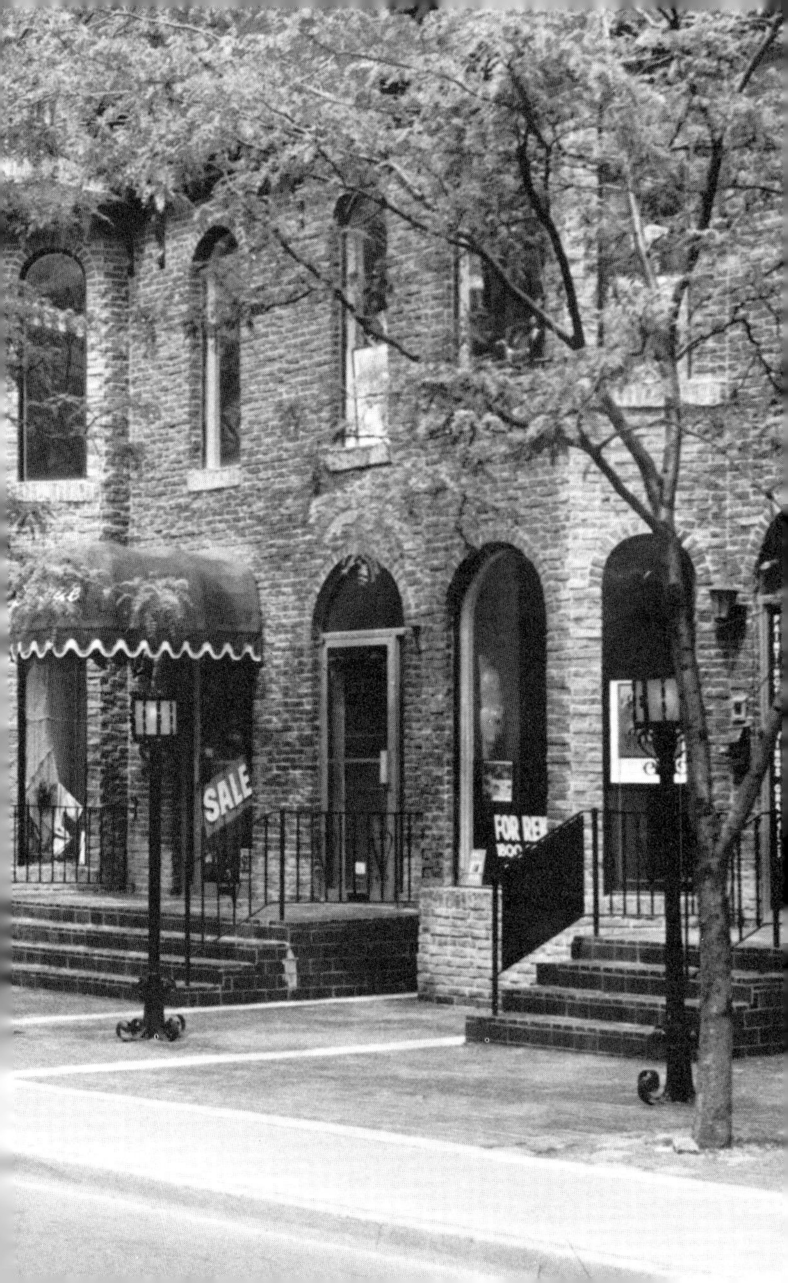
SALE

Peter, ein tüchtiger und wichtiger «business man», ist typisch für Torontos Dynamik und Menschlichkeit; er ist sozusagen ein Stück Geschichte dieser Stadt. Unmögliches rasch zu ermöglichen, schien eine seiner ganz besonderen Begabungen zu sein. Mit einer selbstverständlichen Herzlichkeit nahm er uns nahezu vier Wochen ins Schlepptau. Er kutschierte uns von einem Stadtviertel ins andere, vermittelte weiterführende Rendezvous und steigerte nebenher, wie beiläufig, die Umsätze seiner Firma.

Wohlstand und hohe Lebensqualität sind heute in Toronto überall zu spüren. Doch der gehobene Lebensstandard wurde hart erarbeitet. Geschenkt bekommt hier keiner etwas, betonte Peter wiederholt. Nahezu jeder Einwanderer, der wie er als junger Bursche vor ungefähr 25 bis 30 Jahren nach Kanada gekommen war, hatte seine Laufbahn als Holzfäller im «Bush» mit nichts oder als Saisonarbeiter in völlig abseitigen, einsamen Gegenden begonnen. Für Kulturelles blieb so gut wie keine Zeit. Was Überleben, was Hungern und Schuften bedeuten, wissen beinahe alle Einwanderer dieser Jahrgänge. Verständlich also, daß diese Neuseßhaften sich damals nach gesicherten Arbeitsplätzen und etwas Komfort sehnten. Viele ließen sich so bald als möglich mit dem mühsam Ersparten in der Großstadt nieder, die mit ihren vielfältigen Möglichkeiten am ehesten die begehrten Lebenswerte garantierte.

Soweit sich die *Geschichte Torontos* zurückverfolgen läßt, bestimmten tüchtige und fleißige, strebsame Menschen den Aufbau und die Entwicklung der Stadt. Allerdings ist nicht viel von der Vergangenheit übriggeblieben. Brände, Kriege und Krankheitsepidemien dezimierten die Siedlung immer wieder stark und vernichteten oft wertvolle historische Dokumente.

Wichtig für die Gründung Torontos ist eine Tagebuchaufzeichnung, welche der Frau von Colonel Simcoe, des ersten Gouverneurs von Upper Canada, zu danken ist. Nach den Anmerkungen der Gouverneursgattin segelte Lord John Graves *Simcoe* – nachdem die nordamerikanische britische Kolonie Quebec 1791 durch die «Canada Act» in ein Oberes und ein Unteres Kanada geteilt worden war – entlang der Nordküste der Großen Seen. Er suchte für die englischsprechenden Kolonisten nach günstigen Siedlungsmöglichkeiten. 1792 entdeckte er am Ontariosee eine geeignete Bucht mit fruchtbarem Hinterland. Von den Indianern wurde der Ort *Toronto* genannt, was soviel wie *Treffpunkt* bedeutet. 1615 hatten an dieser Stelle bereits französische Pelzhändler ihr Glück versucht, waren jedoch von den Irokesen bald wieder vertrieben worden. An das französische *Fort Rouillé* erinnert im Exhibition Park heute eine Tafel.

Simcoe ließ hier 1793 ein Fort errichten und nannte es *York*, zu Ehren des englischen Herzogs von York. Aus dem Mutterland trafen Kolonisten und Handelsleute ein; später dann aus den benachbarten Gebieten mehr und mehr «Empire Loyalists», englische Königstreue, die nach der Loslösung der USA von England in Kanada Zuflucht suchten. Die Siedlung entwickelte sich rasch zum wichtigsten Stützpunkt von Upper Canada. Während des Krieges der Briten gegen die Vereinigten Staaten nahm im April 1813 eine Truppe von siebzehnhundert Amerikanern das von siebenhundert kanadischen Soldaten verteidigte Fort York ein. Doch bald war der bedeutende Militärposten, das heutige «Old Fort York» mit Offiziersquartieren, Hauptblockhaus und Brustwehr, wieder aufgebaut. Seit einigen Jahren beleben Soldaten in historischen Uniformen zur Unterhaltung der Touristen die altehrwürdigen Gemäuer mit Kanonendemonstrationen und Militärdrill [Garrison Road]. 1814, nach dem Friedensschluß von Gent, erholte sich die vollkommen zerstörte Siedlung verhältnismäßig schnell durch den unablässigen Einwandererstrom aus Europa und Asien. Günstig für die Entwicklung war außerdem die von John Molson 1809 ins Leben gerufene Dampfschiffahrt auf den Großen Seen, wodurch der Ort mit seinem günstigen Hafen für Handels- und Verkehrsgesellschaften äußerst attraktiv wurde. 1834 wurde Fort York zur Stadt erhoben. Ihr erster Bürgermeister, *William Lyon MacKenzie*, erinnerte sich bei dieser Gelegenheit des ursprünglichen Namens «Toronto» und nahm mit dieser künftigen Stadtbezeichnung vorweg, was die Metropole seit dem «Treffpunkt der Indianer» geworden ist: «ein Treffpunkt der Nationen».

MacKenzie House liegt in der Bond Street Nr. 82. Ein Rundgang durch die verschiedenen Räume vermittelt interessante Einblicke in den kolonialen Lebensstil des frühen 19. Jahrhunderts. Im Erdgeschoß druckten die «Rebellen» von 1837, die unter MacKenzies engagierter Führung für mehr Demokratie in der Kolonialregierung auf die Barrikaden gingen, ihre Kampfblätter.

Zu den engen Vertrauten MacKenzies zählte damals der Revolutionär David Gibson. Sein Wohnhaus, das sogenannte *Gibson House*, ist in jedem Stadtplan markiert. Es blieb von den Abbruchbaggern verschont und steht jetzt als pittoreske Sehenswürdigkeit zwischen modernen Geschäftshäusern in der Yonge Street, Nr. 5172. Es kann ohne Mühe mit der Subway erreicht werden [Haltestelle: Sheppard Ave.].

Zu den historisch bedeutenden Bauten gehören außerdem das *Campbell House*, ein typischer Backsteinbau im Kolonialstil,

293 Das berühmte Rathaus von Toronto, erbaut von dem Finnen Viljo Revell

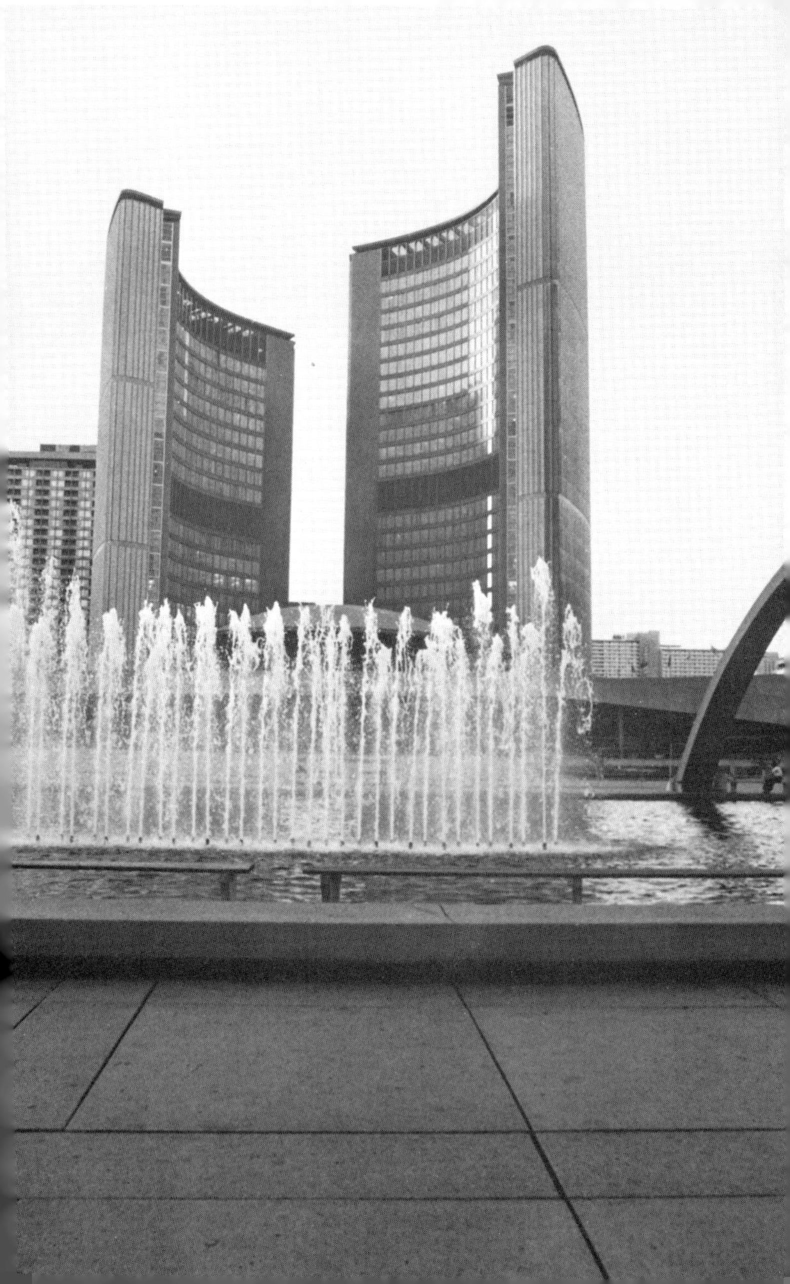

in dem Sir William Campbell als erster Richter von Upper Canada von 1825 bis 1829 residierte [Ecke: University Avenue und Queen Street]. Das vornehme Landhaus der Familie *Grange,* erbaut im Jahre 1817, ist das letzte Beispiel privater Herrensitze aus der Gründerepoche. Es blieb zwei Generationen im Familienbesitz – eine für die junge Geschichte der Stadt verhältnismäßig lange Zeit – bevor es eine Stiftung für die Art Gallery of Ontario wurde. Noch heute zeugen die Namen von Straße, Park und Platz rund um das historische Landhaus von dieser einflußreichen Familie Torontos. Die *Art Gallery of Ontario* hat inzwischen in unmittelbarer Nähe eine moderne Unterkunft bekommen. Neben der größten Henry-Moore-Sammlung der Welt besitzt diese zweitgrößte Galerie Kanadas Meisterwerke sämtlicher namhafter kanadischer Künstler, zum Beispiel von Tom Thomson und der «Gruppe Sieben», und einige bedeutende Werke europäischer Meister wie Rubens, Renoir oder Rodin [Dundas Street West].

Wenn es um das neue Toronto, um die *moderne Metropolitan* geht, dann wird vor allem ein Name genannt: *Viljo Revell.* Dieser inzwischen verstorbene Architekt aus Finnland hatte in den sechziger Jahren mit seinem aufsehenerregenden Rathaus-Modell die Stadt sozusagen aus einem Dornröschenschlaf geweckt. Die damals kühne Hochhauskonzeption war für viele «Baulöwen» der Anstoß für die Neubelebung und Neuentwicklung der Downtown gewesen.

1965 bezog die Stadtverwaltung stolz ihre neue *City Hall* mit den beiden verschieden hohen Verwaltungsgebäuden, die wie zwei gewölbte Handschalen das schlüsselartige Stadtparlament umgeben. Der architektonisch gelungene Rathauskomplex fand in der Weltpresse viel Beachtung und Beifall. Einen Nachteil hatte allerdings der repräsentative Bau von Anfang an. Wenn beispielsweise ein Beamter von seinem Schreibtisch im 17. Stockwerk zu einer persönlichen Unterredung in den gegenüberliegenden Trakt gerufen wird, muß er zunächst ins Erdgeschoß fahren, dann den Platz überqueren und im anderen Teil womöglich noch auf den Fahrstuhl warten, bis er wieder in die gewünschte Höhe hinaufgeliftet wird. Eine Querverbindung auf halber Höhe wäre sicher praktisch, zeitsparend und wünschenswert gewesen, doch hätte sie das ästhetische Gesamtbild wesentlich beeinträchtigt. Diese Erklärung erhielt ich auf meine erstaunte Frage nach dem vermeintlichen Konstruktionsfehler. Einen Reiz besonderer Art bietet so ein Gebäudebummel immerhin. Vor dem Haupteingang des Stadtparlaments steht die berühmte Skulptur *Henry Moores, «The Archer»* [der Bogenschütze], ein beachtenswertes Meisterwerk des Künstlers. Führungen durch die City Hall finden täglich statt.

Der großzügig angelegte Platz *Nathan Phillips Square* grenzt unmittelbar an die City Hall und gilt als das Herz Torontos. Hier trifft sich jung und alt. Während der Sommermonate, der Festivalzeit der Stadt, unterhalten rund um die Wasserfontäne jugendliche Gruppen und Bands aller Art und vieler Nationen das Publikum. Frohsinn ist hier das ganze Jahr zu Hause. Im Winter verwandelt sich das breite Wasserbecken zu einer lustigen und vielfrequentierten Eisbahn.

Nathan Phillips Square eignet sich übrigens besonders gut als Ausgangspunkt für einen Stadtrundgang. Das freundliche Auskunftspersonal des Tourist-Informationsstandes verteilt kostenlos Stadtpläne, den Veranstaltungskalender «The Visitor's Guide» mit nützlichem Prospektmaterial und gibt jederzeit hilfreiche Tips. An Tischen mit Bänken können Sie sich mit Hot Dogs, Hamburgers und Sandwiches versorgen. Von dem Platz aus lassen sich außerdem zu Fuß mühelos sämtli-

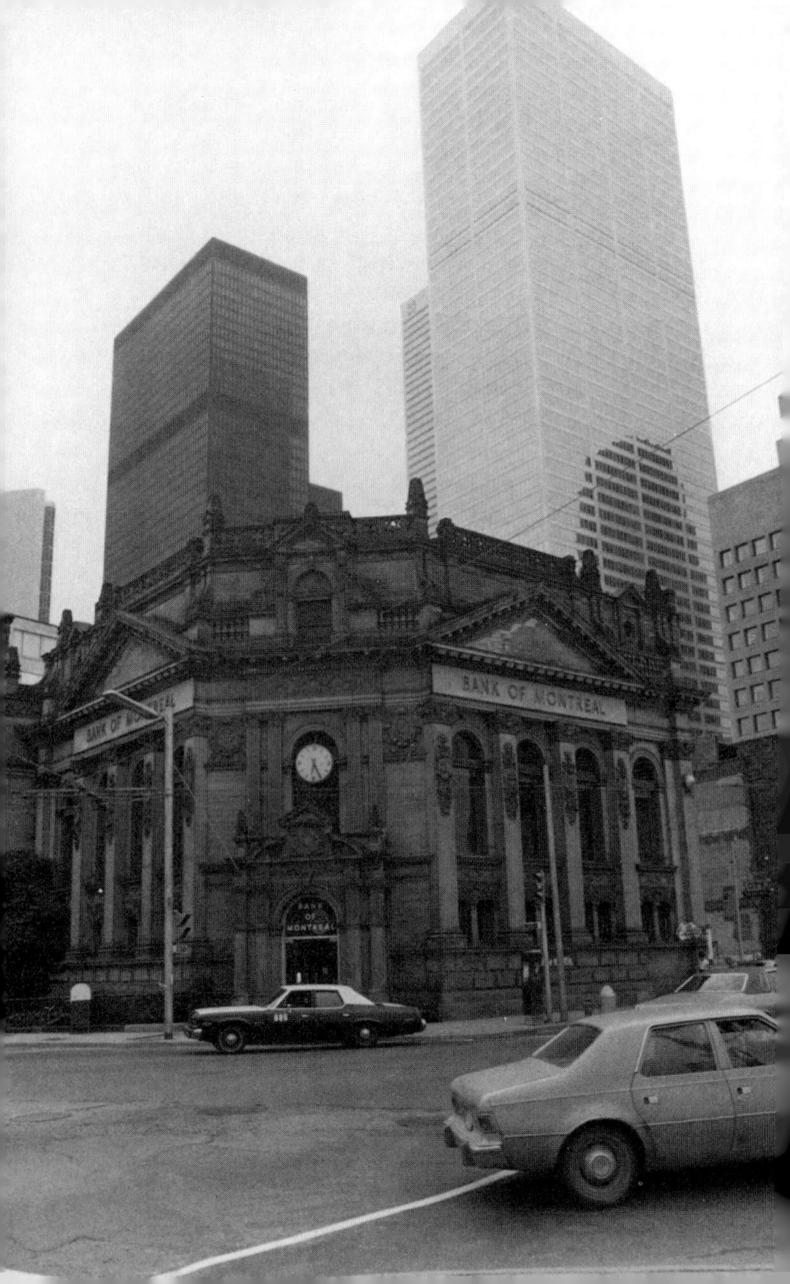
BANK OF MONTREAL
BANK
OF
MONTREAL

che öffentlichen Verkehrsmittel der Stadt erreichen: die farbenfroh rotgestrichene Tram, Kanadas einzige Straßenbahn, dann die moderne Subway mit ihrem unkomplizierten Untergrundnetz und wichtige Bushaltestellen. Torontos Terminal Busbahnhof liegt nur ein paar Blocks hinter der City Hall in der Bay Street Nr. 610.

Da Sie sich schon einmal auf Nathan Phillips Square befinden, sollten Sie die *Osgood Hall* im Westen nicht übersehen. Dieses ehemalige Justizgebäude aus dem Jahre 1830 besitzt noch etwas vom Hauch der «guten alten Zeit» Torontos, als die Viehherden noch ungeniert durch die Straßen getrieben wurden. Damit keines der Rindviecher sich vor das Hohe Gericht wagte, wurde die Eingangstür vorsorglich mit einem eigens dafür konstruierten Kuhgitter verbarrikadiert. Das «cow gate» können Sie heute noch so sehen, wie es damals angebracht war.

Die Downtown – wie das quirlige, geschäftige Zentrum zwischen Bloor Street im Norden, der Spadina Avenue im Westen, der Javis Street im Osten und der King Street im Süden heißt – ist im allgemeinen ein amüsantes Durcheinander von modernen Geschäftshäusern und Appartementsilos, von komfortablen Hotels und neoklassizistischen Verwaltungsgebäuden, von unscheinbaren Backsteinbauten und kuriosen, schön-schäbigen Holzhäusern. Da gibt es neben Glas und Beton buntgestrichene Fassaden mit weißen Balkonen oder altergraute, von Ruß und Abgasen geschwärzte Wände mit großangelegten Reklametafeln, dazwischen Zuckerbäckergiebel und ein wenig Western-Stil. Doch keine Regel ohne Aus-

296 Oft entstehen bizarre Kontraste zwischen modernen Wolkenkratzern und alten Bauten aus der Gründerzeit

nahme. Die *Elm Street* zum Beispiel bietet mit ihren schmalen roten Giebelhäuschen, deren Front nur eine Haustür, darüber einen Balkon und ein Fenster aufweist, ein nahezu einheitliches, hübsches Straßenbild mit Bäumen.

Die Downtown ist entstanden, als um die Mitte und noch einmal gegen Ende des 19. Jahrhunderts die Einwanderer aus allen Herren Ländern nach Kanada kamen und in Toronto von den großen Landgesellschaften Grundstücke ohne besondere Bebauungsvorschriften vergeben wurden. Die einzelnen Viertel waren lediglich in Planquadrate eingeteilt, und dort konnte dann jeder bauen, was und wie er wollte. Zugegeben: die sogenannte «Budenarchitektur» – wie das rasch Hingezimmerte oft abwertend von Einwohnern bezeichnet wird – mag auf den Besucher aus Europa zunächst etwas schockierend wirken. Doch dann: beim zweiten und dritten Stadtbummel bleibt man hier und da in den Straßen stehen, schaut, entdeckt und hat plötzlich seine eigene, ganz persönliche Beziehung zum Herzen dieser Stadt.

In der Downtown leben 650000 Einwohner. Hier befinden sich die Regierungs- und Verwaltungsgebäude der Provinz, die University of Toronto, die bedeutendste unter den anglokanadischen Hochschulen [das Penicillin wurde hier entwickelt], und vier große öffentliche Bibliotheken. Sieben renommierte Krankenhäuser sorgen für das Wohl ihrer Patienten und in fünf Kathedralen finden die Gläubigen unterschiedlicher Konfessionen ihre religiöse Erbauung. In den Stadtparks gastieren im Sommer bedeutende Konzert- und Jazzgruppen, finden Dichterlesungen statt und treten Sänger auf. Im *Royal Alexandra Theater* in der King Street West Nr. 260 stehen Dramen, Komödien und Musicals auf dem Spielplan, und in der traditionellen *Massey Hall* – 1894 von der Industriellenfamilie Massey gestiftet – sang Caruso und ist heute Torontos

Straßennamen einmal englisch, einmal chinesisch, ein gewohntes Bild in der Chinatown von Toronto

Symphonie-Orchester zu Hause [Ecke: Shuter und Victoria Street]. Dazu kommen über zwanzig Diskotheken und Tanzlokale sowie zahlreiche gemütliche und exklusive, teure und preiswerte Eß-Etablissements, in denen Köche verschiedener Nationen mit ihren Spezialitäten um die beste Küche Torontos wetteifern. Den Grand Prix der Gastronomie gewann bei einem Wettbewerb unlängst «The Westbury Hotel Dining Room».

Eine Vorliebe haben die Torontoer dafür, in *Lokalen* mit Antiquitäten zu speisen. Diesen Trend haben in den vergangenen

Jahren einige geschäftstüchtige Restaurantbesitzer genutzt und aus europäischen Auktionshäusern mehr oder weniger wertvolle und originelle Sammlerstücke zusammengetragen. Da gibt es zum Beispiel das sehr teure «Troy's» oder «Ed's Warehouse». Dieses frühere Warenhaus ist jetzt gediegen restauriert und ausstaffiert. Der Gast diniert in der Ambiance englischer und französischer Stilmöbel zwischen Kandelabern und Büsten englischer Lords oder zwischen einem Oldtimer der Firma Ford und einer nachgeahmten Venus von Milo. Die handsignierten Fotos an der Wand weisen darauf hin, daß es sich um ein beliebtes Künstlerlokal handelt.

Zum Besuch von Restaurants der gehobenen Preisklasse sei dem Gast geraten, seine Jeans mit einem Anzug zu vertauschen; zumindest aber ein Jackett mit Krawatte zu tragen. «No blue jeans. Gentlemen must wear jacket and tie», steht es mitunter in Kleindruck auf den ausgehängten Speisekarten zu lesen.

Ungezwungen geht es dagegen in den preiswerten Speiselokalen zu, wie in der Oase für Spaghetti-Liebhaber «The Old Spaghetti Factory». Zum beliebten Inventar gehört ein ausgedienter Straßenbahnwagen aus den Anfängen dieses Jahrhunderts, der in begehrte Eß-Coupés umfunktioniert wurde. Zwischendurch verteilen lustige Clowns mit viel Schabernack bunte Luftballons unter die mit Spaghetti und Tomatensauce agierenden Kinder, während der temperamentvolle Pianist auf seinem weißlackierten Kneipen-Klavier flotte Weisen zum Klappern der Teller und Bestecke spielt [Esplanade Nr. 54].

Irgendeine Gaststätte besonders zu empfehlen ist nahezu unmöglich. Torontos kosmopolitische Palette hat nahezu für jeden Gaumen, für jeden Geschmack etwas Interessantes zu bieten. Die an jeder Info-Stelle kostenlos erhältlichen Veran-

staltungskalender «The Visitor's Guide» haben die diversen Lokale mit einer kurzen Beschreibung der nationalen und internationalen Spezialitäten alphabetisch übersichtlich aufgelistet. Für diejenigen, die sich mit dem etwas faden kanadischen Bier nicht anfreunden können, empfiehlt sich die Bestellung europäischer Exportbiere, kurz «Imported» genannt. Ratsam ist es, die gewünschte Sorte beim Namen zu nennen.
Dort, wo am Abend die meisten Reklamelichter funkeln, ist Torontos Hauptstraße: die *Yonge Street*. Sie ist aus einem alten Indianerpfad entstanden, der den Huronen als Verbindung zwischen dem Lake Ontario und der Georgian Bay diente. Aus dem Pfad ist längst eine breite Hauptgeschäftsstraße geworden, die vom Süden schnurgerade durch die Stadt nach Norden führt. Die Yonge Street trennt sämtliche wichtige Querverbindungen in einen westlichen und einen östlichen Teil, in W[est] und E[ast]. An dieser Hauptschlagader der Stadt liegen die großen Kaufhäuser «Simson», «Eaton's» und «The Bay Company», die Giganten der kanadischen Shopping-Zentren. Hier gibt es für jeden alles. Allein das Kaufhaus «Eaton's» besitzt 300 Verkaufsabteilungen unter einer riesigen Glasgalerie. Es will sich demnächst auch unterirdisch von der Dundas Street zur Queen Street ausweiten und damit einen wesentlichen Beitrag zum Ausbau der bereits begonnenen *Untergrund-Einkaufsstadt Toronto* leisten. Außer den großen Kaufhäusern finden Sie in der Yonge Street die führenden Kinos mit den neuesten Filmprogrammen, wichtige Agenturen, Buch- und Antiquitätenläden, private Galerien, das historische Gibson House [Nr. 5172], zahlreiche Schnellimbiß-Gaststätten und die Subway.
Die mit schattigen Bäumen gesäumte *University Avenue* ist eine weitere wichtige Südnord Route der Stadt. Hier liegen an der Ecke zur Queen Street das bereits erwähnte Campbell

House, Banken, Konsulate, Ausbildungsstätten und ein klinisches Zentrum. Das Regierungsviertel der Provinz bildet im Norden den Abschluß zusammen mit dem sehr schönen *Queen's Park*. Die Sitzungen des Parlaments im *Provincial Parliament Building*, vergleichbar mit unseren Landtagen, können von jedermann besucht werden. Aber auch dann, wenn dort einmal nicht politisiert wird, lohnt eine Besichtigung des eindrucksvollen dominierenden Bauwerkes aus rosarotem Sandstein. Sehenswert sind die weiträumige Marmorhalle und die Sammlung kanadischer Mineralien. Vor dem Eingangsportal stehen die Statuen von MacDonald, Brown und anderen, die Väter der Konföderation, denen Kanada seine Selbständigkeit zu danken hat.

Queen's Parc Avenue heißt die nördliche Fortsetzung der University Avenue. Sie ist der sichere Tip für Museumsliebhaber. Das *ROM* [Royal Ontario Museum], Kanadas größtes Museum, erfordert Zeit. In den vier Stockwerken findet der Besucher eine umfassende Dokumentation, die über die Geschichte des amerikanischen Kontinents ebenso anschaulich informiert wie über die Kulturen europäischer und asiatischer Völker bis hin zur Gegenwart. Neben den griechischen und ägyptischen Abteilungen übt die berühmte Sammlung chinesischer Kunstschätze eine besondere Anziehungskraft aus. Der Totempfahl aus dem Jahre 1870 ist allein seiner Höhe wegen nicht zu übersehen.

Das *McLaughlin Planetarium* liegt unmittelbar gegenüber dem Eingangsportal von ROM und wird im Volksmund das Theater der Sterne und Planeten genannt. Hier bekommen die Gäste in bequemen Sesseln einen faszinierenden Nachthimmel mit den Gestirnen auf die Kuppeldecke projiziert. Wer sich für die Innenausstattung der frühen Pionierwohnungen interessiert, sollte einen Rundgang durch das *Sigmund*

Samuel Canadiana Museum nicht versäumen. Es liegt nur wenige Schritte vom Planetarium entfernt.

Der *Kensington Market* im Westen ist weniger museal, doch eine Fundgrube für alten Hausrat – vor allem aber für Delikatessen und Lebensmittel aller Art und Güte. Zwischen der Spadina Avenue W und der Augusta Street, zwischen der Dundas Street und College Street wird alles angeboten, was am Mittag und Abend aus den Kochtöpfen Torontos duftet. Jede Straße besitzt ihren besonderen Akzent. In der Kensington Street, die der Marktlandschaft ihren Namen gab, werden zum Beispiel vorwiegend Käse und Milchprodukte angeboten, während in der Baldwin Street Hühner, Truthähne und anderes Vogelvieh lautstark aus den Käfigen um die Freiheit gackern. Die meisten Händler und Verkäufer stammen aus den verschiedensten Teilen der Erde und preisen in den schmalen Straßen ihre nationalen Besonderheiten an. Viele Kunden kommen hierher, um heimische Lebensmittel zu kaufen: Delikatessen aus Ungarn, Tunesien, Spanien, Japan oder China. «Am wenigsten geeignet ist der Kensington Market für Leute mit einem Diätfahrplan in der Tasche», meint ein Mehlspeisverkäufer aus Oberösterreich lachend, denn auch die vielen kleinen Spezialitäten-Restaurants ringsum seien sehr verführerisch. Am Freitagmorgen, am Samstagabend und am Sonntag findet kein Markt statt.

Dennoch muß am Sonntag in Toronto keine Langeweile aufkommen. Direkt am Ontariosee bietet seit Mai 1971 der 38 ha große Freizeitpark *Ontario Place* ein derartig vielseitiges und abwechslungsreiches Unterhaltungsprogramm an, daß dafür mehr als nur ein Tag notwendig wäre. Inmitten von grünen Hügeln und Bäumen, zwischen Kanälen, Brücken und Seen finden Sie viele lustige Wasservergnügungen und originelle Kinderspielplätze, fünf miteinander verbundene «Pods» und ein Amphitheater [Forum], in dem kostenlos Ballettaufführungen und Zirkusvorstellungen stattfinden, Torontos Symphonie-Orchester gastiert, jugendliche Theatergruppen experimentieren und Bands spielen. Der weißsilberne kugelförmige Kuppelbau, das *Cinephere,* lädt kontinuierlich zu Cinerama-Filmen ein, wofür sich das Schlangestehen in der Tat lohnt.

Das Besondere von Ontario Place ist, daß diese dem Westufer der Stadt vorgelagerte Freizeitoase aus drei künstlich aufgeschütteten Inseln besteht, deren Grund zuvor Schwemmland war. Wenn Sie während Ihres Parkbummels die *Ship's Deck Promenade* etwas näher betrachten, werden Sie bald bemerken, woher die Bezeichnung stammt. Ein kluger Ingenieur war nämlich auf die Idee gekommen, zusammengerostete Schiffsveteranen nicht zu verschrotten, sondern im Seeboden zu versenken, mit Beton auszufüllen und somit eine stabile Barriere zwischen See und Parkanlage zu schaffen. Die so entstandene Uferpromenade bietet einen herrlichen Blick über den Ontariosee und auf die Skyline von Toronto. Das Wolkenkratzerpanorama liegt mit den Segelbootmasten im Vordergrund besonders schön und fotogen vor Ihnen. Da Ontario Place von 10.30 Uhr morgens bis 1 Uhr nachts geöffnet hat, läßt sich der Park auch am Abend lange und intensiv genießen.

Den *Exhibition Parc* mit dem weiten CNE, dem Canadian National Exhibition-Gelände, sollten Sie jedoch bei Tag durchwandern. Er erstreckt sich entlang des Westufers der

305 Ontario Place, der große Freizeitpark bei Toronto mit der Ship's Deck Promenade aus versenkten und mit Beton ausgefüllten Schiffsveteranen

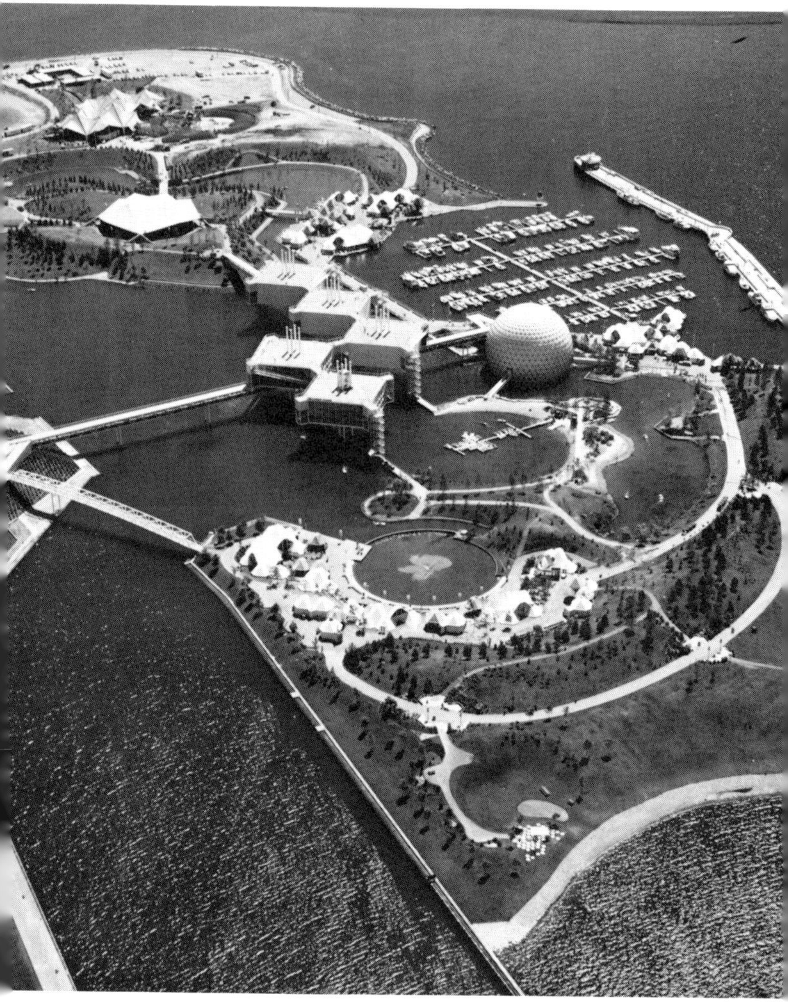

Stadt, nördlich von Ontario Place. Von Mitte August bis zum Labour Day findet auf diesem historischen Boden, dem Schlachtfeld von 1813, die weltberühmte «EX» [Exhibition] statt. Sie gilt als die größte Maschinenmesse der Welt. In fünfzig Hallen zeigen Industrie und Handel zwanzig Tage lang, was sie an Neuem zu bieten haben. Für die allgemeine Volksfeststimmung sorgen Kapellen, ethnische Gruppen, Shows und am Abend ein brillantes Feuerwerk. Wenn dann der Ausstellungsrummel zu Ende ist, hält im Exhibition Park immerhin noch das *Marine Museum* seine Pforten geöffnet. Es informiert über die Geschichte der Schiffahrt seit der Pelzhandelszeit.

Die Ära der Superlative begann in Toronto – nach dem einfallsreichen Rathausbau von Ravell – gegen Ende der sechziger Jahre südlich der King Street mit *Dominion Centre*. In ständigem Schönheitswettbewerb schossen die Wolkenkratzer hier wie Pilze aus dem Boden. Wie aus purem Gold glitzern die beiden Hochtürme der Royal Bank Plaza neben dem scharf in die Höhe geschnittenen First Canadian Bank Tower, der mit seinen 72 Stockwerken das höchste Gebäude Kanadas ist. Dazwischen spiegeln rauchdunkle Fensterfassaden ihre düsteren Körper in den hellen Glasgiganten unmittelbarer Nachbarschaft. Die Spiegelbilder könnten moderne Glasmalerei sein oder monströse Puzzlespiele, zusammengesetzt aus Glas und Farbe. Doch wenn auf den Fassadenriesen die Reflexionen langsam entdämmern und automatisch sich die Lichter hinter den Fensterfluchten einschalten, dann leert sich dieses Imperium der Banken und Büroräume. Die Beschäftigten strömen von ihren Arbeitsplätzen rasch auf den mehrspurigen Highways hinaus in die Vorstadtviertel, an die grüne Peripherie der Stadt. Dominion Centre haucht bis zum nächsten Arbeitstag sein Leben aus.

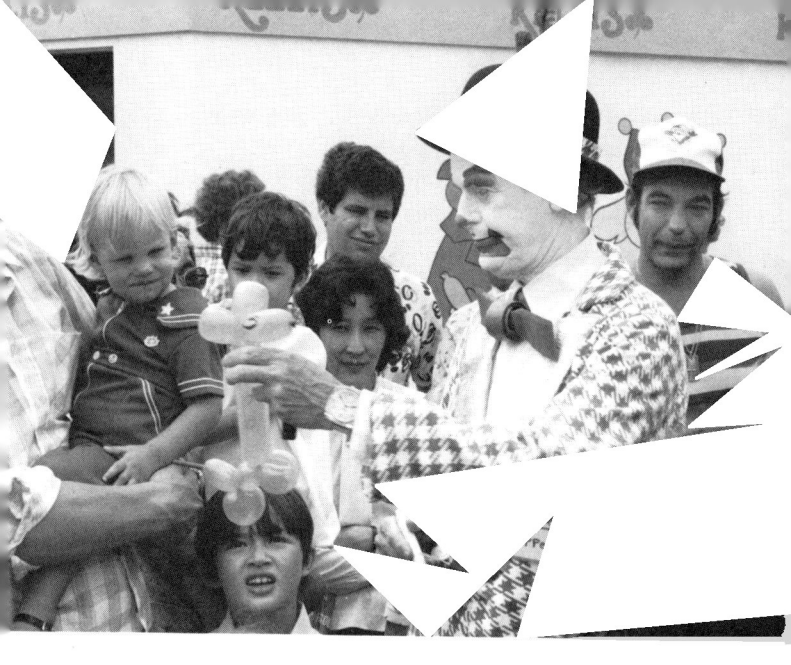

Im Ontario Place, dem Vergnügungspark von Toronto

Im *Royal York Hotel* dagegen beginnt um die Zeit der «rush hour» ein reger Betrieb. In den verschiedenen Speiseräumen wird zum Supper gedeckt, in den Bars und im Tanzstudio treffen allmählich Gäste ein. Der Royal-York-Palast gilt noch immer als das erste Hotel am Platze. Noch vor zwanzig Jahren dominierte dieser Repräsentativbau der Canadian Pacific-Railway-Kette würdevoll über dem gesamten Stadtbild. Heute wirkt das Hotel eher wie eine alternde Lady zwischen den Stürmern und Drängern jugendlicher architektonischer Vitalität.

Das *O'Keefe Centre* beginnt «von Berufs wegen» erst in den

Abendstunden sich zu beleben. 3155 Sitzplätze stehen in diesem ultramodernen Theater zur Verfügung, wenn hier das international bekannte Canadian Ballet of Canada auftritt oder Aufführungen der Canadian Opera Company stattfinden. Beide Ensembles sind in diesem Theaterzentrum an der Ecke Front und Yonge Street zu Hause. In dem gegenüberliegenden *St. Lawrence Centre of Arts* werden vorwiegend Klassiker und kanadische Dramatiker inszeniert.

Den schönsten Blick über Toronto bei Tag und bei Nacht bietet zweifellos der *CN Tower*. Mit diesem Superlativ von 553 Metern Höhe besitzt die Stadt den höchsten freistehenden Fernsehturm der Welt und damit ein repräsentatives Wahrzeichen. Der Turm wurde 1974 von der staatlichen Eisenbahngesellschaft Canadian National Railways gebaut, und im darauffolgenden April mußte «Olga», ein besonders prädestinierter Hubschrauber, dem Betonriesen noch die fehlenden Fernsehstrahler aufsetzen. «Top of the morning. Have breakfast at The Tower», diesem Werbespruch können Sie bei klarem Wetter getrost folgen. Ein Frühstück in dem 350 Meter hohen, langsam sich drehenden Restaurant hat verschiedene Vorteile: einmal müssen Sie in der Eingangshalle nicht Schlange stehen, zum anderen sind im Restaurant nicht alle Fensterplätze besetzt, und schließlich kostet Sie die herrliche Aussicht von der Frühstückstafel aus einen nicht allzu hohen Preis. Noch billiger wird die Fernsicht natürlich dann, wenn Sie direkt zum offiziellen Aussichtsplateau fahren, das noch einmal weitere hundert Meter über dem Restaurant liegt. Wenn Sie Glück haben, sehen Sie von hier aus die Niagara-Wasserfälle.

Anschließend können Sie ins Hafenviertel gehen und von dort eine Ausflugsfahrt zu *Torontos Islands* unternehmen. Dieses Naherholungsgebiet bietet Badestrände und Bootsanlagen,

Tennisplätze und eine Kinderfarm, Blumenausstellungen und den Hinweis «Bitte den Rasen betreten.»
Für technisch Interessierte empfiehlt sich noch das *Ontario Science Centre*. Vom simulierten Flug in einer Weltraum-Kapsel bis zur Vorführung von Laserstrahlen kann sich der Besucher hier, an der Ecke Don Mills Road und Eglinton Avenue, über Wissenschaft und Technik informieren.
Etwas außerhalb der Stadt liegt das Freilichtmuseum *Black Creek Pioneer Village*. Die Anlage besteht aus ca. dreißig verschiedenen Kolonialhäusern, die zu einer Dorf-Kommune zusammengestellt sind und den Besucher mit dem ländlichen Leben der Gründerepoche konfrontiert.
Friedlich und erholsam ist es in den vielen gepflegten *Parks* und Gärten der Stadt. Bei schönem Wetter lohnt sich ein Besuch dieser grünen Anlagen mit Blumenbeeten, Bäumen, künstlichen Seen und gepflegten Spazier- und Radfahrwegen. Da wären *Wilket Creek Park* und *Edwards Garden* zu nennen, *High Park* und *Allen Garden*. Sie alle laden ein, die schönen Parkszenerien zu genießen.

Heritage Highway: Die Straße der Pioniere

Das Erbe, die koloniale Hinterlassenschaft, wird in Kanada gepflegt wie nie zuvor. Seitdem der «weiche» Dollar mehr Europäern ermöglicht, jenseits des Ozeans in Augenschein zu nehmen, was aus den Vettern in der Neuen Welt geworden ist, wuchs bei den Kanadiern das Interesse für die eigene Vergangenheit. Forts, Pionierdörfer und alte Handelsposten aus den Anfängen der Siedlungsgeschichte wurden nach historischen Plänen, Skizzen und Zeichnungen maßstabgetreu rekonstruiert und renoviert.

Heritage Highway heißt die älteste Fahrstraße Ontarios. Sie führt von der Grenze Quebecs an den Wassern des St. Lawrence-Stromes, des Lake Ontario und des Lake Erie entlang nach Windsor, dem südlichen Grenzübergang zu den USA. Autofahrer erkennen an den Straßenschildern mit *weißem Speichenrad auf braunem Grund,* daß sie sich auf dem richtigen Weg befinden: auf den Spuren der Pioniere, die mit Planwagen, Viehherden und einer Portion Unternehmungsgeist auf dieser ersten Landstraße von Osten in die menschenleeren Wälder des Westens vordrangen. Der älteste Teil des Heritage Highway, sozusagen die klassische Route Ontarios, ist die Strecke entlang des St. Lawrence-Stromes. Dieser Straßenabschnitt wurde im 18. Jahrhundert als westliche Verlängerung des «Chemin du Roi» gebaut und verband den florierenden Pelzhandelsposten Kingston, der sich damals noch Fort Frontenac nannte, mit den Städten Montreal und Quebec.
Kingston wurde 1673 zum Schutz vor den Angriffen der Irokesen als Fort Frontenac an der Stelle errichtet, wo der Ontariosee in den St. Lawrence-Strom übergeht. Das Fort entwickelte sich zu einem bedeutenden Posten für den Pelzhandel mit den französischen Voyageurs auch aus den weiter westlich und nördlich gelegenen Regionen. Nachdem 1763 durch den Sieg der Engländer die Vormachtstellung Neu-Frankreichs in Nordamerika beendet war, richtete sich 1812 das britische Militär zur Verteidigung Kanadas auf den Höhen «Point Henry» ein. Von 1832 bis 1836 wurde die Schutz- und Trutzanlage *Fort Henry* zur «Citadel of Upper Canada» erweitert. Daß ein Offizier des Royal Canadian Rifle Regiments sich vor einem wohlig warmen Kaminfeuer am Abend entspannte und in einem breiten Himmelbett schlief, während die Soldaten auf schmalen Feldbetten in kahlen, kalten Mannschaftsräumen kampierten, veranschaulicht unter anderem ein

Rundgang durch das Museum. Draußen auf dem Kasernenhof demonstrieren während der Sommerferien Studenten in historischen Uniformen den Militärdrill des 19. Jahrhunderts. Die weiße Ziege «David», das Maskottchen des ehemaligen Regiments, fehlt bei den pittoresken Aufmärschen mit Trommeln und Pfeifen ebensowenig wie ein spektakulärer Artilleriesalut mit Vorderladerkanonen.

Mehr als von militärischen Lorbeeren profitierte Kingston seit 1841 von dem Status, über zehn Jahre die Hauptstadt der Vereinigten Provinzen von Kanada gewesen zu sein. Die *City Hall* in der Ontario Street und das *Bellvue House* im National Historic Park, in dem Kanadas späterer erster Premierminister John A. MacDonald noch als Parlamentsmitglied wohnte, stammen aus der Mitte des 19. Jahrhunderts. Heute ist die Stadt ein lebendiges Industrie- und Universitätszentrum, berühmt vor allem durch optimale Voraussetzungen für den Segelsport. 1976 fanden in Kingston die Austragungen der olympischen Segelregatta statt.

Wer ein paar Tage Zeit mitbringt, sollte eine zweitägige Vergnügungsfahrt mit einem motorisierten Ausflugsboot durch den Rideau-Kanal nach Ottawa unternehmen. Diese vielverfilmte Tour durch die 47 handbetriebenen Schleusen löst bei den Urlaubern immer wieder große Begeisterung aus. Kenner zählen die Kanalfahrt zu den schönsten Bootsfahrten in Kanada. Außerdem bietet die Landschaft entlang des Rideau-Kanals eine Naturkulisse von unvergeßlicher Einmaligkeit. Damit sich die landschaftlichen Schönheiten ebenso unge-

312/313 Weit über 1000 Inseln der verschiedensten Größe bilden das Gebiet der Thousand Islands im St. Lorenz-Strom

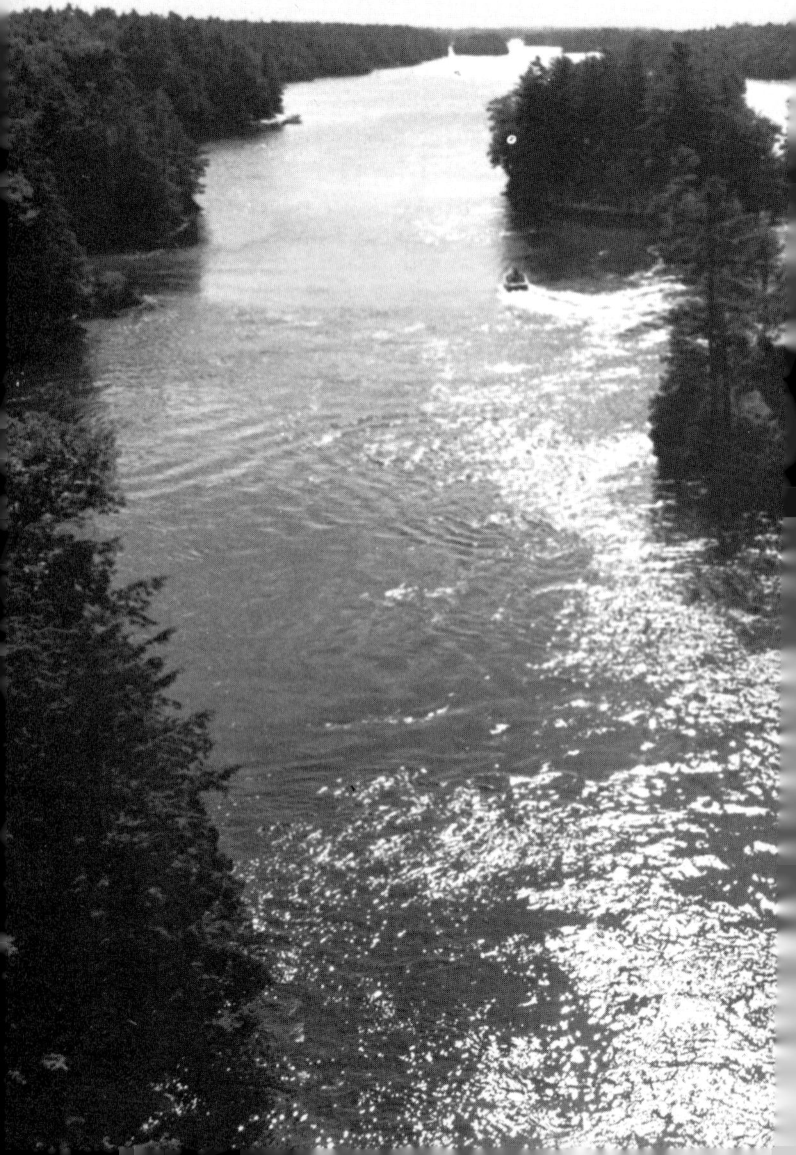

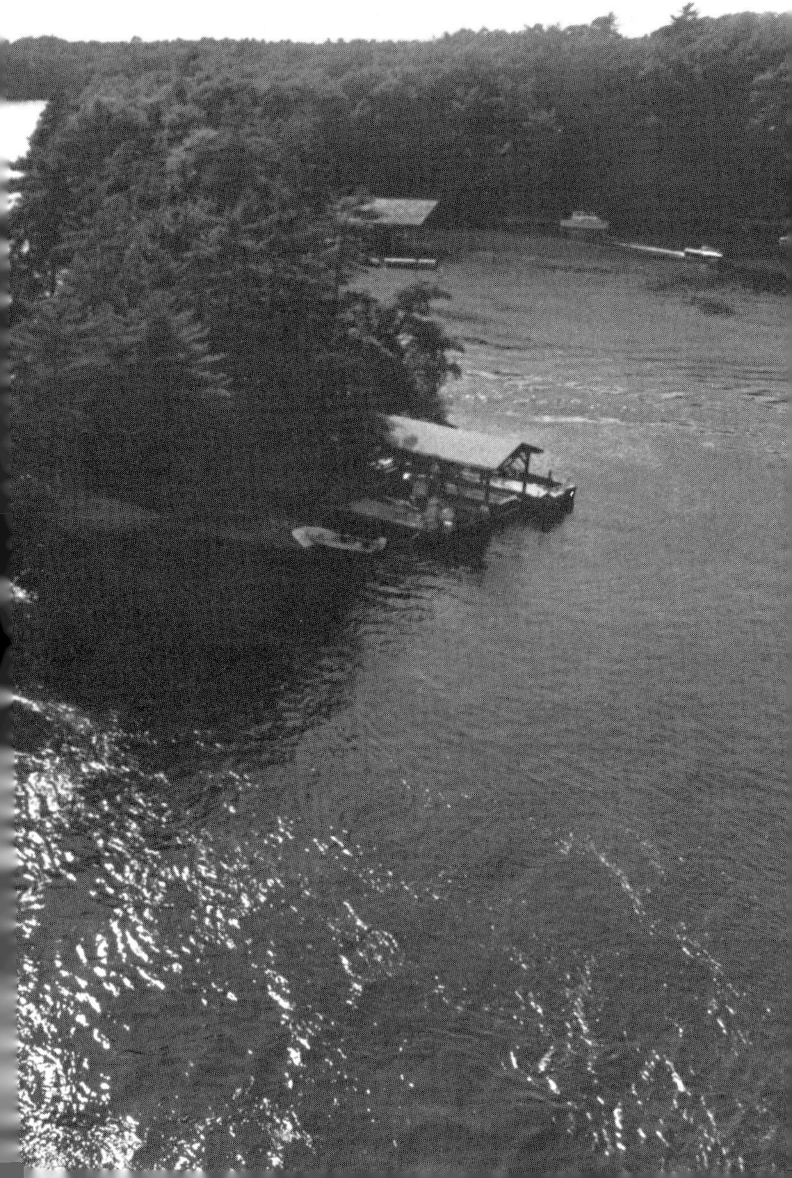

stört auf dem Landweg genießen lassen, wurde zwischen Kingston und Ottawa der 320 Kilometer lange *Rideau Trail* angelegt. Für Rucksack-Romantiker ist der Wanderpfad durch orangefarbene Dreiecke markiert.

Thousand Islands dürfen selbst eilige Touristen nicht versäumen. Dieses Feriengebiet östlich von Kingston bietet inmitten des St. Lawrence-Stromes eine Welt voll Idylle und Beschaulichkeit. In den Sagen der Indianer spielten die tausend Inseln [in Wirklichkeit sollen es 1768 sein] als «Manitonna», der grüne Garten des Großen Geistes, eine Rolle. Den Menschen war es strikt untersagt, den «Great Spirit» dort zu stören. Doch die nordamerikanischen Millionäre kümmerten sich wenig um die Ruhe des Großen Manitu. Sie kauften die kleinen Paradiese, eines nach dem anderen, und setzten auf die grünen Oasen ihre Sommerhäuser und Castles. «Millionaire Colony» zeugt von dem Kaufboom der Reichen, bevor die St. Lawrence Commission die Eilande vor dem totalen Ausverkauf schützte. Heute erschließen Dampfschiffe in zweistündigen Rundfahrten die tausendfältige Welt der von Wald und Felsen bestimmten Inselwunder. Abfahrtsstellen finden Sie acht Kilometer östlich von Kingston, in Gananoque, in Ivy Lea, Rockport und Brockville.

Autoreisenden sei bei Ivy Lea eine Fahrt über die *Thousand Islands Bridge* empfohlen, die Ontario mit dem amerikanischen Staat New York verbindet. Der erste Brückenspann steht noch ganz auf kanadischem Boden und ermöglicht Fußgängern kostenlos einen herrlichen Blick über die Ufer des St. Lawrence-Stromes und das weite Inselreich. Kostspieliger dagegen wird der ebenfalls sehr schöne Blick von *Skytown* aus.

Eine weitere sehenswerte Attraktion dieser Gegend ist *Upper Canada Village*, elf Kilometer östlich von Morrisburg gelegen.

*Im Freilichtmuseum von Upper Canada Village kann man
alte landwirtschaftliche und technische Geräte sehen und dabei
die Schwierigkeiten der ersten Pioniere ermessen*

Als 1950 für den Bau des St. Lawrence-Seeweges und die gleichzeitige Erweiterung der Kraftwerksanlage bei Cornwall ein großer Staudamm notwendig geworden war, bedeutete dieser Beschluß die Überschwemmung von acht Dörfern. Kaum waren die Pläne der Öffentlichkeit bekanntgeworden, gingen familienbewußte Bürger auf die Barrikaden. Sie wollten das, was sie ererbt von ihren Vätern, auch für entsprechende Abfindungssummen nicht so ohne weiteres unter den Fluten verschwinden lassen. Die lauten Proteste führten schließlich zur Gründung einer Kommission [heute bekannt als «The St. Lawrence Park Commission»], die von der Provinzregierung mit dem Schutz des kolonialen Erbes beauftragt wurde. Alle Gegenstände, die aus der frühen Siedlungsgeschichte von Upper Canada – also aus der Zeit vor 1867 – stammten, sollten sachkundig zusammengetragen werden. Bei dieser Aktion kam eine stattliche Sammlung von vierzig Kolonialhäusern zusammen, von antikem Mobiliar und antiken Geräten. Das Schlachtfeld von 1813, das damals dem Farmer John Crysler gehörte, schien der Kommission als Museumsgelände geeignet. Wand für Wand wurden die Häuser an ihrem Standort von Fachleuten abgetragen und im *Crysler Batterfield Park* wieder aufgebaut. In Upper Canada Village ist alles, von der einfachen Blockhütte einer Loyalistenfamilie über die ansehnlichen Wohngebäude des Pastors, des Doktors oder des Farmers Jean Louck bis zum handgeschmiedeten Nagel und Dübel authentisch.

Wenn Sie nach einem heftigen Regenguß per Bus, PKW oder Fahrrad auf dem riesigen Parkplatzgelände vor den Dorftoren eintreffen, werden anschließend die breiten Holzstege gleich gute Dienste erweisen. Sie schützten auch die Bewohner einer Pioniersiedlung vor dem oft knöcheltiefen Schmutz und Schlamm der damaligen Straßen. Ebenso typisch für ein Kolonialdorf sind die Schuppen neben der Kirche und den Farmen. Sie dienten den Reisenden zum Unterstellen der Pferde und Wagen.

Upper Canada Village ist ein Bauerndorf aus der Mitte des 19. Jahrhunderts, in dem die Geschichte neu zum Leben erweckt wurde. Die Touristen, die in Scharen durch die Räume der Häuser, Werkstätten und Stallungen drängen, können dem Zimmermann beim Bearbeiten der groben Baumstämme zusehen, einen Schulraum besichtigen oder beobachten, wie

aus Ton irdenes Geschirr getöpfert wird. Ein paar Schritte weiter klappert die Mühle am rauschenden Bach und rattern die Maschinen einer Weberei dem künftigen industriellen Zeitalter Ontarios entgegen. Wer sich für althergebrachtes Handspinnen interessiert, muß die Stube von Lady McDiarmid besuchen. Ein gewürztes Brotschmankerl, im Farmershaus frisch gebacken, hilft vorübergehend über den knurrenden Magen hinweg. Ganz im Stil der Kolonialzeit, doch zu Preisen des 20. Jahrhunderts, speisen Sie im Hotel Willard. Die «Dorfbewohner», die hier wie dort in altkanadischen Kostümen ihre täglichen Arbeiten verrichten, verstehen ihr Handwerk. Auch dann, wenn es sich um das Handhaben eines Schmiedeambosses aus dem Jahre 1837 handelt. Die Villa Crysler mit dorischem Säuleneingang informiert anschaulich über die verschiedenen Baustile in Upper Canada.
Unter den Freilichtmuseen ist Upper Canada Village das interessanteste, lebendigste und bedeutendste Pionierdorf Kanadas.
Ein Blick auf die Straßenkarte zeigt, daß von Morrisburg der kürzeste Weg nach Ottawa führt.

Ottawa, die Hauptstadt mit Provinzcharakter und Parlamentshügel

Ruhig und freundlich ist der richtige Ausdruck für den Charakter von Ottawa, der Bundeshauptstadt Kanadas. Zusammen mit der gegenüberliegenden eingegliederten Stadt Hull zählt der städtische Großraum rund 300 000 Einwohner. Als Sitz der Bundesregierung, als Standort von Botschaften aus fünfzig Ländern der Erde und internationaler Diplomatie strahlt die Stadt etwas von der zufrieden-stolzen Selbstgenügsamkeit des Ottawa-Flusses aus, der in einem weiten Bogen zwischen Ottawa und Hull fließt und damit die natürliche Grenze zwischen dem englischsprechenden und dem französischsprechenden Kanada bildet. Hoch über dem Steilufer grüßt Ottawa mit dem Parlamentskomplex auf dem Boden der Provinz Ontario. Geschäftig und vital gibt sich Hull mit seiner Papierindustrie und der Welt größter Streichholzfabrik entlang des Quebecer Ufers. Die Portage-Brücke und die McDonald Cartier-Brücke verbinden die Zentren der beiden sich gegenüberliegenden Städte.

Bis in die sechziger Jahre des 20. Jahrhunderts entwickelten sich Ottawa und Hull mehr nebeneinander als miteinander. Zündstoff für permanente Auseinandersetzungen lieferte immer wieder die seit den Gründerjahren gelegte Problematik: das Aufeinanderprallen der anglokanadischen mit der frankokanadischen Mentalität. 1969 wurden die schwelenden Feindseligkeiten beschwichtigt, indem die Premiers von Ontario und Quebec mit Unterstützung des Parlaments die beiden Städte offiziell zum Großraum Ottawa-Hull zusammenschlossen. Seitdem versucht Ottawa-Hull ein Beispiel zu geben für das Koordinieren der zwei verschiedenen Kulturen des Landes. Zweisprachigkeit ist – wie es das Gesetz übrigens für den gesamten Bundesstaat vorschreibt – in der Regierungsstadt zur Pflicht geworden und seit über zehn Jahren eine Selbstverständlichkeit. Die Universität von Ottawa ist die größte zweisprachige Universität in Kanada.

Inzwischen wurden zwei Ministerien aus Ottawa nach Hull verlegt und in dem weit über die Stadt ragenden Hochhaus untergebracht. Bis 1982 sollen etwa 25 000 Regierungsbeamte jenseits des Ottawa-Flusses auf dem Boden der Provinz Quebec arbeiten.

Dank des guten Willens für ein sinnvolles Miteinander haben

Ottawa und Hull in den vergangenen Jahren auch bedeutend an Wohnlichkeit und Lebensqualität hinzugewonnen. In *Ottawa City* wurde *Sparks Street Mall,* eine der bedeutendsten Querverbindungen der Stadt, in eine charmante Fußgängerzone mit Bäumen, Bänken, Boutiquen, Einkaufszentren und gutgeführten Restaurants umgewandelt. Die zahlreichen Park- wie Grünanlagen auf beiden Seiten geben Ottawa-Hull das Flair einer Gartenstadt. Besonders anziehend wirkt die Bundeshauptstadt im Frühjahr zur Tulpenzeit. Königin Juliana aus Holland war es, die Ottawa nach dem Zweiten Weltkrieg buchstäblich zum Blühen brachte. Als Dank für politisches Asyl schickte sie an den Ottawa River eine Schiffsladung kostbarer Tulpenzwiebeln. Heute kann der Besucher alle Spielarten holländischen Züchterfleißes in den Parkgärten und entlang der Promenade bewundern: dunkelrote und lichtgelbe Blütenkelche, karmesinrote mit weißen Tupfen und weiße mit violetten Flammenzeichen. Die eindrucksvollsten Tulpenrabatten gruppieren sich um *Bows Lake.*
Sind die Tulpen verblüht, konzentriert sich der Besucherstrom vorwiegend auf den *Parlamentshügel* mit dem Amtssitz der kanadischen Regierung. Die Stadtverwaltung nahm den wachsenden Sommertourismus zum Anlaß, eine Militär-Show auf die Beine zu stellen: «Changing of the Guard», heißt das bedeutende Vormittagsereignis. Diese im Jahre 1972 zum erstenmal praktizierte Zeremonie der rotberockten Soldaten mit schwarzen Bärenfellmützen spielt sich täglich um 10 Uhr morgens auf dem weitläufigen Rasengelände des Parlamentshügels vor den Augen und mit Beifall einer großen Zuschauermenge ab.
Ebenso wirkungsvoll für Farbfotos bieten sich Gruppierungen mit der Royal Canadian Mounted Police, im Volksmund kurz «Mounties» genannt. Im Gegensatz zur Militärgarde tra-

gen die Ordnungshüter des Staates scharlachrote Uniformröcke, breitkrempige Hüte und Reithosen in Reitstiefeln. Nur noch selten sieht man die «Mounties» ihrer Bezeichnung entsprechend «mounted», also hoch zu Roß. Im allgemeinen sorgen sie im Parkgelände zu Fuß für die ohnehin vorhandene Ordnung.

Doch zurück zum Parlamentsgebäude. Bevor Sie sich einer der Führungen durch die verschiedenen Räume, Säle und Gänge anschließen, spazieren Sie kurz zur *Centennial Flame* hinab. Sie symbolisiert seit 1967 mit den Wappen sämtlicher Provinzen die über hundertjährige Einheit der Nation.

Wie viele Repräsentativbauten in Kanada sind die drei Regierungsblocks mit Türmen und ihren grünspanbesetzten Dächern in neugotischem Stil [von 1861 bis 1866] erbaut. Im *Zentralgebäude* residieren das *House of Commons* und der *Senat*. Der Komplex brannte 1916 ab und wurde danach zur heutigen Anlage erweitert. Bei öffentlichen Sitzungen leuchtet an der Spitze des Friedensturmes ein weißes Licht auf. Dann ist das Publikum herzlich eingeladen, auf der Besuchergalerie Platz zu nehmen.

Ins Entree, dem Sammelpunkt für Führungen, gelangt der Besucher durch den Torbogen des Friedensturmes. Imposant ragt der *Peace Tower* aus der Mitte der wohlgegliederten Hauptfront beinahe hundert Meter über den Hügel. Vom Aussichtsplateau des Turmes läßt sich ein herrlicher Rundblick über die Stadt, den Fluß und die weite Ebene des Hinterlandes genießen.

Auf der Rückseite, dem Fluß zugewandt, liegt der *Bibliotheksrundbau*. Wer den Lesesaal des Britischen Museums in London kennt, wird hier die glückliche Wirkung des englischen Vorbildes spüren. Mit einer Sammlung ältesten kanadischen Schrifttums ist die Bibliothek des Parlaments die wertvollste

Bücherei Kanadas. Doch die einmaligen Schriftstücke, wie zum Beispiel die erste Nummer der Quebecer «Gazette» vom 21.Januar 1764, können den Gästen nur aus angemessener Distanz gezeigt werden. Benutzungsrecht besitzen hier nur Regierungsbeamte. Einen besonderen Blickpunkt inmitten des warmen, holzgetäferten Raumes bildet die Marmorstatue der britischen Königin Viktoria.

Die ehrwürdigen Volksvertreter des Landes haben ihre Standbilder unter freiem Himmel erhalten. Rund um das Parlament reihen sich – der Entwicklung und Besiedlung des Landes entsprechend – ihre Denkmäler von Ost nach West. Kanadas erster und wohl auch bedeutendster Premierminister war *John A. McDonald* [1867 bis 1873 und 1878 bis1891]. Er gilt als der Vater der Konföderation und als weitblickender Baumeister der Nation. Zu den Schwerpunkten seiner erfolgreichen Staatsführung gehörten der Bau der Transkontinentalen Eisenbahn, das Errichten eines Schutzzolles gegen ausländische Waren und die aktive Förderung der Besiedlung des Westens. Als seine Statue 1895 auf der Ostseite des Parlaments auf den Sockel gehoben wurde, begleiteten 21 Salutschüsse diesen Akt.

MacDonalds Politik fand damals starke Unterstützung von den Staatsmännern Thomas D'Arcy McGee, dem Torontoer Zeitungsverleger George Brown und Etienne Cartier. Etwas abseits im Nordosten erinnern zwei Namen daran, daß Robert Baldwin und Louis H.Lafontaine bereits von 1842 bis 1843 und von 1848 bis 1851 unter britischer Krone das erste selbständige kanadische Ministerium gebildet hatten. Alexan-

322/323   Ottawa, Parlamentshügel mit historischer Wachablösung

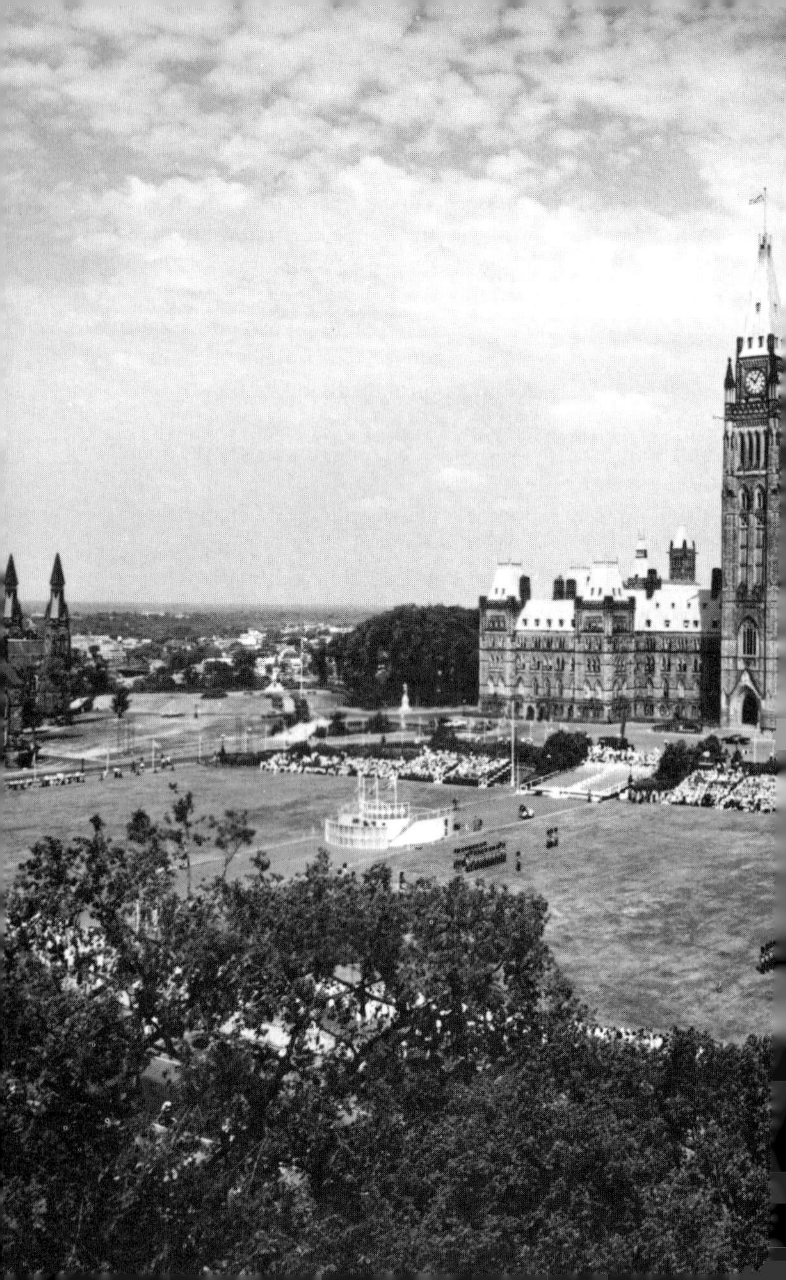

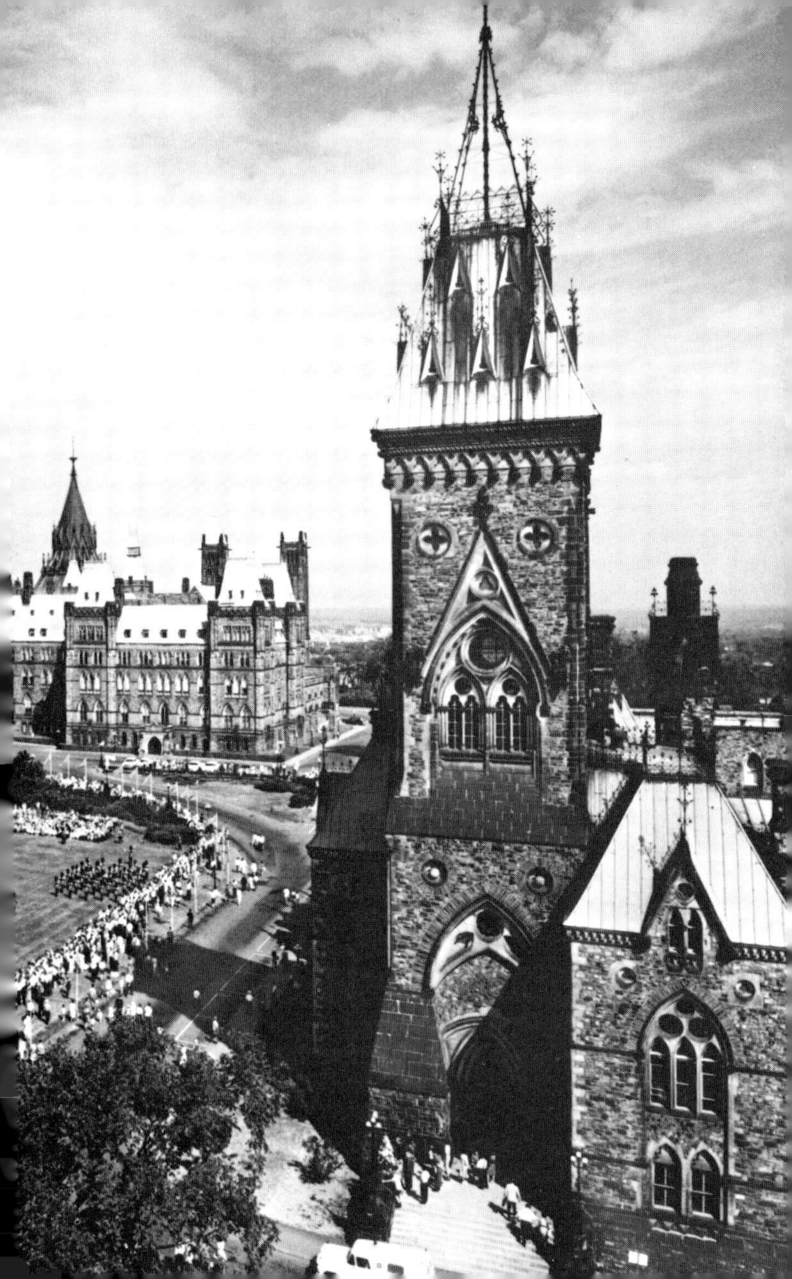

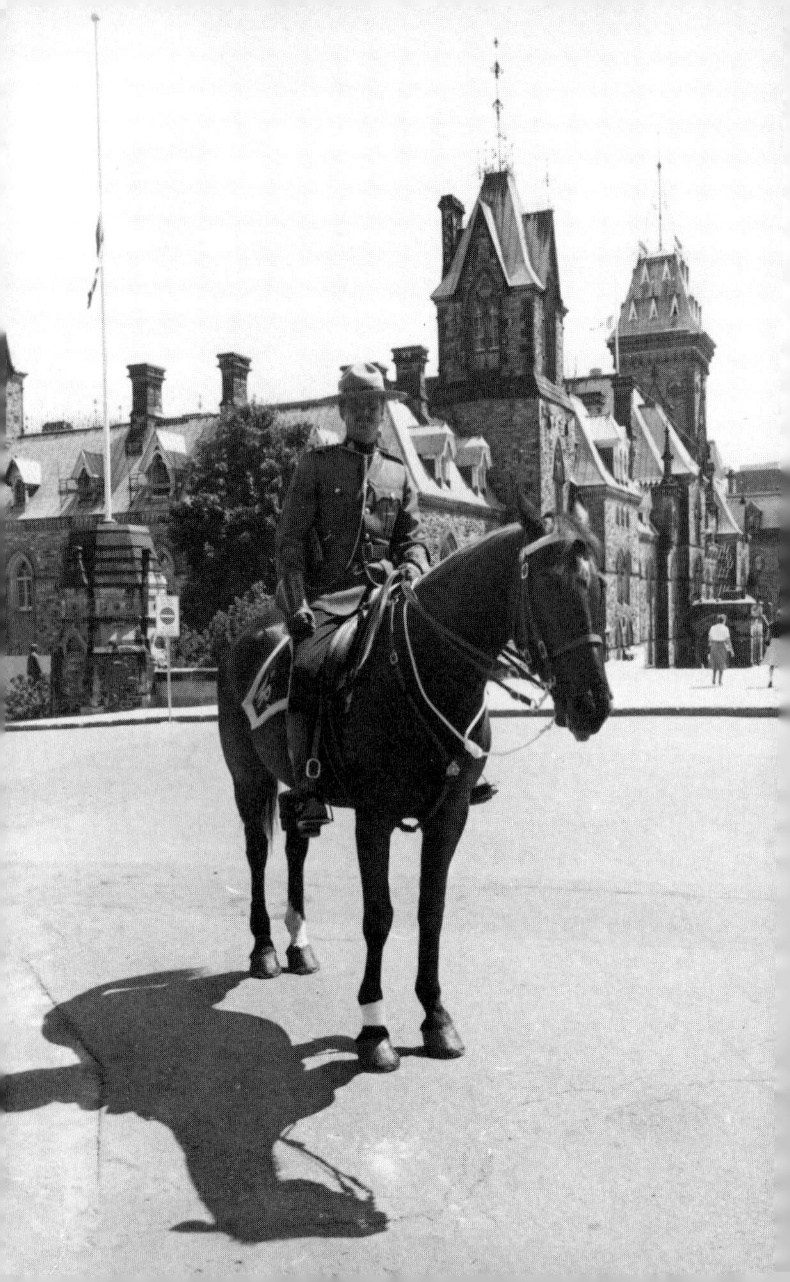

der McKenzie war der zweite Premierminister Kanadas. Besondere Erwähnung verdient noch der vitale, frankokanadische Politiker Wilfrid Laurier, dessen Monument südlich des Ostblocks zu sehen ist. Laurier wurde 1896 der siebente Premierminister und verhalf Kanada durch die intensive Förderung der Bodenschätze und den Bau von Wasserkraftwerken zu einem beachtenswerten Wirtschaftsboom. Von Laurier stammt der inzwischen wieder vielzitierte Satz: «Das zwanzigste Jahrhundert wird das Jahrhundert Kanadas sein.»
Bei einem Spaziergang rund um das Parlament fällt unter all den Statuen und Monumenten der honorablen Staatsmänner schließlich im Westen das *Memorial von Königin Viktoria* ins Auge. Ottawas große Verehrung der britischen Regentin gegenüber hat gute Gründe. Die Stadt verdankt einer Entscheidung Ihrer Königlichen Majestät seine moderne *Geschichte*, den noblen Status: Regierungsmetropole des zweitgrößten Landes der Erde zu sein.
Im Jahre 1858 war es politisch notwendig geworden, für die beiden nordamerikanischen Provinzen Oberkanada [Ontario] und Unterkanada [Quebec] eine gemeinsame Hauptstadt zu finden. Die britische Regierung schrieb einen Wettbewerb aus. Orte, die sich angesprochen fühlten, sollten in einem ausführlichen Statement ihre Eignung nachweisen. Neben den damals wirtschaftlich bedeutenden Städten wie Toronto und Kingston in Oberkanada, Montreal und Quebec in Unterkanada, bewarb sich die Sägemühlestadt *Bytown,* die sich jetzt wohlüberlegt nach dem in dieser Gegend lebenden Huronenstamm «Ottawa» nannte.

324 Die Royal Canadian Mounted Police wurde in den siebziger Jahren des vorigen Jahrhunderts gegründet

Außer ihren freundschaftlichen Beziehungen zu den Indianern konnte die Stadt noch besonders günstige geografische Vorzüge anbieten. Ottawa liegt an der Mündung des Rideau-Kanals in den Ottawa River. Der *Rideau-Kanal* war nach den britischen Kriegen gegen die Vereinigten Staaten von Amerika [1812 bis 1814] unter dem Kommandanten John By [nach ihm wurde die Stadt Bytown genannt] in den Jahren von 1826 bis 1832 gebaut worden. Die Kanalstraße sollte Kanada in Konfliktfällen unabhängig machen vom St. Lawrence-Strom, der zwischen dem Ontariosee und Montreal die gemeinsame Grenze zwischen Kanada und den USA bildet. Im Kriegs- und Notfall konnten durch den Rideau-Kanal, der die Wasserfälle des Rideau River bei Ottawa umgeht, Truppen und Waren direkt vom Ontariosee nach Ottawa und von dort weiter nach Montreal gebracht werden. Doch der fingierte Notfall hat sich seitdem nur als Glücksfall für den Tourismus und die Freizeitgestaltung erwiesen. Eine Bootsfahrt durch den Rideau-Kanal mit seinem interessanten Schleusensystem gehört garantiert zu den unvergeßlichen Urlaubserlebnissen in Kanada [Kanalrundfahrten finden von Boat Cruises aus statt]. Im Winter wird der Kanal zur längsten Eisbahn der Welt, zu einem Paradies für Schlittschuhläufer.

Wichtig für die Wahl Ottawas zur Regierungshauptstadt war aber nicht nur die günstige Lage am Rideau-Kanal, sondern auch die besondere Grenzposition zwischen den beiden Provinzen Ontario und Quebec. Nach sorgfältiger Prüfung kam die britische Regierung 1858 zu dem Schluß, daß «die Stadt Ottawa mehr Vorzüge als jeder andere Ort Kanadas besitzt, die ihn geeignet macht, zum dauernden Sitz der zukünftigen

327 Das Schleusensystem des Trent–Severn-Kanals in Ottawa

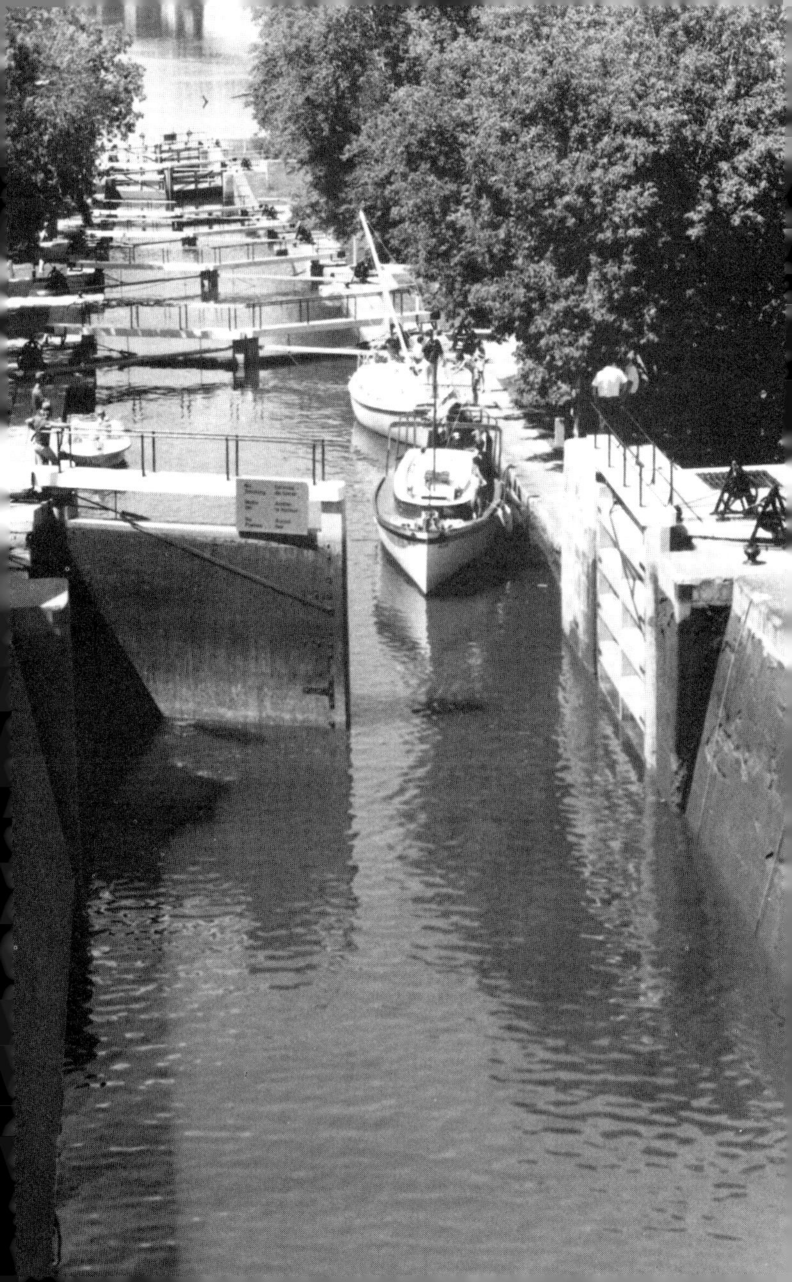

Regierung der Provinzen zu werden». Bereits ein Jahr später wurde der britischen Armee das heutige Gelände des Parliament Hill abgekauft und mit dem Bau notwendiger Verwaltungsgebäude begonnen.

Aus der Zeit von Ottawas politischen Anfängen stammt das *Laurier House*, in dem Kanadas siebenter Premierminister Wilfrid Laurier und dessen Nachfolger William Lyon McKenzie King wohnten. Die Residenz wurde 1878 im viktorianischen Stil der Zeit gebaut und eingerichtet. Unter den Kostbarkeiten des Inventars befindet sich im dritten Stock das Gästebuch des früheren Hausherrn McKenzie King mit Eintragungen prominenter Persönlichkeiten wie König Georg VI., Königin Elisabeth, Winston Churchill, Franklin Roosevelt und Charles de Gaulle [335 Est, Rue Laurier. Öffnungszeiten: täglich von 10 bis 17 Uhr, Montag geschlossen].

Inzwischen wurde von seiten der Stadtverwaltung und der Bundesbehörden viel getan, Ottawa zu einer attraktiven und repräsentativen Hauptstadt zu machen. Rundfahrten mit dem roten *Double-Decker-Bus* können erste Eindrücke von den Sehenswürdigkeiten der Stadt vermitteln [Abfahrt: Confederation Square].

Wer Ottawa nicht im Sauseschritt durcheilt, sollte ebenfalls von *Confederation Square* aus einen Stadtbummel zu Fuß beginnen. Dort befindet sich das amtliche *Informationsbüro*, in dem ein Stadtplan, hilfreiches Prospektmaterial und Auskünfte über besondere Veranstaltungen zu erhalten sind. Von hier aus läßt sich auch die bereits erwähnte Fußgängerzone *Sparks Street Mall* bequem erreichen. Südlich des Platzes haben im modernen *National Arts Centre* die Theater eine gemeinsame Unterkunft erhalten. Mit einem großen Opernsaal, einem Theaterraum und einem Experimentierstudio ist der Kulturbau jedoch nicht nur für Theaterfreunde ein Treff-

Die Fußgängerzone in Ottawa bietet viele Möglichkeiten zu einer kleinen Erholung vom Einkaufsbummel

punkt, sondern zugleich auch für Menschen, die nur vom Restaurant oder der Bar aus einen Blick auf den Rideau-Kanal genießen möchten oder vor einer Besichtigungstour das Bedürfnis nach einer Stärkungspause haben.

Gegenüber dem National Arts Centre liegt die *National Gallery*, die größte Kunstsammlung Kanadas. Ihre Bestände reichen von europäischen Meistern wie Rembrandt, Van Gogh, Murillo, Picasso über eine vollständige Sammlung kanadischer Kunst vom 18. Jahrhundert bis zur modernen Malerei [Ecke: Elgin und Slater Street].

Museumsland erstreckt sich im Süden der Stadt über ein weites Areal. Hier haben das *National Museum of Man* und das *National Museum of Natural Science* ein gemeinsames Dach gefunden. Das National Museum of Man informiert gut und lebendig über Volkskunst und Kunsthandwerk der kanadischen Nation sowie über die Kulturen der Indianer und Eskimo. Das National Museum of Natural Science hingegen hat die interessante Tierwelt des nordamerikanischen Kontinents in Szene gesetzt. Monstren aus der Frühgeschichte Kanadas gehören mit zu den meistbestaunten Exponaten [Ecke: Metcalfe und McLeod Street].

Im *National Museum of Science and Technology* findet der Besucher anhand von Knöpfen, Tasten und Mikroskopen spielend Zugang zur Welt der Physik, Meteorologie und Astronomie. Sehr beliebte Objekte sind natürlich bei Kindern die Kommandobrücken respektabler Schiffsveteranen und das Führerhaus einer ausgedienten CNP-Lokomotive [1867, St. Laurent Boulevard].

Wer sich für die Luftschiffahrt interessiert, sollte am Rockcliff Airport der *National Aeronautical Collection* einen Besuch abstatten. Mit beinahe hundert Flugzeugtypen rangiert diese Sammlung unter den besten der Welt. Hierzu ergänzend sei noch das *Canadian War Museum* erwähnt, das sich mit Waffen, Kriegsfotos, Uniformen auf das kanadische Kriegsgeschehen spezialisiert hat. Daneben liegt das *Royal Canadian Mint Museum* mit einer interessanten Ausstellung kanadischer Münzen [330–350, Drive Sussex]. Das älteste Haus von Ottawa aus dem Jahre 1826 beherbergt heute das *Bytown Museum*. Es diente während des Rideau-Kanal-Baus als Verwaltungsgebäude und informiert über die Geschichte und Entwicklung der Bundeshauptstadt.

Ein «Sprung über den Kanal» ins *Château Laurier* wäre von

hier aus für eine Erholungspause empfehlenswert. Bereits die verhalten vornehme Fassade strahlt jene gepflegte Atmosphäre aus, die den Gast im Innern mit geschnitzten Kronleuchtern und wertvollen Täferungen empfängt. Das Hotel Château Laurier wurde 1920 zusammen mit den Parlamentsgebäuden eröffnet und gehört zur renommierten Kette der kanadischen Hotelschlösser, deren Service nach wie vor zu den hervorragenden des Landes gehört.

Ottawa, die Stadt der Regierungsämter und -behörden, macht einen Bummel durch die *Wellington Street* nahezu obligatorisch. Westlich des Parlaments stehen das Pressehaus, das Polizeipräsidium und jenseits der Bank Street der *Oberste Gerichtshof*, die dritte Macht des kanadischen Regierungssystems. Auf der linken Seite steht mit grünspanigem Dach *The Bank of Canada*. Obwohl die festungsartige Fassade etwas schwermütig auf das Alltagsgetriebe herabschaut, gehört der Bau zu den wichtigen Institutionen des Staates. Hinter den wuchtigen Mauern ruhen die Goldreserven des Landes, wird der Geldumlauf kontrolliert und über den Druck von Dollarnoten entschieden.

Die Entscheidungen über die Belange der Stadt werden dagegen genau auf der entgegengesetzten Seite gefällt: an den Ufern des *Rideau River*. Das moderne Rathaus, die *City Hall,* ist nur deshalb erwähnenswert, weil sie idyllisch an der Mündung des Rideau in den Ottawa River liegt. Rund um die Rideau-Mündung gruppieren sich auch die Residenzen der politischen Prominenz. In einer weiten Parkanlage, auf einen hohen Kalkfelsen gebaut, steht der *Sitz des Premierministers* [24, Sussex Drive], und in der *Rideau Hall* ist der Generalgouverneur zu Hause, die Vertretung von Königin Elisabeth II., die auch als Königin von Kanada das formelle Oberhaupt des Staates ist. Während ihrer Besuche in Ottawa wohnt die Kö-

Die typischen Einfamilienhäuser am Rande der Großstadt; hier spürt man noch immer den europäischen Einfluß

nigin in der Rideau Hall. Beide Residenzen sind nicht zu besichtigen.

Weniger zu besichtigen als zu erleben gilt es den traditionellen *By Ward Market,* auf dem die Farmer der Umgebung ihre frischen Produkte noch genau so anbieten wie damals, als Ottawa noch nach dem Kanalbauer John By Bytown hieß [York Street].

Sehenswert ist die *Central Experimental Farm* mit seltener Baumbeständen und Blumenfeldern. Schließlich sei noch einmal auf die herrlichen Parks hingewiesen, von denen der *Gati neau-Park* in Hull auf der Seite Quebecs besondere Naturerlebnisse bietet.

«What's on» heißt eine Broschüre mit einem übersichtlichen Veranstaltungskalender, aus dem alles zu entnehmen ist, was es in Ottawa-Hull wann und wo zu sehen und zu erleben gibt. Im Juliprogramm sollte auf keinen Fall das große «Festival Canada» übersehen werden mit Tanz- und Konzertveranstaltungen, Wettbewerben und Feuerwerk. Was in dem Heft allerdings nicht zu finden ist, sind die Adressen der *deutschsprachigen Botschaften*. Für besondere Fälle und Notsituationen seien ihre Anschriften zum Schluß vermerkt. Die Botschaft der Bundesrepublik Deutschland befindet sich in 1, Waverley Street [Tel.: 232-1101], die Botschaft von Österreich liegt in 445, Wilbrod Street [Tel.: 235-5521] und die Botschaft der Schweiz in 5, Marlborough Avenue [Tel.: 235-1837].

QUEBEC – DER KEIL DURCH KANADA?

Quebec ist mit einer Fläche von 1 549 843 km² die größte Provinz Kanadas. Auf europäische Verhältnisse übertragen bedeutet dies, daß die Schweiz, die Bundesrepublik Deutschland und Österreich zusammen viermal auf dieser gigantischen Landmasse Platz hätten. Hier lebt ein Viertel der kanadischen Gesamtbevölkerung, also rund sechs Millionen Menschen.

Die offizielle Sprache der Quebecer ist Französisch, die zweite Amtssprache Kanadas. Häufig sieht sich der Besucher jedoch mit einem Dialekt konfrontiert, der – nach der etwas nachlässigen Aussprache von «cheval» [Pferd] – «Joual» genannt wird. Das Auffallende an dieser Mundart ist der Akzent, wie er vereinzelt noch in der Normandie oder in Nordwestfrankreich zu hören ist.

Zu erklären ist dieser überkommene Jargon damit, daß die ersten Siedler, die im 17. und 18. Jahrhundert aus Frankreich auswanderten, ihre regionalen Aussprachegewohnheiten und den damals üblichen Wortschatz in die «Neue Heimat» mitbrachten, diese dort weiterpflegten und weitervererbten. So erstaunt es nicht, daß man in Quebec heute noch Ausdrücke und Wörter hört, die in Frankreich im Verlauf der Entwicklung ausgestorben sind oder inzwischen in anderem Zusammenhang gebraucht werden. Europäer wissen zum Beispiel, daß der Franzose zu den Tagesmahlzeiten «petit déjeuner», «déjeuner» und «dîner» sagt, während sie in Quebec noch immer so heißen, wie es in Frankreich bis ins 18. Jahrhundert üblich war: «déjeuner», «dîner», «souper». Dem einen oder anderen Besucher fallen derartige Sprachnuancen vielleicht auf. Doch muß er sie für eine Verständigung weder kennen noch beherrschen. Die meisten Quebecer verstehen und sprechen nämlich auch Englisch.

Natürlich ist die Sprache nicht allein das Besondere in Quebec. Ein Blick auf die Landkarte zeigt die geografisch äußerst günstige Lage der Provinz. Zunächst wirkt das Wasser bestimmend. Im Norden sind es die Hudson Strait und die Ungava Bay, die Quebec begrenzen, und im Westen die Hudson Bay, die sich als James Bay ins Land hineinschiebt. Dazwischen liegen Tausende von Seen, Flüssen und Bächen, deren Wasser in den unbewohnten Gebieten des Nordens kristallklar und trinkbar ist.

Kein Wunder, daß diese zivilisationsfernen Nordgebiete vor allem von passionierten Anglern, Kanuten und Naturenthusiasten aus aller Welt aufgesucht werden. Die wilden Flüsse und die zahlreichen zusammenhängenden Seenketten sind ein Paradies für Kanu-Abenteurer. Und zum großen Anglerglück gehören der Muski- oder der nordische Hecht, die überdimensional schweren Binnenseeforellen, der seltene Arktische Saibling, der Lachs und der Barsch, Zander, Aal und Weißfisch – um nur einige der wichtigen Süßwasserfische der nördlichen Regionen zu nennen.

Weniger mit einem Reinheitsprädikat als mit herrlichen Luftstimmungen, mit Kultur und Zivilisation kann Quebecs Süden aufwarten. Hier durchzieht der machtvolle, majestätische St. Lawrence-Strom vom Ontariosee bis zum Atlantischen Ozean das geschichtsträchtige Land. An seinen Ufern liegen Dörfer, Siedlungen und weite fruchtbare Ländereien. Bedeu-

336/337   Riesige Holzberge warten auf die Weiterverarbeitung

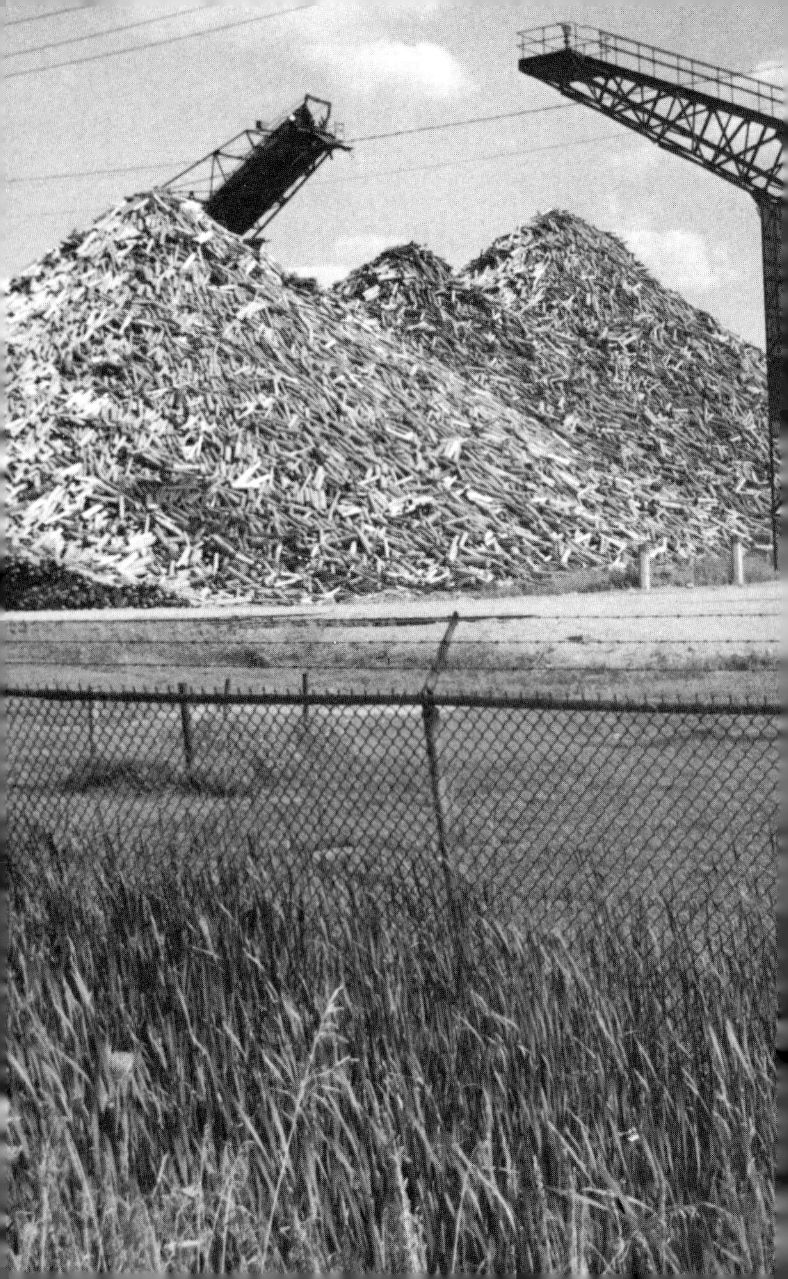

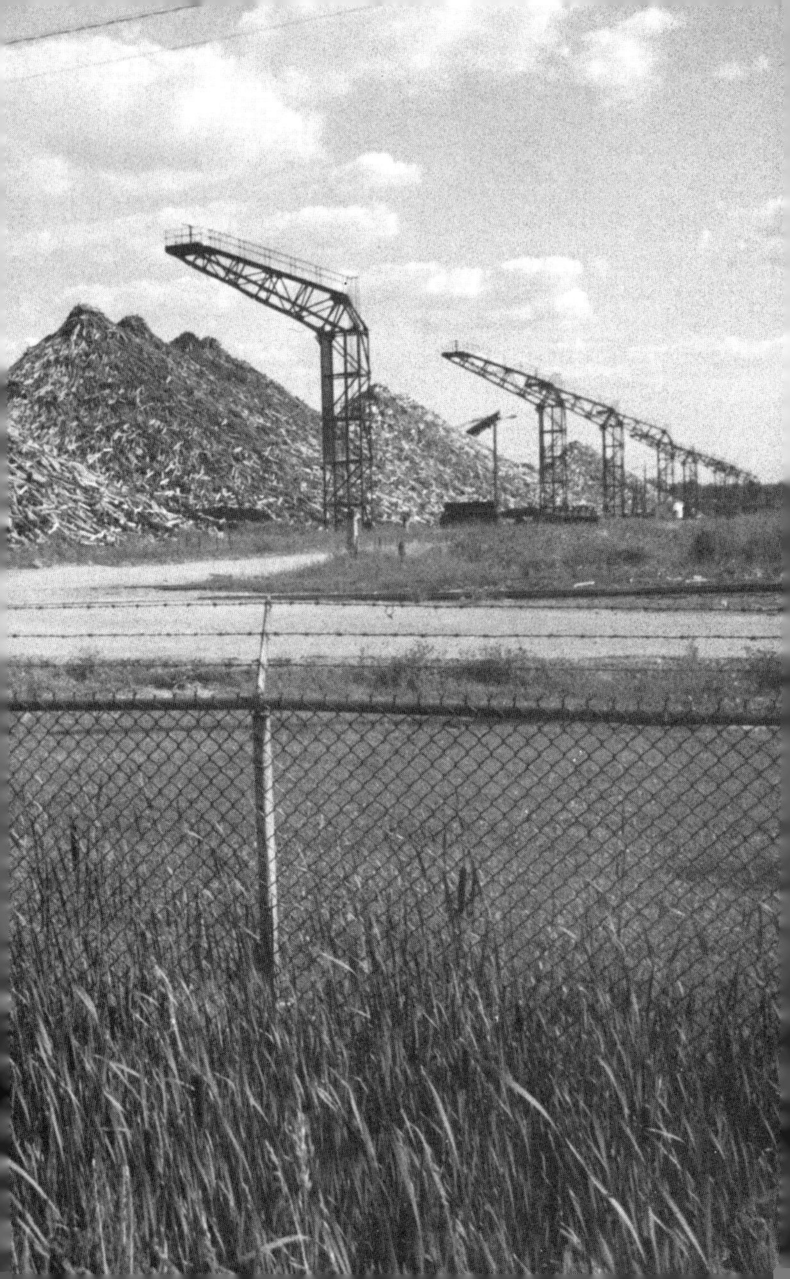

tende Großstädte wie Montreal und Quebec konnten sich hier entwickeln. Daneben machen riesige Sägereien und Fabriken das Wasser des St. Lawrence-Stromes für sich nutzbar. Oft kündet schon von weitem ein penetranter Smog die rege Produktivität der Industriebetriebe an. Die abgelassenen Chemikalien und Giftstoffe machen den St. Lawrence-Strom inzwischen zum Baden ungeeignet.

Um die natürlichen Vorteile der direkten Verbindung mit dem Ontariosee für den Verkehr und die Wirtschaft nicht brachliegen zu lassen, wurden 1959 in einem Übereinkommen mit Amerika die Stromschnellen, die bisher von Montreal aus ein Weiterkommen flußaufwärts unmöglich machten, durch ein aufwendiges Schleusen- und Kanalsystem ausgeschaltet. Die Ozeanschiffe können seitdem vom Atlantik direkt zu den Großen Seen und den umgekehrten Weg fahren. Der St. Lawrence-Strom zählt damit zu den bedeutendsten Wasserstraßen der Welt. Im Winter ist er wegen des starken Treibeises allerdings drei bis vier Monate lang nicht schiffbar.

Auch die zahlreichen Flüsse wie der Ottawa, der St. Maurice, der Sanguenay oder der Richelieu, die den St. Lawrence-Strom vom Norden und Süden her speisen, sind wirtschaftlich bedeutend. Die Holzwirtschaft profitiert von den reißenden Strömungen, die nach wie vor die billigste Transportmöglichkeit für Holz sind. Beinahe auf jeder Fahrt entlang der romantischen Täler sieht man die langen Baumstämme flußabwärts treiben. An Staudämmen oder in natürlichen Buchten sammelt sich das Holz. Dort wird es zu großflächigen Flößen zusammengestellt und von Schleppbooten zu den nächsten holzverarbeitenden Fabriken befördert.

Holz gehört überhaupt zu den großen Naturvorkommen Kanadas und wird überall im Land geschlagen und verarbeitet. Quebec hat sich auf die Herstellung von Papier spezialisiert und exportiert ca. 15 Prozent des gesamten Weltbedarfs. Städte wie Hull mit der größten kanadischen Streichholzfabrik, Baie Comeau, Jonquière und Trois Rivières sind für Papier- und Zellstoffproduktion bestimmend.

Neben Holz nehmen der Abbau von Asbest, Eisenerzen, Gold, Blei, Kupfer, Quarz und Zink eine besondere Bedeutung für Quebecs Wirtschaft ein. Zahlreiche Städte wie Asbestos, Thetford Mines, Montagmi, Val d'Or, La Baie, Schefferville verdanken der Förderung von Mineralien ihren Aufschwung.

Als eine zukunftssichere Einnahmequelle betrachtet die Provinzregierung die Energieerzeugung. Mit bis jetzt sieben großen Anlagen besitzt Quebec die meisten Wasserkraftwerke Kanadas. Hinzu kommt der geplante gigantische Bau der *La Grande-Wasserkraftwerkskette* im Südosten der Hudson Bay. Die zahlreichen Stimmen für und wider den Bau machen mitunter in der europäischen Presse Schlagzeilen. Das enorme Energie-Projekt, bekannt unter dem Namen «James Bay», wird bei Inbetriebnahme der Staudämme ein Gebiet so groß wie die Bundesrepublik unter Wasser setzen. «Damit wird 15 000 Cree-Indianern der angestammte Lebensbereich zerstört und vernichtet», kontern lautstark die Menschenrechtler. Seine juristische Rechtfertigung findet der hydroelektrische Komplex in der errechneten Wirtschaftlichkeit. Im Jahre 1985 soll das Wasserkraftwerk bis zu 15 Millionen Kilowatt pro Stunde erzeugen können. Allein das bereits abgeschlossene Abkommen mit den USA, New York und Boston mit Strom zu versorgen, veranlaßt die Regierung, den Bau so rasch wie möglich fertigzustellen. Besichtigungstouren zum «James Bay»-Baugelände können in Montreal [2, Place Ville] und in Quebec [12, Rue Sainte-Anne] bei den Tourismusstellen «De la Chasse et de la Pêche» gebucht werden.

Weniger aufsehenerregend als das «James Bay-Projekt», jedoch für Quebec wesentlich wichtiger, ist die *Landwirtschaft*. Sie bildet die Lebensbasis der Provinz. Die meisten Bauernhöfe befinden sich in den fruchtbaren Tälern des St. Lawrence-Stromes und des Ottawa-Flusses. Weite Weizenfelder wechseln mit Weideland, Gemüsefelder mit Obstplantagen, Maisfelder mit Kartoffelanbau, Tabakfelder mit großen Waldflächen. Hier wächst der Ahornbaum, aus dem im Frühjahr der Ahornsirup, eine der Quebecer Spezialitäten, gezapft wird. Dazwischen ragen silberglänzend die Silohauben der landwirtschaftlichen Betriebe und die spitzen Kirchtürme der Ortschaften.

Die meisten Dörfer am Nord- und Südufer des St. Lawrence-Stromes sind aus ehemaligen «Seigneurien» entstanden. Die «Seigneurs» kamen häufig, als verarmter Landadel, aus der Bretagne und der Normandie. Viele von ihnen hatten sich als mutige Offiziere oder missionierende Vertreter der kirchlichen Institutionen um die neue nordamerikanische Kolonie «La Nouvelle France» verdient gemacht. Dafür wurden sie vom französischen König großzügig mit Land belehnt. Die «Seigneurs» ließen den Boden von Siedlern, den sogenannten «Habitants», bewirtschaften und verlangten von diesen entsprechende Pachtabgaben. Zu einer «Seigneurie» gehörten im allgemeinen eine kleine Holzkirche, eine Mühle und ein Gemeinschaftsbackofen. Es gibt Ortschaften wie St-Eustache, in denen diese öffentlichen Einrichtungen aus der Kolonialzeit

341   Meilenweit treibt das Holz die wilden Flüsse
          hinunter, bis es seinen Bestimmungsort erreicht hat
342/343 Ein gewohnter Anblick: fruchtbare Weizenfelder und
          dazwischen die Türme der Getreidesilos

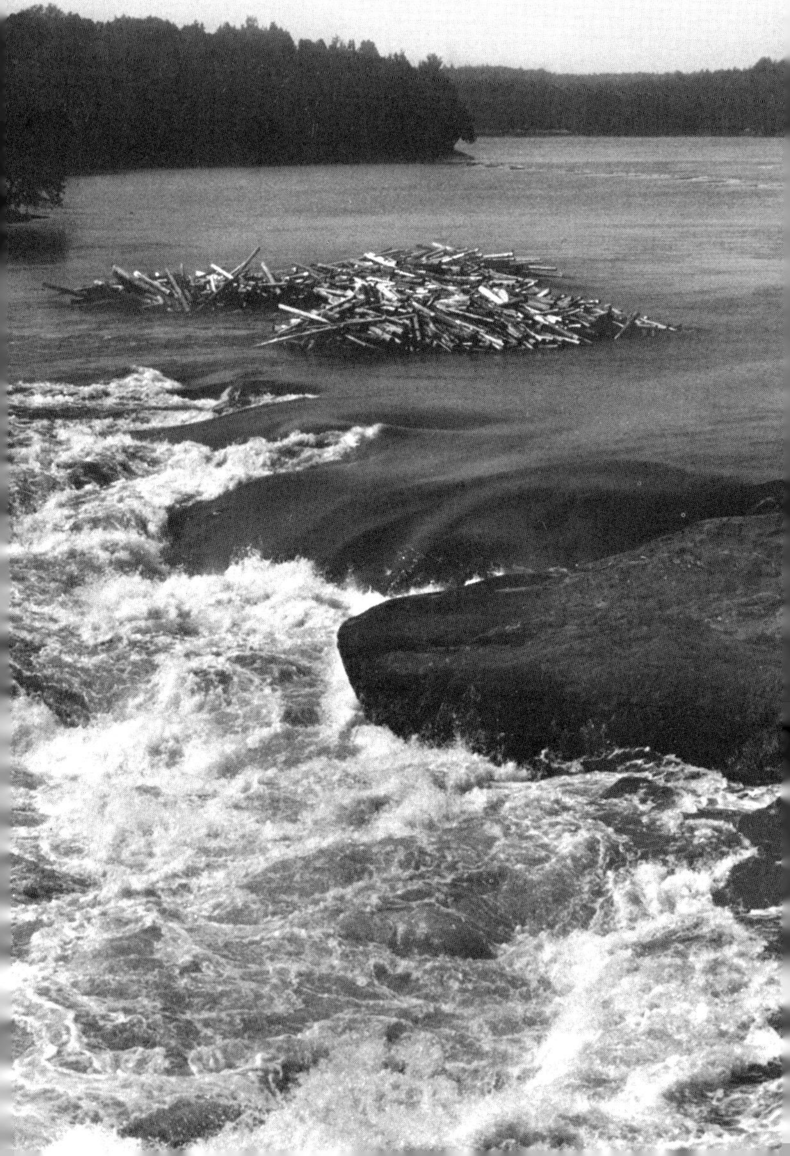

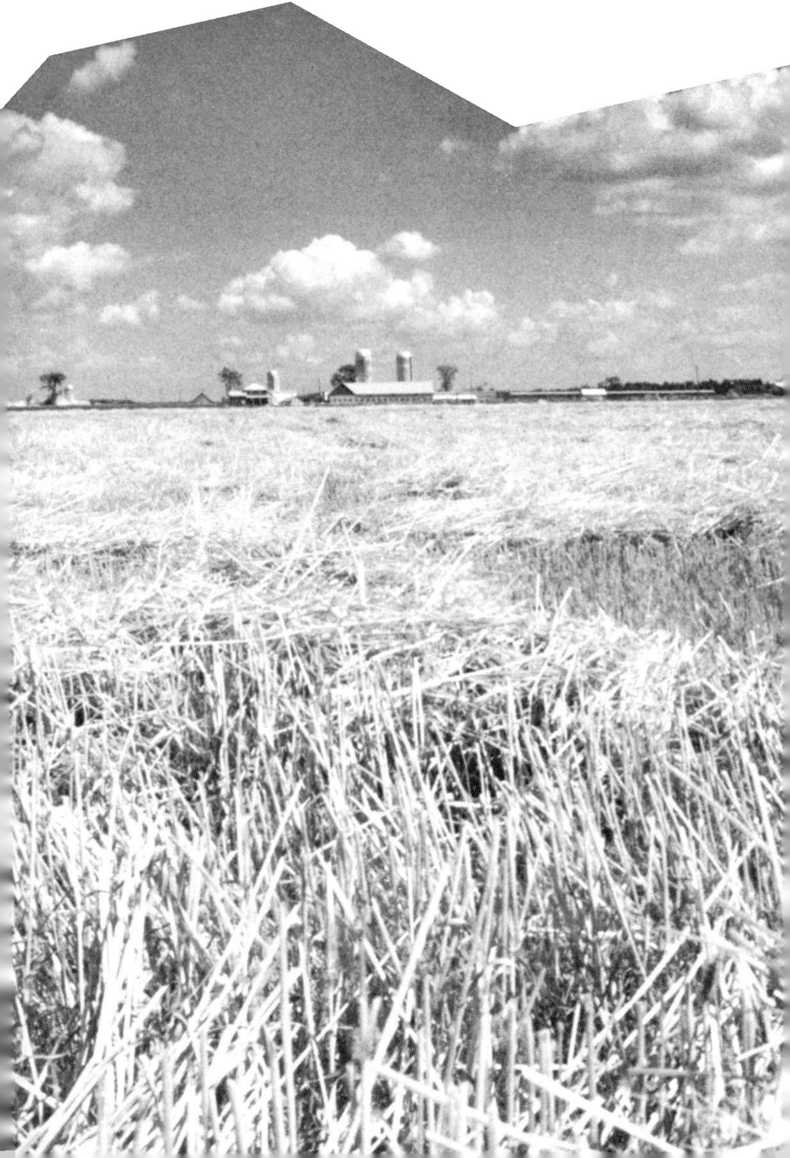

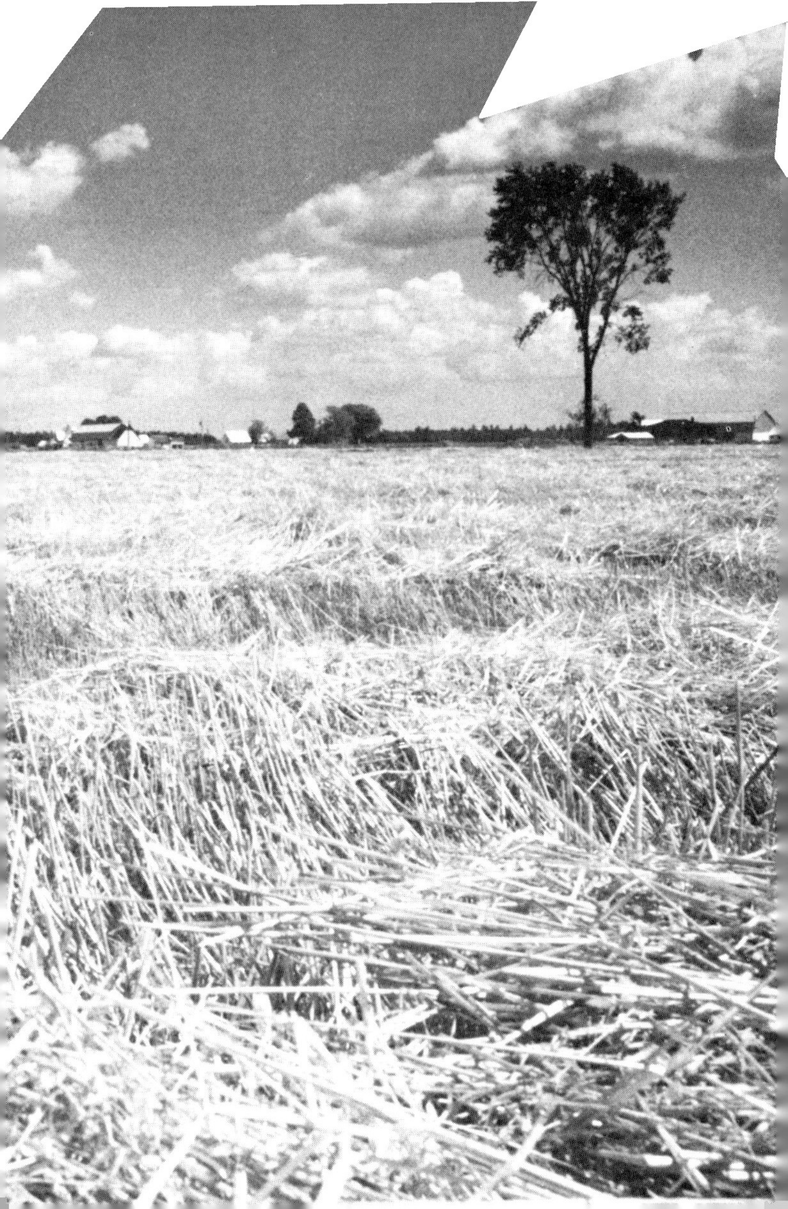

noch in Betrieb sind. Die meisten haben jedoch ausgedient und wurden zur Besichtigung restauriert. Unmittelbar bei diesen ersten kommunalen Gebäuden steht oft noch ein schlichtes weißgestrichenes Holzkreuz, das die «Segenskräfte der Natur mit den Mächten des Himmels» verbinden soll. So wenigstens steht es auf einigen zu lesen.

Das *weiße Kreuz* kann überhaupt als Symbol der Provinz betrachtet werden. Mehr grüßend als mahnend steht es auf Kirchplätzen und Friedhöfen, an den Highways, und es teilt das blaue Fahnentuch Quebecs in vier Felder mit je einer weißen Bourbonenlilie. Das christliche Sinnbild geht bis in die Pionierzeit zurück, als die Kirche im Zeichen des Friedens begann, ihren Einfluß auf die Bevölkerung Nordamerikas zu festigen. Achtzig Prozent der Quebecer sind katholisch und über die Hälfte davon sehr religiös. Die große Heiligenverehrung dieser tiefgläubigen Menschen erklärt auch, daß so auffallend viele Ortschaften die Namen von Heiligen tragen.

Wie es in katholischen Gegenden häufig der Brauch ist, bringen – neben den Kirchenfeierlichkeiten – zahlreiche traditionelle Volksfeste bunte Farbtupfer in den Alltag Quebecs. Von Anfang Februar bis Ende Oktober findet irgendwo in der Provinz immer ein Fest oder Festival statt.

Den Auftakt der Saison gibt in den ersten Februarwochen das große «Fête de Carnaval» in der Provinzhauptstadt Quebec. Durch die künstlerischen Darbietungen, ausgefallenen Veranstaltungen und sportlichen Wettbewerbe gilt es als besondere Touristenattraktion im Jahresfestkalender. Wesentlich verhaltener gestaltet sich im Frühjahr der Frohsinn um den frisch gezapften Ahornsirup, wie Ende April in Notre-Dame-sur-Lac. In den Sommermonaten verdeutlichen Gaumen ansprechende Namen, daß die Ernte die Feste bestimmt. Zum Beispiel wird Ende Juli in Hemmingford ein Apfelfest gefeiert,

Mitte August in Charlesbourg ein Kartoffelfest, oder Ende August in Rivière Bleue ein Maisfest. In der zweiten Augustwoche gibt die Blaubeerenernte in Mistassini Grund zum Feiern mit Blaubeerwein. Und zwischendurch kann der Gast überall in der Provinz an Fischerfesten teilnehmen. Ende Oktober blasen schließlich noch die Jäger zu ihren großen Jagdfestivals mit Tanz, Trophäenausstellungen und Traummenus.

Wohl keine andere Provinz Kanadas strahlt eine derartig lebendige Tradition aus wie Quebec. «Quebec ist eine besondere Erfahrung», schrieb treffend ein amerikanischer Journalist über seine Rundreise durch Ostkanada. Und die eigene Erfahrung trägt vielleicht auch etwas zum Verständnis der politischen Probleme der Provinz bei, deren Lösung viele in der Trennung Quebecs vom übrigen Kanada sehen.

Die Quebecer fühlten sich schon seit langem von der Regierung in Ottawa stark vernachlässigt und nicht gleichberechtigt behandelt mit den übrigen 18 Millionen Anglokanadiern. Bis vor einigen Jahren war es beispielsweise selbstverständlich, daß jeder Frankokanadier im Geschäftsleben ein perfektes Englisch beherrschte, während kaum ein Anglokanadier es für notwendig hält, Französisch zu lernen, obwohl die französische Sprache seit 1867 in Kanada durch die British North America Act als gleichberechtigt gilt. Hinzu kam eine spürbar abwertende Haltung gegenüber dem Business-Geist der bislang von der Kirche stark bevormundeten Quebecer. Bei einer Erhebung stellte sich 1965 sogar heraus: die englischsprechenden Arbeitnehmer in Montreal erhielten mit derselben Ausbildung für ähnliche Tätigkeit mehr Lohn als die Frankokanadier.

Derartige Ungerechtigkeiten führten in der «belle province» zu Verbitterungen und vestärkten die seit der Niederlage von

1759 eingefleischte Ablehnung gegenüber den damals siegreichen Engländern. Immer vernehmbarer artikulierte sich bei den Quebecern ein Nationalbewußtsein und die Überzeugung, sie seien von den Anglokanadiern schon durch die Abstammung grundverschieden und hätten mit diesen nichts gemeinsam, außer daß sie auf demselben Kontinent lebten. Als General de Gaulle 1967 bei einem Staatsbesuch vom Balkon des Montrealer Rathauses jenes denkwürdige «Vive le Québec libre» einer vor Begeisterung tobenden Menge zurief, war aus einer längst glimmenden Glut ein loderndes Feuer öffentlichen Einverständnisses geworden. Im November 1976 gewann die «Quebec Partei», die mit der Forderung nach einem souveränen Staat Quebec in den Wahlkampf gezogen war, siebzig von einhundertzehn Mandaten. Ein Jahr später verabschiedete die Regierung René Lévesque das «Gesetz 101», wonach Französisch in Zukunft die Sprache der Provinz sein soll.

Mit dieser politischen Entwicklung konform hat sich ein Leitspruch entwickelt, der das neue, mit der Vergangenheit verwurzelte Selbstbewußtsein der Quebecer zum Ausdruck bringt. Das «JE ME SOUVIENS» steht auf dem Staatswappen, wird von engagierten Menschen in Parks durch leuchtende Blumenarrangements zum Blühen gebracht und auf die Zulassungsplaketten der Autos eingraviert. Auf Schritt und Tritt soll es jeden daran erinnern, daß die Quebecer «die geschichtlich älteren Kanadier aus Europa sind, daß ihre Vorfahren als erste das riesige Land kolonisierten, das bis nach New Orleans reichte, und daß sie von den Engländern unterdrückt wurden». Nicht selten verschwindet die kanadische Bundesflagge mit dem roten Ahornblatt hinter dem blauen Fahnentuch Quebecs.

Bei den zahlreichen Debatten und Diskussionen über den zukünftigen Status Quebecs konnte ich bei den englischsprechenden Intellektuellen der mittleren und jungen Generation jedoch auch eine große Bereitschaft zu Toleranz und Verständnis feststellen. Viele Westkanadier reisen inzwischen lieber nach Quebec, als daß sie einen Trip durch die europäischen Lande ihrer Väter buchen. Seit einiger Zeit wird mehr und mehr bei den jungen Leuten das Bedürfnis spürbar, zunächst einmal die Kultur und die Probleme der eigenen Landsleute kennenzulernen. Vielleicht ist diese Bereitschaft sogar ein Weg, Kanada vor der allgemein befürchteten Zerstückelung zu bewahren.

Montreal –
Ein Mittelpunkt und tausend Möglichkeiten

Wer am Abend des 15. August nach *Montreal* kommt oder in der Innenstadt weilt, wird unvermutet etwas vom Kontrastreichtum und dem besonderen Flair dieser pulsierenden Weltmetropole spüren. Um die Zeit gegen 20.30 Uhr steht in den Durchgangsstraßen des Stadtzentrums der Verkehr still. Feierlich geleiten Tausende gläubiger Menschen in einer langen Lichterprozession die zierliche Statue einer lieblichen Mutter Gottes, der Schutzheiligen Montreals, von der Kathedrale *Notre-Dame* durch die Stadt zum Schlußsegen in die Basilika *Marie-Reine.* Die Bischofskirche liegt nahe des großen Platzes Square Dominion und versteht sich als Miniaturnachbildung des Petersdoms in Rom.

Ergreifend wäre sicher das falsche Wort. Doch rührt es schon etwas ans Herz, wenn die frommen Montrealer an diesem Marienfest der katholischen Kirche durch die breiten Boulevards ziehen, vorbei an den sich übereinandertürmenden

Glasfassaden, die hellerleuchtet mit 47 Stockwerken auf den dahinziehenden, Ameisen gleichenden Lichterzug herabsehen. Die innigen, um den Schutz der Stadt und ihrer Einwohner flehenden Gebete scheinen von den grandiosen, schmal in den Himmel wachsenden Wolkenkratzern geradezu aufgesogen, verschluckt zu werden.

Montreals zahlreiche traditionelle Kirchenfeierlichkeiten werden zwar immer noch stark von einer breiten Öffentlichkeit begangen. Über vierhundert Kirchen über sämtliche Stadtteile verstreut – oder für jeden Tag eine – stehen den Gläubigen für ihre Gebete offen. Doch der bislang so starke Einfluß der Kirche auf die junge Generation ist sichtbar im Schwinden.

Ein zukunftsorientierter Fortschrittswille, ein vitaler Umsatzgeist und ein reges kulturelles Leben prägen die moderne Jugendlichkeit der Stadt. Die Weltausstellung von 1967, kurz EXPO genannt, und die Olympischen Spiele von 1976 trugen weiter dazu bei, diese Millionensiedlung zu einer führenden Weltmetropole zu machen. Montreal ist heute mit 2,7 Millionen Einwohnern die größte Stadt Kanadas und nach Paris die zweitgrößte französischsprechende Metropole der Erde. Nur ein Drittel der Bevölkerung stammt nicht aus Frankreich.

Die Stadt liegt am Zusammenfluß des Ottawa-Flusses mit dem St. Lawrence-Strom, der hier ein breites Binnendelta mit einer Reihe von Inseln bildet. Auf dem größten Eiland, das 50 Kilometer lang und 16 Kilometer breit ist, wurde Montreal gebaut. Nachdem die Montreal-Insel sich zusammentat mit dem Stadtteil Laval, der sich nördlich auf einer zweiten, kleineren Insel aus verschiedenen Dorfgemeinden entwickelt hat, stieg die Einwohnerzahl über die Zwei-Millionen-Grenze. Vier Brücken führen von der Montreal-Insel nach Laval und sieben von Laval aus gegen Norden.

Wer vom Osten her kommt, zum Beispiel über die Route 138, fährt zunächst kilometerlang durch ein gigantisches, von weißgetünchten, grellblau- oder knallgrün gestrichenen Ölraffinerien beherrschtes Gelände. Hier zeigt sich die Metropole von ihrer seelenlosesten, jedoch wirtschaftlichsten Seite. Der Reiz dieses eintönigen Reviers aus Riesenbehältern «flüssigen Goldes», flammenden Schornsteinen und Stacheldrahtzäunen liegt in den riesigen Quadratflächen. Bei uns in Europa fehlt Vergleichbares.
Die Hafenanlage im Süden der Stadt ist eng mit den Großraffinerien verbunden. Mit hundertvierzig Becken zählt sie zu den modernen und großen Binnenhäfen der Erde. Wer gern Ozeanriesen aus allen Ländern sehen und besichtigen möchte, sollte hier eine Hafenrundfahrt unternehmen. Montreal rühmt sich zu Recht, den interessantesten Hafen Kanadas zu besitzen und Ost-Kanadas Tor nach Übersee zu sein. Seit 1959 führt von Montreal aus der bedeutende St. Lawrence Seaway zu den Großen Seen. Damit steht die Stadt nicht nur mit dem Atlantik, sondern auch mit dem Landesinnern direkt in Verbindung.
Eine weitere wichtige Brücke zu anderen Erdteilen und innerhalb des eigenen Kontinents schlägt Montreal über den Luftweg von seinem neugebauten, internationalen *Flughafen Mirabel,* der etwa 45 Autominuten nördlich der Stadt liegt. *Dorval* befindet sich 24 Kilometer im Westen und dient inzwischen vorwiegend als Ausgangspunkt für interkontinentale Flüge.
Dank der überaus günstigen Verkehrslage hat sich in den vergangenen Jahrzehnten Montreals Position als Wirtschafts- und Industriezentrum gefestigt. Zu den wichtigsten Exportgütern zählt nach wie vor Erdöl. Weitere Schwerpunkte und wichtige Einnahmequellen bilden die Petro-Chemiewerke, die

Lokomotiv- und Waggon-Fabriken, die Stahl- und Flugzeugwerke sowie die Textil- und Nahrungsmittelfabriken. Außerdem werden in Montreal Zigaretten hergestellt, Bier gebraut und Whisky gebrannt. Vom Gütertransport existieren und profitieren die großen miteinander wetteifernden Eisenbahngesellschaften: die transkontinentale «Canadian Pacific Railway», kurz CPR genannt, und die «Canadian National Railways», unter der Abkürzung CNR bekannt. Die Hauptverwaltung beider Gesellschaften befindet sich ebenfalls in Montreal.

Doch im allgemeinen weiß die Metropole ihren Besuchern geschickt ihre wirtschaftliche Schlüsselposition zu verbergen. Dort, wo das Herz der Stadt schlägt, zwischen der Crescent-Straße im Westen und dem Boulevard Saint-Denis im Osten, präsentiert sich das *Zentrum* in einem jugendlichen Elan und einer weltstädtisch heiteren Eleganz.

Montreals Hauptgeschäftsstraße ist die *Sainte-Catherine-Straße,* die sich nahezu schnurgerade vom Osten zum Westen durch das Zentrum der Stadt zieht. Hier befinden sich die großen Kauf- und Warenhäuser, Möbelgeschäfte, Buchläden, Banken und Automobilvertretungen. Dazwischen bieten verschiedene Luftfahrtgesellschaften ihre Sonderflüge an und gepflegte Restaurants ihre exklusiven Speisekarten. Der Eilige kann aber auch in eine der zahlreichen Schnellimbißoasen ausweichen, um dort zu einem Becher Cola oder Kaffee einen Hamburger oder ein Sandwich zu verzehren. Kinopaläste mit den neuesten Filmen oder Boulevardtheater sorgen für weitere Abwechslungen.

Die *Montagne- und die Crescent-Straße,* die westlich des Zentralplatzes Square Dominion die Sainte-Catherine-Straße im rechten Winkel kreuzen, bilden das Reich der jungen Leute mit Terrassencafés, Brasserien und Discotheken. Aus den

Räumen dringen die neuesten Beats, Schlager und eine Menge jugendlicher Frohsinn. Ganz in der Nähe, an der Metro-Station Peer, befindet sich die Sir George Williams-Universität, an der die Professoren in englischer Sprache lehren.

Das Pendant zu diesem englischsprachigen Studentenviertel ist im Osten die *Saint-Denis-Straße,* Montreals beliebtes «Quartier Latin». Auf dem neuerworbenen Gelände der französischsprachigen Université de Québec stand früher eine alte Klosterkirche, die 1976 dem Universitätsneubau zum Opfer fiel. Als historisches Monument blieb der Kirchturm stehen und gilt jetzt als Sehenswürdigkeit dieses Stadtviertels.

Ihre Popularität und Beliebtheit verdankt die Saint-Denis-Straße vor allem aber ihren gemütlichen Lokalen und Kneipen. Hier treffen sich Wissenschaftler, Literaten und Künstler. An Tischen mit den typischen rotweiß-gewürfelten Tischdecken werden die neuesten Bücher, Zeitschriften und Flugblätter gelesen, wird diskutiert oder auch einfach nichts getan. Wer die ausgehängten Speisekarten studiert, stellt fest, daß in der Saint-Denis-Straße verhältnismäßig preiswert Quebecer Spezialitäten – gekennzeichnet mit dem Begriff «Canadien» –, sowie frische Meeresgerichte oder französische Delikatessen serviert werden. In der Saint-Denis-Straße Nr. 1450 befindet sich auch das bekannte Zentrum für Quebecer Kunsthandwerk, in dem es Gewobenes, Getöpfertes und Geschnitztes von Meistern der Provinz zu sehen und zu kaufen gibt.

Wer Theater oder Konzerte bevorzugt, wird sich vermutlich einen Abend im Montrealer Kulturzentrum *Place des Arts* nicht entgehen lassen. Der interessante Neubaukomplex birgt

*352/353   Die Skyline von Montreal, im Hintergrund der
           Lorenzstrom*

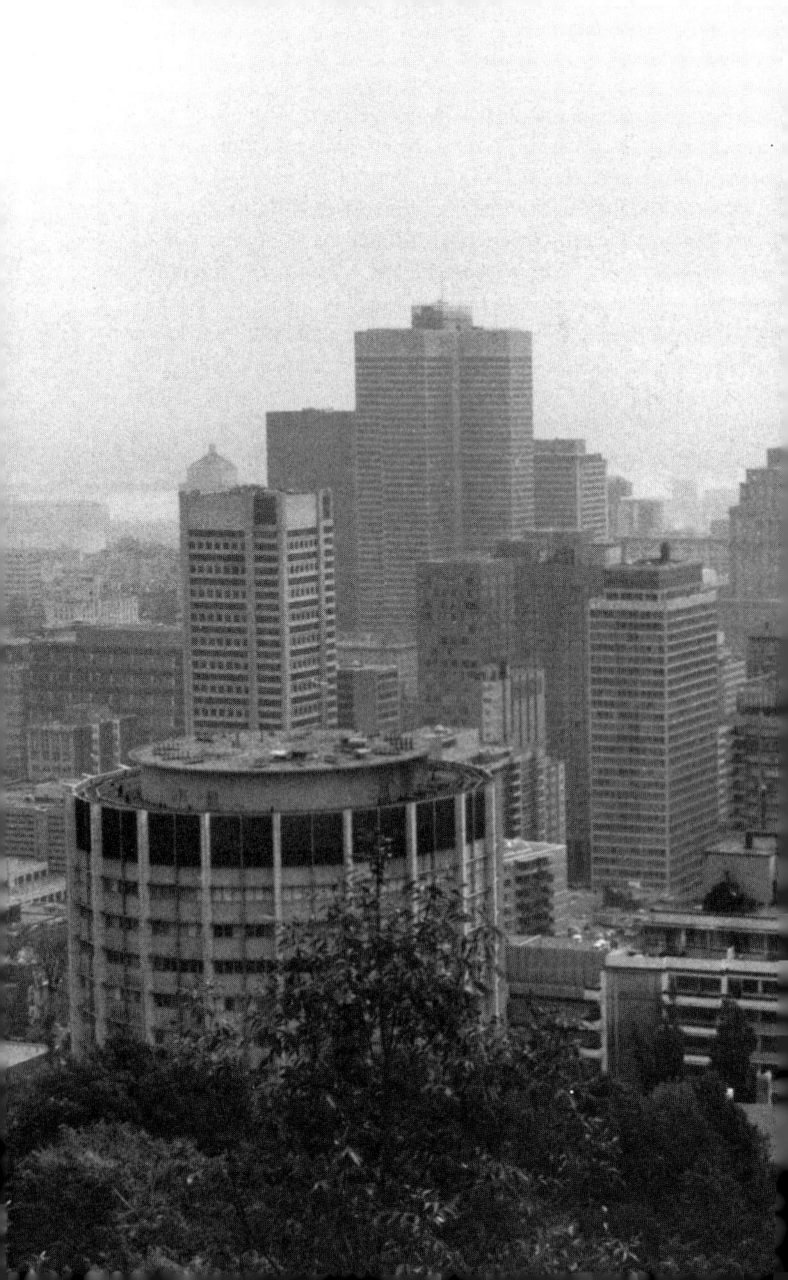

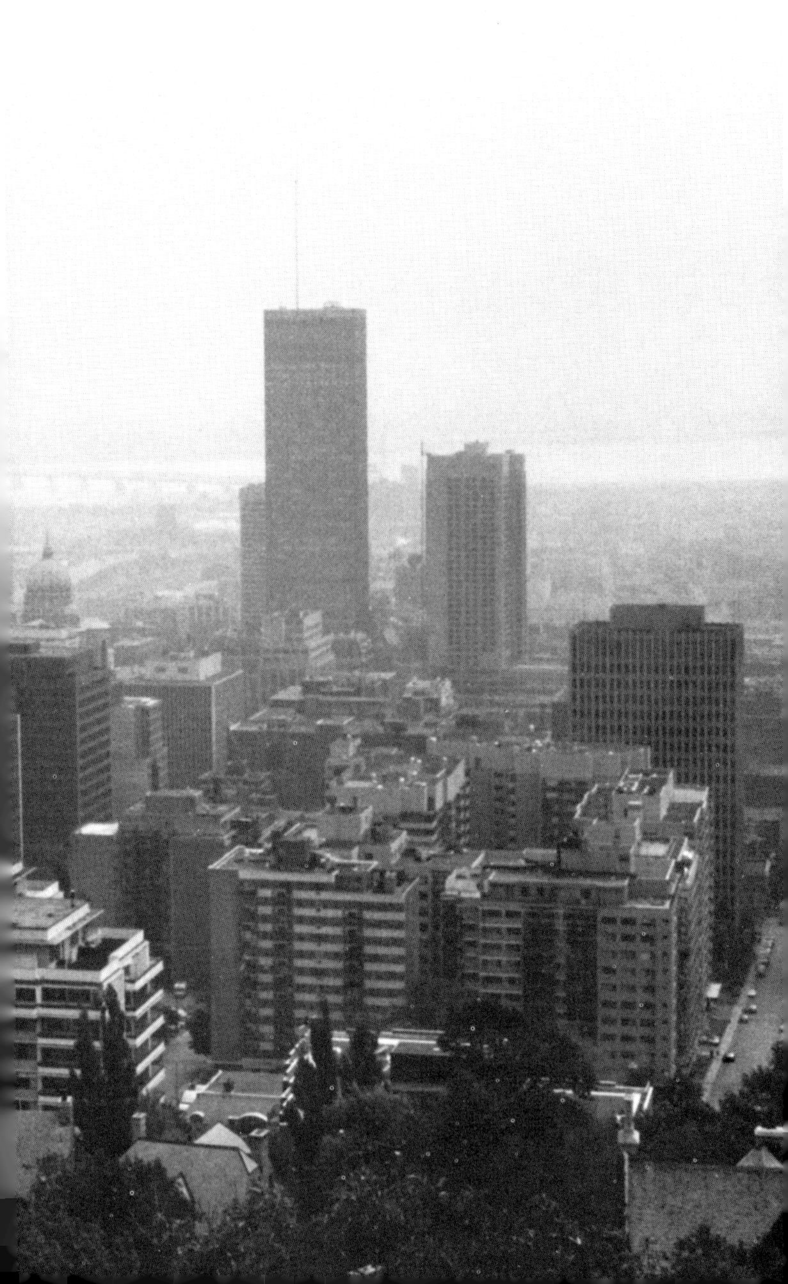

In der Altstadt um die Place Jacques Cartier treffen sich vor allem die jungen Leute und verkaufen Kunst und Kunstgewerbe

drei verschieden große Räume unter einem Dach. «La Salle Wilfried Pelletier» ist mit 3000 Sitzplätzen der größte Saal. In Fachkreisen gilt er seiner nahezu vollkommenen Akustik wegen als Musterbeispiel moderner Theaterarchitektur. Hier ist das «Orchestre Symphonique de Montréal» [abgekürzt OSM] zu Hause. Hier tritt auch das international bekannte Kanadische National Ballett auf. Daneben stehen Opern, Operetten und Musicals auf dem Spielplan. In den Sommermonaten gastieren in dem Saal weltberühmte Jazzbands, Schlagerstars und Chansonniers. Im «Théâtre Maisonneuve», einem etwas kleineren, intimen Saal finden Theateraufführungen in französischer Sprache statt, Matinees und Kammermusikabende; im Kleinen Saal «Port Royal» vorwiegend Vorträge. Es ist zu raten, sich möglichst früh Karten für die Aufführungen in Place des Arts zu besorgen. Führungen durch die Räume finden täglich statt. Was die Place des Arts auszeichnet, ist vor allem die großzügige Gesamtplanung. Der interessante Kulturbau steht inmitten eines terrassenartig abgestuften Platzes, der mit Kugellaternen, Bänken und Bäumen im Sommer zu einer bevorzugten Fußgängeroase geworden ist.

Achten Sie bei Ihrem Bummel durch die moderne Innenstadt darauf, wie vorbildlich es den Städteplanern gelungen ist, die Fußgänger immer wieder von Lärm, Abgasen und Verkehr abzuschirmen. So wurden vor die Hauptstraßen riesige Bürokomplexe gesetzt, sozusagen als Bollwerke gegen den Verkehrslärm. Place Ville Marie, Place Bonaventure, Place du Canada oder Square Dominion sind gute Beispiele dafür. Einen herrlichen Blick über die Stadt bietet übrigens die Aussichtsterrasse der «Banque Canadienne Impériale de Commerce» am Square Dominion. Das bei Tag und Nacht gleichermaßen beeindruckende Panorama läßt sich sehr gut bei einem Drink im Restaurant in 220 Metern Höhe genießen.

Zu Montreals Hauptattraktionen gehört zweifellos das weitverzweigte *unterirdische Fußgängernetz*. Die Idee geht auf eine alte Konzeption Leonardo da Vincis zurück, der bereits vor 500 Jahren in allen großen Städten eine Fußgängerpromenade unter der Erde anlegen wollte.

Mit der großzügigen Umgestaltung von Place Ville Marie wurde in Montreal 1960 begonnen. Zunächst erhielten die Büroräume des dort neuerrichteten Wolkenkratzers mit dem Zentralbahnhof unterirdisch eine Verbindung. Entlang dieser ersten Zubringerstraße unter der Erde etablierten sich bald

Montreal ist berühmt für sein System unterirdischer, vollklimatisierter Ladenstraßen

Restaurants, Cafés, Lebensmittelshops und Zeitungsläden, um den 130 000 Angestellten auf ihrem täglichen Weg von und zur Arbeit praktische Einkaufs- und Erfrischungsmöglichkeiten zu bieten. Dieser erste Versuch wurde ein derartiger Erfolg, daß man das unterirdische Straßennetz weiter auszubauen begann. 1966, bei der Einweihung der Untergrundbahn, besaß Montreal unter der Erde bereits eine Fußgängerzone von 42 Kilometern Länge. Inzwischen sind die wichtigsten Plätze der Stadt durch Rolltreppen, glasüberdeckte Passagen und durch luxuriöse, mit Teppichböden ausgelegte Einkaufsstraßen und -gassen geschickt und einfallsreich miteinander verbunden. Wer beispielsweise von Place Ville Marie in den «Untergrund» hinabfährt, kann dort ungestört sich in über tausend Boutiquen und Shops umsehen, drei große Warenhäuser besuchen, über hundert Restaurants und Bars durchprobieren, in ein Dutzend Kinos gehen, mehrere Kunstgalerien besichtigen, zahlreiche große Hotels, Bankhäuser und Garagen sowie die Untergrundstationen, Bushaltestellen und Hauptbahnhöfe erreichen. Montreals attraktive Untergrundstadt ist eine selbstbewußte Antwort auf die Herausforderung der Natur, die hier dem Menschen die sommerliche Schwüle ebenso unerträglich machen kann wie die frostige Kälte im Winter.

Einen Vorzug ganz anderer Art genießt *Ville Marie* oder die Altstadt von Montreal, kurz «Le Vieux Montréal» genannt. Dieses historische Stadtviertel erstreckt sich wie ein Parallelogramm entlang des St. Lawrence-Stromes. Es wird im Osten von der McGill-Straße begrenzt und im Westen von der Berri-Straße. Von dem mit Gebäuden der Hafenanlage fast vollkommen zugebauten Flußufer steigen die schmalen Gassen und Straßen etwas steil zur Ost-West-Hauptverbindung, der *Notre-Dame-Straße,* auf, um von dort etwas sanfter zur Craig-Autobahn abzufallen. Dieser Schnellstraßengürtel bildet die Grenze zwischen Altstadt und modernem Stadtzentrum.

Der gewachsene Altstadtbereich von Montreal wurde 1964 saniert und gründlich restauriert. Mit viel Sorgfalt wurde von den Fassaden der graue Verputz abgenommen und der ursprüngliche Naturstein freigelegt. Viele der Bürgerhäuser stammen aus dem 17. und 18. Jahrhundert. Im allgemeinen bestehen sie aus Erdgeschoß, einer oder zwei Etagen plus Mansardengeschoß. Diese Reste früher Montrealer Siedlungs- und Baugeschichte werden heute inmitten der weltstädtischen Environs mit viel Liebe geschützt und instand gehalten. Die Restaurants, Bars und Boutiquen, die in den lauschigen alten Straßen zu finden sind, zählen zu den gepflegtesten und originellsten Lokalen Montreals.

An die Gründung der Stadt erinnert ein *Obélisque* in der De la Commune-Straße. Eingelassene Tafeln erklären, daß unweit dieser Stelle bereits der Seefahrer Samuel de Champlain einen Pelzhandelsposten errichtet hatte, der sich jedoch nicht lange halten konnte.

Erst mit der Landung von 23 mutigen Siedlern am 8. Mai 1642 unter der Führung des jungen französischen Offiziers *Paul de Chomédey, Sieur de Maisonneuve,* entwickelte sich die Siedlung «Ville Marie». Sie bestand zunächst aus mehreren Blockhütten, einer «Unserer Lieben Frau» – Notre-Dame – geweihten Kapelle und dem sich daran anschließenden Krankenhaus «Hôtel-Dieu-Hospital», das *Jeanne Mance* 1644 gründete.

In den folgenden Jahren blieb die junge Stadt von heftigen Angriffen und Überfällen der kriegerischen Irokesen nicht verschont. Trotz bitterster menschlicher Verluste auf beiden Seiten begann sich «Ville Marie» an den Ufern des St. Lawrence-Stromes zu entfalten. Für das wirtschaftliche Wachstum bedeutend wurden vor allem der Pelzhandel und der geschützte Hafen der Stadt, in dem die von den Indianern begehrten Güter wie Perlen, Schußwaffen, Tücher und Alkohol zum Tausch aus Europa eintrafen.

Eng mit den wirtschaftlichen Erfolgen der Stadt verknüpft war die Missionstätigkeit der Kirche. 1657 kam in «Ville Marie» eine Abordnung von vierzig Priestern, Brüdern und Ordensschwestern an, die der in Paris 1624 gegründeten *Kongregation der Sulpiciacer* angehörten – ein Orden, der in Montreal bald eine führende Position einnahm.

Auch für Kanada aufsehenerregend – Cowboys mitten in der Altstadt von Montreal

Unter den Neuangekommenen befand sich damals die aktive und vitale Marguerite Bourgeois, die den weiblichen Orden «Notre-Dame» gründete und für ihre Schwestern die Kapelle *Notre-Dame de Bonsecours* im Osten der Stadt bauen ließ. Die erste Holzkirche fiel einem schweren Brand zum Opfer. Die heutige Steinkirche stammt aus dem Jahre 1771 und ist die älteste Kirche Montreals. Im 19. Jahrhundert diente sie den Bittgottesdiensten der Seefahrer vor dem Auslaufen der Ozeansegler. Im Innern der Kapelle künden einfache Miniaturausgaben der großen Segelboote von der guten Heimkehr der

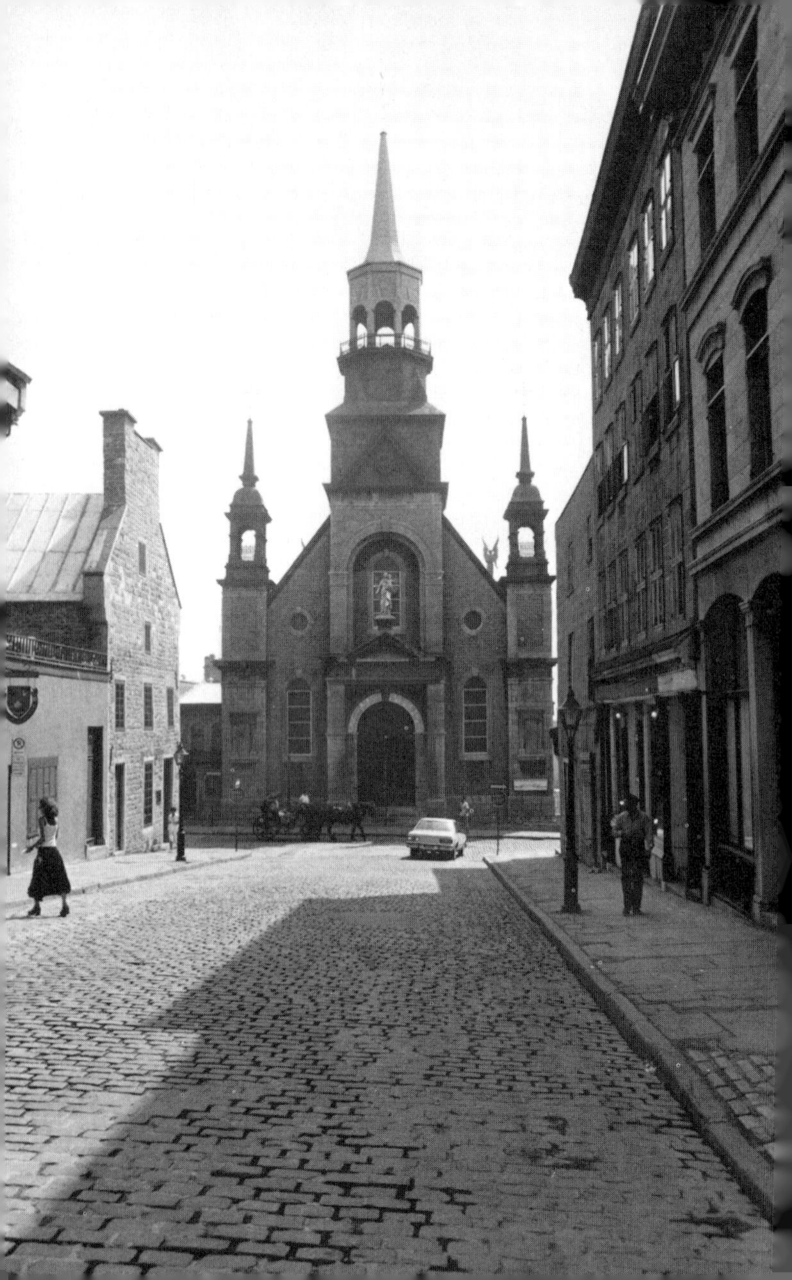

Seeleute aus den entfernten Gewässern. Auf dem rückwärtigen Turm mit der Marienstatue, die noch immer die Hand zum Segen erhoben hält, wurde vor einigen Jahren ein Rundgang mit herrlichem Blick auf den Strom, den Hafen und die modernen Wolkenkratzer im Hintergrund angelegt. Das kleine Museum der Kirche zeigt anschaulich Szenen aus dem Leben der Marguerite Bourgeois.
Marguerite Bourgeois wird von den Montrealern heute liebevoll als die «Mutter» ihrer Vorfahren verehrt. Denn als es um die Mitte des 17. Jahrhunderts in «Ville Marie» – außer weniger eingewanderter Familien – nahezu nur Männer gab: Ordensleute, Soldaten und Abenteurer, bat die weitblickende Ordensvorsteherin 1663 den französischen König kurz entschlossen in einem Schreiben um Abhilfe.
Frankreichs Sonnenkönig Louis XIV, dem es bei seinem starken Expansionswillen ebenfalls um eine gesunde, repräsentative Kolonie in Nordamerika ging, hatte für die Nöte am St. Lawrence-Strom Verständnis. Sofort ließ er in seinem Land um unternehmungslustige, junge Mädchen werben. Die ansehnliche Mitgift, die aus des Königs Schatulle winkte, machte innerhalb von sieben Jahren beinahe tausend Landestöchtern Mut, die abenteuerliche Reise über den Ozean anzutreten. In «Ville Marie» nahm Marguerite Bourgeois «Les jeunes filles du Roy», die Königstöchter, wie die jungen Französinnen genannt wurden, in Empfang. Unter ihrer Obhut wurden die zwischen 16 und 18 Jahre alten Mädchen auf ihre neue Lebensaufgabe und die etwas ungewohnten rauhen Lebensverhältnisse auf dem nordamerikanischen Kontinent vor-

360 Manche Orte in der Altstadt muten sehr französisch an, hier Notre-Dame de Bonsecours

bereitet. Hier galt es zunächst, das Land aus seinem Urzustand in fruchtbaren Boden zu verwandeln: zu roden, zu pflanzen und sinnvoll zu bewirtschaften.

Den Geist jener Zeit versucht heute in der Bonsecours-Straße das charmante, gleichnamige Restaurant «Les jeunes filles du Roy» zu vermitteln. In einer langen Familientradition werden in urgemütlichen Räumen von Haustöchtern in historischer Tracht, in weißen Hauben und buntgestreiften, langen Kleidern neben exquisiter französischer Küche auch die typische Quebecer Kost mit den dazu passenden Weinen serviert.

Doch wieder zurück zu Marguerite Bourgeois. Wie sie es erwartet hatte, heirateten die meisten der jungen Mädchen bald nach ihrer Ankunft, und «Ville Marie» begann zu wachsen und zu blühen. Von 1672 an wurden die Holzhäuser durch stabilere Steinbauten ersetzt, die Straßen erhielten ihre jetzt noch gültigen Namen, und seit 1680 florierten vielfrequentierte Märkte, auf denen die Erzeugnisse des Handwerks gegen die Produkte der Landwirtschaft, der Fischerei und der Jagd getauscht wurden.

Bald genügte die bescheidene Kapelle Notre-Dame der wachsenden, sehr religiösen Bevölkerung auch nicht mehr. 1683 bauten die «Herren von St-Sulpice» auf der heutigen Place d'Armes mit dem Bronzestandbild des Stadtgründers Paul de Chomedey, Sieur de Maisonneuve, eine größere Kirche. Nachdem die Einwohnerzahl 1750 bereits auf über 2500 gestiegen war, bot auch diese Kirche bald nicht mehr allen Gläubigen Platz. 1823 wurde ihr gegenüber der Grundstein zur heutigen Kathedrale gelegt, deren Einweihung 1829 mit einem feierlichen Gottesdienst stattfand.

Die neugotische *Kathedrale Notre-Dame* erinnert in ihrem Äusseren an die Londoner Westminster Abbey. Die Pläne hierzu entwarf der aus Irland stammende New Yorker Architekt James O'Donnell, dessen Grabstätte sich in der Krypta befindet. Über der Arkadenhalle mit den drei Hauptportalen stehen in Nischen: die Statue der Muttergottes, der Schutzheiligen Montreals, die des Heiligen Josef und des Heiligen Jean Baptiste, des Schutzheiligen aller Franko-Kanadier. Die zwei Zwillingstürme mahnen an die beiden wichtigsten Überlebensgebote in der «Neuen Welt». Der Westturm heißt «Maßhalten» und besitzt die über 12 Tonnen schwere «gros bourdon», eine der größten Glocken der Welt. Der Ostturm nennt sich «Aushalten». Bis zum Anfang des 20. Jahrhunderts ragten die beiden 70 Meter hohen Kirchtürme über die ganze Stadt.

Das Innere der Kirche wird beherrscht vom Blau eines mit Tausenden von Sternen übersäten Deckengewölbes und dem breit ausschwingenden Hauptaltar, der durch seine künstliche Beleuchtung den Blick des Besuchers sofort auf sich zieht. Die Gestaltung des immensen Hallenraumes wurde von 1870 bis 1878 nach den Entwürfen des Franko-Kanadiers Victor Bourgeau und des Franzosen Bouriché vorgenommen, die hier ihre Begeisterung für die europäische Architektur des Mittelalters unverkennbar zum Ausdruck brachten. Die bunten, mit goldenen Ornamenten verzierten Säulen verleihen dem Kirchenraum eine warme Atmosphäre. Unter den Galerien befinden sich neun Seitenaltäre. Der «Goldene» unter ihnen stammt noch aus der früheren, inzwischen abgerissenen Notre-Dame-Kirche und ist dem Heiligen Amable geweiht. Beachtenswert sind außerdem die Kirchenfenster mit bedeutenden Szenen aus den Gründungstagen. Die Kathedrale Notre-Dame hat 5000 Sitzplätze und zählt zu den größten und schönsten Kirchen Nordamerikas.

Die Kapelle Sacré-Cœur wurde 1888 der Kathedrale als Südbau hinzugefügt. Sie liegt hinter dem Hauptaltar und ist erreichbar durch die Türen neben dem Chor. Das Besondere dieses hohen, lichten Kapellenraumes ist die Ausstattung mit vollkommen makelfreiem kanadischem Kiefernholz.

Im «Museum von Notre-Dame» sind kostbare Kirchengewänder zu sehen, wertvolle Überseetruhen und Geschenke, die der französische König einst als Erinnerungsstücke seinen Untertanen mit über den Ozean gegeben hatte. Unter anderem wird dem Besucher eine Elfenbeinmadonna gezeigt, die Paul de Chomedey dem Sulpiciner-Orden schenkte.

Westlich der Notre-Dame-Kathedrale liegt – hinter Eisengittern versteckt – das *Séminaire de Saint-Sulpice*. Der Zyklopenbau wurde 1685 als geistliche Hochschule errichtet und umgrenzt mit der Mauer einen grünen Garten. In dem ehrwürdigen Klosterhaus leben noch heute – wie vor dreihundert Jahren – die Priester und Brüder des Sulpiciner-Ordens in ihren lang wallenden Gewändern und mit ihrer ruhigen Freundlichkeit. Von diesem Ort aus wirkten sie missionstätig für die Bekehrung des Indianervolkes zum christlichen Glauben. Beachtenswert ist über der Fassade die alte Holzuhr aus dem Jahre 1710, noch immer präzise die Zeit bestimmend. Allerdings mußte 1966 das ursprünglich hölzerne Getriebe durch einen elektronischen Mechanismus ersetzt werden.

Das *Château de Ramezay* hat eine ebenso historische wie politische Bedeutung. Den reizvollen, langgestreckten Bau inmitten einer lauschigen Gartenanlage in der «Notre-Dame-Straße Nr. 290» verdankt die Stadt ihrem 11. Gouverneur Claude de Ramezay. Er ließ das Gebäude 1705 als Amtssitz und Wohnung bauen. Seitdem ist das Château de Ramezay zu einem Markstein Montrealer Geschichte geworden.

365 Das Monument Maisonneuve an der Place des Armes

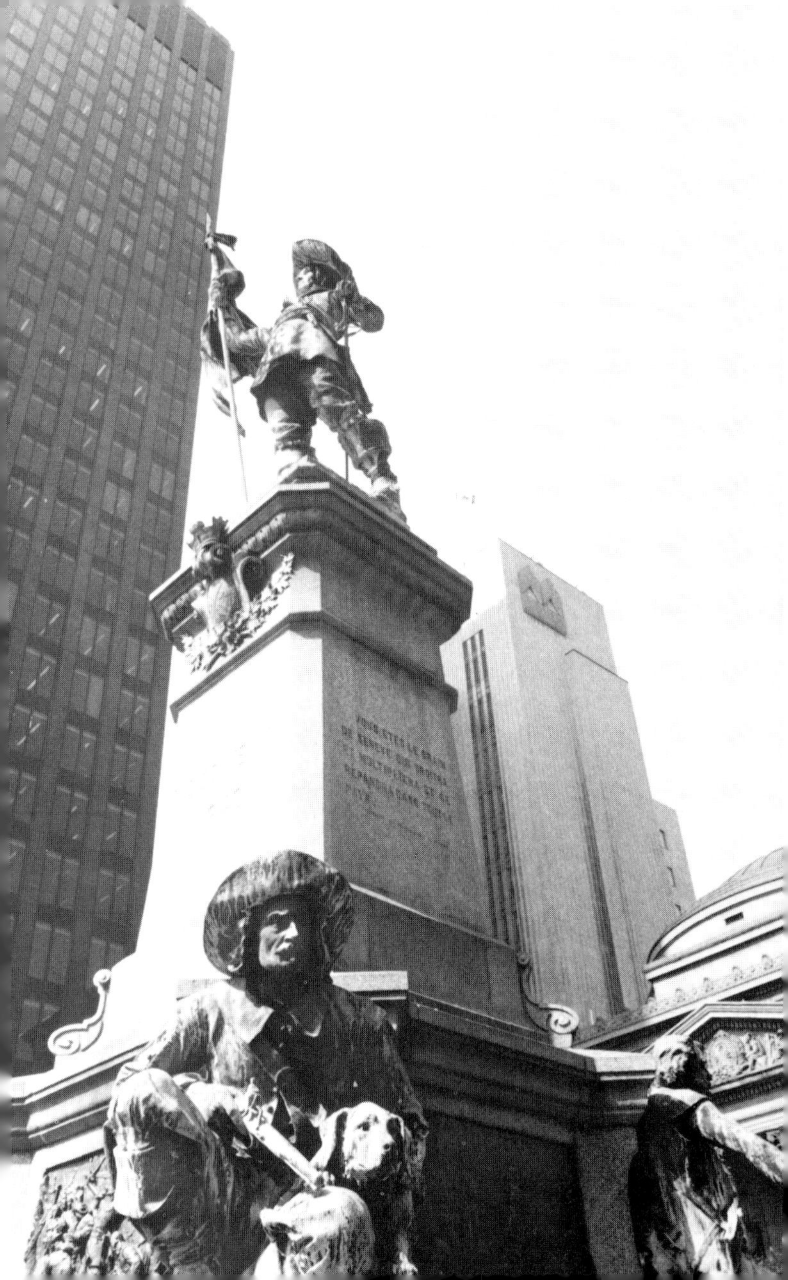

Nachdem Ramezay seine Residenz bezogen hatte, ließ er zum Schutz gegen die gefürchteten Angriffe der Engländer die hohen hölzernen Palisaden, die bis dahin die Stadt umgaben, durch eine fünfeinhalb Meter hohe Steinmauer ersetzen. Trotz dieser Befestigung mußte sich «Ville Marie» 1760 den Engländern ergeben. 1763 zog ins Château de Ramezay die Union Jack der Briten ein, und mit ihr strömten englische Kolonisten in die Stadt. Drei Jahre später, 1766, ließen die neuen Stadtverwalter die Mauern schleifen und die Stadt in zwei Bereiche einteilen: in eine englischsprachige protestantische und eine französischsprechende katholische Hälfte. Die Avenue Union bildete die Grenze zwischen den beiden verschiedenartigen Bevölkerungsgruppen. Auf jedem Stadtplan ist diese frühere Demarkationslinie noch heute deutlich erkennbar: Westlich der Avenue Union tragen die Straßennamen vorwiegend englische Bezeichnungen, östlich davon französische Namen.

In den siebziger Jahren des 18. Jahrhunderts beschlossen die Briten, die inzwischen auf über 20000 Einwohner gewachsene Stadt neu zu benennen. Mit der Marienverehrung, die dem bisherigen Namen «Ville Marie» zugrundelag, konnten sie sowieso nichts anfangen. Im Château de Ramezay fiel die Entscheidung für den die Stadt beherrschenden Berg Mont Royal. Je nach Sprachgebiet entwickelte sich daraus das französisch akzentuierte «Mon-realle» oder das englisch ausgesprochene «Monträ-ol». 1774 bestätigte die Quebecakte den Montrealern französischer Herkunft, daß sie ihre Sprache, ihre Kultur und Religion beibehalten durften.

Im folgenden Jahr begann der amerikanische Unabhängigkeitskrieg. Am 13. November 1775 nahm die amerikanische Besatzungsarmee Montreal kampflos ein. Die Generale Montgomery, Arnold und Wooster wählten das Château de

Ramezay zu ihrem Hauptquartier. Am 29. April 1776 war der Staatsmann Benjamin Franklin – in Europa bekannt als der Erfinder des Blitzableiters – ins Château de Ramezay gekommen, um den kanadischen Unterhändlern die Loslösung von der britischen Krone nahezulegen. Doch ohne Erfolg. Am 15. Juni 1776 wurden die amerikanischen Truppen in Quebec von französischen und britischen Einheiten geschlagen. 1778 zog eine unabhängige Stadtverwaltung ins Château de Ramezay ein.

Erst im Jahre 1833 wurde Montreal zur Stadt erhoben. Der erste Bürgermeister war Jacques Viger, ein kundiger Archäologe, der das Stadtwappen entwarf und darin die friedliche Kooperation der in Montreal lebenden Volksgruppen zum Ausdruck brachte.

Montreals Stadtwappen wurde dann richtungsweisend für die Siegel anderer Städte Quebecs. Bestimmend im Wappenfeld wirkt das heraldische Kreuz als Symbol für die christlichen Motive, welche die Gründung und die Entwicklung der Stadt leiteten. Die Bourbonen-Lilie links oben repräsentiert den französisch sprechenden Teil der Bevölkerung; die Rose des Königshauses Lancaster rechts oben die Einwohner britischer Herkunft. Die Distel im linken unteren Feld steht stellvertretend für die Schotten, von denen ein paar weitblickende Männer 1784 die «North-West-Company» gründeten und fünfzig Jahre lang den Handel Montreals bestimmten. Bis sie sich 1821 mit der Konkurrenz, der älteren «Hudson's Bay Company» vereinigten. Das Kleeblatt rechts unten repräsentiert den aus Irland stammenden Teil der Bevölkerung. Die Ahornblätter, die das Wappen umranken, symbolisieren die Kraft und den engen Zusammenhalt der verschiedenen Volksgruppen. Der auf einem Holzstamm sitzende Biber weist auf den unermüdlichen Fleiß der Einwanderer hin, dem Montreal seinen

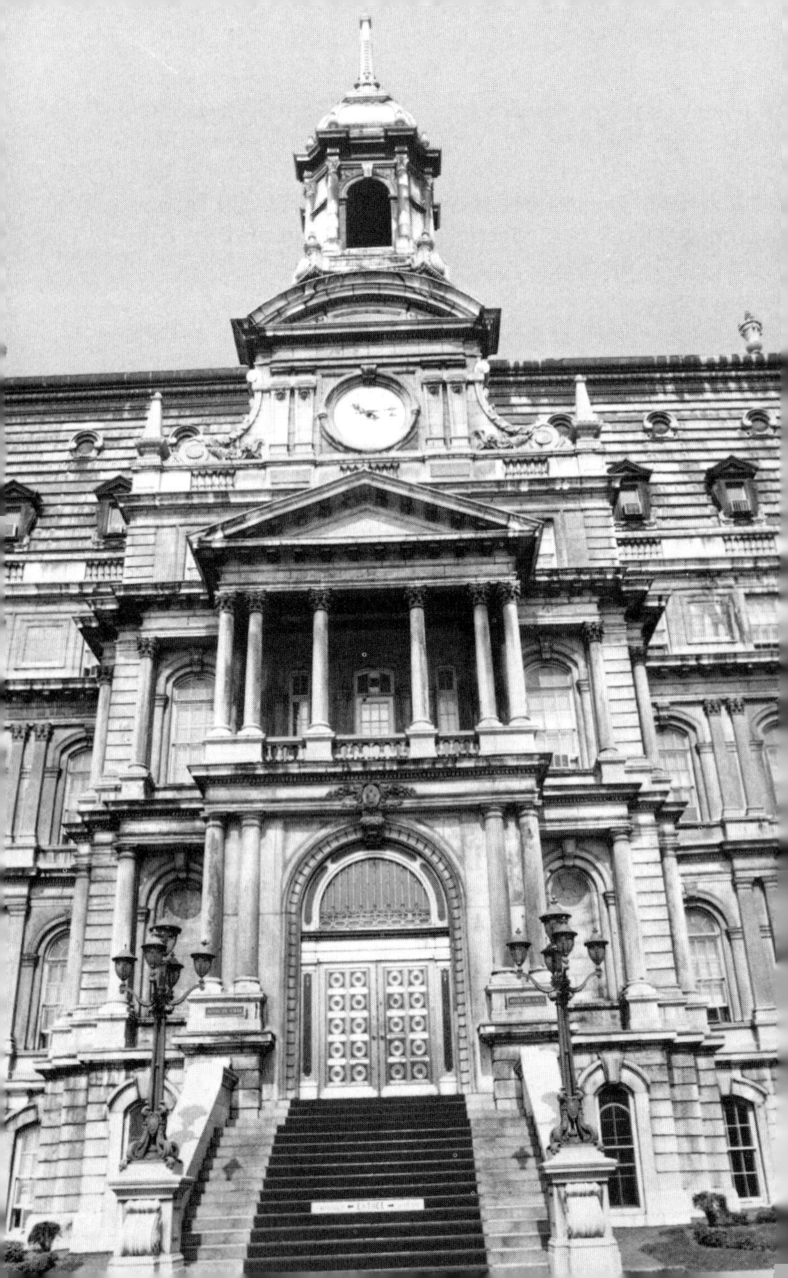

Aufschwung zur noch immer bedeutendsten Stadt Kanadas verdankt.

Schräg gegenüber von Château de Ramezay, in dem sich heute ein Museum befindet, liegt das *Hôtel de Ville,* das heutige Rathaus von Montreal. Es wurde 1873 auf dem Gartengelände eines früheren Jesuitenklosters gebaut. Sein Architekt H. M. Perreault ließ sich bei den Entwürfen vorwiegend von Stilelementen der Renaissance inspirieren. Vom Balkon des Hôtel de Ville rief am 24. Juli 1967 Charles de Gaulle den begeisterten Montrealern die denkwürdigen Worte von einem «Québec libre» zu, die seitdem die politischen Gemüter der Provinz nicht mehr zur Ruhe kommen ließen.

Westlich neben dem Hôtel de Ville liegt die *Place Vauquelin* mit schattigen Grünanlagen, Blumenrabatten und Sitzgelegenheiten. Der Platz trägt den Namen des tapferen Leutnants Jean Vauquelin, der 1759 die unglückliche Verteidigung der Quebecer gegen die britischen Flotten übernommen hatte. Der imposante Bau, der sich dem Platz westlich anschließt, ist der alte Justizpalast von Montreal.

Die *Place Jacques Cartier* bildet jenseits der Notre-Dame-Straße die südliche Verlängerung von Place Vauquelin. Der historische Marktplatz soll das Andenken an Jacques Cartier wachhalten. In enger Zusammenarbeit mit den Denkmalschützern hat die Stadt vor einigen Jahren das ursprüngliche Kopfsteinpflaster wieder freigelegt und den Platz mit Gaslaternen, Bänken und Bäumen zu einer nostalgischen Oase der Beschaulichkeit umgemodelt. Rund um den Platz etablierten sich im Erdgeschoß der alten Wohnhäuser Antiquitätenläden, Cafes und urgemütliche Kneipen mit antikem Mobiliar.

Das Rathaus von Montreal

Eine besondere Beachtung verdient das interessante Gebäude, das sich im Südosten des Platzes an der St-Paul-Straße Nr. 281 befindet. Der sogenannte «Bau Rasco» galt Ende der dreißiger Jahre des vergangenen Jahrhunderts als das schönste Hotel in ganz Amerika. Zu seinen prominenten Gästen zählte damals Charles Dickens, der 1842, während der Premiere eines seiner Stücke im «Royal Theatre», hier zusammen mit seiner Frau wohnte.

Eine etwas absonderliche Bedeutung hatte der «Silver Dollar Saloon» im Norden des Platzes an der westlichen Ecke zur Notre-Dame-Straße. Der rasch zu Wohlstand gekommene Eigentümer, ein bedeutender Rechtsanwalt, versuchte sich immer wieder durch außergewöhnliche Einfälle in den Mittelpunkt des Montrealer Gesellschaftslebens zu rücken. 1803 ließ er zu diesem Zwecke den Flur seines neugebauten Hauses mit 350 Silber-Dollarstücken auslegen und war – wie beabsichtigt – für Monate Stadtgespräch. Der «Silver Dollar Saloon» bot dann während des Aufstandes gegen die britische Krone von 1837 bis 1838 den engagierten Patrioten Unterschlupf.

Admiral Horatio Viscount Nelson, der 1805 die französisch-spanische Flotte bei Trafalgar geschlagen hatte, war der erste Engländer, dem auf einem öffentlichen Platz in Kanada ein Denkmal gesetzt wurde. Die «Nelson-Säule» steht seit 1809 in der Mitte der Place Jacques Cartier.

Obwohl der französische Seefahrer *Jacques Cartier* den Boden des später nach ihm benannten historischen Marktplatzes der Altstadt nie betreten hat, wird er – zwar nicht als Gründer – jedoch als *der Entdecker Montreals* verehrt. 1535 war er auf seiner zweiten Fahrt durch Nordamerika am Fuße des die Flußlandschaft überragenden Vulkankegels auf den Hauptsitz eines Indianerstammes gestoßen. Seinen Reiseaufzeichnungen nach nannte sich die Siedlung «Hochelaga» und zählte ca. 1000 Personen, die sich vor den benachbarten Stämmen durch Holzzäune schützten. Cartier schloß mit den Indianern Freundschaft und nannte zu Ehren seines Auftraggebers König François I den Berg «Mont Royal»: königlicher Berg.

Inzwischen ist der 233 Meter hohe *Mont Royal* zu einer prachtvollen Parkanlage umgestaltet worden und bietet der Montrealer Bevölkerung ein beliebtes Naherholungsgebiet, das im Sommer ebenso häufig und gerne frequentiert wird wie im Winter. Schattige Wege für Fußgänger, Radfahrer und Calèchen wechseln mit großzügigen Rasenflächen, Seen und Blumenanlagen. Im Winter stehen einige der Hänge als Skiabfahrten und Rodelbahnen zur Verfügung. «La Brise», eine Miniatureisenbahn, erschließt in ständigen Rundfahrten vom «Chalet Outdoor» aus die gesamte Parkanlage mit ihren Sehenswürdigkeiten. Das «Chalet Outdoor» selbst ist ein vielbesuchtes Restaurant mit breiter Aussichtsterrasse und herrlichem Blick über die Stadt. Unter der Terrasse befindet sich ein zweites Aussichtsplateau, das den Blick noch um einige Winkel erweitert und bereichert.

Für Kunstliebhaber bietet das *Mont Royal-Kunstzentrum* wechselnde, interessante Ausstellungen Quebecer Künstler. Sehenswert allein schon ist das alte, im typischen Quebecer Stil gebaute Farmerhaus, in dem die jeweiligen Ausstellungen untergebracht sind. Die modernen Plastiken im Vorgarten sind eine Stiftung zeitgenössischer Bildhauer anläßlich eines Symposiums im Jahre 1966.

Dem Autofahrer steht eine einzige Fahrstraße durch das Parkgelände offen, die ihn zu den großen Parkplätzen bringt. Benützt er zur Auffahrt zunächst die Parc Avenue, bietet sich ein imposanter Blick auf die monumentale Statue von Jacques Cartier, der an dieser Stelle das Indianerdorf entdeckt hatte.

Wer anschließend der Ste-Catherine-Straße bis zur Kreuzung mit der Mont Royal-Avenue folgt, gelangt in den Villenvorort *Outremont*. Hier lebt – abseits des Großstadtlärms – die frankokanadische gute Gesellschaft, deren Privathäuser sich großzügig den Hang hinaufschmiegen. Eigene Swimmingpools, gepflegte Gärten und die angemessene Distanz zum Nachbarn sind selbstverständlich obligatorisch. In diesem vornehmen Stadtviertel liegt auch die *Université de Montréal,* wohl die bedeutendste in französischer Sprache lehrende Hochschule des amerikanischen Kontinents. Sie wurde 1920 gegründet und bietet inzwischen Platz für 35 000 Studierende.

Das *Musée Historique Canadien* befindet sich an der Kreuzung «Queen-Mary-Straße Nr. 3715». Anschaulich stellen über zweihundert Wachsfiguren in realistischen Szenen und Kostümen die Geschichte der Provinz Quebec und die Anfänge des Christentums dar. Dieses Museum gilt als das schönste Wachsmuseum des kanadischen Ostens.

Den Bewohnern Montreals scheint es ein besonderes Vergnügen zu sein, immer wieder mit neuen Superlativen aufzuwarten. 1967 wurde gegenüber dem Wachsmuseum der Pilgerdom *L'Oratoire Saint-Joseph* fertiggestellt. Der weiße, weit über die Stadt grüßende Kuppelbau ist dem heiligen Joseph geweiht und jedes Jahr für Millionen Menschen Anziehungspunkt und Pilgerziel. Stufe um Stufe aufwärts, über hundert insgesamt, sieht man bei Wallfahrten viele Gläubige auf Knien mit dem Ausdruck fanatischer Bußfertigkeit sich zur Kirche hinaufquälen. L'Oratoire Saint-Joseph ist nach dem Sankt-Petersdom in Rom die zweitgrößte Kirche der Erde und geht auf eine Stiftung des Bruders André zurück. 1904 baute der Ordensbruder am Nordhang des «Westmount» eine kleine Kapelle, die jetzt sein Grab beherbergt. Inzwischen wurde sein Sterbezimmer zu einem Museum umgewandelt.

Westmount, der westliche Teil des Mont Royal, versteht sich als Gegenstück zu Outremont. Hier haben schon früh die wohlhabenden Bürger der anglokanadischen Gesellschaft ihre Bungalows und Villen gebaut, sehr geschmackvoll und individuell, mit aristokratischem Charme und altenglischer Würde.
Ebenso berühmt wie der Stadtteil ist die englischlehrende Hochschule. Die *McGill University* an der Sherbrockstraße zählt zu den hochangesehenen Universitäten Kanadas. 1821 wurde sie gegründet und hat ihren Ruf durch die hervorragende Medizinische Fakultät gefestigt. Ihr angegliedert ist das *McCord Museum,* ein optischer Genuß für Menschen, die sich für Stadtgeschichte interessieren. Bilder und Fotos aus der bekannten William Notman-Sammlung informieren über das bunte und bewegte Leben in Montreal seit dem 18. Jahrhundert. In der Eingangshalle kann der Besucher einen vierzehn Meter hohen Totempfahl aus dem Jahre 1885 bewundern.
Das *Museum of Fines Arts* steht ein paar Blocks weiter westlich an der Ecke zur Bishop Street. Es ist das älteste Kunstmuseum Kanadas und auch eines der besten. Neben seinen Sammlungen von prä-columbianischen Figuren und Eskimo-Skulpturen besitzt das Museum Meisterwerke von holländischen, englischen und französischen Malern, Skulpturen von Riemenschneider und Henry Moore sowie römische und syrische Glasarbeiten.
Für Leute, die eine Vorliebe für Museen haben, sei noch das *Dow Planetarium* erwähnt. Es liegt in der St-Jacques-Straße Nr. 1000 West und ist von der Metrostation Bonaventure gut zu Fuß erreichbar. Bemerkenswert ist bereits das Äußere des Kuppelbaus: Pate stand dafür das Ringsystem des Saturn. Im Innern können 9000 Sterne auf die fünfzehn Meter hohe Aluminiumkuppel projiziert werden. Faszinierende Eindrücke entstehen während der Vorführungen unter anderem durch

die naturnahen Darstellungen von Planeten- und Wolkenbewegungen, von Demonstrationen des Nordlichts oder von Gewitterstürmen.

Selbstverständlich ist es nicht jedermanns Sache, sämtliche 38 Galerien und Museen zu besuchen, die Montreal besitzt. Obwohl bei schlechtem Wetter ein Museumsbesuch eine sehr gute Unterhaltung sein kann und die beste Art, auf eine anschauliche Weise die Geschichte und die Gegebenheiten eines Landes kennenzulernen.

Bei strahlendem Sommerhimmel kann sich der Besucher aber auch einer Lieblingsbeschäftigung der Montrealer hingeben. Setzen Sie sich einfach auf eine Bank und beobachten Sie das bunte Treiben der Stadt. Im Zentrum sind es im allgemeinen die «Squares», jene kleinen Mini-Oasen der Ruhe mit Blumen, Bäumen und Sträuchern, die zum Schauen, Verweilen oder einem Schwatz mit dem Banknachbarn einladen. Weiter draußen, vor den Toren der Stadt, locken dann die großzügig angelegten Parks mit Picknickplätzen und Vergnügungseinrichtungen zu einem längeren Aufenthalt. 357 *Grünanlagen* sind bis jetzt in einer Broschüre zusammengestellt. Weitere sind noch im Entstehen.

Parc Lafontaine gehört – neben dem bereits erwähnten Mont Royal – zu den beliebtesten Naherholungsgebieten für Montrealer Familien. Dort gibt es nämlich im nördlichen Teil der Anlage für Kinder einen «Wundergarten». Die kleinen Großstadtbewohner können hier auf einer typischen Quebecer Farm das Landleben ihrer Provinz mit sämtlichen dazugehörenden Stallbewohnern erfahren und kennenlernen. Auch sonst gibt es noch allerhand Abwechslung für groß und klein. Kinder und ihre Großmütter lieben den Park vor allem noch wegen der fünfzig Szenen aus Märchen und aus der biblischen Geschichte. Außerhalb des «Wundergartens» werden auf den

Die Radrenn- und Eissporthalle auf dem Olympiagelände in Montreal

beiden großen Parkseen unterhaltsame Bootsfahrten angeboten, Rad- und Wanderwege stehen zur Verfügung, Picknickplätze, und häufig finden auch Freiluftkonzerte statt.
Weiter östlich, in Parc Maisonneuve, wurde 1976 zur Austragung der XXI. Olympischen Sommerspiele der *Olympiapark* mit den diversen Stadien und Wohnvierteln angelegt: modern, zweckmäßig und repräsentativ zugleich. Eine Super-Betonanlage, die inzwischen zum Herzstück und Zentrum Montrealer Sportlebens wurde. Tagsüber ist in den Schwimmbassins und Sporthallen das vertraute helle Stimmengewirr von

Schulklassen und Mitgliedern der verschiedenen Sportclubs zu hören. Die Führungen, die täglich von 9 bis 17 Uhr durch das gesamte Olympia-Zentrum mit Schwimmhalle, Velodrome, Eis- und Rollschuhbahnen von charmanten Hostessen veranstaltet werden, beginnen am Haupteingang des modernen, mit sämtlichen technischen Raffinessen ausgerüsteten Rotunda-Baus, der im Äußeren einer Meermuschelschale gleicht. Bemerkenswert ist die Vielfalt der Verwandlungsmöglichkeiten der einzelnen Stadien und die technischen Einrichtungen für die reibungslose Bewältigung von Großveranstaltungen. Im Velodrome und in der Kunsteislaufbahn trainieren während der Woche die Spitzensportler Kanadas zu Musik und nach den Anweisungen ihrer Trainer. Vielleicht haben Sie bei Ihrem Rundgang Gelegenheit, einem dieser interessanten Sportschauspiele beizuwohnen [Metrostationen: Pie IX und VIAU].

An sonnigen Sonntagen zeigt sich die große Beliebtheit des Olympiaparks in einer fast unübersehbaren Besucherzahl. Ein Tunnel verbindet den Park mit dem *Botanischen Garten,* den der Naturforscher Marie Victorien angelegt hat. Unter den 23000 Pflanzen sind sehr seltene und typische Blumen des nordamerikanischen Kontinents zu sehen.

Nach den zahlreichen Besichtigungen von Bauwerken aus Vergangenheit und Gegenwart ist ein Vergnügungspark für manchen mitunter eine willkommene Abwechslung. Es lohnt sich, die Untergrundbahn [Richtung «Longueuil»] zu nehmen oder von einem der Linienbusse Nr. 168 oder Nr. 169 von den Metrostationen «Peel» oder «Papineau» aus sich direkt ins Herz der *Insel Sankt Helena* fahren zu lassen. Denn die Ile Sainte-Hélène ist inmitten des St. Lawrence-Stromes eine Welt für sich: eine Welt mit immerwährender Volksfeststimmung und Feiertagsflair. Im Jahre 1967 fand hier die Internationale Weltausstellung EXPO statt, ein ungeheurer Welterfolg, wovon die Stadt noch immer profitiert. Trotz der hohen Eintrittspreise ist ein Besuch des Geländes *Terres des Hommes* empfehlenswert. Sechzehn Pavillons aus den verschiedensten Ländern präsentieren hier ihre Kulturen. Daneben finden Sie Zentren für das einheimische Quebecer Kunsthandwerk, für das Jagdwesen, für Konzerte, Theateraufführungen und folkloristische Darbietungen.

Unmittelbar an «Terres des Hommes» grenzt der Amüsierpark *La Ronde* mit Achterbahn, Riesenrädern und Rutschbahnen, Reitmöglichkeiten, Golfplätzen und zahlreichen anderen Unterhaltungsdarbietungen. Für die Rummelplatz-Atmosphäre sorgen fliegende Händler, Clowns, Stände mit allerlei Leckereien und viel Musik. Wer zwischendurch mal etwas Ruhe sucht, dem bietet das *Aquarium* eine weitere Abwechslung. Im Alcan-Pavillon sind über hundert Fische zu sehen und im Alcan Marine Circus die Kunststücke von Delphinen zu bewundern.

Einige Gebäude erinnern noch daran, daß die Insel früher ein bedeutender Militärstützpunkt war. In dem alten Fort ist jetzt ein *Militär- und Marinemuseum* eingerichtet, das von den militärischen Heldentaten der hier stationierten Soldaten berichtet.

Natürlich wird auf der Insel Sankt Helena auch Kunst geboten. In dem historischen, schon als Bauwerk bemerkenswerten Pulverhaus hat sich das gleichnamige Theater *La Poudrière* installiert. Das Schauspielerensemble genießt einen hervorragenden Ruf und hat auf seine Spielpläne neben französischen und englischen Stücken auch Dramen und Komödien in deutscher Sprache gesetzt.

Von der Insel Sankt Helena nicht weit über die Brücke Pont de la Concorde beginnt die moderne Beton-Stadt *Cité du*

Havre. Sie ist mit den bis dahin noch fehlenden Hotels gerade rechtzeitig zur EXPO fertiggeworden und hat seitdem viel Kritik hervorgerufen. Starken Angriffspunkt bildet vor allem die ästhetische Einfallslosigkeit des architektonischen Gesamtkonzepts. Tatsächlich ist es nicht leicht, sich auf Anhieb mit den einzelnen, etwas uniform wirkenden Bauwerken dieser modernen Satellitenstadt anzufreunden. Spürbar wird die Beziehung zum zweckgebundenen klaren Kubismus amerikanischer Architektonik.

Dementsprechend kühl und funktionell ist auch das hundert Meter hohe Rundfunkgebäude *Maison de la Radio,* das täglich Sendungen in elf Sprachen ausstrahlt. Der Bau mit den verschiedenen Studios kann täglich zwischen 10 bis 17 Uhr besichtigt werden. Heftiger Kritik war von Anfang an das Wohnviertel und Einkaufszentrum *Habitat* ausgesetzt. «Nimm hundert schmale Klötze und laß sie einfach fallen, dann hast du Habitat», versuchte etwas zynisch eine Montrealer Tageszeitung dieses Wohndepot zu charakterisieren. Für Liebhaber moderner Kunst ist das *Musée d'Art Contemporain* zu empfehlen, das [außer Montag] täglich von 10 bis 16 Uhr geöffnet ist. Freitags sogar bis abends 22 Uhr.

Selbstverständlich gibt es in Montreal noch unsagbar viel zu sehen, zu erleben und zu entdecken. Da wäre zum Beispiel für Besucher mit etwas Zeit das Viertel rund um den *Parc Jarry.* Was den Charme dieses Wohnquartiers ausmacht, sind zweifellos die Häuser mit den für Montreal typischen *Feuerleiterfassaden.* Vor einigen Jahren noch als besonders genial, praktisch und feuersicher bejubelt, gehören sie heute einem vergangenen Architektur-Programm an. Die erhöhte Zahl gebrochener Beine, die vielen Unfälle und Abstürze über die gefrorenen Stufen im Winter führten notwendigerweise zu einem Verbot von seiten der Baubehörden. Doch ein Emporsteigen über die luftigen Eisentreppen vielleicht in die zweite Wohnetage wird jedem deutlich machen, weshalb die Montrealer gerade diese Hausaufgänge so besonders lieben. Überhaupt scheint hier draußen alles nur für die Bewohner bestimmt zu sein: die kleinen Kneipen an den Ecken, die hübsch verschnörkelten Eisenbalkone, die Tante-Emma-Läden und die kleinen Seitengassen, über denen die Wäsche bunt und weiß im Winde weht. Hier ist Montreal unter sich. Eine Weltstadt sozusagen im Hausanzug.

Nicht weit von der Innenstadt, dicht an der Mercier-Brücke am Südufer des St. Lawrence-Stromes, liegt das *Caughnawaga-Reservat.* Die dort lebenden Mohawk-Indianer halten allerdings nicht viel von Touristen, noch weniger von deren Fotoapparaten. Auf dem Friedhof liegt die seliggesprochene Häuptlingstochter *Kateri Tekakwitha,* durch deren Martyrium zahlreiche Indianer zum katholischen Glauben konvertierten.

Quebecs verlorene Vergangenheit

Quebec ist die Hauptstadt der gleichnamigen Provinz, zählt inzwischen rund eine halbe Million Einwohner und gilt als eine der anmutigsten und charmantesten Städte Nordamerikas.

Einer der Hauptanziehungspunkte für die jährliche Touristenflut ist sicher die faszinierende Lage der Stadt auf einem steilen Felsplateau, hundert Meter über den Wellen des St. Lawrence-Stromes. Diese Felsenzunge wurde in prähistorischer Zeit vom St. Charles-Fluß gebildet, der hier in den St. Lawrence-Strom mündet. *Kebec* bedeutete in der Sprache der einst hier heimischen Indianer vom Stamme der Huronen

«Vereinigung der Wasser». Aus diesem topografischen Begriff entwickelte sich der Name der Stadt.

Unvergeßlich bleibt der Eindruck, den Quebec vom St. Lawrence-Strom aus macht. Stolz, erhaben, majestätisch steigen die Häuser von der «basse ville» entlang der Straße Côte de la Montagne den Felsen hinauf zur «haute ville», jener mit einem Mauergürtel umgebenen Oberstadt. Über beiden Vierteln dominiert, imposant auf den Felsen gebaut – wie eine eigene Stadtanlage mit grünen Kupferdächern und ganzen Bündeln von Giebeln –, das Luxushotel «Château Frontenac». Unerhört ist von hier oben der Blick auf den ehrwürdigen Strom mit dem gegenüberliegenden Ufer von Lévis. Im Osten ist ein Teil der Ile d'Orléans zu sehen. Schwer zu sagen, was herrlicher ist: von der Höhe herunter auf den Strom und die untere Altstadt mit ihren Dächern und Winkeln zu sehen oder vom Fluß empor zu den ragenden Türmen.

Quebecs besondere Attraktion bleibt die historische Stadtanlage mit unversehrter Ringmauer, mit Wallgängen, Toren, Bögen, Kirchen, Plätzen, Gassen und Bürgerhäusern aus der guten alten französischen Kolonialzeit – als die Herrschaft der Frankokanadier bis zum Stillen Ozean und bis zum Golf von Mexiko reichte. Ein Stadtbild also, das inmitten der üblich strengen, an ein Schachbrett erinnernden Anlagen in Nordamerika einmalig ist.

Aus der Zeit der Kolonialherrschaft stammt auch die Kunst, die der Franzose so meisterhaft beherrscht und die eine seiner wichtigsten Lebensfreuden darstellt: *die Kunst des Essens.* Diese Tradition wird von den Frankokanadiern derart gepflegt, daß sie mitunter eine Lebensanschauung dokumentiert. Dort, wo französische Weine und französische Küche die Tafel bestimmen, wird oft selbstbewußt die kulturelle Überlegenheit demonstriert gegenüber dem verachteten

«Yankee-Food», der einfallslosen Küche der business-beflissenen Nachbarn.
Da Quebecs Lebensstil in dem großen, weiten Land tatsächlich etwas Besonderes ist, sollte ein Aufenthalt in der Hauptstadt am St. Lawrence-Strom dazu benutzt werden, sich wenigstens einmal dem großen Eßvergnügen hinzugeben. Über zweihundert Lokale aller Klassen und Preise locken den Besucher täglich an die delikaten Tafeln. Einige der anspruchsvollen Restaurants bieten unter der Rubrik «Canadien» einheimische Quebecer Gerichte an, die nach Originalrezepten aus der Pionierzeit zubereitet werden. Es handelt sich dabei um verschiedene deftige Eintöpfe aus Bohnen, Erbsen und Fleisch oder in Teig gehüllte Fleischköstlichkeiten – alles gewürzt mit einem Pfiff französischen Esprits. Dazu werden erlesene Weine serviert. «Le Bonaparte», «Au Vieux Québec» oder «Aux Anciens Canadiens» sind nur Beispiele von Gaststätten, die in historischen Gemäuern zu Tisch bitten. Die fürstlichen Menus erfordern allerdings ein strapazierfähiges Portemonnaie.
Einen besonders guten Ruf genießt die verträumte Landgaststätte «La Fine Gueule» [«Zum Leckermaul»]. Sie liegt etwas außerhalb von Quebec in Richtung Ste-Anne-de-Baupré an der Avenue Royale Nr. 8910. Hinweisschilder führen von der Straße zu einem im Grünen versteckten Terrain mit historischem Backhaus, ehemaligen Stallungen und dem dazugehörenden überaus idyllischen Landsitz «Château Richer», der aus dem Jahre 1642 stammt und heute eine der besten Küchen Kanadas bietet. In diesem Nobelrestaurant wird im

382/383 Hoch über Quebec City das Château Frontenac mit seiner eindrucksvollen Silhouette

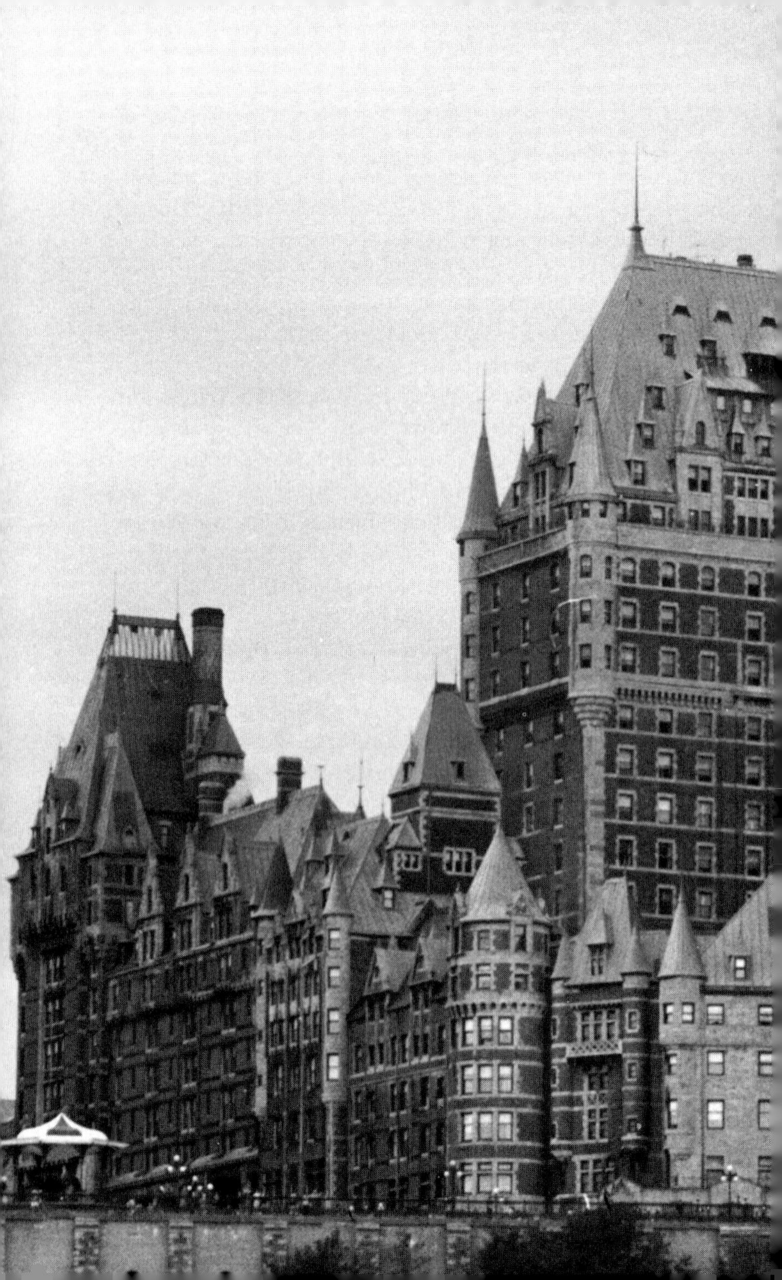

authentischen Dekor der französischen Kolonialzeit festlich und erlesen gespeist. Berühmt sind vor allem die typischen kanadischen Gerichte und das anschließende Fruchtdessert nach geheimgehaltenem Hausrezept. Die telefonische Tischreservierung sowie ein gut gepolsterter Geldbeutel verstehen sich hier wohl von selbst.

Das weltberühmte *Château Frontenac* liegt dann noch einige Etagen höher im Niveau. Wer einmal tüchtig über die Stränge schlagen kann und will und die wirklich große Welt Kanadas kennenlernen möchte, sollte in dieses Luxushotel zum Essen gehen. Mit einem herrlichen Blick auf die untere Altstadt und den St. Lawrence-Strom bietet hier ein Dîner oder Souper eine Perfektion in Ambiance, Ausstattung und Grande Cuisine, wie sie in dieser Art sonst nicht mehr im Lande zu finden sind. «Château Frontenac» gehört zu der Hotelkette der berühmten Eisenbahngesellschaft «Canadien Pacific Railway» [CPR] und gilt als das beste Hotel Kanadas. Es wurde von der Company 1892 gebaut und nach Neufrankreichs wohl bedeutendstem Gouverneur Frontenac benannt, unter dessen Amtszeit die Stadt am Ende des 17. Jahrhunderts einen ungeheuren wirtschaftlichen Aufschwung erreichte und von Quebec aus große territoriale Ausbreitungen nach Süden, Norden und Westen stattfanden. Inzwischen hat das Hotel seinem Namenspatron alle Ehre gemacht. Während des Zweiten Weltkrieges wurde es für die Geschichte bedeutend: Franklin D. Roosevelt, Winston Churchill und McKenzie King erarbeiteten in «Château Frontenac» ihr strategisches Konzept, das zum Siege führte. Für Politiker der Gegenwart und die internationale Prominenz ist das Hotel nach wie vor ein beliebter Treffpunkt geblieben.

Von «Château Frontenac» aus führt eine breite Holzpromenade, die «Terrasse Dufferin», westwärts entlang des steilen

Felsabsturzes; sie geht später über in die etwas schmalere «Promenade des Gouverneurs» und endet in «Parc des Champs de Bataille». Dieser beliebte Spazierweg von etwa einer Stunde Dauer bietet ständig jenen großartigen Blick auf den Strom, der ja zu den faszinierenden Merkmalen dieser Stadt gehört.

Die weite Parkanlage *Parc des Champs de Bataille* war früher das Gelände, auf dem die entscheidende Schlacht um Quebec und die Vorherrschaft in Nordamerika zugunsten der Briten geschlagen wurde. Am Morgen des denkwürdigen 13. September 1759 erreichte der junge britische General James Wolfe mit 5000 Soldaten das bisher als uneinnehmbar geltende, geschützte Hochplateau, die sogenannten Abrahamsfelder. Der gelungene Vorstoß wird einem französischen Deserteur in die Schuhe geschoben, der den Briten einen geheimen Fußweg zum Plateau gezeigt haben soll. Die Annalen Quebecs beschreiben den dramatischen Vorgang so: «Vor der Morgendämmerung wurden Boote mit Mannschaften vollgeladen und heimlich flußaufwärts gebracht. Die Spannung wuchs, als ein französischer Posten ausrief: ‹Wer da!›, worauf ein geistesgegenwärtiger Brite in perfektem Französisch flüsterte: ‹Frankreich… wir sind Versorgungsboote.› Die Posten wurden überwältigt, und die anderen Soldaten konnten folgen. Um acht Uhr in der Früh stand die britische Armee auf der Ebene Abraham.» Während der folgenden, wohl blutigsten Schlacht vor Quebec fielen die beiden Heerführer Wolfe und sein französischer Gegner Montcalm zusammen mit über tausend Soldaten. Beiden Generalen wurde ein gemeinsames Denkmal in «Governors Garden» errichtet mit der Inschrift: «Die Tapferkeit schenkte ihnen einen gemeinsamen Tod, die Geschichte einen gemeinsamen Ruhm, die Nachwelt ein gemeinsames Denkmal.»

Das gesamte Terrain «Parc des Champs de Bataille» ist heute ein vielfrequentiertes Naherholungsgebiet, ein bevorzugter Treffpunkt für Liebende und im Winter ein pittoresker Tummelplatz für Schnee- und Eisvergnügungen. Zwischen Bäumen, Sträuchern und Blumen haben die gefallenen Generale und Soldaten ihre Denkmäler erhalten. Granittafeln erinnern außerdem an die wichtigsten Schlachten und Kriege um Neufrankreich. Im Park befindet sich auch das Museum der Provinz, «Musée Provincial». Es zeigt eine Sammlung frankokanadischer Gemälde, Möbel und Kunsthandwerk aus der Provinz sowie die ersten Verträge mit den Indianern und weitere wichtige Dokumente aus den Gründerjahren von «Nouvelle France».

Die Zitadelle grenzt unmittelbar an den «Parc des Champs de Bataille». Der gewaltige, sternförmig angelegte Wehrposten liegt auf dem höchsten Punkt des Felsplateaus, dem 110 Meter hohen «Cap Diamant». Er wurde in den Jahren 1820 bis 1850 von den Briten zum Schutze der Stadt und der Bevölkerung errichtet. Die Chronik vermerkt den Bau der Festung als eine Art Ironie des Schicksals, da mit der Vollendung just die Kämpfe und Kriege beendet waren. Die ehemaligen Wassergräben sind heute als Rundgänge angelegt; sie vermitteln weite Ausblicke auf das davorliegende Terrain und einen Eindruck von den damals eingesetzten Geschossen.

Die Zitadelle ist über die Straße «Côte de la Citadelle» durch das St-Louis-Tor zu erreichen. Hunderte von Touristen strömen in den Sommermonaten jeden Morgen auf die luftigen Höhen, um sich die fotogene Zeremonie britisch-königlichen Militärdrills nicht entgehen zu lassen. Pünktlich um 10 Uhr exerziert das 22. Königliche Regiment mit Pauken- und Trompetenschall in roten Röcken und schwarzen Bärenfellmützen auf dem ehemaligen Kasernenhof: Wachablösung.

Wachablösung nach englischem Vorbild in der Zitadelle von Quebec City

Vor oder nach diesem unterhaltsamen Spektakel lohnt ein Besuch des *Militärmuseums* im alten Pulverhaus. Der Giebelbau gehört zu den Überresten eines früheren Wehrpostens aus dem Jahre 1750. Das heißt: hundert Jahre vor der Zitadelle stand ebenfalls auf «Cap Diamant» ein Verteidigungswall, dessen Mauern die Briten nach der Eroberung Quebecs schleifen ließen. Heute ist in dem historischen Pulverhaus eine Sammlung interessanter Feuerwaffen, Uniformen und Erinnerungsstücke an das 22. Regiment zu sehen.

Überhaupt wird von seiten der Stadtverwaltung viel getan,

um den Besucher mit Quebecs wechselvoller Geschichte vertraut zu machen. *Musée du Fort* zum Beispiel – gegenüber von «Château Frontenac» – bietet eine interessante und lebendige Diorama-Schau. Mit effektvollen Licht- und Geräuschkulissen, Musikeinblendungen und erklärendem Sprechertext [englisch und französisch] passieren plastisch und eindrucksvoll die sechs großen Schlachten um Quebec vor den Augen der Zuschauer Revue. Das 12 Meter lange Modell zeigt die Stadt Quebec im 18. Jahrhundert. Die Vorführungen finden im ersten Stock statt, täglich von 9 bis 21 Uhr.

Im *Musée Historique*, im Wachsmuseum in der Ste-Anne-Straße Nr. 22, sind die wichtigsten Ereignisse der Geschichte Quebecs und Nordamerikas zuweilen sehr dramatisch nachgebildet. Der berühmte Entdecker Jacques Cartier ist hier zu sehen, der jahrzehntelang im Auftrag des französischen Königs François I die ökologischen Bedingungen in Nordamerika erforschte und 1535 als erster Europäer am Quebecer Felsen ein Indianerdorf mit Namen Stadacona bemerkte. Man begegnet dem großen und erfolgreichen Kolonisator Samuel de Champlain, dem Gründer Quebecs. Der Besucher nimmt unter vielen anderen Darstellungen aber auch teil an einer Kampfszene zwischen ersten Einwanderern und kriegerischen Irokesen und am Martyrium der Missionspatres Brébeuf und Lalemant.

Einen Rundgang durch das historische Quebec sollten Sie zu Fuß unternehmen. Nicht nur weil einzelne Teile der Altstadt für den Verkehr gesperrt und Parkplätze generell schwer zu finden sind, sondern weil auf Schusters Rappen einfach mehr von einer Stadt zu sehen ist.

Basse Ville, die Unterstadt, macht mit den verwinkelten Gassen und restaurierten Bauwerken einen ausgedehnten Bummel zur touristischen Pflichtübung. Der Besucher steht hier –

wie es in einer Informationsbroschüre heißt – mit «beiden Beinen in der Wiege von Neufrankreich», also im kulturhistorischen Zentrum des nordamerikanischen Raumes.

An der Stelle, die heute «Place Royal» genannt wird, hatte der kundige Kolonisator *Samuel de Champlain* 1608 im Namen des französischen Königs einen ersten Handelsposten errichtet, den er «L'Habitation» nannte. Bald kamen die ersten mutigen Einwanderer aus dem von Kriegen, Seuchen und Hungersnöten strapazierten Frankreich nach und siedelten sich im Schutz des Felsens an. Es stellte sich jedoch bald heraus, daß die Blockhütten und das urbar gemachte Land entlang des Flußufers gegen die Angriffe vom Felsplateau her nicht genügend geschützt waren. 1620 ließ Champlain zur Abwehr der kriegerischen Irokesen – ungefähr an der Stelle von «Château Frontenac» – ein von Soldaten bewachtes Fort errichten und die untere Siedlung mit einem Holzzaun umgeben.

Durch die ersten Schutzvorrichtungen gesichert, bekamen beide Viertel allmählich ihr heutiges Gesicht. Im unteren Teil der Siedlung mit den optimalen Bedingungen eines Naturhafens fand der Handel mit Fellen und den aus Europa eintreffenden Waren und Tauschgütern statt. Der obere Siedlungsteil übernahm die Verteidigung, die Verwaltung und das tägliche Marktgeschehen. Dennoch hatten die ständigen Überfälle der Irokesen der sich langsam entwickelnden Stadt derartig viel Kraft und Menschen gekostet, daß sie sich 1629 widerstandslos einem Angriff der Engländer ergeben mußte. Im Frieden von St-Germain wurde Quebec jedoch noch im selben Jahr den Franzosen zurückgegeben.

Es folgte nun eine nahezu hundertjährige Epoche des Aufschwungs und der Blüte. Dank des geschützten Hafens und der günstigen Lage für Überseeverbindungen war die Stadt zu einem Umschlagplatz für den Pelzhandel geworden. Die Indianer, Trapper und Voyageurs kamen mit ihrer Beute die Flüsse herabgefahren, und die Händler nahmen die Reichtümer der «Neuen Welt» an Bord ihrer Segelschiffe und verkauften sie dann auf den Märkten Europas für teures Geld. Die daraus erzielten Profite ermöglichten es bald, die aus dem französischen Mutterland mitgebrachten Vorstellungen von einem gehobenen Lebensstandard zu realisieren. Überall in der Stadt – in der unteren Hälfte ebenso intensiv wie in der oberen – herrschte eine rege Bautätigkeit. Die einfachen Blockhütten mit oft nur einem einzigen Raum wurden durch mehrstöckige Steinhäuser ersetzt, die staubigen Straßen gepflastert und die Eleganz aus Paris eingeführt. Die Segler brachten, was die wohlsituierten Kolonialherren begehrten: teures Tuch, Perlen, Geräte für die Landwirtschaft, Saatgut, Waffen, Alkohol und Tauschobjekte. Den übrigen Städten Nordamerikas gegenüber zeichnete sich Quebec um die Mitte des 18. Jahrhunderts durch ein sichtbares Mehr an Lebenskomfort und Lebensqualität aus.

Gut und teuer wohnte ein Bürger Quebecs um diese Zeit, wenn sein Haus in der Nähe der *Place Royal* stand. Auf diesem zentralen Platz der unteren Stadthälfte sprudelte eine Quelle, deren Trinkwasser durch ein raffiniertes unterirdisches Leitungssystem in die nahegelegenen Kellerräume geleitet werden konnte. Ein Luxus, den sich damals nur Seigneurs, reiche Kaufleute und Pelzhändler leisten konnten.

«Place Royal» erhielt ihren Namen durch die Aktion einer Bürgerinitiative. Um ihre Verbundenheit mit dem französischen Mutterland zu demonstrieren, stellten sie 1868 in der Mitte des Platzes eine Büste Louis' XIV auf und widmeten den Platz dem König.

Die heutige Büste des französischen Sonnenkönigs ist eine Nachbildung des früheren Monuments, wie überhaupt nahezu die gesamte Unterstadt eine Neuauflage der alten «Basse Ville» ist. Seine Rekonstruktion verdankt der untere Stadtkern einem heftigen Brand, der 1960 die einförmigen Backsteinhäuser englischer Siedler fast völlig zerstört hatte. Bei den Räumungsarbeiten entdeckten aufmerksame Baggerführer unter den verkohlten Trümmern historische Mauerreste. Die hinzugezogenen Historiker und Archäologen datierten die Funde ins 17. und 18. Jahrhundert. Die Regierung stellte einige Millionen Dollar für die notwendigen Restaurierungsarbeiten zur Verfügung. Inzwischen sind über vierzig Häuser getreu nach überlieferten Bauplänen, Zeichnungen und Dokumenten auf den ursprünglichen Grundmauern errichtet und wieder von Quebecer Bürgern bewohnt. Bis 1982 sollen die gesamten Bauarbeiten abgeschlossen sein. Dann wird der untere Stadtkern «Basse Ville» aus 78 Kolonialherrenhäusern bestehen.

Schon heute ist das untere Altstadtviertel um die Place Royal ein interessantes Gemisch aus Museum, idyllischem Wohngebiet, Touristenrummel und gemütlicher Kneipenszene. In der *Maison le Picard* ist ein *Informationszentrum* untergebracht, in dem es kostenlos historische Stadtpläne gibt und Führungen organisiert werden. Mitunter haben deutschsprechende Besucher das Glück und erhalten von hübschen Germanistikstudentinnen Auskünfte und Hinweise.

Mittelpunkt von «Basse Ville» ist nach wie vor der anheimelnde Platz Royal mit der kleinen Kirche *Notre-Dame-des-Victoires* aus dem Jahre 1688. Sie gilt als die älteste Steinkirche Nordamerikas und verdankt ihre Existenz François Xavier Laval, dem ersten Bischof Quebecs. Gedacht war das Gotteshaus vorwiegend für die alten und gebrechlichen Bewohner der unteren Stadthälfte, denen der beschwerliche Kirchgang in die Oberstadt erspart werden sollte. Als am

16. Oktober 1690 der britische Admiral Phips zum Angriff auf Quebec überging, erflehten die Gläubigen vor der Statue «Notre-Dame» himmlische Hilfe. Der Name der Kirche soll daran erinnern, daß die Gebete nicht vergebens gewesen sind. Quebecs Gouverneur Frontenac verteidigte die Stadt damals erfolgreich gegen den britischen Angriff. Beachtenswert sind im Innern die Holzschnitzereien sowie die Nachbildung des Militärseglers «Brézé» aus dem Jahre 1664 und die Gemälde, von denen die «Kreuzaufnahme» Peter Paul Rubens zugeschrieben wird.

Als das schönste und gleichzeitig älteste Haus an der Place Royal gilt das *Maison Hazeur*. Es blieb von Bränden verschont und gehörte einem vermögenden Kaufmann namens François Hazeur. Als Bürger der vornehmen Quebecer Gesellschaft orientierte er sich – soweit wie möglich – an Paris und baute 1684 sein Stadtpalais im Stil des in Europa gerade in Mode gekommenen Architekten Mansart, bekannt als der Erfinder des Mansardendaches. Seitdem mußten an der Fassade nur einige Ausbesserungen vorgenommen werden.

Einen Einblick in die langwierigen und kostspieligen Restaurationsarbeiten vermittelt anschaulich *Maison Fornel*. Dieses Haus eines reichen Pelzhändlers wurde auf den früheren Kellermauern historisch getreu wieder aufgebaut und beherbergt heute ein Museum mit Skizzen, Karten und Zeichnungen der Kolonialhäuser aus dem 17. und 18. Jahrhundert. Daneben lassen Fotografien den Besucher an den Ausgrabungen und Aufbauarbeiten der historischen Unterstadt teilnehmen. Die wertvollen Funde aus der Frühzeit der Siedlungsgeschichte Quebecs verdienen, ein paar Minuten studiert zu werden.

Ebenso lohnend ist ein Besuch des *Musée L'Habitation*. Wie der Name andeutet, präsentiert das frühere Wohnhaus des Herrn Chevalier jetzt eine ständige Ausstellung typischer In-

terieurs der Kolonialzeit. In mehreren Etagen werden kunstvolle Möbel, Geschirr und Tapisserien aus der Entwicklung Quebecer Wohnkultur gezeigt.
Wer sich für das *zeitgenössische Kunsthandwerk* der Provinz interessiert, hat in *Maison Leduc* an der Ecke Notre-Dame-Straße und Sous le Fort die Möglichkeit, sich über die verschiedenen Arbeiten wie Keramik, Puppen, Holzschnitzarbeiten, Webereien oder Lederverarbeitung einen umfassenden Überblick zu verschaffen. Hier wäre beispielsweise auch eine gute Gelegenheit, ein paar geschmackvolle Souvenirs zu kaufen. Ein Vorhaben, das in Kanada nicht immer und überall glücken wird.
Zu erwähnen bliebe noch die «Batterie Royale», südlich von Rue Pierre gelegen. Hier finden Sie Überreste der früheren Festungsanlage, die «Basse Ville» seit 1691 schützte. Mit der Restaurierung dieser historischen Stadtbefestigung wurde 1977 begonnen.
Lassen Sie sich Zeit für «Basse Ville», um die Atmosphäre dieses lauschigen Stadtviertels zu genießen. Anschließend können Sie sich vom «Maison Jolliet» [Rue Sous le Fort] aus, dem Wohnhaus des Mississippi-Erforschers Louis Jolliet, für wenige Cent hinauflifften lassen nach «Haute Ville», der Oberstadt.
Im allgemeinen wird ein Rundgang durch die *obere Altstadt* vor «Château Frontenac» beginnen, am stimmungsvollen *«Place d'Armes»*. Er diente früher französischen Garnisonen als Exerzierplatz und wurde der breiten Eisenkette wegen, die ihn umgab, «Ronde de Chaîne» genannt. Auf fußmüde Besu-

394/395   *Bunte Häuser verleihen der Oberstadt ein fröhliches Aussehen*

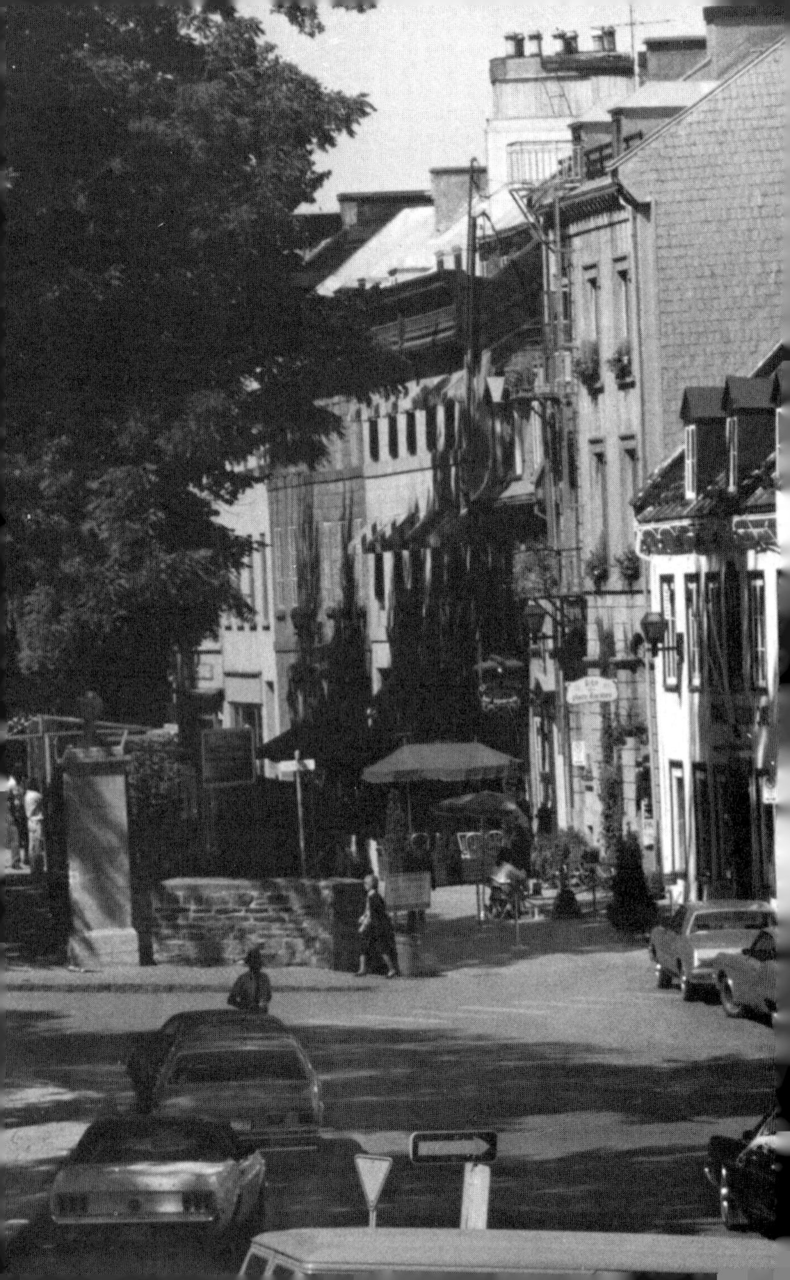

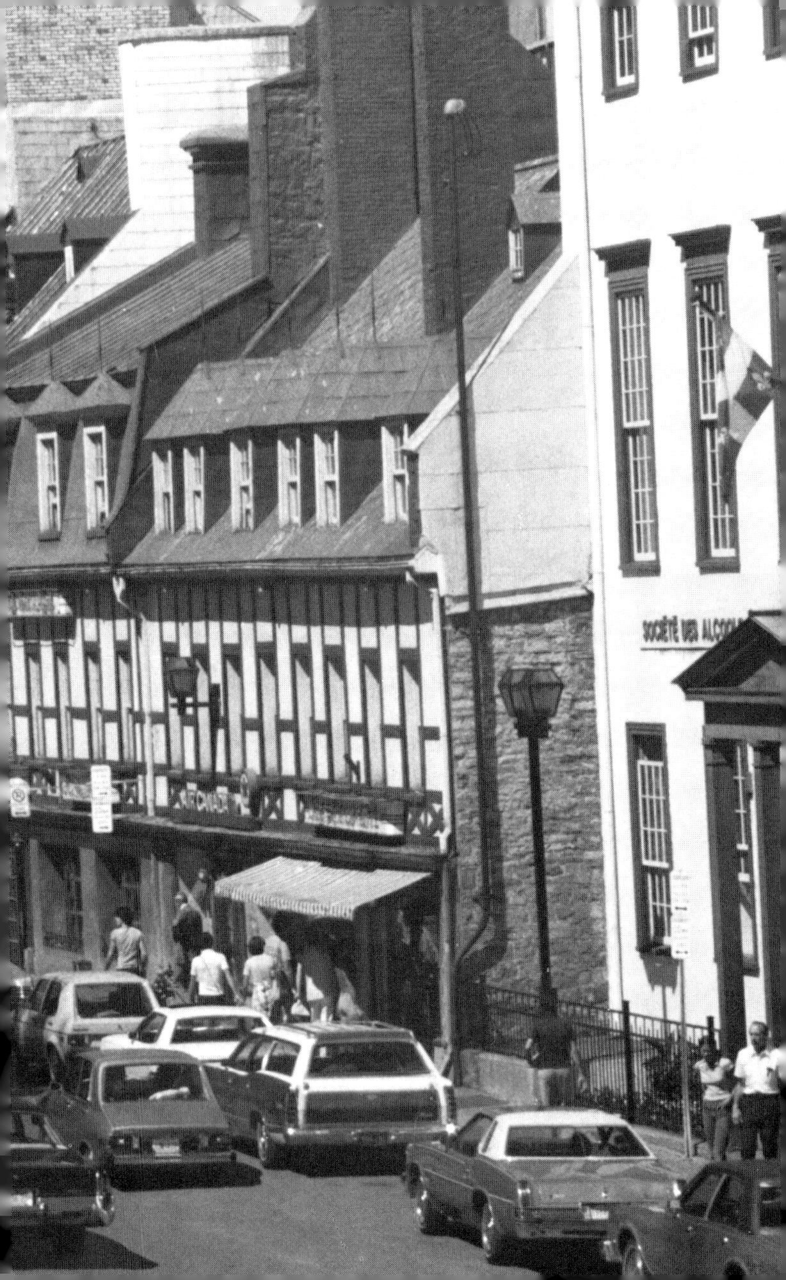

cher warten gemütliche Calèchen, die – von einem munteren Rößlein gezogen – durch die Stadt zu den einzelnen Sehenswürdigkeiten fahren.

Unmittelbar gegenüber von der «Place d'Armes» können Sie sich zuvor für die Besichtigungstour im offiziellen Informationsbüro von Quebec «La Chasse et la Pêche» einen Stadtplan und nützliches Informationsmaterial holen.

Die *Ste-Anne-Straße*, eine der berühmtesten Straßen Quebecs, läßt sich allerdings nur zu Fuß durchmessen. Früher war sie die Hauptstraße der Stadt. Auf ihrem groben Kopfsteinpflaster fand das bunte Marktgeschehen mit all den zahlreichen Alltagsszenen der Kolonialzeit statt: Pferdeschauen und Viehhandel, Warentausch und Ausstellungen von Produkten des Handwerks. Inzwischen hat die Ste-Anne-Straße zeitgenössischen Charakter erhalten. 1964 wurde sie zu einer Fußgängerzone mit hübschen Terrassencafés, französischen Schlemmerlokalen und einfallsreichen Boutiquen umgestaltet. Damit ist sie geblieben, was sie immer war: ein Hauptanziehungspunkt für Menschen. Alles atmet in diesem Quartier eine wohltuende Gelassenheit aus, jene «joie de vivre», wozu auch die Maler in der schmalen Seitengasse *Du Trésor* mit Staffeleien, Pinseln und Paletten beitragen.

Die Stadt Quebec war bereits in den Anfängen der Besiedlungsgeschichte ein Zentrum geistiger Bewegungen. Die Jesuiten ließen sich hier nieder, wovon die Jesuitenkapelle zeugt.

Im *Convent des Ursulines* [an der Des Jardins-Straße] läßt sich noch etwas von jenem klerikalen Pioniergeist spüren, womit die Schwestern des Ursulinerinnen-Ordens um die Mitte des 17. Jahrhunderts die Indianerinnen zum christlichen Glauben bekehrten und die Bildung der weiblichen Jugend fest in die Hand nahmen. In dem Klosterkomplex ist die erste Mädchenschule Amerikas zu besichtigen, das Ordenshaus und die Ka-

In der malerischen Altstadt der Oberstadt bieten junge Künstler ihre Werke an

pelle aus dem Jahre 1644. Hier liegt auch der Schädel von General Montcalm, der 1759 die Schlacht gegen den britischen Befehlshaber Wolfe und damit Kanada an England verloren hatte.

Mit der Einwanderung britischer Siedler bildete sich auf Grund des Nebeneinanders von Protestanten und Katholiken in Quebec so etwas wie eine Tradition der Toleranz. Ein Spaziergang durch die Des Jardins-Straße führt an der *anglikanischen Kathedrale* vorbei, die im 19. Jahrhundert das geistliche Zentrum des nordamerikanischen Protestantismus war. Die

Kirche wurde 1804 der Heiligen Dreifaltigkeit geweiht und gilt als die erste Kathedrale außerhalb des britischen Inselreiches.

Die *Basilique de Notre-Dame*, die Kirche des Erzbischofs, ist dagegen das Zeugnis französisch-katholischer Vorherrschaft in Nordamerika bis 1759. Der 1642 zum ersten Bischof ernannte *Louis-Xavier Laval* hatte bei seinem Amtsantritt eine Diözese zu betreuen, die von der Hudson Bay bis zum Golf von Mexiko reichte. 1647 ließ er die Kirche «Notre-Dame» bauen, von der die Impulse einer friedvollen Missions- und Erziehungsarbeit ausgingen. Im französisch-englischen Kolonialkrieg wurde die Basilika vollständig zerstört. 1843 entstand ein neuer Kirchenbau, dessen Fassade die folgenden Brände in der Stadt nahezu unversehrt überstand.

Geschichte... wohin der Blick fällt und der Fuß tritt. Gleich bei der Basilika liegt das *alte Priesterseminar* aus dem Jahre 1663, die Urzelle der späteren Universität Laval. Zu beachten sind das schmiedeeiserne Tor und die Sonnenuhr, die über 200 Jahre alt ist. Unbestritten zu den Höhepunkten der Sommersaison gehören die Konzerte im Innenhof. Seine Gründung verdankt das Seminar ebenfalls dem tatkräftigen Bischof Laval. Eine Grabstätte fand dieser geistige Mentor der Stadt in der Kapelle des Seminars.

Aus dem kleinen Seminargebäude entwickelte sich rasch ein eigenes Viertel für das geistige Leben Quebecs. Da die Theologie zunächst die beherrschende Fakultät blieb, war Latein die dominierende Sprache der Wissenschaften. Nach Pariser Vorbild wurde dieser Stadtteil der geistlichen Herren *Quartier Latin* genannt, eine Bezeichnung, die sich bis zum heutigen Tag erhalten hat. Den besten Eindruck von dem früheren *Universitätsviertel Laval* vermittelt ein Bummel durch die Rue Université.

Inzwischen ist der Platz im Quartier Latin zu eng und der Universitätsbetrieb hier eingestellt worden. Für die 21 000 Studenten entstand in dem Vorort Sainte-Foy ein Campus-Gelände mit sämtlichen Fakultäten und modernsten Arbeitsplätzen. Ein gut ausgebauter Linienbusverkehr bringt die jungen Menschen rasch ins Zentrum von Quebec.
Was der Besucher Quebecs im allgemeinen von der Stadt zu sehen bekommt, ist die historische Stadtlandschaft mit verwinkelten Gassen, interessanten Kolonialhäusern, gemütlichen Restaurants, Boutiquen und Galerien. Das eigentliche Leben, der Alltag, spielt sich jedoch jenseits der alten Festung ab. Die Mehrzahl der Einwohner lebt in unansehnlichen Backsteinhäusern, in kühlen modernen Wohnblocks oder in monotonen Siedlungseinheiten. Viele Quebecer arbeiten in Fabriken, in den Wolkenkratzern der Banken, in den großen Hafenanlagen oder in den Verwaltungsgebäuden der Provinz. Andererseits ist der Zauber der Vergangenheit ungebrochen. Durch die großen Sanierungsanstrengungen der letzten Jahrzehnte hat Quebec an Charme und Grandezza, aber auch an Wohnlichkeit bedeutend hinzugewonnen. Nur in wenigen Städten Nordamerikas besteht eine derartige Vielfalt an geschlossenen Zentren, die zugleich ineinander übergehen. Da ist der bereits erwähnte Bezirk der Geistlichkeit mit der Basilika Notre-Dame, dem sich anschließenden Quartier Latin und dem Denkmal des Bischofs Laval, dem dieses Viertel seine Existenz verdankt. In nächster Nachbarschaft liegt das Rathausterrain mit den Einkaufsstraßen Cité de la Fabrique und Rue Saint-Jean. Wieder ein paar Schritte weiter der Konvent der Ursulinerinnen. Dann der grandiose Hotelbezirk «Château Frontenac» und die angrenzende Straße Saint-Dénis mit den noblen alten Kolonialhäusern, von denen einige die Würde repräsentativer Palais haben.

Gleich außerhalb der Festung liegt das *Regierungsviertel*. Das Parlamentsgebäude mit Sitz der Nationalversammlung wurde 1886, also neunzehn Jahre nach der Gründung des Dominion Canada, im Renaissancestil gebaut. Führungen zeigen unter anderem die beiden Prunksäle: den «grünen Saal», in dem die Nationalmitglieder debattieren, und den «roten Salon», in dem die Sitzungen der Parlamentarier stattfinden. Die Helden der Nation haben in den Mauernischen ihre Denkmäler. In Stein gehauen stehen hier Jacques Cartier und Samuel de Champlain, Louis Frontenac, Wolfe und Montcalm und andere.

Reisenden mit etwas mehr Zeit sei ein Besuch des supermodernen Theaters empfohlen, westlich des Parlamentskomplexes.

Im *Parc Historique National Cartier-Brébeuf* liegt die «Grande Hermine» vor Anker, eine historisch getreue Nachbildung des Segelbootes, in dem Jacques Cartier 1535 den St. Lawrence-Strom hinaufsegelte.

Ile d'Orléans – Landluft und Künstlerateliers

Wer von Quebec aus einen Ausflug auf die *Insel Orléans* macht, entweder mit dem Leihwagen über die Route 138 und bei Montmorency über die Straßenbrücke oder mit dem Boot den St. Lawrence-Strom hinab, ist bezaubert von der Idylle und Anmut der Landschaft. Hier frißt sich alles satt, was auf vier Beinen sorglos herumläuft: Rinder, Ziegen, Kühe, Pferde. Neben einem reichen Weideland besitzt die 35 Kilometer lange und 9 Kilometer breite Insel einen Frucht- und Gemüsegarten besonderer Art. Überallhin dringt die Luft und der Geruch des St. Lawrence-Stromes, in dem dieses Eiland

schmal wie ein Kanu zu schwimmen scheint, und übt auf die Fruchtbarkeit der Erde einen wohltuenden Einfluß aus. Die Dorfmärkte sind mit den landwirtschaftlichen Erzeugnissen und den Früchten ausgedehnter Obstkulturen üppig beladen.
Die Quebecer lieben die Orléans-Insel so stark, daß das Eiland kurzerhand von der Provinzregierung zum Naturschutzgebiet erklärt wurde. Das heißt, jedes Profitstreben in Form von Fabriken, Bankhochhäusern, Kraftwerken oder anderen kommerziellen Bauten ist streng untersagt. Die Inselbauern können somit in Ruhe ihre Felder bestellen, die Urlaubsgäste in den Lodges ihre strapazierten Nerven stärken und die Künstler ungestört sich ihren Inspirationen hingeben. Für wohlhabende Pensionäre wurde die Insel in den vergangenen Jahren zu einem beliebten Alterssitz.
Doch außer der erholsamen Gemütlichkeit und ländlichen Idylle gibt es auch einiges zu entdecken. Lohnend ist eine Rundfahrt um die Insel. Entlang des Ufers führt eine gute Straße und verbindet die sechs Ortschaften: Saint-Pierre, Sainte-Pétronille, Saint-Laurent, Saint-Jean, Saint-François und Sainte-Famille. Jedes der Bauerndörfer besitzt seine besonderen Sehenswürdigkeiten, zu denen jeweils eine Kirche aus der Kolonialzeit gehört, Häuser im bretonischen Stil und einladende Gaststätten, in denen ein wunderbar duftendes, kräftiges Brot, selbstgebacken, frisch aus dem Steinbackofen zum selbstverständlichen Service gehört.
Besonders empfehlenswert ist in *Sainte-Famille* das Restaurant «L'Âtre». Hier lohnt ein Studium der Speisekarte, die mit einheimischen Gerichten und Spezialitäten wie gespickt erscheint, gerade recht für die Gaumen der Gourmets. *Saint-Pierre* nimmt unter den sechs Ortschaften den Rang eines Kulturzentrums ein. Im sogenannten Inseltheater stehen während der Sommermonate Komödien französischer, englischer

Typisch für die Häuser sind die vorgebauten Terrassen mit den schönen Holzbalustraden

und einheimischer Dichter auf dem Programm. Zwischen Saint-Laurent und Saint-Jean sollten Sie nicht versäumen, einen Abstecher zur alten *Mühle Gosselin* aus dem 17. Jahrhundert zu machen. Dort finden ständige Ausstellungen des lokalen Kunsthandwerks statt. Die verschiedenen Räume sind eine Fundgrube für nette Mitbringsel. In *Saint-François* verdienen unter den vielen verträumten Häusern und Höfen die Landgüter Imbeau, Nadeau, Jinchereau und Roberge besondere Beachtung. Vergessen Sie dabei nicht, immer wieder den herrlichen Blick über die Fluten zu genießen. Im Norden sehen Sie die Höhen der Laurentinischen Berge und an der Südspitze den sich von hier an breit ausladenden Strom und das Cap Tourmente.

Die Entdeckung der Insel geht ebenfalls auf Jacques Cartier zurück. Bei seinen Expeditionsfahrten ging er 1535 auf das Inselland und labte sich, wie eine Bemerkung in seinen Reiseberichten beschreibt, an wohlschmeckenden wilden Weintrauben und Früchten. In seiner Begeisterung nannte er das Eiland nach dem römischen Gott des Weines «Insel des Bacchus». Als französische Siedler aus der Bretagne und der Normandie einwanderten und Mitte des 17. Jahrhunderts den Boden in harter Arbeit rodeten und urbar machten, empfanden sie das Land nicht mehr ganz so baccheal. Sie hielten es für angemessener, die Insel dem Herzog von Orléans, dem Bruder Ludwigs XIV., zu widmen.

Die Wasserfälle von Montmorency

In nächster Nähe der Straßenbrücke zur Orléans-Insel an der Route 138 liegt der Ort *Montmorency,* 1608 von Champlain so benannt nach Charles Montmorency, dem ersten Vize-König von Neu-Frankreich. Die Attraktion der Ortschaft ist der Katarakt gleichen Namens. Von achtzig Metern Höhe, also dreißig Meter höher als die Wasser des Niagara, stürzt sich der Montmorency-Fluß tosend in die Tiefe.

Heftige Bewegungen des Erdinnern haben diesen Abbruch verursacht. Ursprünglich, das bedeutet in der Geologie vor Hunderttausenden von Jahren, reichte der sogenannte Baupré-Hügel in einer geschlossenen Bodenformation bis an den St. Lawrence-Strom. Der Montmorency-Fluß hatte sich hier bereits sein Bett gegraben und stürzte unmittelbar vom Ufer aus in den St. Lawrence, bis eines Tages an der Stelle der heutigen Wasserfälle sich ein tiefer Krater bildete, die Erde ins Wanken und Rutschen kam und schließlich, zwischen dem heutigen Katarakt und dem St. Lawrence-Strom, eine Bodensenkung eintrat. In jahrtausendelanger Arbeit grub sich der Montmorency-Fluß tiefer in das nachgiebige Kalkgestein und legte den widerstandsfähigeren Granitfelsen in seiner heutigen Höhe frei. Aufmerksame Augen können in der Talschlucht sechs verschiedene Gesteinsarten erkennen, Bodenschichten, die vor der Erosion über dem präkambrischen Granit lagerten. In dem Gestein wurden auch die ältesten Algen-Fossilien Amerikas gefunden, woraus Geologen und Biologen einstimmig den Schluß zogen, daß diese Region, die einst zum Champlain-Meer gehörte, zu den ältesten Landschaften des Kontinents zählt.

Die elementare Gewalt des Katarakts wurde von Draufgängern immer wieder benutzt, sich Ruhm zu erwerben. So zog im Jahre 1903 ein Akrobat namens Hardy jeden Sonntag zahlreiche Schaulustige aus der Stadt Quebec und von der benachbarten Insel Orléans nach Montmorency, wo er in schwarzem Zylinder und Gehrock über die tosenden Fälle auf einem Drahtseil spazierte. Ein Jahr später kostete ihm dasselbe Experiment das Leben. Glücklicher verlief die waghalsige Kletterpartie eines Unbekannten, der am 26. August 1935 direkt am Wasserfall über den Felsen ins Tal stieg. Er kam heil unten an, wiederholte diesen Einfall angeblich jedoch kein zweites Mal.

Heute bedarf es keiner derartigen Experimente mehr, um die Gewalt der stürzenden Wasser unmittelbar auf sich wirken zu lassen. Ein breit ausgebauter Promenadenweg führt seit 1968 direkt zu den Fällen. Kommerziell werden die Wasserkräfte seit 1885 zur Energiegewinnung genutzt.

Sainte-Anne-de-Baupré: Hoffnung auf Heilung

Sainte-Anne-de-Baupré ist der bedeutendste und der meistbesuchte Wallfahrtsort Kanadas. Er liegt 32 Kilometer von der Stadt Quebec entfernt am nördlichen Ufer des St. Lawrence-Stromes. Die eindrucksvolle, aus weißem Granit gebaute *Basilika* mit ihren beiden hundert Meter hohen Zwillingstürmen ist aus einer kleinen Holzkapelle hervorgegangen, die 1638 von frommen bretonischen Seeleuten aus Dankbarkeit für die glückliche Rettung aus Seenot der Heiligen Anna geweiht wurde. Seine besondere Bedeutung erhielt der Ort durch die Heilung eines Krüppels, der plötzlich wieder gehen konnte. Seitdem sollen an dieser Stelle mit der heilkräftigen Quelle weiterhin viele wunderbare Ereignisse geschehen sein.

Die Kirche mußte mehrmals vergrößert werden, bis sie 1887 ihre heutigen Ausmaße von 126 Metern Länge und 56 Metern Breite erhielt. Der Raum bietet 7000 Menschen Platz zum Gebet. An den Wänden hängen Votivtafeln und an den Säulen über hundert Krücken. Sie wurden von den Geheilten zum Dank für die Heilung gestiftet.

Achtmal während der Sommermonate, von Juni bis September, inszeniert die katholische Kirche prunkvolle Gottesdienste für die aus nah und fern angereisten Pilgerscharen. Indianer in buntem Federschmuck und perlenbestickten Festtagsgewändern sind dabei, Zigeuner kommen, Mütter mit Kindern, alte gebrechliche Menschen und kranke Jugendliche mit blassen Gesichtern, für die diese Wallfahrt oft zur letzten Hoffnung geworden ist. Und jedesmal ist die ungeheure Versammlung tiefgläubiger, verzweifelter, hoffender oder auch nur reiselustiger Menschen aller Nationalitäten ein ergreifendes und packendes Erlebnis.

Ein Bischof leitet den Zug der Pilger, und zahlreiche Patres

des Redemptoristen-Ordens sorgen für einen reibungslosen Ablauf des Tages. «On apporte sa nourriture», teilt ein Flugblatt mit – die Tagesverpflegung kann also von den Teilnehmern mitgebracht und auf dem großen schattigen Terrain vor der Basilika in der Gemeinschaft Gleichgesinnter verzehrt werden. Zwischen den verschiedenen Messen und Andachten bleibt am Nachmittag genügend Zeit zum Kauf der üblichen Wallfahrts-Souvenirs und zur Besichtigung des Wachsmuseums. Am Abend ziehen dann die Pilger, jeder eine brennende Kerze in der Hand, durch die Allee des Parks den Berg hinauf. Sicher ein ergreifendes Erlebnis für die Teilnehmer.
Knapp sieben Kilometer von der Ortschaft entfernt, an der Route Nr. 15, donnern die *Sainte-Anne-Wasserfälle* aus siebzig Metern Höhe ins Tal. Am eindrucksvollsten ist dieses Naturschauspiel von der Brücke aus über den Fällen zu erleben. Eine einzigartige Landschaft erwartet den Besucher im nahegelegenen *Provinzialpark Mont Sainte-Anne* mit herrlichem Blick auf den Sankt-Lorenz-Strom und die fünfzig Inseln. Im Winter ist dieses Gebiet ein vielbesuchtes Ski-Paradies.

Le Chemin du Roy: Die erste Fernstraße Kanadas

Die Verkehrsstraße, die Montreal mit der Stadt Quebec verbindet, folgt zum größten Teil dem ältesten Fahrweg Kanadas: dem *Chemin du Roy*. Durch moderne, verkehrsgerechte Baumaßnahmen ist aus dem ehemals staubigen und holprigen «Chemin» eine angenehme zweispurige «Avenue du Roy» geworden. Sie durchquert das Land der «Habitants», der ersten Siedler aus Frankreich. Tafeln am Weg weisen auf bedeutende Seigneurien aus der Kolonialzeit hin, einige der hölzernen Forts wurden zur Besichtigung wiederhergestellt, und überall sind Häuser, Kirchen und Mühlen aus dem 17. und 18. Jahrhundert zu sehen.

Der Chemin du Roy wurde 1734 im Namen «Seiner Königlichen Majestät von Frankreich» als erste Fahrstraße Neu-Frankreichs eröffnet. Damit konnten die drei wichtigsten Städte des Kolonialreiches, Quebec, Trois Rivières und Montreal, nicht nur wie bisher auf dem Flußweg, sondern auch über Land erreicht werden. Ein Faktor, der für den Gütertransport und die Nachrichtenübermittlung wichtig war und zum Aufbau des Landes wesentlich beigetragen hat.

Eine Landfahrt über den Chemin du Roy war im 18. Jahrhundert stets eine aufregende, abenteuerliche und strapaziöse Angelegenheit. Bis zu siebenmal pro Tag mußten die Pferde gewechselt werden, sechzehn Flüsse hatten die Reisenden auf Fähren, teils auf notdürftigen Brücken zu überqueren, und der aufgewirbelte Staub drang ungehalten durch sämtliche Ritzen in die Kutsche. Diese mitunter atemberaubende Erfahrung kann jeder Autofahrer heute noch nachempfinden, wenn sein Reiseziel nur über einen kanadischen Schotterweg erreichbar ist. Ein Kaufmann aus Montreal war mit seiner Fracht nach Quebec im allgemeinen vier Tage unterwegs. Ein Kurier hoch zu Roß bewältigte die Strecke in der damaligen Rekordzeit von dreißig Stunden.

Die drei Autostunden, in denen heute die Avenue du Roy zurückgelegt werden kann, wären für einen frankokanadischen Pionier sicher eine Utopie gewesen. Dem heutigen Reisenden sei geraten, sich etwas Zeit zu nehmen für diese zauberhafte Strecke entlang des nördlichen St. Lawrence-Ufers. Eine Fahrtunterbrechung an einem der idyllischen, mit Tischen, Bänken und einer Feuerstelle ausgerüsteten Picknickplätze direkt am Fluß vermittelt einen guten Eindruck von der fruchtbaren, offenen Landschaft dieses Gebietes. Planen Sie

einen Rundgang durch die Ortschaften ein, in denen die Vergangenheit teilweise noch wohlerhalten ist.
Nach der offiziellen Eröffnung schlossen sich an den Chemin du Roy mehr und mehr Siedlungen an. Heute reicht die historische Straße der Pioniere von der Ortschaft Kensington an der Grenze zu den USA bis nach Havre-Saint-Pierre im Osten am Golf des St. Lawrence.

Trois Rivières

In *Trois Rivières* einen Halt zu planen ist lohnend, wenn auch der penetrante Smoggeruch nicht immer lockend wirkt. Trois Rivières ist die zweitälteste Stadt Kanadas. Sie liegt fast genau in der Mitte zwischen Montreal und Quebec an der dreiarmigen Mündung des St. Maurice-Flusses in den St. Lawrence-Strom und rühmt sich, die größte Papierfabrik der Welt zu besitzen.
Doch die Stadt gab sich mit diesem Superlativ allein nicht zufrieden. Vor kurzem wurde im modernen Sportzentrum ein Freiluftschwimmbad eröffnet, das unter kanadischem Himmel die größten Ausmaße besitzt: 120 Meter Länge und 45 Meter Breite. Trotz seiner Größe ist das Becken einmal im Jahr überfüllt: dann nämlich, wenn die internationale Elite der Kanusportler nach hitzigem Wettkampf sich im Swimmingpool ein Stelldichein gibt.
Jedes Jahr am «Labour Day», ist Trois Rivières das Ziel des berühmten traditionellen *Kanurennens* «Classique International des Canots». Gestartet wird in La Tuque. Dazwischen liegen 190 Kilometer Rennstrecke auf dem reißenden, seiner wilden Stromschnellen wegen gefürchteten St. Maurice-Fluß. Zu den weiteren Schwierigkeiten des harten Wettkampfes ge-

hören drei Portagen, von denen eine über einen Kilometer lang ist. Das heißt: dreimal müssen die Kanuten ihre ca. fünfzig Kilogramm schweren Boote teils auf dem Rücken, teils am Seil über Land weiterbefördern, bevor sie wieder zum Paddel greifen können. Es handelt sich um Leistungen, die enorme Kondition, Können und Körperbeherrschung voraussetzen. Dementsprechend begeistert werden auch die Sieger vor dem Rathaus von Trois Rivières von Tausenden von Zuschauern bejubelt, gefeiert und geehrt.

Das Kanu und das Kanu-Abenteuer sind eng mit der Geschichte von Trois Rivières verknüpft. Mitte des 17. Jahrhunderts wurden hier die größten Birkenrinden-Kanus hergestellt mit einer Länge bis zu dreizehn Metern. Diese, nach den Modellen der hier heimischen Indianer gebauten Boote waren damals nicht nur die sichersten und schnellsten, sondern auch die einzig brauchbaren Verkehrsmittel in den undurchdringlichen, unendlichen Wäldern des Hinterlandes. Zu den Hauptabnehmern gehörten die Pelzhandelsgesellschaften, für die «Voyageurs» aus dem Landesinnern die Felle herbeischafften, und die «Coureurs de bois», mutige Männer, denen Kanada zu einem großen Teil die Entdeckung und Erforschung des Landes zu verdanken hat.

Kein Wunder, daß Trois Rivières seiner überaus günstigen Lage wegen – bis zur Gründung Montreals – ein wichtiger Pelzhandelsposten war. Aus dem Ort des weißen Birkenrinden-Kanus kamen sehr bedeutende Pioniere. Jean Nicolet entdeckte den Michigan, Père Marquette und Nicolas Perrot erforschten den Mississippi, Pierre Radisson und Sieur Desgroseilliers drangen bis zu den Großen Seen und die Hudson Bay vor. Pierre Gaultier de la Vérendrye und dessen Sohn verdanken Kanada und die Vereinigten Staaten die Erforschung weiter Gebiete der Prärie. Trois Rivières hat diesen mutigen

Männern der Nation in der Nähe des Rathauses ein Denkmal gesetzt.

Außerdem kann die Stadt ihren Besuchern einen sehr alten Stadtkern bieten. Die Häuser in der Ursulinenstraße reichen teilweise bis ins frühe 18. Jahrhundert zurück. Sehenswert sind das *Ursulinenkonvent,* dessen Grundmauern auf das Jahr 1697 zurückgehen. Ganz in dessen Nähe befindet sich das *Maison de Tonnancour,* das älteste Haus von Trois Rivières. Erbaut im Jahre 1700, war es lange Zeit Residenz des Bischofs. Besucher, die sich für das regionale Markttreiben interessieren, sollten einen Rundgang durch die weiten Markthallen der Stadt machen.

Tal des Saint-Maurice. Lac Saint-Jean. Der Fjord des Sanguenay

Trois Rivières könnte Ausgangspunkt sein für eine sehr empfehlenswerte Autotour das *Tal des St. Maurice-Flusses* hinauf, vorbei an dem 544 km großen «Nationalpark Saint-Maurice» bis La Tuque. Die Landschaft mit ihren von Gletschern in Jahrhunderttausenden abgeschliffenen Hügeln erinnert auf dieser Strecke ein wenig an das Neckartal bei Heidelberg. Über dem rosa schimmernden Granitgestein wächst dichter Mischwald die Hänge hinauf. Trotz geographischer Ähnlichkeiten wirkt das Gebiet jedoch wilder, rauher. Von *Mattawin* und *Rivière aux Rats* führen interessante Kanurouten ins Hinterland. Wer eine Vorliebe für diese abenteuerliche Sportart hegt, kann fern jeder Zivilisation einen erlebnisreichen Wildnisaufenthalt mit Zelt und Bootsack-Set verbringen.

Zum *Lac Saint-Jean* führt die Verkehrsstraße von La Tuque weiter durch wald- und seenreiches Gebiet. Seiner originellen

Form wegen wird dieser Binnensee, der aus allen Himmelsrichtungen von reißenden Wasserläufen gespeist wird, mit einer Suppenschüssel verglichen. Um bei dem Vergleich zu bleiben: Der Inhalt ist reich an kapitalen Fischen, weshalb das Gebiet auch von Petri-Jüngern bevorzugt wird. Rund um den See ist für Unterkünfte gesorgt. Saint-Félicien und Roberval bieten einige einfache Herbergen, aber auch Hotels und Motels. Bei *Val-Jalbert* befindet sich ein großer, komfortabler Campground. Für Besucher dieses Campingplatzes ist ein Rundgang durch das angrenzende Terrain der gleichnamigen Geisterstadt nahezu obligatorisch. Zu besichtigen sind eine stillgelegte Papiermühle, zahlreiche Wohnhäuser und öffentliche Gebäude, die zum Teil wieder instand gesetzt wurden. Hier können Sie in Ruhe die Anlage und das Lokalkolorit einer rasch aus dem Boden gewachsenen Industriestadt der Jahrhundertwende studieren.

Inzwischen hat sich das Industriezentrum in östlicher Richtung verlagert. Dort, wo der Sanguenay den Lac Saint-Jean entwässert, werden die Wasserkräfte in Energie umgesetzt, die ihrerseits wiederum die Produktion der hier angesiedelten Fabriken in Gang hält. Bei *Chicoutimi,* der Hauptstadt des Sanguenay-Gebietes, bei Arvida, Bagotville, Jonquière liegen riesige Papier- und Zellulose-Fabriken. In den Sommermonaten finden Führungen durch die Anlagen statt – ein Service, der sich «Industrietourismus» nennt. Wer eine der größten Aluminiumhütten Kanadas besichtigen möchte, sollte in *Arvida* Halt machen. Die Stadt hat sich 1975 mit Jonquière und Kémogami zusammengeschlossen. Das daraus entstandene Konglomerat ist ein Beispiel dafür, was Kanada unter einer zweckmäßigen Stadt versteht, die funktionell, doch ohne Charme ist.

Nach Chicoutimi flußabwärts zeigt sich die Landschaft wieder von ihrer unberührten Szenerie, und zwar in einer derartig eindrucksvollen Weise, daß Reisende immer wieder in Staunen und Entzücken ausbrechen. Nach der Bucht Ha-Ha tritt das kultivierte Schwemmland mit Wiesen und Feldern mehr und mehr zurück und die Fels- und Waldnatur beginnt über die Landschaft die Oberhand zu gewinnen. Der Sanguenay ist hier einem norwegischen Fjord ähnlich: steilstufig mit stark erodierten Felswänden und kaum besiedelbar. Das Erdalter, das dieses tiefe Flußtal in die «steinerne Decke des Laurentischen Schildes» gegraben hat, erstreckt sich Millionen von Jahren zurück. Kenner nennen den Fluß in seiner dunklen Unnahbarkeit «eines der landschaftlich größten Erlebnisse, die der kanadische Osten zu bieten hat» [A.E.Johann]. Trotz seines erlebnisstarken Panoramas liegt das Tal des Sanguenay noch abseits der allgemeinen Sight-Seeing-Touren. Wer sich dieses besondere Naturerlebnis nicht entgehen lassen möchte, sollte den Weg per Schiff zurücklegen. Ausflugsfahrten werden von den Tourismusämtern in Montreal, Quebec und Trois Rivières angeboten.

Kamine, Türme und Mansarden.
Über den Baustil in Quebec

Es ist bekannt, daß sich eine Reise um so interessanter gestaltet, je besser der Tourist das Besondere und Typische eines Landes wahrnimmt und richtig in die historischen Zusammenhänge einzuordnen versteht. Zu den Besonderheiten eines kultivierten Erdenfleckens gehören immer, so sie über die Zeit gewahrt blieben, historische Bauwerke. «Die alten, grau-steinernen Häuser unseres Landes erzählen auf ihre Weise die Geschichte des nordamerikanischen Kontinents.» Mit diesem

Satz leitet der Geschichtsschreiber Serge Courville eine Broschüre über das interessante Thema kanadischer *Bauweise* ein.
Baugeschichte ist Siedlungsgeschichte. Siedeln bedeutete in Kanada: mit der Natur ringen, sich anpassen, Kompromisse schließen. So eine Art Komplizenschaft mit den örtlichen Gegebenheiten von einst dokumentieren noch zahlreiche Gebäude aus der Kolonialzeit, die oft in anheimelnder Stille am Straßenrand stehen. Historische Mühlen, Wohnhäuser und Kirchen – dergleichen findet sich sonst nirgends in einer derartigen Fülle wie in Quebec. Quebec, die älteste Provinz Kanadas, ist so etwas wie eine Zusammenfassung nordamerikanischer Architekturgeschichte und deshalb für eine Studienreise besonders geeignet.
Holz ist und war von den Anfängen bis heute ein billiges und einfach zu beschaffendes Baumaterial. Gips und Nägel gehörten lange Zeit zu den Luxusartikeln des Kontinents. Deshalb zimmerten die ersten Siedler ihre *Blockhütten* ohne diese Hilfsmittel nach dem Vorbild der Indianerhütten. Möglichst egale Baumstämme wurden oben bis zu einem Drittel eingekerbt. In dem Einschnitt haftete dann der darauf liegende Stamm fest und fugenlos. Um sich vor Witterungseinflüssen so gut wie möglich zu schützen, wurden Fensteröffnungen zunächst ausgespart. In dem einen Raum lebte eng und zusammengedrängt oft eine mehrköpfige Familie.
Mit wachsendem Wohlstand ersetzten die Siedler ihre einfachen Holzhütten durch mehrräumige Steinhäuser. Das Baumaterial lieferten Findlinge oder die Felsgebiete der nahen Umgebung. Die Bauweise entsprach zunächst vollkommen der Architektur, wie sie im 16. und 17. Jahrhundert in den Dörfern der Normandie und der Bretagne üblich war, woher ja die meisten der französischen Einwanderer kamen. Charak-

Bretonisches Haus

Normannischer Baustil

teristisch für das *bretonische Haus* ist die Symmetrie. Ziemlich steil liegt das Dach zwischen zwei Kaminen, die gleichförmig beide Seitenmauern abschließen. Der Hauseingang befindet sich in der Regel frontal in der Mitte, mit links und rechts zwei Fenstern. Üblich sind auch ein Fenster auf der einen und zwei Fenster auf der anderen Seite. Mit Ausnahme der Konstellationen von Dach und Kaminen weist das *normannische Haus* dieselben Stilelemente auf. Häuser im bretonischen und normannischen Stil stehen in der Gegend um Montreal, auf der «Ile d'Orléans» und entlang des südlichen St. Lawrence-Stromes.
Aus der etwas strengen Bauweise der frühen Kolonialzeit entwickelte sich bis zum Ende des 18. Jahrhunderts eine Architektur, die sich mehr den örtlichen Gegebenheiten anpaßte: der sogenannte *Quebecer Baustil*.
Die langen Winter mit meterhohen Schneemassen, die anhaltende Bodenfeuchtigkeit und die schrecklichen Mäuseplagen hatten den Einfallsreichtum der Frankokanadier aktiviert. Abhilfe brachten höhere Grundmauern. Der Wohnbereich wurde jetzt ein bis zwei Meter über der Erdoberfläche angelegt. Einen weiteren Witterungsschutz und mehr Wohnatmosphäre schufen Holzverkleidungen der Innen- und Außenwände. Außerdem setzten die Hauseigentümer vor ihre Eingangsfront eine breite dekorative Holzveranda und über das Erdgeschoß oft zusätzlich noch ein Mansardengeschoß, architektonische Bereicherungen, die sich bis heute erhalten haben.
Das Dach fiel auch nicht mehr steil nach unten, sondern schwang sich, einem Glockenmantel vergleichbar, über die Veranda, gestützt auf zierliche Holzsäulen. Manche Häuser erhielten als sinnvolle Ergänzung noch ein kleines Nebengebäude. Es diente als Speisekammer, Werkstätte oder im Sommer als Küche.

Quebecer Bauweise

Häuser im Quebecer Baustil entdeckt der Besucher zahlreich und vielfältig entlang des «Chemin du Roy», aber auch in anderen Gegenden der Provinz. Wer durch die Stadt Saint-Eustache kommt, sollte in der 25. Avenue einmal die Gebäude

der Nummern 568 und 734 und in der Rue Rivière Nord die Nummern 686 und 731 oder 911 näher betrachten. Es handelt sich hier um interessante Kolonialhäuser, die anschaulich verschiedene Bauweisen repräsentieren.
Nachdem Neufrankreich 1763 durch den Sieg von General Wolfe zur britischen Kolonie geworden war, hielten nach und nach *Stilelemente englischer Baukunst* – insbesondere Adaptionen Viktorianischer Ära – Einzug in die nordamerikanische Architektur. Wer es sich leisten konnte, baute seine Häuser nun mit Türmchen, Erkerchen und Rundbogenfenstern. Anklang fanden diese Stilelemente vor allem bei den finanzstarken, rasch Emporgekommenen im Osten ebenso wie im kanadischen Westen.

Englische Einflüsse

Mehr als diese etwas verspielte, winklige Bauweise setzten sich seit den Anfängen des 19. Jahrhunderts bei der breiten Bevölkerungsschicht jedoch amerikanische Einflüsse durch. Es gehörte zum Wesen dieser Menschen, die ein Land aufbauten, daß mit Behausungen nicht allzuviel Aufwand getrieben wurde. Wichtig waren Wohnverhältnisse, die unkompliziert, jedoch mit zeitgemäßem Komfort und zeitsparenden technischen Neuerungen ausgestattet waren. Dementsprechend ist

Amerikanische Architektur

das *«amerikanische» Haus* eine schlichte, einfache, aber praktische Holzkonstruktion mit zweckmäßigem Wohnkomfort. Es besitzt im allgemeinen zwei Stockwerke und ist überall in Kanada zu sehen.

Ein interessantes Beispiel dieser Art ist die seit 1927 verlassene Siedlung Val-Jalbert am Lac Saint-Jean. Hier mußten 1898 bei der Inbetriebnahme einer großen Papiermühle für 920 Menschen rasch Wohnungen und die notwendigen öffentlichen Einrichtungen geschaffen werden, die dem damaligen modernen Lebensstandard entsprachen. Sämtliche Häuser wurden im «amerikanischen Stil» gebaut und sind heute inzwischen zum Teil wieder zur Besichtigung restauriert.

Apfelwein und Ahornsirup:
Das Oka-Tal und die Straße des Cidres

Wer durch die Provinz Quebec reist, sollte ab und zu von den breiten, schnellen Autorouten abbiegen und auf Landstraßen ins Land hineinfahren. Hier lernt man am besten die Landschaft mit den verschiedenartigen Anbaugebieten kennen, das Brauchtum und die Geschichte.
Einen Charme ganz besonderer Art strömt das *Oka-Tal* aus. Es erstreckt sich am reizvollen Nordufer des Ottawa River, kurz bevor dieser mit dem St. Lawrence-Strom zusammenfließt. Hier ist der *Oka-Käse* zu Hause, Kanadas beste einheimische Käsesorte. Hergestellt wird diese Köstlichkeit in *La Trappe*, einem der größten Zisterzienserklöster der Welt. In seinen verschiedenen Geschmacksrichtungen wird er von rezent bis milde an Ständen und in Privathäusern mit dem entsprechenden Hinweisschild feilgeboten. Daneben laden üppige Obststände mit den frischen Früchten des fruchtbaren Tales zum Anhalten und Vervollständigen der Reiseverpflegung ein. Gläser mit frisch geschleudertem Honig und frisch gezapftem Ahornsirup stehen gestapelt auf Regalen. Eine besondere Spezialität dieser Region nennt sich «fudget», ein

Straßenverkauf an einem Fruchtstand bei Oka

Backwerk, das aus geriebener Schokolade, frischer Sahne, Honig und Ahornzucker besteht.
Ebenso lohnend wie abwechslungsreich ist eine Fahrt auf der Route 202, bekannt unter dem Namen *Route des Cidres*, die durch die Obstgärten Quebecs führt. Die Spezialität dieser Gegend ist der frische Apfelwein, von dem ein Glas für den Autofahrer bereits genügt. Im August findet in *Franklin* ein großes Apfelfest statt mit Umzügen und Cidre-Proben. *Hemmingford* besitzt hübsche alte Häuser im kolonialen Landhausstil. Die zahlreichen Apfelwein-Keltereien in der Umgebung haben ihre Pforten zur Besichtigung mit Kostproben ge-

öffnet. Zu den besonderen Attraktionen zählt der *Africa Safari Park*, in dem etwa hundert wilde Tiere auf einem 400 ha großen Freigelände vom Auto aus zu beobachten sind.

Die Gaspé-Halbinsel

Eine Fahrt am Südufer des St. Lawrence-Stromes entlang bis nach Percé gehört mit zu den Höhepunkten einer Kanada-Reise. Der Name Gaspé allein übt schon seinen besonderen Reiz aus: «Gaspeg» bedeutet in der Sprache der hier lebenden Micmac-Indianer so viel wie «des Landes Ende». Die Eingeborenen glaubten früher, daß an den atlantischen Fluten die Welt endgültig zu Ende sei.

Die *Halbinsel Gaspé*, welche die Frankokanadier kurz *Gaspésie* nennen, beginnt im Matapédia-Tal und schiebt sich von hier aus als breite Landzunge zwischen dem Golf des St. Lawrence und der Baie des Chaleurs in den Atlantischen Ozean vor. Geologen haben festgestellt, daß dieses Stück Land zu den ältesten Gebieten der Erde zählt. Es gehört auch nicht mehr zum Kanadischen Schild, sondern zu dem stark erodierten Mittelgebirge der Appalachen, das von Georgia den ganzen Osten der Vereinigten Staaten von Amerika durchzieht und am Cap Gaspésie abrupt ins Meer abfällt.

Eine Tour durch die wilde Landschaft der Gaspésie wird zu Recht als ein unvergeßliches Naturerlebnis empfohlen. Massive Felstafeln, dunkle dichte Tannen und die große gebieterische Ferne der gewaltigen Flußmündung prägen diese Landschaft. Die schönsten und interessantesten Naturgebiete sind geschützt. *Rimouski, Matane, Gaspésie, Cascapedia* und *Port Daniel* heißen die fünf großen Provinzialparks. *Forillon* wurde zum Nationalpark erklärt. Die Chic-Choc-Berge besitzen die höchsten Erhebungen des ganzen kanadischen Ostens. Der hervorragendste Berg ist der Mont Cartier mit einer Höhe von 1268 Metern. Hier leben noch das vom Aussterben bedrohte Wood-Caribou, der Kanadische Elch und der Kanadische Rehbock, auch Chevreuil genannt, inmitten einer seltenen alpinen Flora.

Die Gaspésie ist am besten auf der Route 132 zu erreichen. Die nicht allzustark frequentierte Straße beginnt im Westen an der Provinzgrenze Quebecs und folgt nach Osten als Route 6 dem Südufer des St. Lawrence-Stromes bis zu dessen Mündung. Von dort windet sie sich serpentinenreich am Ost-Cap-Gaspé entlang und führt anschließend an der Baie des Chaleurs zu dem kleinen Fischerort Matapédia. Von hier über die Halbinsel und zurück nach Sainte-Flavie. Für die Rundreise sind – von der Stadt Quebec aus gerechnet – mindestens zwei bis drei Tage zu planen.

Wer auf die Gaspésie fährt, sollte das Land nicht im Sauseschritt durcheilen. Überall, wo der Fluß die Möglichkeit für eine geschützte Anlegestelle bot, haben sich seit dem 17. Jahrhundert kleine Küstendörfer entwickelt, deren Bevölkerung hauptsächlich vom Fischfang und von der Schiffahrt lebte. Heute noch zeugt das Brauchtum dieser Gegend vom Geschick und von der Lebensweise dieser Menschen.

In *Saint-Jean-Port-Joli* hat sich zum Beispiel ein Zentrum des Kunsthandwerks entwickelt. In über fünfzig Werkstätten schnitzen Künstler interessante Figuren von Bauern, Fischern und Farmern, töpfern, hämmern und formen Gegenstände aus Email, Keramik, Kupfer und Silber. Beachtenswert sind außerdem die Mühle und das Backhaus aus dem 17. Jahrhundert [Ortseinfahrt] sowie das Deckengewölbe der Kirche, das mit viereinhalbtausend geschnitzten Sternen aus kanadischem Kiefernholz übersät ist.

Jedoch nicht allein die Ortschaften und Dörfer mit ihrer Vergangenheit und ihrem etwas abseitigen Leben machen eine Gaspé-Fahrt zu einem einmaligen Erlebnis. Die Augenblicke des Wahrnehmens und Empfindens steigern sich in dem Moment, da die Landschaft sozusagen aufhört und das Meer sich ankündigt. Von Rivière au Loup an sind die Gezeiten im St. Lawrence-Flußbett bereits deutlich wahrnehmbar, und in Trois Pistoles soll das Süßwasser in Salzwasser übergehen. Die Nachbarschaft des Atlantischen Ozeans wird mehr und mehr spürbar. Das gegenüberliegende Ufer schimmert nur noch nebelhaft in Konturen und verflüchtigt sich dann ganz im Dunst. Ab und zu ist eines der riesigen Ozeanschiffe zu sehen, das hereinkommt oder hinausfährt, vielleicht nach Argentinien, Afrika oder Europa. Die Spannung wächst, je mehr man sich dem «Landes Ende» nähert.

Zwischendurch lohnt ein kurzer Halt in *Mantana*, einer bedeutenden Industriestadt. Beachtenswert ist ein eigens für Lachse angelegter Kanal, über den die Fische zum Laichen flußaufwärts ziehen. Eine Lachstreppe führt durch ein Haus. Durch Glasscheiben lassen sich hier die Lachse beim Springen gut beobachten. Eine weitere Attraktion sind die vier überdeckten, pittoresken Brücken, beliebte Motive für Fotoamateure.

Von Sainte-Anne-des-Monts an fallen hohe Felswände steil in den St. Lawrence. Die Straße führt direkt dem Wasser entlang; hin und wieder wird sie durch Holzkonstruktionen abgestützt. Frisch gebackenes Brot aus den Steinbacköfen am

424/425   Weit bevor der Lorenzstrom in den Atlantik mündet, machen sich die Gezeiten bemerkbar, wie hier in der Nähe von Saint-Jean-Port-Joli bei Ebbe

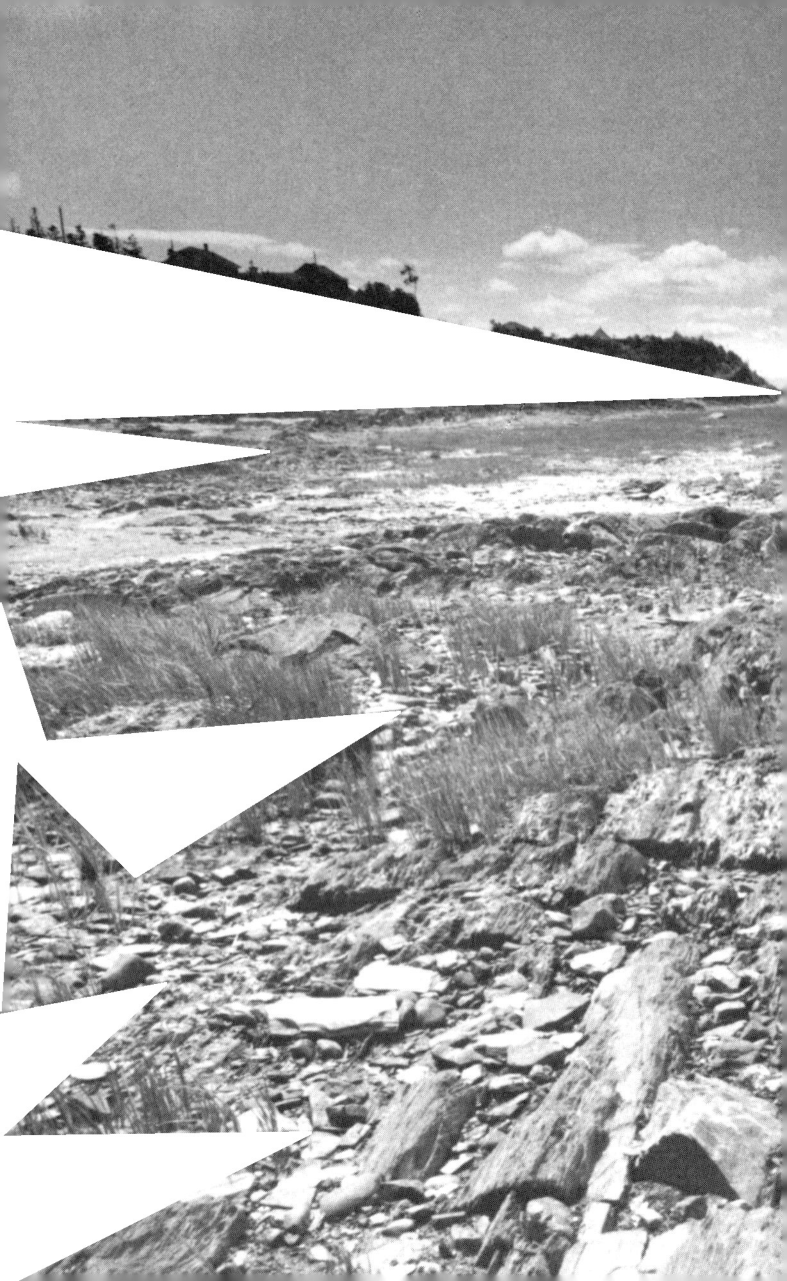

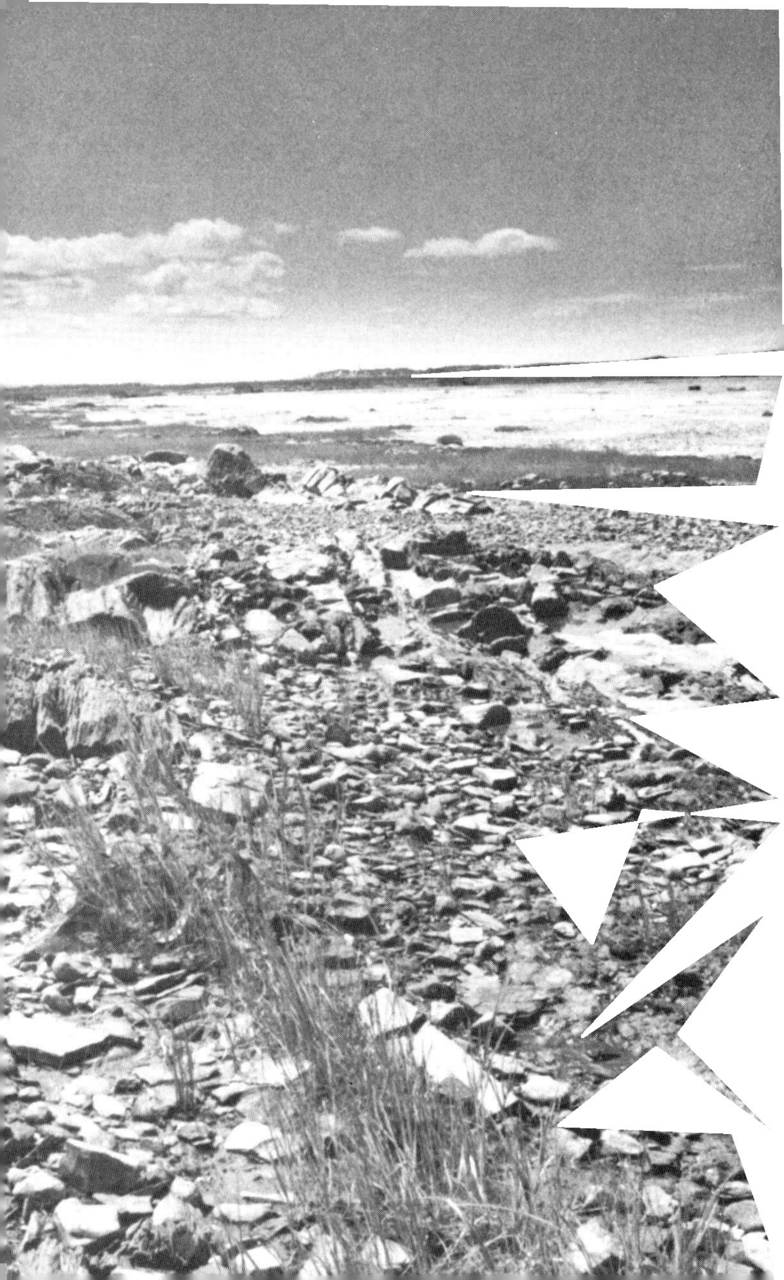

Straßenrand gehört mit zu den Besonderheiten dieser Fahrt. Von hier aus läßt sich auch mühelos das Naturschutzgebiet der Gaspésie erreichen. Wer gern wandert, kann zu Fuß auf einen der Chic-Choc-Berge steigen. Gepflegte Campgrounds und Lehrpfade sorgen für Entspannung und Erholung. Eine der großartigsten Strecken ist das Stück zwischen *Murdochville* und Gaspé.

Das *Städtchen Gaspé* gab der Halbinsel ihren Namen. Hier, wo für die einheimischen Indianer die Welt zu Ende war, begann für Jacques Cartier ein neues Reich: «Terres Neufves» hieß es offiziell in Landkarten. Am 24. Juli 1534 fuhr er auf seiner ersten Entdeckungsreise in die Bucht von Gaspé ein, errichtete dort ein zehn Meter hohes Holzkreuz und nahm das Gebiet im Namen des französischen Königs in Besitz. Jedes Jahr in der 3. Juliwoche findet zum Andenken an Cartiers Landung ein großes Festival statt mit Sportfischen, Umzügen und viel Ausgelassenheit. Die Unterkünfte sind relativ einfach, jedoch verhältnismässig preiswert. Neu und sehr komfortabel ist die «Auberge des Gouverneurs».

Für die meisten Touristen bleibt jedoch der *Fischerort Percé* Ziel und Hauptattraktion der Rundreise. Vor dem Ort liegt der berühmte Percé-Felsen, ein mächtiger rosafarbener Monolith, der gerne mit einem Schiffsrumpf verglichen wird. Ungefähr hundert Meter ragt er aus dem Meer und ist bei Ebbe über eine Sandbank erreichbar. Das «Nadelöhr», der beliebte Background für Familienbilder, befindet sich an der dem Meer zugewandten Seite. Neben dem Percé-Felsen erhebt sich ein weiterer Sandsteinblock, der sogenannte «Obelisk».

Etwas abseits des Tourismus liegt die Insel Bonaventure, ein Vogelparadies und urwüchsiges Naturschutzgebiet. Die Insel ist von einsamen langen Stränden und verschwiegenen Buchten geprägt, von einer Steilküste, dichtem Nadelwald und weiten Wiesen mit einer seltenen Flora. Ein großer Teil der Landschaft bietet Hunderttausenden von Seevögeln Nist- und Brutplätze. Wenn Sie die inzwischen selten gewordenen Tölpel, die Dreizehenmöwe, die Tordalken und Trottellummen beobachten wollen, sind Sie auf der Insel Bonaventure am richtigen Ort. Täglich verkehren von Percé aus Fährboote zur Insel.

Parks und Reservate

Vor wirtschaftlicher Nutzung geschützt hat die Provinz Quebec inzwischen 46 Landschaftsgebiete, von denen jedes seinen eigenen typischen Vegetations- und Lebensbereich besitzt. Einige der Parks und Reservate sind bis zu 25 000 km^2 groß, so das Mistassini-Gebiet. Alle zusammengerechnet haben eine Fläche, auf der die Schweiz dreimal Platz hätte.

An den schönsten Stellen dieser weiten Naturschutzgebiete wurden Chalets, Campgrounds und Basislager eingerichtet, von wo aus sämtliche Outdoor-Aktivitäten wie Kanutouren, Wanderungen oder Naturbeobachtungen unternommen werden können. Die meisten der Anlagen liegen am Wasser und sind mit dem Auto erreichbar. Es gibt jedoch auch zahlreiche Plätze im Innern der Parks, zu denen nur markierte Wildnispfade und Kanurouten führen. Schlafsack, Zelt und Verpflegung sind alles, was bei derartigen Naturabenteuern gebraucht wird: eine Urlaubsform abseits jeder Zivilisation, die bei jungen Leuten immer größeren Anklang findet.

Zu den Attraktionen der Naturparks zählen Einsamkeit, Abgeschiedenheit und Urlandschaft mit ihrer seltenen Fauna und Flora. Pavillons, mit viel Liebe und Kenntnis eingerichtet, geben auf verschiedenen Campingplätzen Aufschluß über die jeweiligen geologischen Besonderheiten und die beachtenswerte Tier- und Pflanzenwelt. Tierbeobachtungen setzen vor allem Glück und Geduld voraus. Mit ziemlicher Wahrscheinlichkeit können Sie «Schwarzbären» an Müllhalden und Abfalltonnen begegnen. Doch «seien Sie vorsichtig, schließen Sie die Fenster und unterlassen Sie das Füttern der Tiere», auch wenn die etwas tolpatschig wirkenden Bären noch so possierlich über den Weg tappen. Die Hinweisschilder für die Parkbesucher meinen es gut mit ihrem Rat. Schwarzbären sind normalerweise ungefährlich – doch unberechenbar, wenn sie Hunger haben oder sich angegriffen fühlen. Für jeden Kanadareisenden eine Sensation bleibt das unvermutete Wahrnehmen eines «Orignals», den die Anglokanadier «Moose» nennen – eine Bezeichnung aus dem Vokabular der Algonquins. Das majestätische Schalenwild ist vergleichbar mit dem europäischen Elch, besitzt jedoch einen wesentlich stattlicheren Wuchs und ein breiteres Schaufelgeweih. Meistens äst es in sumpfigem Gelände oder an feuchten, nassen Ufergestaden als Einzelgänger oder in weiblicher Gesellschaft. Ende des 19. Jahrhunderts war der «Orignal», wie viele andere Tiere Kanadas, durch rücksichtsloses Abknallen vom Aussterben bedroht. Dank der rechtzeitig eingeleiteten Schutzmaßnahmen streift er heute wieder scheu und zurückhaltend durch die Wälder der Gaspésie und der Laurentidischen Berge.

Ebenfalls nur mit Glück und Geduld wahrnehmbar sind Caribou-Herden, Rothirsche, Wölfe, Füchse oder der Vielfraß. Die Coyoten lassen sich auch mehr hören als sehen mit ihren langgezogenen, klagenden Lauten, die oft unheimlich und furchterregend durch die Nacht hallen. Der Biber, das beliebte Wappentier Quebecs, läßt sich ebenfalls nur selten blicken. Doch ist sein sprichwörtlicher Arbeitsfleiß überall links und rechts der Autostraßen in lichten Auwäldern, an Bächen,

Tümpeln und Teichen zu bewundern. Oft sind ganze Wiesenteile durch die gewaltigen Dämme unter Wasser gesetzt.
Nicht zu übersehen sind dagegen die Backen- oder Erdhörnchen, in der Landessprache «Chipmunks» genannt. Wie ein Husch flitzen sie über Baumstämme und Äste, kommen ans Lagerfeuer gehopst, posieren da und dort keck vor der Kamera und suchen anscheinend überhaupt gern die Nähe des Menschen. Was sie vom Eichhörnchen unterscheidet, sind der kleinere Wuchs und das hellbraune Fell mit einem breiten weißen Rückenstreifen.
Besonders zahlreich vertreten sind die Chipmunks natürlich in den beiden Naturparks nahe der Großstädte: in dem bekannten Provinzial-Park *Mont Tremblant* nördlich von Montreal und in den *Laurentides* vor den Toren Quebecs. Wandernde Gletscher früherer Eiszeiten haben diese alte Gebirgslandschaft, die noch vor den Rocky Mountains bestand, in jahrtausendelanger Arbeit zu den heutigen weichen Bergformationen abgetragen und abgeschliffen. Naturfreunde kommen im Herbst in die buntbelaubten Mischwälder der Laurentidischen Berge, zur Zeit des Indian Summer zwischen Mitte September und Ende Oktober. Dann, wenn die Laubwälder ein Farbenschauspiel ohnegleichen bieten. Vom lichten Gelb bis zum intensiven Rot dringt in dieser nachsommerlichen Saison die Natur mit einem letzten Verglühen noch einmal warm und unvergeßlich ins Bewußtsein. Mit Rucksack und festen Wanderschuhen läßt sich der Zauber der Natur auf den gut gekennzeichneten Wanderwegen dann am besten erleben.
Am Rande, vor den offiziellen Naturschutzgebieten, liegen in Tälern versteckt hübsche Gebirgs- und Skiorte mit einem vielseitigen Freizeitangebot, das vom Schwimmen bis zur Yoga-Woche reicht. Erwähnt seien unter vielen anderen das Frei-

zeitzentrum *Mont-Gabriel*, die sogenannte Metropole der Laurentidischen Berge *Sainte-Agathe-des Monts*, der Künstlerort *Val-David* oder *Saint-Jovite* mit der überdachten Brücke über den wilden Teufelsfluß. Elegante Hotels wie zum Beispiel «Grey Rocks» bei Saint-Jovite, gepflegte Restaurants, Motels und Chalets, teilweise an Seen gelegen mit Stegen für Boote, Wasserski und Schwimmen, mit Golf- und Tennisplätzen locken die Besucher, außerhalb der Großstädte inmitten von Bergen und Wäldern Erholung und Entspannung zu genießen.

Besucher, die sich für ein typisches Dorf aus der Mitte des 19. Jahrhunderts interessieren, sollten bei Sainte-Adèle in nördlicher Richtung von der Route 117 [unzureichende Beschilderung] nach *Village de Séraphin* abbiegen. Hier wurde als Freilichtmuseum ein typisches Quebecer Dorf wiederaufgebaut und eingerichtet: mit einer alten Kirche, einer Schule, der Poststelle und dem Tante-Emma-Laden, der vor einhundertzehn Jahren «Marchand Général J.A. Lacour» hieß. Neben der Schmiede, einem noch intakten Backhaus und anderen wichtigen Gebäuden der Jahrhundertwende liegt abseits, ganz in der äußersten Ecke des Geländes, die Blockhütte von Bill Wabo. Dieser abenteuerlustige Trapper, Fallensteller und etwas wunderliche Einzelgänger hatte in seinem Leben nur einen Feind: das Gesetz, das ihm seinen illegalen Handel mit Fellen und Alkohol bei Strafe untersagte. Bills primitive Behausung, ausgestattet nur mit dem Lebensnotwendigsten, gilt als besonderer Anziehungspunkt für die sommerfrohen Besucherscharen. Vielleicht deshalb, weil der etwas schattige Dorfwinkel den historisch bewußten Kanadiern und Amerikanern demonstriert, um wieviel besser es sich doch heute, nach hundert Jahren Vergangenheit, auf dem Kontinent leben läßt.

Via «Vieux Poste» –
Naturabenteuer und Sportfischen

Wer auf der Route 117 in Richtung Norden fährt, läßt den organisierten Tourismus mehr und mehr hinter sich. Einsamkeit, Abgeschiedenheit, die Monotonie einer durch unendliche Wälder führenden Landstraße ergreifen Besitz von den Naturvagabunden in diesen Regionen. Bereits der 13 600 km^2 große Park *La Vérendrye,* der 275 Kilometer nordwestlich von Montreal liegt und nach dem bedeutenden Entdecker und Erforscher der kanadischen Wildnis, Pierre de la Vérendrye, benannt wurde, ist Treffpunkt für harte Kanuten und leidenschaftliche Sportfischer. Wer Natur entdecken und einen robinsonhaften Urlaub erleben möchte, geht hier nicht fehl. Zwanzig Touren von insgesamt 800 Kilometern Länge erschließen die Faszination des Parkinnern von «La Vérendrye». Schilfumsäumte Buchten, undurchdringlicher Mischwald, leicht gekräuselte Seen mit einer interessanten Vogelwelt, Inseln und Inselchen oft nur mit einer einzigen Birke bewachsen, reißende Wildbäche bestimmen die Routen der Wasserwanderer. Hier gilt es vor allem, die Paddel richtig zu führen, das Boot zu beherrschen, Stromschnellen zu meistern, Portagen zu bewältigen und am Abend für das Nachtlager einen geeigneten Platz zu finden. Probleme anderer Art sind sekundär. Daß die Wildnis packt, beweisen die frohgelaunten Gesichter der Menschen, wenn sie beim ersten Morgengrauen ihre Boote am Ufer zur Weiterfahrt, für neue Naturabenteuer rüsten.

Um den Zauber der unberührten Natur auch Menschen zu erschließen, die sich gegen absolute Einsamkeit und Zivilisationsferne nicht gefeit fühlen, hat die Regierung von Quebec in dem riesigen *Reservat Mistassini* eine Ferienoase eingerich-

Nur mit dem Wasserflugzeug zu erreichen – Vieux Poste

tet, auf der Naturliebhaber und Petri-Jünger fern von Telefon und Computer ihren Streß abklingen lassen können. *Le Vieux Poste*, eine kleine Insel inmitten des 3000 km² großen Mistassinisees, liegt ca. 1000 Kilometer nördlich von Montreal und ist entweder mit dem PKW über Chibougamau oder mit der Fluggesellschaft Quebecair erreichbar. Um nicht vor ausgebuchtem Camp zu stehen, sollte sich jeder, der sich für einen derartigen Ferienaufenthalt interessiert, bereits in den heimatlichen Reisebüros vormerken lassen.

Zur Zeit der französischen Kolonisation war das kleine Eiland – wie der Name «Le Vieux Poste» sagt – ein wichtiger

Handelsposten für die hier lebenden Cree-Indianer. Diese tauschten mit den sogenannten «Coureurs de bois», den Mittelsmännern zwischen den europäischen Handelsherren und den Indianern, ihre Biberfelle gegen Feuerwaffen, Munition, Alkohol und Kleidung. Seit 1948 wird die Insel von der Regierung Quebec verwaltet. Doch Wildniserlebnis und Naturabenteuer bestimmen noch immer den Tagesablauf. Mit der Besonderheit, daß von einer Blockhütte aus, dem gemütlichen Inselbüro, ein ständiger Funksprechkontakt zur Außenwelt besteht. Für den Notfall, für alle Fälle.

Der nächstliegende «zivilisierte Erdenfleck» ist von Le Vieux Poste aus der Trailerblock am jenseitigen Südseeufer mit der Abflugstelle des Wasserflugzeuges, mit einer Wetterstation und einem Waldüberwachungsposten zum Schutz des Forstes vor Bränden und Krankheiten. In dieser Institution enden die Nachrichteninformationen über das Weltgeschehen, die Telefonleitungen und «draußen vor der Tür» die staubige Schotterstraße 167, die von der letzten nördlichen Stadt Chibougamau aus hierher führt. Auf einem gelben Schild, das einfach auf einen Querbalken genagelt ist, steht für Verkehrsteilnehmer der kurze wichtige Hinweis: «FIN – END». Das heißt, daß von nun an keine Verbindung über Fahrwege mehr besteht. Wer weiter in den Norden will, wird mit dem Wasserflugzeug befördert oder muß sich seinen Weg durch den «Busch» selbst bahnen.

Es herrschte eine Stimmung von allgemeiner Bewegtheit, als nach einem dreißig Minuten langen Flug über Wälder, Wasser und Inseln schließlich im Mistassinisee das kleine Ferien-

434/435 *Lange Zeit braucht die Natur, um sich von einer solchen Katastrophe wieder zu erholen*

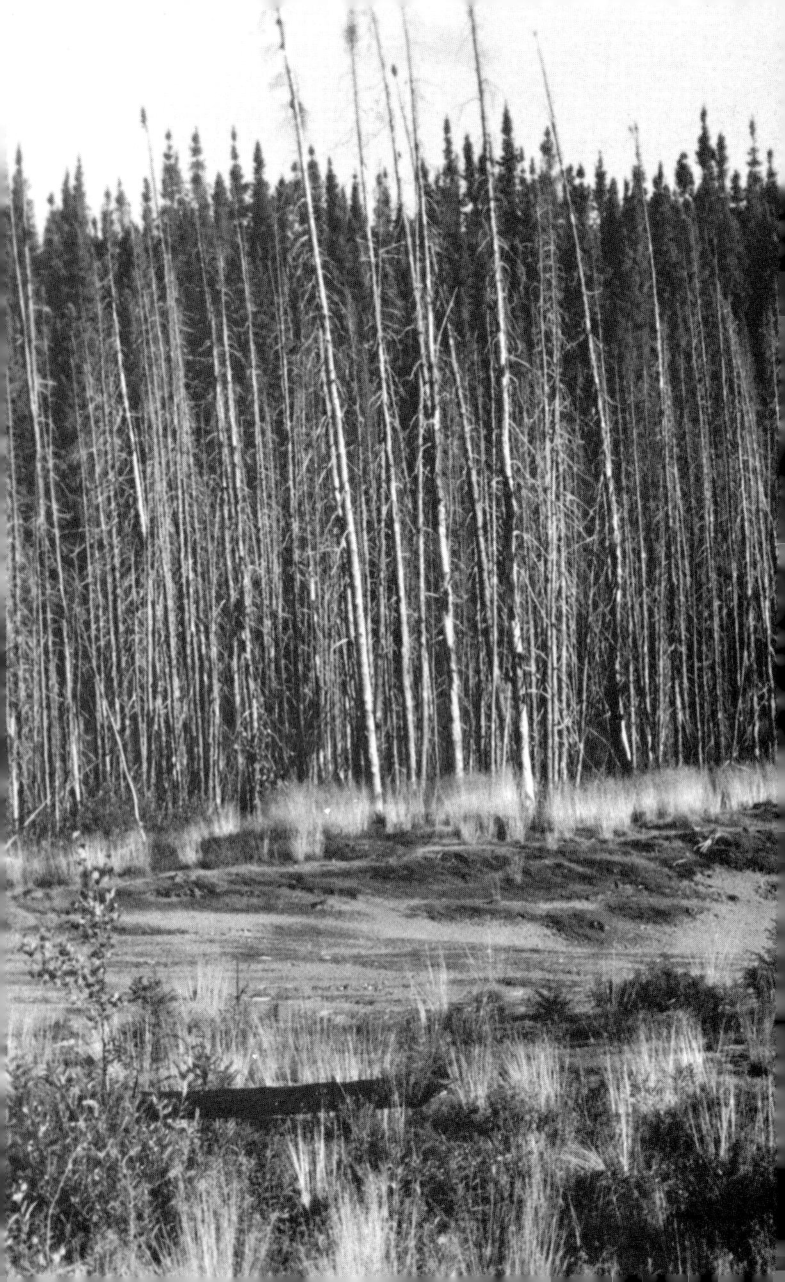

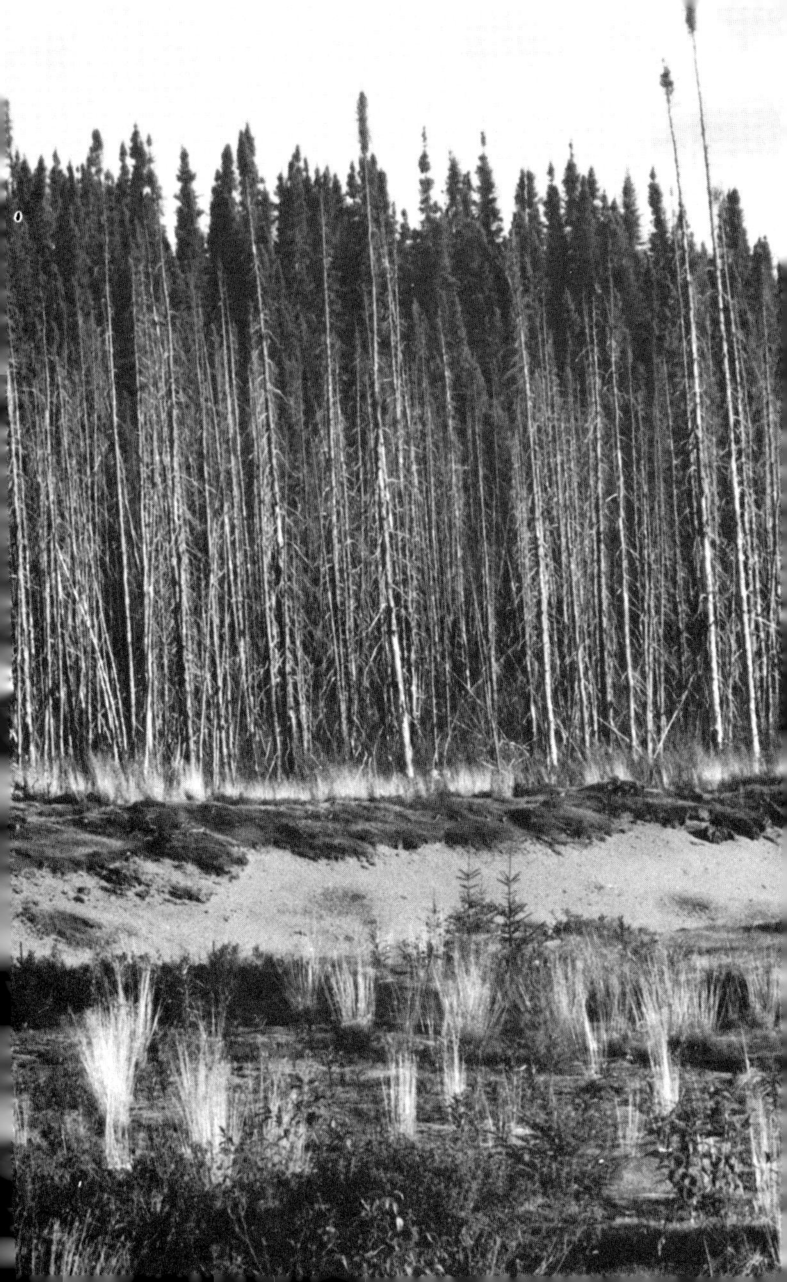

reich Le Vieux Poste auftauchte. Zweimal kreisten wir über dem grünen Inselreich mit den dunkelgebeizten Blockhütten und freundlich weißgestrichenen Fensterstöcken, mit Holzstegen, Buschwerk und Tannen, bis wir vor dem Landungssteg wasserten.

Die Indianer, die in den umliegenden grell grüngestrichenen Motorbooten auf- und niederschaukelten und verhalten unsere Ankunft beobachteten, gehörten zum Inselpersonal. Es sind Angestellte der Regierung. Während der Sommermonate leben sie zusammen mit ihren Familien anspruchslos in bescheidenen Hütten auf den benachbarten Inselbezirken. Vom Herbst an ziehen sie sich vom Seeufer in die Wälder zurück. Dort jagen sie – wie in alten Zeiten – für ihren Lebensunterhalt. Die kostbaren Felle ihrer Beute verkaufen sie an die interessierten frankokanadischen Pelzhändler. Für den Erlös und für die vom Staat gezahlte soziale Beihilfe erwerben sie Fertiggerichte in Dosen, einfaches Küchen- und Hausgerät, Kinderspielzeug, europäische Kleidung und nach Möglichkeit Alkohol. Die interessanten Anlagen einiger langsam verfallender oder auch unmittelbar verlassener Indianersiedlungen kann man mit zurückgelassenen Jagdtrophäen, riesigen Grillanlagen zum Braten der Beute im Freien und mit Bergen von Zivilisationsmüll am Rand der Schotterstraße 167 studieren.

Von Juni bis September übernehmen einige der Cree-Indianer die Betreuung der internationalen Urlaubsgäste von Le Vieux Poste. Hochgesteckte Wünsche und Träume von passionierten Sportfischern und Naturliebhabern können hier Wirklichkeit werden, wenn die Inselbesucher morgens zusammen mit

437 Mit wenigen Handgriffen ist ein einfaches Mahl zubereitet

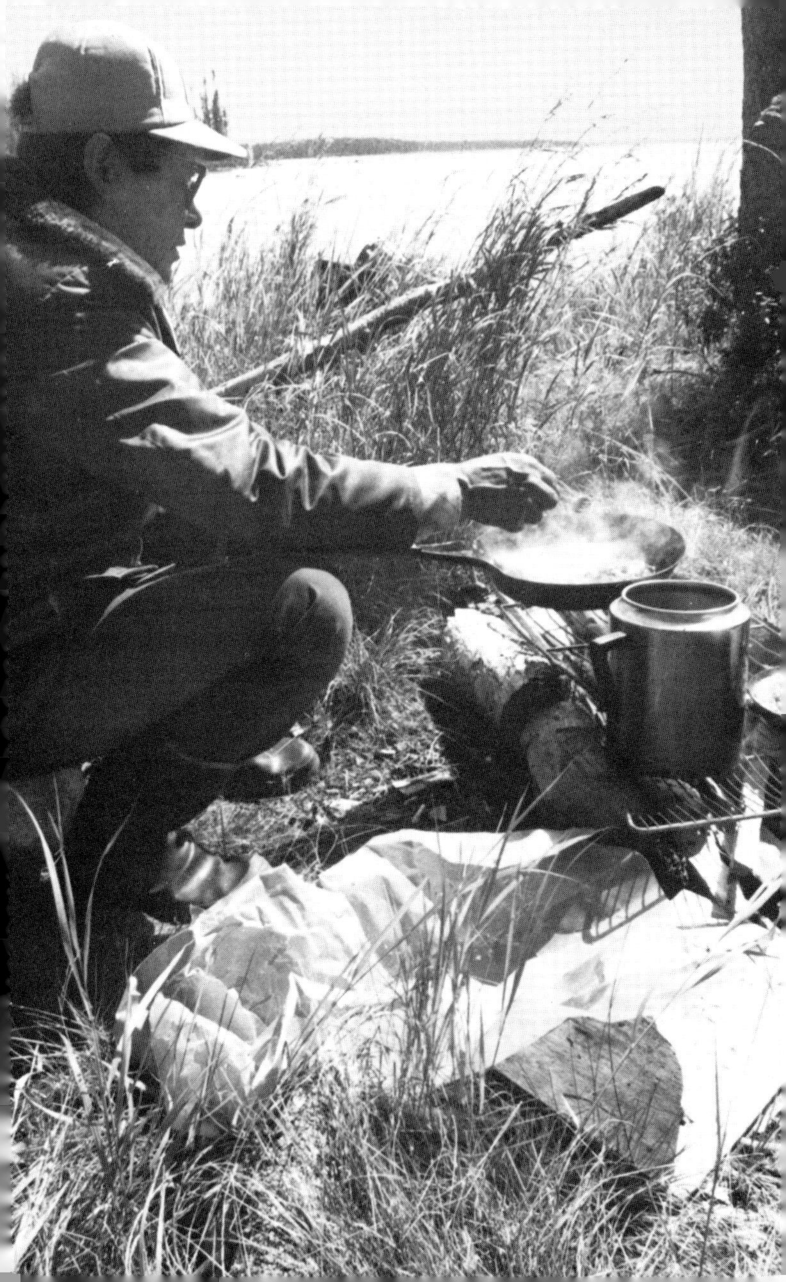

den eingeborenen Wildnisführern «auf Tour» gehen. Da niemand die Strömungen des Mistassinisees, das Verhalten der Fische und des Wildes besser kennt als die hier lebenden Indianer, sind unter ihrer Führung und mit ihren Hinweisen Hechte von 20 Pfund und bestimmte Forellenarten bis zu 15 Kilo keine Seltenheit.

Während unseres Aufenthaltes auf Le Vieux Poste erlebten wir den Mistassinisee in den weißlich zart zerrinnenden Nebeln der frühen Morgenstunde, im stillen Mittagsschein und im Hauch der aufkommenden Nachmittagskühle. Wir lernten auf unseren Ausflügen die nahen und entfernten Zuflüsse und Wasserwege des Cheno-, des Temiskami- und des Tukueco-Flusses kennen, die teilweise durch tiefe, wilde Schluchten und steil ragende Felswände führen. Und wir streiften zu Fuß auf knackenden Pfaden durch die verschlossene Wildnis. Hier herrscht wirklich «Schweigen im Walde». Mittendrin vernimmt man mitunter schrille, fremdartige Vogelrufe.

Gegen Abend kehren die Gäste mit ihren Wildnisführern von der Tagestour zurück. Der Essensraum in einem eigens dafür errichteten Blockhaus ist zum Souper gedeckt. Die allgemeine Stimmung an den Tischen schwingt, von den Naturerlebnissen des Tages getragen, in Höhen. Familiär tauscht man gegenseitig Erlebnisse und Entdeckungen aus, während die verschiedenen Gänge serviert werden.

Während in den Blockhütten die Öllampen entzündet werden und wärmende Öfen zur abendlichen Gemütlichkeit beitragen, genießen die meisten – auf den vorgebauten Veranden sitzend – die Dämmerung, die sich langsam über den See breitet. Bald machen sich die Sterne bemerkbar, sind klar und greifbar nahe. Plötzlich beginnt ein weißes Flammen am Himmel. Man denkt zunächst an Sinnestäuschung. Quer über das Firmament strahlt ein Licht von einem ergreifenden Zau-

Ein verlassenes Indianerlager im Mistassini Park

ber. Wer dieses Mirakel des Nordlichts vorher noch nicht gesehen hat, hält zunächst den Atem an. Die Lichtflut schwindet, um dann vom Himmel und den Menschen erneut Besitz zu ergreifen.
Die Blockhütten am Seeufer sind für vier Personen gemütlich eingerichtet. Sie bestehen aus zwei Schlafkabinen mit je zwei breiten Betten. Davor befindet sich ein Aufenthaltsraum, Waschgelegenheit und Kochmöglichkeiten. Sämtliche zwölf Chalets sind rundum und über die Insel durch breite Holzstege verbunden. Da die Saison in den Gebieten des Nordens verhältnismäßig kurz ist, sind die Preise entsprechend hoch.

MARITIMES –
DIE VIER ATLANTIKPROVINZEN

NEW BRUNSWICK – THE QUIET PROVINCE

New Brunswick oder Neubraunschweig ist ein Land großer, unbesiedelter Räume mit unendlichen Nadel- und Hartholzwäldern, gewaltigen Flüssen und abgeschiedenen Seen. Wie ein quadratischer Block ruht die Provinz zwischen der frankokanadischen Gaspésie im Norden, dem US-amerikanischen Staate Maine im Westen, der Bay of Fundy im Süden und dem Golf des St. Lawrence im Osten. Quiet ist das Wort, das die Landschaft in ihrer zum Nachdenken anregenden sommerlich grünen Einsamkeit beschreibt. Quiet sind die Highways, die sich durch die Täler schlängeln, quiet die Städte und Dörfer.

85 Prozent dieser 75 000 Quadratkilometer großen Atlantikprovinz sind noch immer mit Wald bedeckt. Und dieser Wald feiert im Herbst, zur Zeit des Indian Summer, eine Farbenorgie, wie sie nirgendwo in Europa zu erleben ist. Wer kann, sollte daher im Herbst nach Neubraunschweig reisen, wenn die Wälder ohne Ende glühend und lodernd sich vom Sommer verabschieden. Die Botaniker erklären den flammenden Blätterwald Nordamerikas ganz unprosaisch, indem sie auf das glückliche Zusammentreffen von Klima und Blattpigmenten verweisen, auf «Karotin [gelb], Xantophyll [rot] und das Wetter, das den Neubraunschweigern einen langen Herbst mit warmen Tagen und trockenen kalten Nächten beschert, bevor die Winterstürme hereinbrechen».

Das Felsmassiv der Appalachen, über das sich die grenzenlosen Wälder dehnen, bietet den Bewohnern nur in einigen Flußtälern Boden zum Anbau. Und manche Reiseschilderungen haben recht: in dieser größten Provinz von Atlantik-Kanada mit nur 800 000 Menschen ist im Sommer alles nur von mittlerer Großartigkeit. Nichts Urgewaltiges. Nirgends erreichen Gipfel ungeheure Höhen; der Mount Carleton im Mount Carleton Provincial Park ist mit seinen 800 Metern die höchste Erhebung von Neubraunschweig.

Doch für den Einzelnen, der die Einsamkeit liebt, der als Naturgenießer durch die Wälder, die Täler und entlang der Küste fährt, ist ein Urlaub in New Brunswick von hohem erholsamem Wert.

68 Provincial Parks und zwei National Parks bringen dem Besucher die jeweiligen Besonderheiten der Landschaft näher. Wie überall auf den Maritimes werden in den Parks Boote für Touren vermietet. Es gibt zahlreiche ausgedehnte Sandstrände zum Baden und kilometerlange Trails zum Wandern. Wer nicht gerade auf «Hamburger» versessen ist, sollte hie und da die regionalen Fischspezialitäten kosten. Hummer gehört auch in Neubraunschweig zu den Favoriten der Speisekarte – weniger in den Lokalen als am Strand zum Selbstzubereiten. An Verkaufsständen werden außerdem frische Austern, Scallops, Muscheln, Shrimps angeboten. Die Binnensee-Forelle heißt in Neubraunschweig «Togue». Sie ist «zwar kleiner als im Kanadischen Schild, dafür aber gibt es mehr, genau so wie von Bachforellen», schreibt Elmar Engel aus eigener Erfahrung. In den Küstengebieten gehören Salzwasserfische zur dominierenden Beute. Die Chancen, eine Makrele, einen Dorsch, Plattfisch oder Pollak zu fangen, sind groß.

In New Brunswick mit seiner besonderen Bevölkerungsstruktur – 50 Prozent der Bewohner stammen von französischen Einwanderern – versteht sich Zweisprachigkeit an vielen Orten von selbst. Sämtliches Karten- und Informationsmaterial

ist sowohl auf französisch wie auf englisch gedruckt. In Edmunston wird Französisch, in der Provinzhauptstadt Fredericton und in Moncton Französisch und Englisch gesprochen, in der Hafenstadt Saint John hört man nur Englisch und an der Ostküste wiederum vorwiegend Französisch. Dort weisen auch Ortsnamen wie Baje-Ste-Anne, Brantville oder Lamèque darauf hin, daß es sich um Siedlungen der Akadier handelt.
Die *Geschichte* von New Brunswick verzeichnet kaum große Kämpfe und aufsehenerregende Geschehnisse. Zwar spielten auch hier die Kolonialrivalitäten zwischen Franzosen und Engländern von Anfang an eine starke Rolle. Doch blutige Auseinandersetzungen um das Land gab es wenige.
Wie im gesamten kanadischen Osten schuf der Pelzhandel zunächst die Existenzgrundlage für die ersten Siedler. Bereits 1534 hatte der französische Abenteurer, Entdecker und Forscher *Jacques Cartier* bei seiner ersten Landung Handelsbeziehungen mit den Micmac-Indianern geknüpft. Cartiers Freundschaft und Vertrauen zu den Einheimischen ging so weit, daß er auf seine weiteren Expeditionen ins ungewisse Landesinnere einige jugendliche Micmac-Söhne als Dolmetscher und Verhandlungspartner mitnahm. In Neubraunschweig wird die Geschichte erzählt, daß einer von ihnen siebzig Jahre später als hochbetagter Häuptling den Kolonisatoren Samuel de Champlain und Sieur de Monts bei ihrer Ankunft an der Mündung des Saint John River auf französisch den Willkommensgruß bot.
Belegt ist diese Story allerdings nicht. Jedenfalls schritt die Besiedlung Neubraunschweigs durch die Franzosen nur langsam und zäh voran. Viele Handelsposten entlang der Flüsse erwiesen sich als nicht lukrativ, wurden bald wieder verlassen, verfielen. Die Engländer verfolgten die Kolonisationsversuche ihrer Gegner mit gemischten Gefühlen. Einerseits war das

Der Biber ist das Nationaltier Kanadas. Hier beim Loch Lomond, New Brunswick

Land karg und wenig gewinnbringend. Zum andern wollten die Briten den Franzosen auf keinen Fall das alleinige Siedlungsrecht überlassen. So wurden nach und nach Siedler britischer Herkunft an den Saint John River geschickt. 1713 waren dann die Rechte über diesen äußersten Landstrich des kanadischen Festlandes offiziell geregelt. Im Frieden von Utrecht kam Neubraunschweig an England. Da zu dieser Zeit Georg Kurfürst von Hannover-Braunschweig regierte, erwies das englische Königshaus den braunschweigschen Landen politische Ehren und nannte die neue Kolonie jenseits des Atlantiks New Brunswick – Neubraunschweig. In den folgenden Jahrzehnten nahm New Brunswick die Rolle einer Art Zufluchtstätte an. 1755 kamen aus dem benachbarten Nova Scotia rund 7000 Akadier, die dort von den Engländern ihrer französischen Sprache und Kultur wegen verfolgt und verjagt worden waren.

Kaum hatten diese Flüchtlinge eine neue Heimat entlang der Ostküste gefunden, als 1775 der Ausbruch des amerikanischen Unabhängigkeitskrieges zu einer neuen Immigrantenwelle führte. Über 50000 «Empire Loyalists», britische Königstreue, wanderten am Ende des 18. Jahrhunderts nach Kanada aus. Die meisten zogen den Saint John River hinauf über Quebec nach Westen. Doch viele wollten den strapaziösen Marsch ins Ungewisse nicht auf sich nehmen und versuchten ihr Glück in Neubraunschweig.

Durch den raschen Bevölkerungszuwachs wurde New Brunswick – politisch bislang ein Teil von Akadien [Nova Scotia] – 1784 zu einer eigenen Provinz. Ihr erster Gouverneur hieß Sir Thomas Carleton.

Reichtum und Wohlhabenheit lassen sich in New Brunswick auch heute nur selten feststellen. Die Hochseefischerei bildet in den Küstenregionen wie eh und je einen Haupterwerbszweig. Im Norden der Provinz bieten Bergwerke und Holzindustrie eine Lebensexistenz, und im Saint John Valley leben die Farmer von Kartoffelanbau, etwas Viehzucht und dem sommerlichen Fremdenverkehr.

Madawaska – eine «eigene Republik»

Wenn der Tourist von Quebec auf dem Trans-Canada Highway nach New Brunswick fährt, kommt er zunächst nach

Madawaska, das sich innerhalb der Provinz als eine eigene, freie Republik versteht. Diesen Status soll der schmale Landfuß – seit dem frühen 18. Jahrhundert sowohl von Quebec als auch vom angrenzenden US-amerikanischen Staat Maine heiß begehrt – dem leutseligen Gouverneur *Sir Thomas Carleton* verdanken. Um kriegerischen Auseinandersetzungen aus dem Weg zu gehen, schlug Carleton in einer Laune seinen beiden Kollegen ein Würfelspiel um den «zarten Damenfuß» vor. Die Herren kamen und spielten eine halbe Nacht. Und die Entscheidung fiel – mit einem einzigen Pluspunkt – zugunsten Carletons. Der Gouverneur, gutgelaunt über sein Glück im Spiel, soll am nächsten Morgen Madawaska zur eigenen Republik erklärt haben. Ein stolz betagtes Wappen und eine eigene Fahne mit Adler erinnern an die Stunde, da Madawaska auf glückliche Weise zu Neubraunschweig kam.

Auf dem Weg nach Edmunston, der sogenannten «Hauptstadt von Madawaska», fragten wir ein paar junge Leute am Weg, was sie im Winter machten. «Feuer», lachten sie. Anschließend erzählten sie, daß sie wie die meisten Einwohner in der Fraser Company's Mill arbeiten. Im Winter bieten die Pisten des nahen Mount Farlagne etwas Abwechslung. Beherrscht wird die Stadt von den beiden Kirchen: der römisch-katholischen Kathedrale und der Kirche «Zu unserer lieben Frau».

Kartoffeln aus dem Tal des Saint John

Der Saint John River, der den gesamten Westen Neubraunschweigs durchfließt, ist noch immer der Puls der Provinz. Einst die Hauptroute der Pelzhändler, bot das Tal des Saint John jahrzehntelang den Loyalisten eine Möglichkeit, in das

Landesinnere Kanadas zu kommen. Heute führt der Trans-Canada Highway bequem den Fluß entlang über Brücken, durch Städte, Dörfer, kleine Nester.

Von St. Leonard bis Woodstock dehnen sich Neubraunschweigs vielgelobte Kartoffelfelder. Jedes Jahr im Juni wird in einzelnen Orten eine «Kartoffelblüten-Königin» gewählt. So in *Grand Falls,* das außerdem einen 28 Meter hohen Wasserfall zu bieten hat.

Die Landschaft ist lange Strecken hindurch ruhig, gleichmäßig, ohne viel Abwechslung. In *Hartland* spannt sich die längste überdachte Straßenbrücke der Welt mit einer Länge von 390 Metern über den Saint John River. Es empfiehlt sich, von hier aus anstelle des Trans-Canada Highway die Route 102 beziehungsweise 105 nach Fredericton zu wählen.

Fredericton ist die Provinzhauptstadt von New Brunswick. Sie wurde genannt nach Frederick, dem zweiten Sohn König Georgs III. Aus Frederick-Town entstand Fredericton.

Friedlich und verträumt, fast der Gegenwart etwas entrückt, liegt die Stadt am Saint John River. Schön und gepflegt ist die Uferpromenade. Nicht zu übersehen sind das *Regierungsgebäude,* geboten werden Führungen durch die Bibliothek und die *Beaverbrook Art Gallery.* Wer in Fredericton ein wenig bleiben kann, sollte die angesehene *University of New Brunswick* besichtigen und die *Christ Church Cathedral.*

Fredericton hatte einen glühenden Verehrer, der durch zahlreiche Spenden und Stiftungen dem provinziellen Städtchen ein wenig auf die Beine half. Es handelt sich um den britischen Zeitungsverleger und Millionär Max Aitken, bekannt als *Lord Beaverbrook.* Er schenkte Neubraunschweigs Hauptstadt die Kunstgalerie, die seinen Namen trägt. Sie besitzt eine wertvolle Sammlung mit Werken von Constable, Dali, Gainsborough, Reynolds, Kreighoff und anderen.

Siebenunddreißig Kilometer westlich von Fredericton, am Trans-Canada Highway bei Prince Williams liegt *Kings Landing Historical Settlement,* ein Freilichtmuseum mit inzwischen 55 Bauten aus der Zeit von 1790 bis 1870. Auf dem 121 Hektar großen Areal hat man – ähnlich wie in «Upper-Canada Village» in Ontario – ein Pionierdorf aufgebaut. Hierzu wurden historische Gebäude aus Dörfern zusammengetragen, die dem nahen Staudamm von Mactaquac zum Opfer gefallen wären. Die Siedlung mit einer Schmiede, einer Schule, Kirche, der Sägemühle, mit Stallungen und Farmgebäuden funktioniert anscheinend noch. Von Ende Mai bis Anfang September hämmern Studenten in historischen Kostümen in den Werkstätten, bäckt eine ältere Hausfrau in langer Tracht Weißbrot nach alten Rezepten, und die Besucher schauen zu und kosten davon. Kings Landing Historical Settlement ist Alt-Neubraunschweig, so wie es die Loyalisten aufgebaut haben.

Für die Weiterfahrt zur Hafenstadt Saint John sollten Sie sich etwas Zeit lassen. Die Straße führt entlang einer breiten Seenlandschaft, die hier der Saint John River bildet. Hunderte von Inseln und Inselchen schwimmen im Wasser. *Gagetown* am Weg ist eine Unterbrechung wert. Hier weben die «Loomcrofter» noch Wollstoffe mit schönen Schottenmustern.

Bay of Fundy

Die interessanteste, auf weiten Strecken auch die einzige Straße entlang der Bay of Fundy ist der Highway Nr. 1. Er beginnt in Saint Stephan, führt über die Hafenstadt Saint John und trifft bei Sussex auf den Trans-Canada Highway via Moncton. Das Einmalige und Einzigartige dieses Küstenstreifens sind die Gezeiten. In Nordamerika sind die Unterschiede von Ebbe und Flut selten derartig gewaltig wie an der Bay of Fundy. Bei Neu- und Vollmond kann es Tidenhübe bis zu zehn Metern geben.

Ganz vorzüglich läßt sich dieses Naturschauspiel an den *Reversing Falls Rapids,* den Umkehrfällen in *Saint John* beobachten. Bei Ebbe schäumt und rast der Saint John River über Felsen dem Meer entgegen. «Kein Kanute würde eine Fahrt über die Fälle heil überstehen», prophezeien die Prospekte. Bei steigendem Wasser dringt das Salzwasser dem Fluß entgegen, verschlingt und begräbt die Felsen, steigt höher und höher, so daß der Saint John River an dieser Stelle schiffbar wird. Es wäre deshalb nicht das schlechteste, Saint John einmal bei Ebbe und einmal bei Flut zu erleben.

Zwischendurch kann sich der Besucher in der Stadt ein wenig umsehen und besichtigen, was sehenswert ist. Ursprünglich ein Pelzhandelsposten, dann eine aufblühende Siedlung der Loyalisten, besitzt Saint John noch einige geschichtsträchtige Bauten. Am besten folgen Sie dem *Loyalist Trail,* der zu allen wichtigen Denkmälern aus der Pionierzeit führt: zu Barbour's General Store aus dem Jahre 1867, zum Loyalist House und dem alten Markt, zum Martello Tower sowie dem alten Gerichtsgebäude.

Der Aufstieg von Saint John zu einem wichtigen Überseehafen begann im 19. Jahrhundert, als Holz im britischen Königreich rar geworden war. Es heißt, daß die besten Schiffsmasten aus Neubraunschweig kamen. Doch als die Windjammerära zu Ende ging und das Dampfschiff seinen Siegeszug über den Ozean antrat, erlosch auch die Bedeutung von Saint John. Heute bestimmen Papier- und Metallindustrie den Pulsschlag der Stadt.

Eine der spektakulären Routen ist der *Fundy Trail* durch den *Fundy National Park.* Die Landschaft dieses Naturparks mit

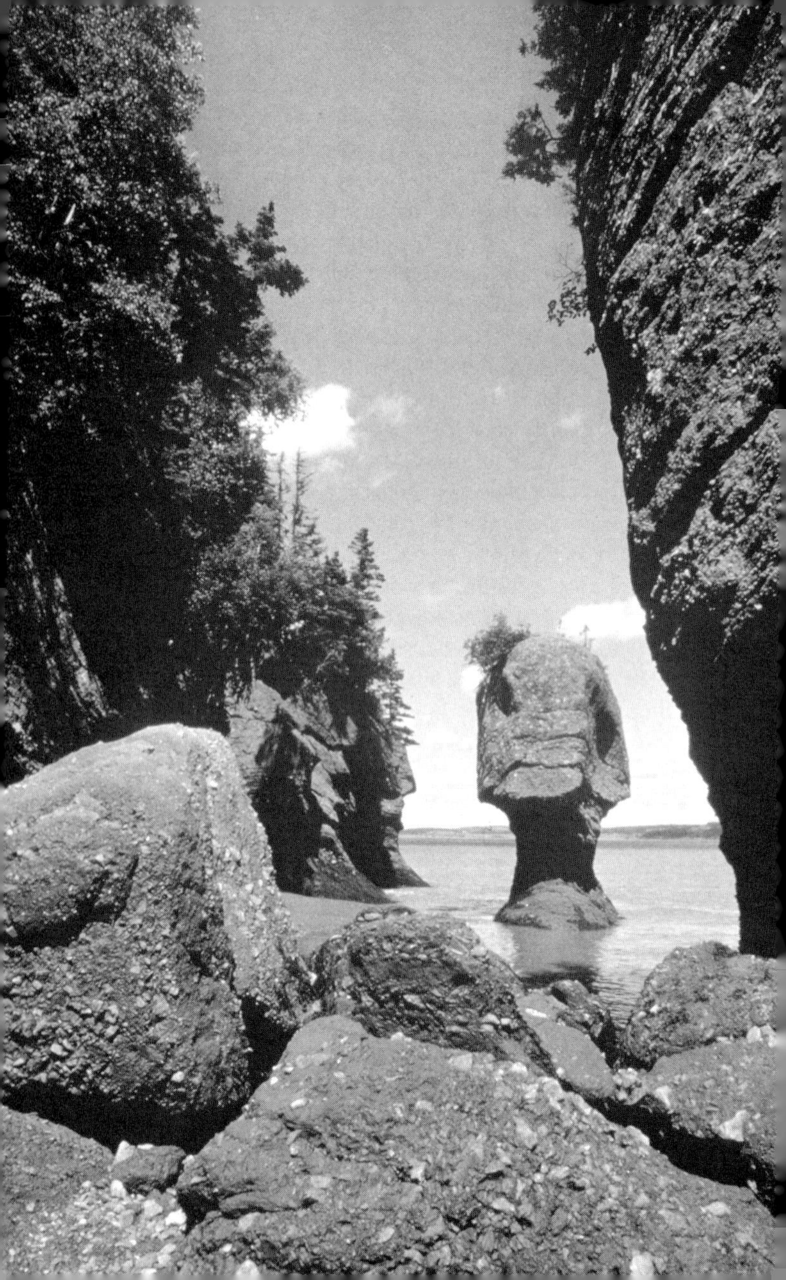

Blick aufs Meer, auf die Gezeiten, mit zahlreichen Seen, Wanderwegen und Sportmöglichkeiten ist großartig. Er gilt als der beliebteste Park von New Brunswick und wird daher auch im Sommer von zahlreichen amerikanischen Familien besucht.
Auf der Weiterfahrt nach Moncton stehen bei *Hopewell Cape* die berühmten roten «Rocks» – seltsame Felsgebilde, die bei Ebbe wie gewaltige Pilze aus dem Sand ragen. Bei Flut steigt das Wasser an den wild zernagten Gesteinssockeln hoch, läßt kahle Felsköpfe oder mit Tannen geschmückte Steinhäupter in den Fluten schwimmen.
Moncton, modern, dynamisch, mit einer sich ständig ändernden Skyline, ist nach Saint John die zweitgrößte Stadt von New Brunswick. Einst bedeutend durch den Schiffsbau, gilt Moncton heute als der größte Verkehrsknotenpunkt von Atlantik-Kanada. Ihren Stolz auf die Vergangenheit bekundet die Stadt durch das *Acadien Museum.* Außerdem ist die *University of Moncton* als einzige französischsprachige Universität östlich von Quebec ein gutes Beispiel für die engen Beziehungen dieser Region zu den Akadiern. Es wundert daher nicht, daß sich Moncton heimlich als Hauptstadt von Akadien versteht.
Sehenswert in der Stadt ist *The Tidal Bore.* Zweimal am Tag rollt eine gewaltige Flutwelle das sonst beinahe wasserlose Bett des Petitcodia River hinauf. Seinen Spaß und sein Geld wert ist der *Magnetic Hill,* ein Phänomen, das Autofahrern die Illusion vermittelt, der Wagen würde magnetisch den Berg hinaufgezogen.

«The Rocks» am Hopewell Cape, New Brunswick

Ostküste: Wo die Akadier leben

Von ganz besonderer Art ist die *Ostküste* von New Brunswick. Fischerdörfer wechseln mit Campgrounds, Felsen mit weichen Sandstränden, Inseln und Dünen tauchen bei Ebbe in der Ferne auf. Hier heult der Wind stärker als an der Fundy Bay. Und Hummer ist kein Leckerbissen, sondern tägliche Selbstverständlichkeit auf den Dorfmärkten.

Den Highway 11 sollten Sie wählen, wenn Sie zwei bis drei Tage Zeit haben für eine Küstenfahrt entlang des St. Lawrence-Golfs. Die Straße schwingt sich von Moncton hinauf nach Campbellton an der Grenze Quebecs. Zwar verläuft der Highway nicht immer direkt dem Ufer entlang. Doch bieten Nebenstraßen wie die Route 117 Gelegenheit, den *Kouchibouguac National Park* kennenzulernen und die gesamte Küstenstrecke auszufahren.

Bei *Chatham* überquert der Highway den Mündungstrichter des Miramichi River, dessen weitverzweigtes Flußsystem im Landesinnern zu den besten Lachsgewässern Kanadas zählt. Es geht weiter durch viele kleine Fischerorte wie Neguac, Rivière-du-Portage, Val-Comeau, die von den Akadiern gegründet wurden und heute oft mit liebevoll eingerichteten kleinen Museen an die Siedlungsgeschichte an der Atlantikküste erinnern. Weiter geht es hinauf an die Spitze der Landzunge, nach *Caraquet* an der Baie des Chaleurs. Der Ort ist ein Zentrum für Sport- und Hochseefischen und besitzt die einzige Ausbildungsstätte für das Fischereiwesen in Neubraunschweig.

Ein paar Kilometer weiter westlich lädt das *Acadien Historical Village* zu einem Besuch ein. In diesem Freilichtmuseum präsentiert sich die Vergangenheit der Akadier, die harte Wirklichkeit der Besiedlung in der Zeit zwischen 1780 und 1880, durch 40 historische Bauten.

Bathust schließlich ist das Geschäfts- und Handelszentrum der Region. Das Städtchen liegt geschützt an der Nepisiguit Bay und ist Mittelpunkt der umliegenden Industriegebiete.

Miramichi – Wälder ohne Ende

Ein großes, weites, unberührtes Waldland erstreckt sich im Herzen von New Brunswick. Eine grüne Hügellandschaft, die über und über mit Wald bedeckt ist. Von Wäldern, die noch nie eines Menschen Fuß durchmaß.
Dieses mächtige Territorium beherrschen der Miramichi River und der Nepisiguit River mit einem vielverzweigten Flußnetz. Es soll nur so wimmeln von Lachsen und Forellen in diesen klaren Gewässern, wurde mir immer wieder versichert.
Zwei Straßen führen quer durch die Provinz. Die Hauptverkehrsstraße von der Provinzhauptstadt Fredericton aus ist der Highway Nr. 8 entlang des Southwest Miramichi River nach Newcastle. Hin und wieder läßt eine Siedlung aufatmen, eine Tankstelle, ein Campground, eine Blockhütte aus dem Holz dieser Wälder gebaut. Bereits zehn Kilometer abseits des Highway beginnt die Wildnis der Wälder.
Die andere Straße, die das Land von Westen nach Osten – oder umgekehrt – quert, ist die Route Nr. 108. Wer die Unendlichkeit von Neubraunschweigs Wäldern erleben möchte, sollte sich diesem Abenteuer aussetzen. Eine Fahrt, bei der die Stille und Weite der Landschaft mitunter das Naturerlebnis ins Unheimliche, Unerträgliche steigern kann.

NOVA SCOTIA:
ERLEBNIS- UND ERHOLUNGSLAND

«Felsen steigen aus der atlantischen See. Entlang der Ufer wurden Fahrstraßen hoch in den Stein gesprengt. Herrlich, bei dämmerndem Morgen oder schwindendem Tag hier entlang zu reisen, in das Meer zu blicken, in Dörfern zu rasten.» So und mit ähnlich poesiereichen Worten beschreiben Prospekte die Halbinsel Nova Scotia, die durch eine schmale Landzunge mit New Brunswick verbunden ist.

Die kanadische Atlantikprovinz Neuschottland wird vermutlich nicht mehr lange ein touristischer Geheimtip sein. Denn die Provinzregierung in Halifax ist dabei, den Fremdenverkehr konstant weiter auszubauen. Obwohl der Service mit Broschüren, Karten und Informationstafeln schon jetzt als vorbildlich bezeichnet werden kann.

In Neuschottland wäre man – wie in den übrigen Atlantikprovinzen – schlecht beraten, sich an einem Punkt aufzuhalten. Die Landschaft ist derartig abwechslungsreich, daß für Rundtouren ein Camper oder Mietauto das beste Reisegefährt ist. Problemlos kann das Nachtquartier in einem der zahlreichen Campgrounds aufgeschlagen werden. Oder man fährt von Ort zu Ort, mietet sich in einem Motel oder einer Lodge ein und läßt sich eine heimische Fischspezialität, vielleicht ein Lobster Souper, servieren.

Das Meer ist auf Nova Scotia überall zu spüren: das Großherzige, oft aber auch das Unbarmherzige der Elemente. Kein Ort auf der Insel liegt mehr als 56 Kilometer von der See entfernt. Auf den Kliffs entlang der Küste stehen einsame

Leuchttürme, die Lighthouses – wie sie im Englischen heißen. Wanderungen zu diesen einsamen Inselpunkten bleiben stets Erlebnisse von besonderer Art, vor allem wenn bei Sturm die Wogen ans Land donnern.

In der 56 700 Quadratkilometer großen Provinz leben heute 850 000 Bürger. Die Vorfahren der meisten kamen aus Schottland, England und Irland. Zehn Prozent der Bevölkerung kann einen französischen Stammbaum nachweisen. Auf Nova Scotia sind noch immer französische Enklaven zu entdecken, in denen sich aus den Anfängen der Besiedlung ein spätmittelalterliches Französisch erhalten hat. So auf Isle Madame, Bras d'Or oder French Shore [Evangeline Route].

Wer von den Bewohnern der Halbinsel sich nicht vom Meer ernährt, betreibt Landwirtschaft. Im Annapolis Valley überzeugt der Überfluß an Gemüse und Obst jeden Besucher von der großen Fruchtbarkeit dieser Küstenregion. Hingegen arbeitet in Halifax-Dartmouth und in Sydney der größte Teil der Bevölkerung in den dort ansässigen Industriebetrieben.

Die *Geschichte* von Nova Scotia ist die Geschichte von Atlantik-Kanada. Bereits vor Kolumbus hatten die Grönland-Wikinger etwa um das Jahr 1000 das Land entdeckt. 1497 umsegelte rein zufällig John Cabot auf der Suche nach dem kürzesten Weg nach Asien Cape Breton, hißte dort die englische Flagge und erklärte das Land zum britischen Territorium. Umstritten ist bis heute, ob der vielgebrauchte Name «Acadia» auf Giovanni da Verrazano zurückgeht, der 1524 eine französische Expedition leitete und die ersten Siedler aus Frankreich mitbrachte, die sich Akadier nannten. Oder ob sich die Bezeichnung aus dem Wortschatz der Micmac-Indianer ableitet, in dem «acade» soviel wie «fruchtbarer Platz» bedeutet.

Jedenfalls hatte die Ansiedlung der französischen Einwanderer bitterste und blutigste Auseinandersetzungen um das Kolonialrecht auf Nova Scotia zur Folge. 1621 begannen die Briten, als Antwort auf das Eindringen der Franzosen, die Halbinsel systematisch zu besiedeln. Von den ersten hundertvierzig Settlers überstanden jedoch nicht einmal die Hälfte den ersten harten Winter.

Die «Habitants» aus Frankreich wurden mehr und mehr in die ungemütlicheren Ecken der rauhen, meerausgesetzten Küste abgedrängt. Als ihnen 1755 noch die englische Sprache aufgezwungen und der Loyalitätseid auf die Krone von England abverlangt wurde, machten sich die meisten Akadier auf den Weg nach New Brunswick, der benachbarten Prince Edward Island und nach Quebec. Die wenigen, die zurückblieben, kapselten sich bewußt von den Engländern ab.

Die beinahe hundertjährigen Kämpfe um die Rechte auf Nova Scotia endeten 1763 mit dem endgültigen Sieg der Engländer. 1867 trat Neuschottland als eigene Provinz dem Dominion of Canada bei.

Inzwischen hat sich die Halbinsel zwar zu keiner reichen Provinz entwickelt. Doch der Besucher findet überall zufriedene, frohe und hilfsbereite Menschen. Er begegnet einem Menschenschlag, der geformt wurde vom Kampf gegen das Meer, die Einsamkeit und die Härte des Lebens.

Zu entdecken gibt es auf Nova Scotia viel: eine noch unberührte Natur, dramatische Felsenküsten, originelle Fischerdörfer. Vor allem im Herbst, wenn die flammenden Blätterwälder die kalten Winterstürme oft bis in den späten Oktober zu vertuschen suchen, präsentiert sich die Provinz in einer unvorstellbaren Farbenpracht. Dann ist es am schönsten, auf Schotterstraßen ins Landesinnere abzubiegen.

Doch Staub oder aufgeweichte Straßen sind nicht jedermanns Sache. Für alle, die es bequemer haben möchten, erschließen bis jetzt schon neun verschieden markierte Routen die Sehenswürdigkeiten und Schönheiten der Provinz. Der *Glooscap Trail* führt rund um das Minas Basin, an dessen Küste ein gewaltiger Gezeitenunterschied zu beobachten ist. Der *Evangeline Trail* führt durch das fruchtbare Annapolis Valley und entlang der Bay of Fundy. Der *Lighthouse Trail* erschließt die Westküste, und der *Marine Drive* macht den Besucher mit der Ostküste bekannt. *Halifax-Dartmouth Metro* heißt ein weiteres Abenteuer auf Nova Scotia. Auf dem *Sunrise Trail* locken die wärmsten Badestrände der Provinz sowie Kanadas älteste «Highland Games», jene farbenfrohen Volksfeste der aus Schottland stammenden Neuschottländer mit buntkarierten Männerröcken und Dudelsackpfeifen.

Cape Breton Island gehört zu den spektakulärsten Ecken auf Nova Scotia mit ansteigenden Bergen, Heide und Seen entlang des *Cabot Trail*. Wer akadische Dörfer kennenlernen möchte, sollte auf dem *Fleur-de-lis-Trail* einen Abstecher auf die Isle Madame machen. Die gegenüberliegende Nordwestküste von Cape Breton Island erschließt der *Ceilith Trail* entlang der Northumberland Strait.

Im Reich des Gezeiten-Gottes Glooscap

Wenn der Besucher von New Brunswick auf dem Trans-Canada Highway nach Nova Scotia kommt, dann stößt er bald nach dem Ort Amherst auf den *Glooscap Trail*. Der Name stammt von dem Micmac-Gott Glooscap, dem legendären Herrscher über die Gezeiten. Sein ehemaliges Reich, die *Fundy Shore,* ist noch immer majestätvoll.

Bevor Sie zur Küste kommen, sollten Sie in *Mapleton* eine der Spezialitäten aus Ahornsirup kosten. In den umliegenden Betrieben wird der Ahornsaft zu Ahornsirup verarbeitet, der in den benachbarten USA einen ebenso reißenden Absatz findet wie im kanadischen Westen.

Der Fischerort *Parrsboro* mit rund 2000 Einwohnern ist bekannt für die enormen Höhenunterschiede zwischen Ebbe und Flut. Sie können hier bis zu 25 Meter betragen. Schön bleibt ein Abstecher nach *Patridge Island.* Verlassene Kähne stehen auf dem schlüpfrig gewordenen Land, wenn sich das Wasser bis zur nächsten Flut in die Ferne verlaufen hat.

Truro ist das Zentrum dieser Gegend. Der Victoria Park mit Wasserfällen und Wasserspielen gehört zu den besonderen Sehenswürdigkeiten dieses 14000 Seelen großen Landstädtchens.

Der Glooscap Trail endet nach 355 Kilometern auf der Aussichtshöhe auf *Cape Blomidon* mit einem einzigartigen Rundblick auf sechs verschiedene Flußtäler.

Lighthouse Route:
Leuchtturmlichter, Klippen, Badestrände

Der Fährverkehr von Bar Harbour [5 Stunden Fahrzeit] oder Portland [10 Stunden Fahrzeit] in dem US-Staat Maine endet in *Yarmouth,* einem der wichtigen Verkehrsknotenpunkte von Nova Scotia. Hier befinden sich die Haltestellen der Acadian- und MacKenzie-Buslinien, die Eisenbahnstationen der Dominion Atlantic Railway und der Canadian National Railway. Die Air Canada bringt täglich Hunderte von Touristen vom und zum Festland, und Buschflugzeuge starten ins Landesinnere zu den einsamen Fishing und Hunting Camps. Die Stadt mit rund 9000 Einwohnern lebt vom Fremdenverkehr, von der Hochseefischerei und dem fruchtbaren Umland. Sie gehört jedoch zu den Orten, von denen in ein paar Jahren nicht mehr viel im Gedächtnis zurückbleibt. Erwähnenswert bleibt das *Yarmouth County Historical Society Museum,* in dem unter anderem ein Runenstein mit einer Wikingerinschrift zu sehen ist. Fotografen kommen auf *Cape Forchu* mit dem Leuchtturm auf ihre Kosten.

Von Yarmouth in südlicher Richtung gelangt der Besucher auf die *Lighthouse Route.* Was einem auf der Fahrt auffällt, sind die zahlreichen Buchten, Inseln und Inselchen, die der spröden Küstenlandschaft einen wechselvollen Charakter verleihen. Weiße lange Sandstrände, schroffe Riffs, Leuchttürme und friedliche Fischerdörfer laden immer wieder zum Verweilen und Anhalten ein. Namen wie Clarks Harbour, Little Port Hebert oder Maitland Bridge erinnern noch an die Pionierleistung der ersten Siedler.

Das rund 4500 Seelen große *Liverpool* bietet dem Besucher Wassersportmöglichkeiten jeder Art. Berühmt sind vor allem die vier schönen Strände von Beach Meadows, White Point, Hunt's Point und Summerville. Viele Jahre lang galt *Western Head* als eine der Thunfisch-Hochburgen. Das Rekordgewicht eines dort gefangenen Thuns betrug bislang 434 kg. Liverpool ist außerdem durch den Highway 8 direkt verbunden mit dem *Kejimkujik National Park* sowie dem überaus fruchtbaren *Annapolis Valley* an der Evangeline Route. Diese Querverbindung beträgt insgesamt 120 Kilometer.

Lunenburg zählt zu den bedeutenden Seehäfen auf Nova Scotia. Kühl und leidenschaftslos liegt die Stadt auf einem Landarm, flankiert von zwei Hafenanlagen. Außer von der Hochseefischerei leben die 5000 Einwohner wie eh und je vom Schiffbau.

Von 1751 bis 1754 hatte die englische Regierung über tausend Einwanderer aus Hannover, der Lüneburger Heide und der

Schweiz in dieser Küstenregion als Holzfäller und Dockarbeiter angesiedelt. Denn die gewaltigen Wälder des britischen Inselreiches begannen durch den permanenten Schiffbau für die Kriegsflotten nach und nach zu schwinden. England nutzte daher im 18. Jahrhundert die unerschöpflichen Holzreserven seiner Kolonien jenseits des Atlantiks. So entstanden an den Küsten der Maritimes zahlreiche Werften, unter anderem Lunenburg, das zur Pionierzeit noch «Lüneburg» hieß. Doch die ursprüngliche Ortsbezeichnung hat sich – wie übrigens auch die meisten deutschen Familiennamen – der englischen Schreibweise und Aussprache angeglichen.

Einen Namen hat sich der Ort mit dem Bau des berühmten Hochseeseglers *«Bluenose»* gemacht. 1921 lief der Schoner vom Stapel und wurde in vier internationalen Regatten unschlagbarer Meister. Kanada ehrt die «Bluenose» auf seinem Zehn-Cent-Stück.

Berühmt in Lunenburg ist im September die *Fisheries Exhibition,* zu dessen Höhepunkte «Fishermen's Reunion» gehört, lustige Tage, an denen viel Seemannsgarn gesponnen wird.

Herbes Halifax

Nach *Halifax* geht auf Nova Scotia, wer studieren will. Nach Halifax kommt, wer lehren will. Halifax ist Provinzkapitale, Universitätsstadt, Kulturzentrum, Verkehrsknotenpunkt und eine pulsierende Seestadt mit einem der besten natürlichen Häfen der Welt und dem wichtigsten Container-Hafen für Atlantik-Kanada. In Halifax leben heute 125 000 Menschen, und seit einigen Jahren gehören die 68 000 Bürger der gegenüberliegenden Schwester- und Industriestadt *Dartmouth* zum städtischen Großraum Halifax-Dartmouth.

Es gibt Tage, wo Nebel in dicken Schwaden von den *Narrows* – wie die Wasserstraße zwischen den beiden Orten Halifax und Dartmouth heißt – naßfrostig über die Ufer steigt. Dann stehen die modernen Verwaltungsgebäude, Banken, Hotels, Appartementhäuser wie drohende Gespenster am Hafen. Halifax ist nicht nur die größte und modernste Stadt von Nova Scotia, sondern zugleich Bildungs-, Einkaufs-, Geschäfts- und Finanzzentrum der Maritimes überhaupt.

Wie die meisten kanadischen Städte so besitzt Halifax zu seinem modernen Scotia Square auch sein liebevoll restauriertes Gegenstück: die *Upper Water Street.* Diese historische Seefront mit Häusern aus dem frühen 19. Jahrhundert wandelt sich im Sommer zu einem Ort des Fremdentrubels. Hier finden Sie hübsche Boutiquen und einladende Restaurants mit Fischspezialitäten. Von der Privateer's Wharf fährt die «Bluenose II» hinaus zu einer Rundfahrt und vermittelt bei schönem Wetter den Schattenriß der seeumgebenen Hafenstadt.

Über der Provinzhauptstadt liegt die sternförmige *Zitadelle* auf einem Hügel. Die Festung wurde 1828 zum Schutz der englischen Siedler als militärische Antwort auf die französische Festung Louisbourg errichtet. Erst 1856 wurde sie fertig. Bis 1906 war hier eine britische Garnison stationiert, anschließend eine kanadische. Heute ist die Zitadelle ein historischer Park. Außer dem Rundblick über die Halbinsel, auf der Halifax liegt, bietet die «Citadel» die Centennial Art Gallery mit interessanten Kunstausstellungen. Das Provinz- und das Militär-Maritime-Museum dokumentieren die Geschichte des Forts und das Leben in Halifax. Auffallend ist die alte Stadtuhr aus dem Jahre 1803 unterhalb der Zitadelle. Und seit über 150 Jahren gibt die Noon Gun jeden Mittag einen Kanonenschuß ab.

Bevor die Zitadelle in der heutigen Wehrform errichtet wurde, wachte der Prince of Wales Martello Tower über die Hafeneinfahrt. Eine Besichtigung und ein Ausflug in den *Point Pleasant Park* am Südzipfel der Halbinsel ist allein der hübschen Lage wegen empfehlenswert.

Eine weitere Sehenswürdigkeit ist das historische *Province House* in der Hollis Street aus dem Jahre 1819. Das Besondere daran ist, daß es sich um das älteste Parlamentsgebäude in Kanada handelt, in dem noch Versammlungen stattfinden. Das Province House gehörte zu den Stationen des weitgereisten Dichters Charles Dickens, der über das Bauwerk meinte, es sei «ein Juwel georgianischer Architektur».

Wir dürfen annehmen, daß der Leser die Provinzhauptstadt von Nova Scotia nicht verlassen wird, ohne eine Hafenrundfahrt unternommen und einen Ausflug zu dem pittoresken Fischerdorf *Peggy's Cove* mit eingeplant zu haben. Wer es ganz nostalgisch möchte, wähle zur Überfahrt nach Dartmouth nicht eine der beiden modernen Brücken, sondern die historische *Fähre* aus dem Jahre 1752, das älteste Fährschiff Kanadas.

Marine Drive, eine Küstenfahrt

Von Dartmouth führt der *Marine Drive* den Besucher rund 400 Kilometer entlang der Ostküste zum *Canso-Damm*. Er verbindet seit 1955 die Halbinsel Nova Scotia mit Cape Breton Island. Vom geteerten Highway erschließen Schotterstraßen die weit ins Meer hinausragenden Landarme oft bis zu den äußersten Punkten. Hier draußen erlebt jeder, der das Meer liebt, das wilde Toben des Atlantiks, das wütende Drängen der Fluten in die stark zernagten Buchten. Hin und wieder ein Leuchtturm, ein menschenleerer Sandstrand, ein kleiner Hafenort mit vielleicht 200 Seelen, eine Handvoll Häuser und Hütten. Es heißt, daß die Scherenküste einst Schmugglern und Seepiraten Unterschlupf bot. Doch das wird von der gesamten Küste der kanadischen Meerprovinzen behauptet. Und vermutlich mit Recht.

Seepiraten gibt es auf Nova Scotia längst nicht mehr. Heute leben an der Küste Fischer, Holzfäller, Kleinbauern meist auf Pachtland friedlich miteinander, zuweilen im harten Kampf mit den Elementen.

Die Landschaft, durch die wir fahren, ist leicht hügelig. Die überaus zahlreichen Gewässer, rasch dem Atlantik zueilend, bieten den Sportfischern Lachse und Bachforellen in Hülle und Fülle. In den Restaurants gibt es Spezialitäten wie den beliebten «Clam oder Seafood Chowder», eine Suppe aus Muscheln, Milch und Mehl – für den europäischen Gaumen allerdings eine ungewohnte Sache. Man kann sich aber auch «Fiddleheads» auftischen lassen, ein Gemüse aus frischen Farnen, oder die Köstlichkeiten der nahen Küste wie Hummergerichte, Shrimps, Krebse, Austern, Scallops, gebraten, gebacken oder gesotten.

Den Neuschottland-Fischern bietet das Meer seit Jahrhunderten einen vielfältigen Reichtum. Doch reich geworden sind die Bewohner der Maritimes mit den Meeresfrüchten nicht. Zur See zu fahren, oft bei stürmischem Wetter, hat für diese Menschen einen großen Reiz. Für viele ist es aber auch ein absolutes Muß. Nicht selten finden die Fischer den Tod auf dem Meer. Ich begegnete Frauen, deren gesamte männliche Familienmitglieder auf diese Weise umgekommen sind. Was die Menschen hier so fest zusammenhält, sind die gleichen Erfahrungen und Gesinnungen, daher auch das gute Verstehen untereinander. In *Jeddore Oyster Pond* demonstriert *Fisherman's House and Museum* – stellvertretend für viele –, wie ein Fischer von 1890 bis 1930 lebte.

Ebenfalls einen Besuch wert ist *Sherbrooke Village*. Der Ort war in den sechziger Jahren des 19. Jahrhunderts eine Zeitlang berühmt durch einige Goldfunde. Eine Art Mini-Goldrausch ergriff damals die Region. Gegenwärtig ist man dabei, die Siedlung als typisches Pionierdorf getreu nachzubauen. Insgesamt sind bereits zwanzig Bauwerke als Erinnerung an die Goldrauschzeit und zur Besichtigung fertiggestellt.

Cape Breton Island, eine eigene Welt

Der Himmel hängt wie Watte übers Land. Es näßt und nieselt, als wir über den Canso-Damm fahren, der Cape Breton Island seit 1955 mit der Halbinsel Nova Scotia verbindet. Ab und zu reißen die Wolken auf. Für Augenblicke sind Flecke des grünen Landes von der Sonne wie ausgeleuchtet.
Je weiter wir nach Norden kommen, desto hügeliger, bergiger und menschenleerer wird die Landschaft. Weiler mit hundert Menschen gelten bereits als wichtig. Hier, so hat man mir in Halifax versichert, leben noch die direkten Nachfahren jener schottischen Crofters, die anfangs des 19. Jahrhunderts mit Gewalt auf die Schiffe nach Nova Scotia getrieben wurden, wo es für England Kolonialland zu roden und zu besiedeln galt.
Die Fahrt geht zunächst auf dem Trans-Canada Highway in Richtung *Cabot Trail*. Dieser rund 300 Kilometer lange Rundkurs wurde nach *John Cabot* benannt, der 1497 im Auftrag des Königs von England die Ostwestpassage suchte und statt dessen Neufundland entdeckte. Ob er Cape Breton Island jemals betreten hat, bleibt ungewiß. Jedenfalls zählt der Cabot Trail landschaftlich zu den schönsten Touren des nordamerikanischen Ostens.

Baddeck am St. Patrick Channel, Treffpunkt des Trans-Canada Highway mit dem Cabot Trail, ist ein Marktfleck wie viele andere. Interessant wurde der Ort durch *Alexander Graham Bell*, dem die Welt das erste brauchbare Telefon verdankt. Bell fühlte sich von der herben Schönheit dieser Gegend derart angesprochen, daß er hierher einen Sommersitz baute. Die Einwohner von Baddeck setzten mit dem sehenswerten *Alexander Graham Bell Museum* ihrem berühmten Ehrenbürger ein würdiges Denkmal. In Baddeck wird außerdem das Gälische gepflegt, die etwas komplizierte Sprache der Ureinwohner Schottlands, sowie deren Brauchtum. Kurse für Dudelsackblasen, Highland-Tänze und gälische Sprache bietet das *Gaelic College*.

Weiter geht die Fahrt nach Norden durch den *Cape Breton Highlands National Park*. Wer zunächst ein paar Tage die Zivilisation genießen möchte, sollte die Keltic Lodge bei Ingonish Beach aufsuchen, ein von der Regierung geführtes Luxusetablissement. Tennis- und Golfplätze, Badegelegenheiten an Sandstränden, Ausrittmöglichkeiten ins Tal des Ingonish River, gepflegte Wanderwege über den Middle Head bieten Abwechslung für jedermann.

Der *Cabot Trail* erschließt den National Park an drei Seiten. Hier, in diesem nördlichen Teil der Insel, besitzt die Landschaft tatsächlich viel Ähnlichkeit mit den Highlands von Schottland. Die karge Vegetation, die Einöde, die Hochmoore lassen das Territorium noch immer als Pionierland erschei-

468/469 *Die 1720 von den Franzosen zum Schutz der Siedler gegen Übergriffe der Indianer und Engländer gebaute Festung Louisbourg wurde zweimal von den Engländern zerstört [Nova Scotia]*

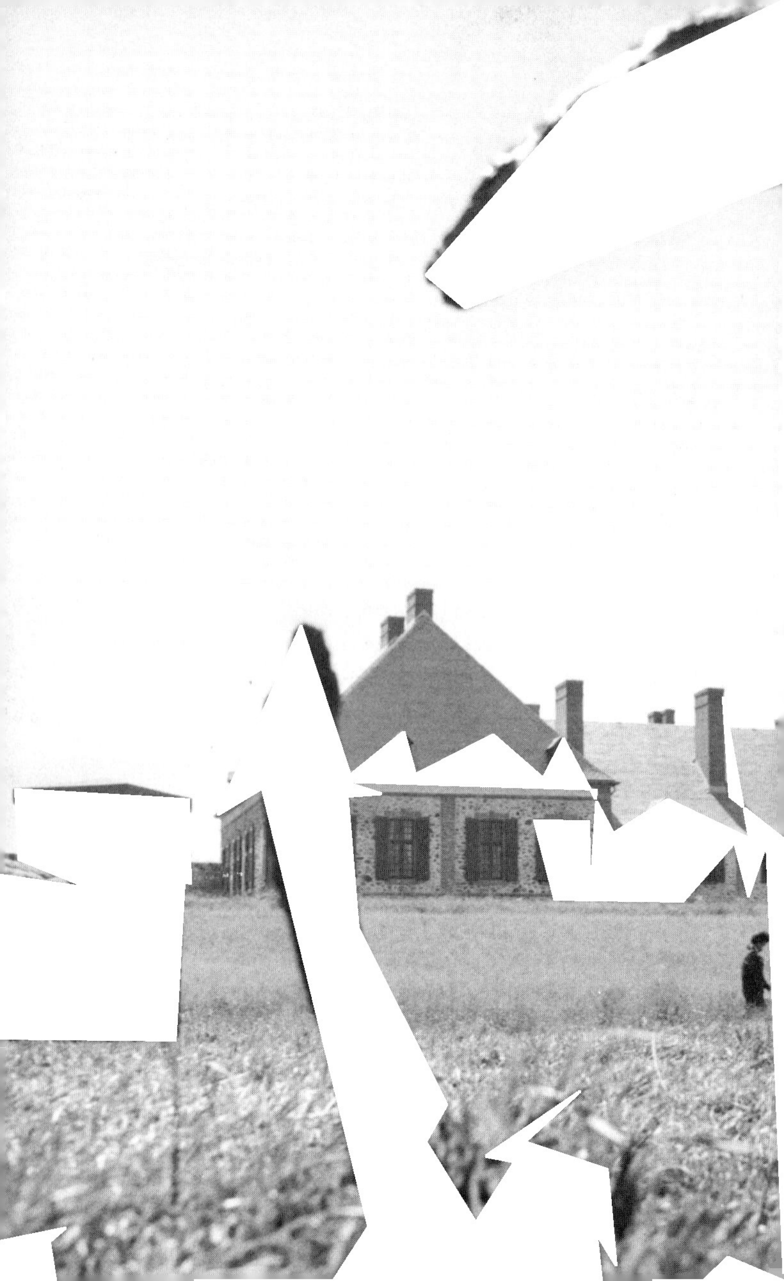

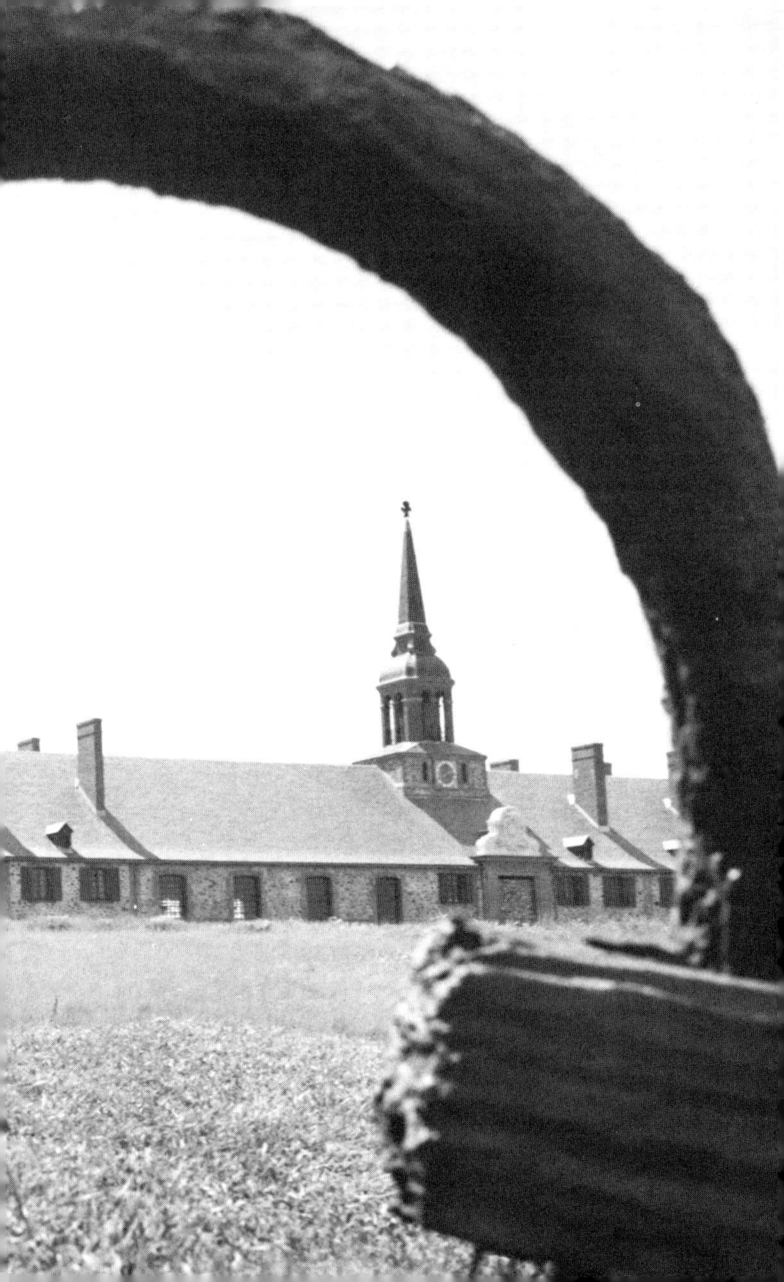

nen. Die Natur bleibt auf der gesamten Tour die Hauptsache, das Haupterlebnis. Immer wieder bieten sich herrliche Blicke auf Seen, Flußtäler, auf das Meer – wenn der Wagen höher und höher der steigenden Straße folgt, um dann wieder unten im Tal eine Flußmündung zu überqueren.

Informationen über Campgrounds, Wassersportmöglichkeiten, Fischen und Wandern im Landesinneren erhalten Sie an den beiden Parkeingängen *Ingonish* und *Cheticamp*.

Sydney mit 32 000 Einwohnern ist nach Halifax-Dartmouth Nova Scotias zweitgrößte Stadt. Die Kohle der Umgebung und Eisenerze aus Neufundland bilden die beiden wichtigsten Rohstoffe der hier ansässigen Stahlindustrie. Doch nicht die Herstellung verschiedenster Stahlprodukte veranlaßte uns zu einer Fahrt entlang des *Bras d'Or Lake* in die Hafen- und Industriestadt Sydney. Grund für diese herrliche Küstenfahrt war der 35 Kilometer im Südosten liegende *Louisbourg National Historic Park*. Mittelpunkt dieses 35 Quadratkilometer großen historischen Areals ist die Festungsstadt *Louisbourg*, im frühen 18. Jahrhundert das größte französische Fort der Neuen Welt. Heute hat die Bastion einen neuen Superlativ zu bieten: Fortress Louisbourg ist das aufwendigste Rekonstruktionsprojekt Kanadas. Von der ursprünglichen Riesenanlage mit Kaufmannshäusern, Unterkünften für Ingenieure und Soldaten konnte inzwischen ein Fünftel wiederhergestellt werden. Dazu gehört das Hauptgebäude, das Château Saint-Louis. Während der Sommermonate versuchen Studenten in historischen Kostümen das Leben der damaligen Zeit den Besuchern zu vermitteln.

Die Festung Louisbourg wurde 1720 von den Franzosen zum Schutz der Siedler gegen die lästigen Überfälle der Indianer und ständig drohenden Angriffe der Engländer gebaut. Innerhalb der Mauern kam die Bevölkerung bald zu Wohlstand. Es

entwickelten sich eine angesehene Fischereiflotte und rege Handelsbeziehungen zu Frankreich. Kein Wunder, daß die Festungsstadt den Engländern von Anfang an ein Dorn im Auge war. Zweimal wurde Louisbourg von den Gegnern zerstört: einmal 1745, das andere Mal 1758. Nach dem letzten Angriff der Engländer blieb nur noch Schutt und Asche zurück.
Nach einer Besichtigung von Fortress Louisbourg sollte man noch hinausfahren zum Lighthouse Point, zum Careening Point und Kennington Cove, wo 1758 *General Wolfs* Brigade zum Sieg gelandet war.

LIEBLICHES PRINCE EDWARD ISLAND

Wir nähern uns von Cape Tormentine auf New Brunswick mit der Fähre dem *Garden on the Golf*. So jedenfalls bezeichnen die bunten Reiseprospekte *Prince Edward Island*, die kleinste der kanadischen Provinzen. Wie eine Gondel liegt das Eiland im Meer, umspült von den Fluten des St. Lawrence-Golfs. Prince Edward Island ist die einzige Provinz ohne die für Kanada so charakteristische Wildnis undurchdringlicher Wälder.
Von der 5657 Quadratkilometer großen Bodenfläche sind neunzig Prozent Farmland. Bekannt ist die Güte der Kartoffeln, die auf diesem fruchtbaren Boden wachsen. Kartoffeln von Prince Edward Island gelten als die besten von Nordamerika. Sie bestreiten auch das Haupteinkommen der 120000 Inselbewohner. Daneben gedeihen Getreide, Gemüse, Erdbeeren, Himbeeren, Blaubeeren, Äpfel, Kirschen. Auch die jüngsten Tabakanpflanzungen tragen zum soliden Wohlstand der Bevölkerung bei.
Behaglichkeit und Beschaulichkeit charakterisieren die Landschaft. Es ist ein nahezu flaches Land mit fruchtbaren Feldern, saftigen Wiesen und leichten Hügeln. Hinter jeder Wegbiegung wartet etwas Neues, aber nie eine Sensation. Hin und wieder stille Akzente: ein Dorf, eine Siedlung, ein Leuchtturm. Von Westen nach Osten mißt die Insel 224 Kilometer bei einer Breite zwischen sechs und sechzig Kilometern.
Die zahlreichen Gäste kommen jedoch wegen der kilometerlangen, oft menschenleeren Sandstrände. 1700 Kilometer Kü-

stenland bietet Prince Edward Island mit Buchten und breiten Stränden – ideal nicht nur für einen Urlaub mit Kindern. Nirgendwo erweckt die Luft ein solches Lebensgefühl wie hier diese Salzluft und Ruhe. Und wenn man sich auf der Insel die Lippen leckt, schmeckt man Scharfes, Salziges. Stimmungen solcher Art werden ergänzt durch das heran- und wieder abrollende Wasser. Das Meer, das Prince Edward Island umspült, erwärmt sich im Sommer durch den warmen Golfstrom auf 21 bis 22 Grad Celsius.

Was kann man auf Prince Edward Island außer Strand- und Badeurlaub noch tun? Die Möglichkeiten sind vielfältig. Sie reichen vom Wassersport jeder Art über Angeln, Reiten, Golfspielen bis zum Wandern. Eine zeitige Buchung, vor allem mit Familie, ist ratsam.

Typisch für das Eiland ist die Liebenswürdigkeit und Ausgeglichenheit der Inselbewohner. Sei es bei den Farmer Communities oder bei den Fischern in Fischerdörfern, sei es in einer der Städte wie Charlottetown oder Summerside – wo immer der Neuangekommene Menschen trifft oder bei ihnen untergebracht wird, erfährt und spürt er Zufriedenheit und Ausgeglichenheit. All diese Feststellungen und Erfahrungen, kurzum: die vielen kleinen, fühlbaren Qualitäten machen diese Insel in ihrer Schönheit einzigartig.

Die Anreise nach Prince Edward Island ist problemlos. Von Cape Tormentine auf New Brunswick verkehrt im Sommer stündlich ein Fährschiff nach Bordon. Hundertsechzig Fahrzeuge und weit mehr Personen haben darauf Platz. Die Überfahrt, die viel zur Ferienstimmung beiträgt, dauert ungefähr 45 Minuten. Von Caribon auf Nova Scotia nach Wood Island dauert das Schiffsvergnügen eineinhalb Stunden.

Zum gründlichen Kennenlernen der Insel bietet die kleine Atlantikprovinz dem Besucher, der mit dem PKW reisen möchte, ein vielverzweigtes Straßennetz an: 3200 Kilometer Teerstraße und – für den Individualisten – 2240 Kilometer Schotterstraße. Drei sorgfältig ausgearbeitete Rundreisen zeigen dem Touristen alles, was sehens- und liebenswert ist. Alle drei Routen sind auf den Autokarten genau bezeichnet.

Der Lady Slipper Drive

Der *Lady Slipper Drive* winkt mit dem Blütensymbol der Provinz: die rote Orchidee auf weißem Grund. Diese 288 Kilometer lange Route beginnt in dem kleinen Städtchen *Summerside* und führt zunächst die Malpeque Bay entlang. In der warmen Bucht werden in zahlreichen *Unterwasserfarmen* Austern gezüchtet, die in ganz Nordamerika, vor allem aber in der pulsierenden Metropole Montreal reißenden Absatz finden. Behaglich essen und trinken – beides gehört zusammen auf dieser Route. Auf den Genuß frisch zubereiteter Austern darf man hier auf keinen Fall verzichten.

Immer wieder einmal sollte der Urlauber vom vorgezeichneten Drive auf eigene Faust abbiegen. Erlebnisreich ist zum Beispiel der Highway 163, der über einen Damm nach Lennox Island führt. Etwa 50 Familien der Micmac-Indianer leben in diesem abseitigen Reservat kontaktfreudig und gemütlich. Erstaunlich, wie stark sich ihre Eigenarten auf diesem äußersten Landzipfel erhalten haben. Wie vor 4000 Jahren, als sie noch die Herren der Insel waren, leben sie noch immer vom Fischen. Ihre Handarbeiten und Kunstgegenstände sind inzwischen jedoch auf den Tourismus zugeschnitten.

Wieder zurück zum Lady Slipper Drive, erreichen Sie als nächstes Ziel *Alberton*. Die Leute hier sind zum großen Teil Fischer. Wer es sich leisten kann, dem sei wenigstens einmal der Spaß einer Hochseefischerei empfohlen. Makrelen, Dorsch, Plattfisch, Pollak zählen zu den selbstverständlichen Fängen. Das Vergnügen dauert mindestens fünf Stunden. Warme Kleidung und ein Lunchpaket sind erforderlich – für alles andere sorgt der Kapitän.

Über Flüsse, Buchten, Meeresarme führt der Weg weiter entlang der Küste. Offene Landstriche wechseln mit herrlichen Meerlandschaften und Wäldern, mit Weiden und vor Gesundheit strotzendem Vieh. Vielleicht kommen Sie in *Tinguish* mit den freundlichen Farmern oder Fischern ins Gespräch über Insel, Land und Leute, um dann bereichert weiterzufahren bis zum einzigartigen *North Cape*, das für jeden Touristen zum Erlebnis wird. Die Weite des Meeres, das endlos ewige Element am nördlichsten, fernsten Saum dieses Eilandes – darin liegt das eigentliche Mirakel dieses View Point.

Auf der gegenüberliegenden Seite führt der Weg zurück, immer der Küste entlang durch grünes Farmland und vorbei an zahlreichen herrlichen Badestränden, nach Summerside. An dieser Küstenseite leben die Nachfahren der *Akadier*, der ersten Siedler aus Frankreich. In *Mt. Carmen* wurde eine Akadien-Siedlung aus dem frühen 19. Jahrhundert nachgebildet. Kirche, Pfarrhaus, ein Kolonialwarenladen, Stall und Scheune vermitteln den Besuchern einen Eindruck vom Lebenstil der damaligen Zeit. Und weil das viele Besichtigen hungrig macht, gibt es in dem Restaurant die traditionelle Acadian-Suppe und verschiedene Kartoffelspezialitäten.

In dem Ort *Mistouche* informiert das Acadien Museum über 23 Akadien-Familien, die 1755 in dieser Region siedelten.

Blue Heron Drive

Blue Heron Drive, die Route mit dem blauen Reiher, erschließt den mittleren Teil der Insel. Sie beginnt in der Provinzhauptstadt Charlottetown, die mehr den Charme eines gemütlichen Landstädtchens besitzt als das Flair einer modernen Metropole. Obwohl es auch hier inzwischen moderne Hochhäuser und weitläufige Einkaufszentren gibt.

Charlottetown – genannt nach Charlotte, der eleganten Gemahlin Georges III. – liegt stolz am Zusammenfluß des East, North und West River. Mit seinen 21 000 Einwohnern ist die Stadt Mittelpunkt der Insel und der Geburtsort Kanadas. Im historischen *Province House,* das inmitten der Stadt direkt neben dem 1964 erbauten *Confederation Centre* steht, fanden im Jahre 1864 die ersten Verhandlungen der 33 «Fathers of the Confederation» statt. Der Raum, in dem die Verhandlungen geführt wurden, ist mit Tischen und Stühlen authentisch erhalten. Es dauerte nach den Anfangsverhandlungen jedoch noch neun Jahre, bis Prince Edward Island der Confederation im Jahre 1873 als 7. Provinz beitrat.

Von den verschiedenen Forts, die in früheren Zeiten Charlottetown umgaben, existiert nur noch Fort Edward im *Victoria Park*. Interessant ist am Parkeingang der Kolonialstil des aus dem Jahre 1835 stammenden *Government House.*

Zu Ehren der Gründungsväter Kanadas wurde im Herzen der Stadt das moderne *«Memorial Centre»* gebaut, das Königin Elisabeth 1964 bei ihrem Besuch in Kanada einweihte. Es beherbergt einen Theatersaal mit tausend Sitzen, eine Kunstgalerie, eine Bibliothek und eine Memorial Hall. In diesem Kulturzentrum findet im Sommer das Charlottetown Festival statt, moderne Musicals sorgen für Unterhaltung, Theateraufführungen für weiteren Kunstgenuß. Unter den 23 Kirchen ist die *St. Dunstan's Basilica,* als Hauptsitz der Römisch-Katholischen Diözese, mit gotischen Fenstern und der Fensterrose eine Sehenswürdigkeit.

Und wer Geschichte in Charlottetown gerne mit Gegenwart verbindet, dem empfiehlt sich nach dem Stadtbummel ein Hummer-Menu mit zerlassener Butter, eine Spezialität dieser Gegend.

Hummern, Austern, Krabben, Muscheln, darunter die bekannte Scallops, halten auf Prince Edward Island Leib und Seele zusammen. Erstaunlicherweise ist die Qualität dieser Leckerhappen überall dieselbe, so daß man sich von Charlottetown aus getrost auf den Weg machen kann. Der Blue Heron Drive führt zunächst an die Nordküste zur *Rustico Bay* und *New London Bay.* Höhepunkte dieser Fahrt sind die einmaligen Badestrände der Nordküste mit gewaltigen Dünenhügeln im Prince Edward National Park. Dann der weitbekannte Golfplatz von Cavendish sowie das *Anne of Green Gables Country* mit dem weißgestrichenen Farmhaus, das die Schriftstellerin Lucy Maud Montgomery zu ihrer in viele Sprachen übersetzten Novelle inspirierte. Lucy M. Montgomery liegt auf dem kleinen Friedhof von Cavendish neben 21 Seefahrern begraben, die vor der Küste mit ihrem Schiff «Yankee Star» ertranken.

Weiter führt der Weg über *Malpeque,* eine der ältesten Siedlungsregionen der Insel, nach Kensington und von dort weiter über Summerside zur Südküste. Die roten Kliffs bei *Cape Traverse* sind für eine Verschnaufpause wie geschaffen. Hunderte von Wasservögeln lassen sich an der Küste beobachten: schreitend, stelzend, hockend. Darunter Reiher, die der Reiseroute ihren Namen gaben. Zur Pionierzeit spielte Cape Traverse eine bedeutende Rolle. Von diesem Punkt aus wurden die Insulaner in Ruderbooten oft unter schwierigen Bedingungen und ungeheuren Strapazen zum Festland – nach Cape Tormentine auf dem jenseitigen New Brunswick – gebracht. Ein Denkmal in Cape Traverse erinnert daran.

Auf der Weiterfahrt erreicht man *Rocky Point*, den äußersten Punkt der Halbinsel. Interessant die Tour entlang des Elliot [West] River nach Cornwall, wo sich der Blue Heron Drive mit dem Trans-Canada Highway verbindet. Die Rundreise endet am Ausgangspunkt in Charlottetown.

King Byway Drive

Der *King Byway Drive* erschließt das östliche Drittel des Inselreiches, die am frühesten besiedelte Landschaft des Eilandes. Überall ein reiches Wachstum: Weiden, Tabakplantagen, Fruchtgärten. Mit einer Gesamtstrecke von 480 Kilometern ist der Kings Byway Drive die längste Tour. Es empfiehlt sich, wenigstens einmal zu übernachten. Wie überall auf der Insel, gibt es auch hier zahlreiche Campgrounds, Motels und private Unterkünfte.

Von Charlottetown erreichen Sie entlang der Südküste zunächst den *Sir Andrew Macphail Provincial Park* in der Nähe von Orwell. Die Inselbewohner verehren in Sir A. Macphail einen der bedeutendsten Ärzte ihrer Provinz. An seine Persönlichkeit erinnert das rekonstruierte Pionierdorf, welches das Leben auf der Insel während des späten 18. Jahrhunderts widerspiegelt. Ein anderer kleiner Ort, der die Vergangenheit wachruft, ist *Lord Selkirk Settlement* bei Eldon. Lord Selkirk, Hauptaktionär der Hudson's Bay Company, verhalf 1803 den aus ihrem Land vertriebenen schottischen Crofters, auf Prince Edward Island eine neue Heimat zu finden. Der Ort *Flat Rider* ist bekannt für sein hübsches Töpferhandwerk, und im

Buffaloland Provincial Park bleibt die kleine Herde nordamerikanischer Buffalos eine Sensation für eine Insel, die nur Kleintiere kennt.

Die Route führt weiter entlang an Buchten, über Flußmündungen hinauf nach *East Point*. Hier sollten Sie den kurzen Weg zum Leuchtturm zu Fuß zurücklegen, um mit dem freundlichen Leuchtturmwächter ein wenig ins Gespräch zu kommen.

Die Rückfahrt an der Nordküste ist genauso abwechslungsreich wie die Route von Süden zum East Point.

Ein paar Tage auf der Insel, und der Besucher erkennt die zahlreichen Möglichkeiten interessanter Urlaubsgestaltung. Kaum ein Feriengast verläßt die Insel ohne den heißen Wunsch, irgendwann einmal hierher zurückzukehren. Die erlebnisreichen, erholsamen Tage haben sich mit goldenen Griffeln in die Erinnerung des Inselbesuchers eingeschrieben.

NEWFOUNDLAND – LABRADOR:
WO DIE WIKINGER WOHNTEN

Newfoundland – oder Neufundland – zu bereisen kommt nicht vielen Urlaubern in den Sinn. Höchstens ein paar erfahrenen Kanuten, Fischern, Jägern und Abenteurernaturen. Denn Neufundland ist ein peripheres Feriengebiet, ein Außenseiter am Rande des nordamerikanischen Kontinents, wo die Besiedlung, die Entwicklung, alles ein wenig anders verlief als im übrigen Kanada. Dabei liegt diese Atlantikprovinz Europa am nächsten, und auch von den Ballungsgebieten des amerikanischen Ostens läßt sie sich günstig mit dem CN-Fährschiff von North Sydney auf Nova Scotia in einer über sechs Stunden langen Seefahrt erreichen.

Die «Newfies», wie die Neufundländer im eigenen Land heißen, gelten als ein absonderliches Völkchen, über das hin und wieder gern ein paar Witze gemacht werden. Tatsächlich gibt es sie noch, die bespöttelten urigen Männer, die mit Hobel, Hammer und bitterharter Knochenarbeit ihre Kähne selbst zusammenzimmern, Fischer, die bei arktischen Temperaturen zum Fang hinausfahren, Schwarzbrenner, die in Eimern heimlich den illegalen «Mondschein»-Whisky destillieren. Aber im allgemeinen unterscheiden sich die Neufundländer heute in nichts mehr von den Bewohnern an der Atlantikküste. Sie sind genauso freundlich, freigebig und redselig. Sie besitzen oft auch ihr eigenes Haus samt einem modernen Fischerboot. Nur in der Sprache lebt ein Unterschied. In Neufundland sind uralte Dialekte zu hören, welche schottische, irische, englische und französische Einwanderer im 17. und

18. Jahrhundert aus ihrer Heimat auf die Insel mitbrachten. Sprachforscher entdeckten in einigen Küstenorten das Gälische oder das Devon-Englisch, das zur Shakespearezeit gesprochen wurde. Es sind jedoch fast nur die älteren Menschen, die diese Mundarten noch pflegen. Die jüngere Generation lernt und spricht Anglokanadisch mit individuellem Akzent.
Die Provinz Neufundland besteht aus dem an der Ostküste der Halbinsel New Quebec verankerten *Labrador* und der südlich gelegenen – durch die Wasserstraße von Belle Isle getrennten – *Insel Neufundland*. Die Reisezeit in beiden Teilen ist kurz: Juni, Juli, August. Vielleicht noch die ersten Septemberwochen. Dann ist Neufundland eine geradezu ideale Mischung aus Erholungs- und Erlebnisurlaub: Nordland mit noch menschenleerer Wildnis im Landesinnern, brandungsumtoste Küste, tiefe, fischreiche Buchten, Seen, glasklare Flüsse und ein fast italienblauer Himmel. Von den Höhen schauen die buntgestrichenen Häuser auf den heranrollenden Atlantik. Flecken mit über tausend Einwohnern sind in Neufundland bereits wichtige Städte.
Nach dem Labour Day [erste Septemberwoche] beginnt in Kanada der Schulalltag und in Neufundland offiziell die Winterzeit. Die Campgrounds in den Parks und Picknickplätze an den Straßen sind so gut wie verlassen, die Informationsstellen geschlossen. Dann können bereits die gefürchteten, eiskalt fauchenden Stürme aus dem Norden die Häuser zum Dröhnen und das Meer zum Rasen bringen. Ganz abgesehen von den alles verhüllenden Nebeln. Sie scheinen mit Neufundland so etwas wie eine Lebensgemeinschaft geschlossen zu haben. Die humorvollen Bewohner meinen, die Nebel in ihrem Land seien wie die Liebe: sie hören nimmer auf. Doch die «Newfies» wissen sich auch an nebligen Tagen zu helfen: das

«home brewed beer» und der «Moonshine» fließen in Sturzbächen. Die Fischer behaupten, bereits die seetüchtigen Wikinger hätten hier der Gewohnheit des Bierbrauens eifrig gefrönt.

An Neufundlands Küste kennt fast jeder eine *Geschichte*, worin Leif Eriksson und die Grönland-Wikinger eine Rolle spielen. Ums Jahr 1000 kamen diese wagemutigen, see-erfahrenen Nordlandmenschen nach Labrador, segelten entlang der Insel Neufundland vermutlich bis zum Golf des St. Lawrence. Wahrscheinlich veranlaßte eine lang anhaltende Trockenheit und damit Futtermangel für das Vieh die Grönland-Wikinger zur Auswanderung nach Kanada. In ihren Sagen wird die kanadische Atlantikküste als «Vinlandia» besungen. Daß es sich dabei keineswegs nur um eine Saga handelte, enthüllte 1957 der aufsehenerregende Fund der *Vinlandkarte von 1440*. Ein Antiquar hatte sie damals in Newhave [USA] zwischen historischen Weltkarten entdeckt. Nach achtjährigen Überprüfungen auf die Echtheit des Originals ergab sich, daß ein Mönch die «Vinlandkarte von 1440» in einem oberrheinischen Kloster [bei Basel] nach Quellen der Wikinger angefertigt hat. Ein Beweis dafür, daß Teile von Nordamerika lange vor Kolumbus' Fahrten in Europa bekannt waren. Die Anwesenheit der Grönland-Wikinger in Kanada konnte vier Jahre später der norwegische Forscher Helge Ingstad bestätigen. Im Sommer 1961 fand er bei *L'Anse aux Medows* an Neufundlands Nordspitze die Reste von Wikinger-Hütten mit Geräten, Waffen und anderen Gebrauchsgegenständen. Die Funde sind zu besichtigen.

Bis zu den 50er Jahren unseres Jahrhunderts galt *John Cabot* [Giovanni Caboto, 1450–1498] als Entdecker Neufundlands. Der ehrgeizige italienische Seefahrer startete 1497 unter der Flagge des englischen Königshauses mit seiner Flotte von Bristol an der Westküste Englands nach Asien. Doch nicht die vielgesuchte Nordwest-Route fand er, sondern ein felsiges Inselreich. Nach Hause zurückgekehrt, machte er die Öffentlichkeit durch seine Berichte über das «neu gefundene Land» und dessen unvorstellbaren Fischreichtum auf sich aufmerksam. Da sich England am Fischhandel äußerst interessiert zeigte, konzentrierten sich in den folgenden Jahren unerschrockene Fischer auf das Silber des Meeres vor Neufundlands Ostküste.

Vorwiegend handelte es sich um die ärmsten der Armen, die am Ende des 15. Jahrhunderts an den Buchten der rauhen Ostküste siedelten. Der ungeheure Fischreichtum des Meeres lockte immer mehr Männer zum Aufbau einer eigenen Existenz. Sofort sahen die einflußreichen «Fishing Merchants», die Londoner Kaufherren, ihre Monopolstellung im Fischhandel bedroht. Es gelang ihnen, bei der britischen Regierung ein Verbot zu erwirken, das den auf Neufundland seßhaft gewordenen Fischern jede Absatzmöglichkeit im Mutterlande untersagte. Die Diffamierung ging so weit, daß sämtliche für die «Neue Welt» geltenden Siedlungs- und Kolonialrechte für Neufundland keine Rechtskräftigkeit besaßen. Bis Mitte des 18. Jahrhunderts gab es auf der riesigen Insel weder einen Vertreter der britischen Krone noch einen offiziell anerkannten Grundbesitz, keine Gerichtsbarkeit, keine Polizei und keine britischen Verteidigungseinheiten. Als Herr des Landes galt der jeweilige «Fishing Admiral», meist ein militanter Kapitän, dessen Fischereiflotte im Frühjahr als erste den Hafen von St. John's erreichte. Daß die hier lebenden Beothuk-Stämme damals wie lästige Fliegen erschlagen wurden, mag auf die allgemeine Gesetzlosigkeit zurückzuführen sein. In erster Linie aber auf den damals vertretenen Schwachsinn: Indianer seien Wilde, die als eine permanente

Bedrohung so rasch wie möglich und mit allen Mitteln aus dem Weg geräumt werden müßten. Neufundlands Geschichte wurde mit Blut und Schrot geschrieben.

Während die waffenüberlegenen Seemänner in flammender Überzeugung die Ureinwohner ausrotteten, während die hartnäckigen Neufundland-Fischer mit den «Fishing Merchants» um die Fischverkaufsrechte kämpften, nahmen die Franzosen allmählich die südlichen und westlichen Küstengebiete der Insel für sich in Anspruch. Ihr militärischer Stützpunkt hieß *Placentia*. Damit drohte den Anglo-Neufundländern von einer weiteren Seite die Gefahr der Vernichtung. Nach dem Frieden von Paris im Jahre 1763, als Frankreich ganz Französisch-Kanada und damit auch die beanspruchten Teile Neufundlands an England verlor, dauerte es beinahe noch einmal hundert Jahre, bis die Inselbewohner 1837 ein Parlament und den Status einer britischen Kolonie erhielten. Schließlich erfüllte sich 1855 einer der kühnsten Träume: Neufundland wurde ein eigenes Dominion innerhalb des englischen Commonwealth.

Behutsam bemühte sich die junge Regierung von Neufundland um das Wohlergehen des Insellandes. Teilstrecken von Schotterstraßen wurden ausgebaut, nach Bodenschätzen geforscht und die Verbindungen zur Außenwelt forciert. Als Gipfel des Fortschritts galt um die Jahrhundertwende der *Bau einer Eisenbahn*, die von Channel Port aux Basques im Südwesten in einem weiten Bogen nach Norden das Land bis St. John's zugänglich macht. Zweifellos handelte es sich um ein gewaltiges Projekt, das die Bewohner auf dem Landweg miteinander verband, aber auch den Finanzhaushalt über die Maßen verzehrte. Hinzu kam: die Neufundländer waren seit Jahrhunderten Fischer, ungeübt und uninteressiert, in anderen Wirtschaftszweigen ihren Lebensunterhalt zu verdienen.

Und von der Fischerei allein konnte die Volkswirtschaft nicht in Gang gehalten werden. Auch als 1927 das an Bodenschätzen reiche Labrador – unter lauten Protesten Quebecs – Neufundland zugesprochen wurde, kam das Dominion am Atlantischen Ozean nicht auf die Beine. 1934 meldete Neufundland den Bankrott und begab sich erneut an das koloniale Gängelband Englands. Erst 1949 trat Neufundland der kanadischen Konföderation als zehnte Provinz bei.
Seitdem haben die Neufundländer erfolgreich nach zusätzlichen Einnahmequellen Ausschau gehalten. Außer der Hochseefischerei und Fischverarbeitung konzentrieren sie sich auf die Holzindustrie, die gewaltigen Erzvorkommen in Labrador und die Energieerzeugung durch Wasserkraftwerke. Zwar ist Neufundland keine wohlhabende Provinz. Aber sie hat längst den Anschluß an das Industriezeitalter gefunden. St. John's ist die Provinzhauptstadt.

Labrador: Eisen für Kanada

Labrador ist der Fläche nach der größere, der Einwohnerzahl nach der dünner besiedelte Teil der Provinz Neufundland. Auf dem 304 000 Quadratkilometer großen Festland leben rund 10 000 Menschen, davon zahlreiche Eskimo.
Helluland, Land aus Steinen und Geröllen nannten die Wikinger die nördliche Hälfte des Landes. Geographisch gehört Labrador mit seinen Felsen und öden Plateaus zum Kanadischen Schild. Wer nachweisen möchte, daß er über Zähigkeit und Bergsteigererfahrungen verfügt, kann dies am Nordzipfel auf eine oft strapaziöse Weise erproben. Denn die Neufundländer sind dabei, einen neuen Ferienzweig zu beleben: Bergexpeditionen mit Eskimo-Führern und Campen im Freien.

Dafür bieten sich vor allem die *Torngat Mountains* an, deren Gipfel und Steilwände Höhen bis zu 1700 Metern erreichen. Vierzehn Tage dauert zunächst eine Bootsfahrt dorthin, wobei sich Robben, Wale, Tintenfische aus nächster Nähe fotografieren und beobachten lassen. Daß die Fahrt bis zum Ende ein Genuß ohne Reue bleibt, dafür sorgen vor allem die vorübergleitenden Eisschollen: weiß, lichtblau und grün schimmernd – Gebilde von oft märchenhafter Schönheit. Gelegentlich ist ein leises Klatschen zu hören, wenn ein Seehund von seiner schwimmenden Scholle ins Meer gleitet.

Gegen Süden wechseln die Felsklippen allmählich in feinkörnige Sandstrände, voll von Wellhornschnecken, Austern, schwarzen Miesmuscheln und großschaligen Sandmuscheln. Möwen, Strandläufer und Austernfischer, Regenpfeifer und Seeschwalben fühlen sich hier wie im Paradies. In naher Ferne werden Grasflächen sichtbar, dahinter buschdurchwachsener Krüppelwald, den der anhaltende Seewind nicht hochkommen läßt. Erst weiter im Innern charakterisieren zunächst schüttere Tannen, dann stiller, dunkler Hochwald das Land – immer wieder unterbrochen von Flüssen, Bächen und Seen. In diesen südlicheren Gebieten Labradors liegen die *Camps* für Kanuten, Jäger und Fischer. Mit des Buschpiloten liebstem Kind, dem «Float Plain» oder Wasserflugzeug, geht es in Baumwipfelhöhe zu den urigen Blockhäusern und Zelthütten inmitten der Einsamkeit. Bei aller Plackerei und den natürlichen Gefahren eines folgenden Wildnisabenteuers stimmt der gemütliche Fang von Arktischen Chars, Seeforellen, armlangen Hechten, Bachsaiblingen und Lachsen immer wieder versöhnlich. Diese Fische gehören zu den begehrten Spezialitäten von Labradors Gewässern. Außerdem bevölkern das fast menschenleere Land Wölfe, Elche, Caribous, Füchse und Schwarzbären.

Wem das Reisen mit der Eisenbahn eine beglückende Gewohnheit ist, dem rät die Ostkanada-Expertin Gordina Scholz zu einer 12stündigen Fahrt mit der Erzbahn von Sept Iles nach Schefferville. Auf der Strecke steigen Eskimo und Indianer ein und aus, kommen und gehen ins Nirgendwo der umliegenden Wälder. Vermutlich befinden sich ihre Sommerlager in der Nähe der Eisenbahnlinie. Denn Straßen gibt es in Labrador noch nicht. Wirtschaftlich von außerordentlicher Bedeutung sind Orte wie *Labrador City, Wabush* und an der Grenze zu Quebec *Schefferville*. Rings um die Siedlungen befinden sich die gewaltigen Eisenerzlager, aus denen über 50 Prozent des kanadischen Eisens kommen. Über die tausend Kilometer lange Bahnlinie gelangen die wertvollen Rohstoffe zum St. Lawrence-Strom, von wo Frachter die Ladungen weiter zur Verhüttung nach Ontario und den USA transportieren.

Newfoundland Island:
Viel Gastfreundschaft und unberührte Wildnis

Die meisten Touristen wählen die Insel, um das Gegenteil der hektischen Städte zu erleben: Einsamkeit, wechselvolles Licht, gigantische Wolkenbilder und viel menschliche Freundlichkeit. Meer, Wälder, ödes Vulkangestein, glasklare Wasser und Buchten – sie signalisieren zusammen mit dem besonderen Menschenschlag der Fischer die Insel Neufundland auf besondere, die Sinne stimulierende Weise.

Die Provinzinsel mit einer Landfläche von 117 000 Quadratkilometern ist bis heute ein Geheimtip für Globetrotter. Denn den neufundländischen Verkehrsbüros scheint nicht gerade daran gelegen, Besuchermassen anzulocken. Die Newfies sind am liebsten unter sich. In der Welt kommen nur wenige herum. Und wenn es einen doch mal in die Ferne lockt, dann erzählt er vom Nachhauseweg als dem schönsten Erlebnis.

Nirgendwo in Kanada wird so viel gesungen, getanzt und musiziert wie in Neufundland. Die Bevölkerung der Insel besitzt ihre eigene Folklore, ihre eigenen Lieder, ihre eigene Musik. In den Songs geht es um die Rückkehr in die Heimat, um Fischerschicksale auf hoher See, um verlorene Liebe. Einer der bekanntesten Volksliederdichter war Johnny Burke, dessen «The Kelligrew's Soiree» noch heute viel und gern gehört wird. Für Schallplattenliebhaber ist diese Aufnahme sicher ein interessantes Souvenir.

Auf einem solchen Landstrich, unter solchen Menschen läßt sich gut Urlaub machen. Überall, wo sich «Mainlanders», das sind Gäste vom Festland, bemerkbar machen, schlagen ihnen Wellen der Gastfreundschaft und Liebenswürdigkeit entgegen. Auf Newfoundland Island gibt es Hotels und Motels in der Stadt; auf dem Land bieten sich die verhältnismäßig preisgünstigen *hospitality homes* und *housekeeping cabins* an. Das sind Unterkünfte bei Privatpersonen.

Wohnt man bei einer Fischerfamilie, dann gibt es auf Wunsch ganz bestimmt einmal «fish and brewis», das Nationalgericht der Neufundländer. Es handelt sich um gesalzenen Kabeljau mit Schiffszwieback und Speckwürfeln zubereitet. Denn Kabeljau nimmt – neben Hering – die höchste Fangquote ein. Spricht der Neufundländer von «fish», dann meint er Kabeljau. Jede andere Fischart wird fein differenziert beim Namen genannt. Die weltbekannten, fischreichen Schelfflächen, wo der kalte Labradorstrom und der warme Golfstrom zusammentreffen, sind der Insel südöstlich vorgelagert. Der Hafen, der diesen noch unerschöpflichen Fischgründen am nächsten liegt, ist die Provinzhauptstadt St. John's.

St. John's: Für Fischer und Fußgänger

In *St. John's* beginnen die meisten Touristen ihr Abenteuer Neufundland. Wer auf dem Flugplatz nicht mit dem Flugzeug landet, hat die Möglichkeit einer Schiffsreise von North Sidney [Neuschottland] nach Argentia. Von diesem Ort geht es auf dem Landweg per Bus oder Mietwagen weiter auf dem Highway 100 bis zum Trans-Canada Highway; in Richtung Nordosten erreichen Sie St. John's.

St. John's, das sich pittoresk mit seinen buntgestrichenen Holzhäusern den Hügel hinaufbaut, sollten Sie unbedingt zu Fuß erobern. Vom Frühjahr bis in den späten Herbst bietet es einen internationalen Fischereibetrieb. Im Hafen liegen Schiffe aus aller Welt: aus Japan, England, Rußland, Deutschland, England, Portugal. Viele verarbeiten ihren Fang gleich am Ort. So zum Beispiel die Deutschen, die den Kabeljau zu Fischstäbchen verarbeiten. Gönnen Sie sich eine Teepause in dem Café am Hafen. Die Fischer haben hier die Gepflogenheit, Teepunsch zu trinken. Das ist eine Tasse voll Rum. Statt heißen Wassers werden ein paar Löffel Tee dazugetan. In Wirklichkeit trinkt man hier heißen Rum. In dieser Passion hängen die Newfies eng mit den Iren und Friesen zusammen. Sofern ihre Leidenschaft nicht nur dem Whisky gilt.

Früh ist es das langgezogene Tuten der Schiffe, Frachter, Boote, das vom Hafen über den Hügel zieht – am späten Nachmittag sind es die vielsprachigen Rufe der Fischer, die der Stadt ihre Atmosphäre verleihen. Vermutlich die älteste Straße Kanadas ist die *Water Street* entlang der Küste; heute ein Einkaufszentrum, in dem es alles, vom Nagel bis zum Anker, zu kaufen gibt.

In St. John's wird seit Jahren an Verbesserungen touristischer Möglichkeiten gearbeitet. Auf den historisch Interessierten wartet inzwischen das *Newfoundland Museum* [gegenüber der Kathedrale], mit Schiffswracks, mit einem Überblick über die Besiedlung Neufundlands und wenigen Fundstücken von den ausgerotteten Beothuk-Indianern. Im *Arts and Culture Centre* sorgt das ganze Jahr über ein abwechslungsreiches Programm für Unterhaltung. Wer sich länger in St. John's aufhält, dem sei die Broschüre «Everyman's Complete St. John's Guide» mit Hinweisen auf Bars, Nachtclubs, aktuelle Veranstaltungen empfohlen.

St. John's, so meint der Volksmund, besitze nur zwei Richtungen: bergan und bergab. Bergan ziehen sich die Straßen zum *Signal Hill National Park,* mit einem großartigen Blick über die Stadt, den Hafen und aufs Meer. Auf diesem 180 Meter hohen Felsen fand am 18. September 1762 die letzte Schlacht des Siebenjährigen Nordamerikanischen Krieges statt. Den Namen gab dem Park jedoch ein anderes historisches Ereignis. 1901 erreichte die Neue Welt an diesem Punkt das erste drahtlose transatlantische Signal aus England. Signal Hill diente bis 1958 als Nachrichtenstation.

Eine gutausgebaute Straße führt von St. John's sechzehn Kilometer südlich zum *Cape Spear Lighthouse National Historic Park.* Bis 1955 war das Blinkzeichen vom alten Leuchtturm den meerverhafteten Schiffern ein wohlvertrauter und oft rettender Gruß vom Land. Die Wanderung an diesen östlichsten Punkt Kanadas lohnt sich, auch wenn inzwischen ein moderner Leuchtturm den Seeleuten den Lichtgruß bringt. Das historische Cape Spear Lighthouse steht vom 1. Juni bis zum Labour Day den Besuchern zur Besichtigung offen.

Ost- und Zentral-Neufundland

Von St. John's gibt es Bus- und Eisenbahnverbindungen nach Channel Port aux Basques. Doch vieles spricht auf der Insel für den Mietwagen: Man braucht sich um keine Abfahrtszeiten und Fahrpläne zu kümmern. Man kann rasten und schauen, wann es einem beliebt. Noch eine andere Überlegung spricht für die eigenen vier Räder: Bei dem verhältnismäßig schwachen Verkehr kommt man auf den Straßen zügig voran. Für Auto-Touristen, die in mehreren Wochen möglichst viel sehen und sich dabei auch etwas erholen möchten, ist der Trans-Canada Highway empfehlenswert. Immer jedoch mit Abstechern zu den idyllischen *Out-Ports*. Vielleicht übernachten Sie mal in Fischerdörfern wie Summerville, Heart's Delight, Bay Robert oder King's Love.

Der *Terra Nova National Park* eignet sich gut für eine längere Pause. Von St. John's beträgt die Entfernung 233 Kilometer. Der Naturpark gehört zu den schönsten Erholungsgebieten entlang der Ostküste. Ihren besonderen Schliff erhielt die Landschaft von der letzten Eiszeit. Vom markierten Aussichtspunkt läßt sich ein interessanter Rundblick auf sechs verschiedene Seen genießen. Hier, in den glasklaren Gewässern, bekommen passionierte Angler ohne besondere Schwierigkeiten den seltenen Arctic Char an die Leine. Und beim Forellenfang bedarf es ebenfalls keiner besonderen Künste. Außerdem sind hier zahlreiche Vogelarten zu Hause. Und bei etwas Geduld sehen Sie Moose oder Nerze.

Von der Parkverwaltung wurden in den vergangenen Jahren zahlreiche Trails für Fußmärsche durch die Parkwildnis und entlang der Küste angelegt. Nicht selten erlebt man von der Küste aus das grandiose Schauspiel schwimmender Eisberge, die wie geheimnisvolle Schlösser aus dem Meer ragen. Für

Übernachtungen bieten sich Campgrounds oder die kleinen Ortschaften an. Auskünfte erhalten Sie im *Information Centre* am Parkeingang.

Eine der interessantesten Touren ist die Route 310 von Glovertown nach *Salvage*, einer kleinen Fischergemeinde am äußersten Punkt der Eastport-Halbinsel. In dem kleinen Museum gibt es eine vollständige Hauseinrichtung einer Fischerfamilie. Ein Tip für den Reisenden: auf der Fahrt ein reichliches Quantum Heidelbeeren pflücken, sich auf einen Felsen setzen und dazu einen Schluck mitgebrachten Wein trinken – welche Entspannung!

Westküste: Tischberge und Meer

Im Frühjahr und Herbst fegen die feuchten Stürme mit bis zu hundertzwanzig Stundenkilometern entlang der Westküste. Einheimische erinnern sich, daß dabei bereits Eisenbahnwaggons aus den Geleisen und Autos auf den Kopf gestellt wurden. Die offene See auf der einen Seite, die Long Range Mountains auf der anderen Seite bieten den Stürmen die beste Möglichkeit, sich in dieser Region tüchtig auszutoben. Geknickte Bäume, geducktes Buschwerk und nur vereinzelte Dörfer und Ortschaften sind charakteristisch für die Landschaft zwischen Channel Port aux Basques und Corner Brook. *Corner Brook* ist mit 30 000 Einwohnern das Zentrum der Westküste. Seine Bedeutung gewann die Stadt durch die großen Papierfabriken, die zu den wichtigsten Lieferanten für Zeitungspapier auf dem Kontinent zählen. Schließlich bleiben noch der *Humber River* zu erwähnen, mit seinem Reichtum an Lachsen, sowie das moderne *Arts and Culture Centre*.

Zum *Gros Morne National Park* benötigt man von Corner

Brook aus etwa eine Stunde Fahrzeit [120 Kilometer]. Der Wildnispark gehört zu den spektakulärsten Naturgebieten an der Westküste. Steil fallen die Berge ins Meer. Melancholisch dunkle Wälder wechseln mit kahlem Felsgestein; eine Bucht schöner als die andere. Der 24 Kilometer lange *Green Garden Trail* führt durch Schluchten, über Berge, entlang von Flüssen und Bächen zur Küste. Zwei bis drei Tage sollten Sie im Gros Morne National Park mindestens bleiben, um die einmalige Natur mit ihren wie zu Tischen geschliffenen Bergen in sich aufnehmen zu können. Es gibt gutausgerüstete Campgrounds zum Übernachten und gemütliche Privatunterkünfte bei Fischerfamilien.

Die letzte Etappe nach Norden zu dem Fischerort *St. Antony* führt 640 Kilometer entlang des Ufers: eine Panoramastraße von landschaftlich starker Anziehungskraft. Mitunter lassen sich Moose und Bären blicken. Die Straßen sind nicht immer geteert.

St. Antony ist Ausgangspunkt für einen Besuch der weltberühmten Wikingersiedlung *L'Anse-au-Medow*. Von Flowers Cove können Sie per Boot über die Strait of Belle Isle gelangen und eine Fahrt entlang der Küste Labradors antreten.

494/495   *Die Western Brook Gorge im Gros Morne National Park auf Neufundland*

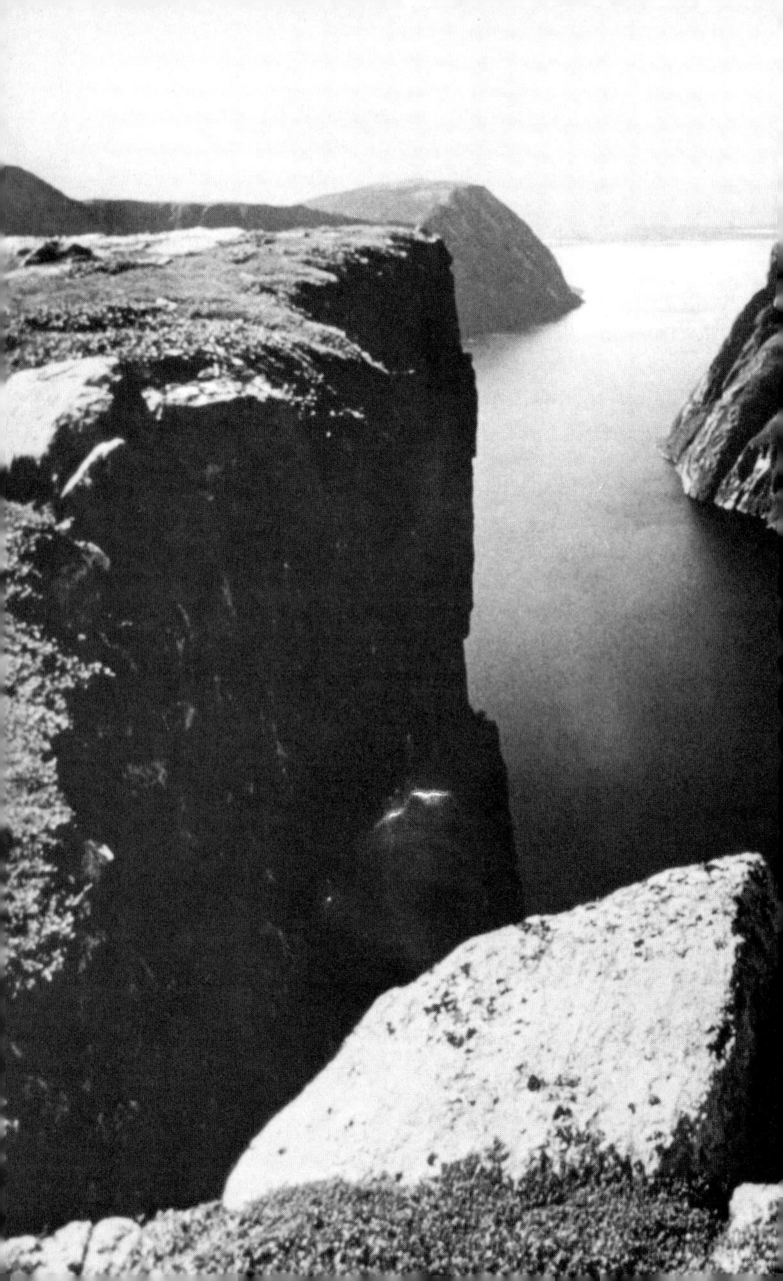

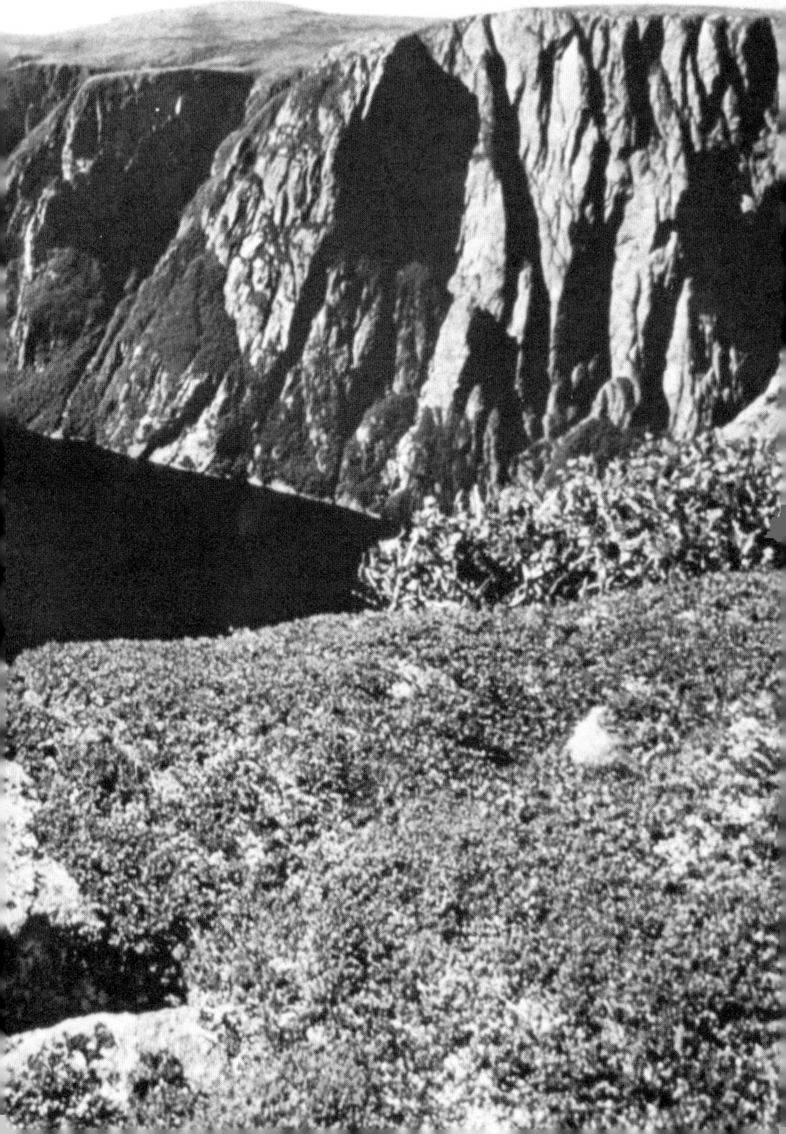

ZUM SCHLUSS
EIN PAAR REISETIPS

Was bedeutet Kanada?

Die *Bedeutung des Namens Kanada* konnte bis heute nicht eindeutig geklärt werden. Die Irokesen, mit denen die französischen Entdecker und Pioniere Handel trieben, nannten einen Platz mit Zelten oder Hütten «Canata». Geschichtsschreiber sehen in diesem Indianerwort die Wurzel des Namens Kanada.

Eine andere Version legt den spanischen Begriff «Aca nada» zugrunde. Er bedeutet soviel wie «nichts ist da». Es muß sicher ein schockierendes Erlebnis gewesen sein, als der spanische Seefahrer Giovanni da Verrazano 1524 im Auftrag des französischen Königs François I auf der heutigen Halbinsel Nova Scotia landete und außer Wäldern nichts vorfand, was an dieser Küste für Siedler ein Leben lebens- und erstrebenswert machte. «Aca nada» soll er in sein Schiffstagebuch eingetragen haben, «nichts ist da».

Heute bedeutet Kanada mit seinen in vielen Regionen noch ungestörten Wäldern: Natur erleben. Die Schönheit und Einsamkeit dieser sich selbst überlassenen Natur haben schon viele Urlauber zum Schwärmen gebracht. Blumen, Flechten und Gletscher glänzen mit Farbschattierungen, als ob es im Sommer und Herbst einen Naturschönheitswettbewerb zu bestehen gälte. Und das Wasser in den Bächen schmeckt wie nie ein Wasser zuvor. Touristen aus Europa wissen diese Vorzüge jedes Jahr mehr und mehr zu schätzen.

Was Sie für die Einreise wissen sollten

Die *Einreise* nach Kanada ist problemlos. Besucher aus der Bundesrepublik Deutschland, aus Österreich und der Schweiz benötigen nur einen gültigen Reisepaß. Sollten Sie zuerst in die USA und von dort weiter nach Kanada reisen, müssen Sie in Ihrem Heimatland ein amerikanisches Visum besorgen. Daß für einen Kanadaaufenthalt ausreichende Geldmittel – am besten in bar oder in Form von Traveller's Cheques – samt einem bezahlten Rückflugschein [oder entsprechende Geldmittel für den Rückflug] nachweisbar vorhanden sein müssen, versteht sich vermutlich von selbst. Wer zu Studienzwecken nach Kanada reist, darf das Zulassungsschreiben des jeweiligen Lehrinstituts nicht vergessen. Ist ein Aufenthalt länger als drei Monate geplant, muß dies bei der Einreise angegeben und genehmigt werden.

Impfungen sind nicht mehr erforderlich. Jedem Urlauber ist jedoch dringend zu raten, vor der Reise unbedingt eine besondere Reise-Krankenversicherung abzuschließen. Der kanadische Krankenhausservice ist ausgezeichnet, jedoch auch sehr teuer. Ein Aufenthalt in einem Hospital kann pro Tag zwischen 150 $ und 300 $ kosten. Wenn Sie außerdem Medikamente benötigen, sollte Ihr Hausarzt zur Information seines kanadischen Kollegen die Krankheit und das notwendige Medikament ausführlich beschreiben.

Der *kanadische Zoll* kann außerordentlich streng sein, wenn es um bestimmte Mitbringsel geht. So darf jeder Kanadabesucher im Alter von 18 und 19 Jahren an – die jeweiligen Altersgrenzen bestimmen die Provinzen – nur 1,1 Liter Spirituosen oder Wein oder 8 Liter Bier zollfrei mitnehmen. Wer jenseits des Ozeans auf seine spezielle Tabak- oder Zigarettenmarke nicht verzichten kann, dem sind 50 Zigarren, 200 Zigaretten und 0,9 Kilogramm Pfeifentabak zum Mitnehmen erlaubt. Dazu muß der Betreffende aber mindestens 16 Jahre alt sein. Der Wert eines einzelnen Geschenkpäckchens darf 15 kanadische Dollar nicht überschreiten.

Zum Betreiben von *Elektrogeräten* nützlich sind Adapter [Flachstecker], da in Kanada üblicherweise andere Steckkontakte verwendet werden als in Europa. Das kanadische Stromnetz hat eine Spannung von 110 Volt Wechselstrom. Sofern Ihr Elektrogerät [Rasierapparat] einen Spannungswähler bis zu 60 Hz besitzt, kann es auch in Kanada benutzt werden.

Geld und Trinkgeld

Der kanadische Dollar [$] hat 100 Cents. Die Münzen, die sich zur Zeit im Umlauf befinden, sind 1 Cent [«penny»], 5 Cents [«nickel»], 10 Cents [«dime»] und 25 Cents [«quarter»]. Die 50 Cents [«a half dollar»] besitzen wie 1 Dollar [«silver dollar»] als Einzelstücke inzwischen Seltenheitswert.

Es ist empfehlenswert, den größten Teil des für einen Kanadaaufenthalt vorgesehenen Geldes bereits in Europa in kanadische Dollars oder Reiseschecks umzutauschen. In der Regel wechseln weder kanadische Banken noch Hotels europäisches Geld um. Eine Möglichkeit zum Geldwechsel – jedoch zu keinem besonders günstigen Kurs – bieten Flughäfen.

Üblicherweise ist im Preis kanadischer Hotel- und Restaurantrechnungen kein Service inbegriffen. Man läßt im allgemeinen 10 bis 15 Prozent für ein Mittag- oder Abendessen liegen. Dies gilt auch für Friseurbesuche und Taxifahrten. Gepäckträger erhalten für einen Koffer mindestens 50 Cents, für mehrere Gepäckstücke 1 Dollar.

Beim Tanken ist Trinkgeld nur dann angebracht, wenn zum Beispiel Scheiben gereinigt werden oder ein ähnlicher Service geleistet wird. Auch auf Campgrounds ist Trinkgeld nur für außergewöhnliche Dienste üblich.

Telefonieren

In *Notfällen* stellt die Rufnummer «0» die wichtigste Verbindung her. Es meldet sich die kanadische Polizei, die in jeder Notsituation sofort hilft oder weiterhilft.

Ein *Orts- oder Ferngespräch* können Sie von jedem öffentlichen Fernsprechhäuschen und den meisten Hotels aus führen. Bei einem *Ortsgespräch* werfen Sie ein 10-Cents-Stück [«dime»] ein oder zwei 5 Cents [«nickels»] und wählen die gewünschte Nummer.

Für *Ferngespräche* – sofern sie noch nicht vollautomatisch vermittelt werden – gelten zunächst dieselben Kosten. Wählen Sie nach Einwurf der 10 Cents die Null. Es meldet sich der «Operator» [Vermittlungsstelle]. Wenn Sie der Dame sagen, daß Sie «a long distance call» [Ferngespräch] wünschen, werden Sie mit dem «Long Distance Operator» verbunden. Diesem nennen Sie Ort mit Area Code [Vorwahlnummer] und die gewünschte Rufnummer. So Sie nicht «collect» verlangen, d.h. daß der Gesprächspartner nicht mit den anfallenden Gebühren belastet werden soll, nennt Ihnen der «Long Distance Operator» die Kosten für ein Drei-Minuten-Gespräch. Halten Sie anschließend den Betrag bereit. Dem «Long Distance Operator» nennen Sie noch die Nummer Ihres Fernsprechapparates mit der Area Code und legen den Hörer auf. Konnte die Verbindung mit Ihrem Gesprächspartner hergestellt werden, erhalten Sie auf Ihrem Telefonapparat einen Rückruf und die Aufforderung zum Münzeinwurf. Ist die Gebühr in voller Höhe bezahlt, können Sie Ihr Gespräch führen. Sprechen Sie länger als drei Minuten, müssen Sie nachbezahlen oder Ihr Gesprächspartner wird mit den entstandenen Mehrkosten belastet.

Klima und Kleidung

Die Frage nach dem Klima ist für ein so weiträumiges Land wie Kanada berechtigt. So vielfältig die Geografie ist, so unterschiedlich können die Temperaturen sein. Als ich zuletzt das Land bereiste, brannte eine glühende Julisonne vom Himmel des kanadischen Ostens, während die Rocky Mountains im Westen den halben Sommer über in dunkle Regenwolken gehüllt blieben. In einem anderen Jahr herrschte genau das umgekehrte Verhältnis. Es gibt auch Jahre, in denen jeder in ganz Kanada ungetrübte Sommerfreuden genießen kann.
Das Klima zwischen dem Pazifik und dem Atlantik gilt als kontinental. Das heißt, in Kanada herrschen extreme Temperaturen. Während der Sommermonate kann es sehr heiß werden, am Abend ziemlich kühl und im Winter bitter kalt. Die höchsten Temperaturen der besiedelten Regionen melden Ottawa und Toronto in Ontario, die niedrigsten Wintertemperaturen wurden in Winnipeg gemessen. Im Gegensatz zu den sonnenreichsten Provinzen British Columbia und Alberta gelten die Küstengebiete als feucht. Für die Milde Vancouvers und Victorias spricht, daß hier im Winter durchschnittlich keine Minustagestemperaturen gemessen werden. Die Hotels, öffentlichen Gebäude und großen Warenhäuser sind in Kanada beinahe durchwegs klimatisiert. Ein Service, der bei Europäern nicht immer auf Gegenliebe stößt.

Wer Kanada bereist, legt im allgemeinen viele Kilometer zurück im Auto, im Omnibus, im Flugzeug oder im Boot. Dazu muß man frei sein von Ballast. Das erleichtert die Mobilität und die Freude am Reisen ungemein. Sinnvoll ist es, nicht allzuviel unnötige Kleidung mitzunehmen. Konzentrieren Sie sich beim Kofferpacken auf Sportliches. Für den Tag genügen Jeans, lange Hosen mit ein paar bügelfreien Blusen, Hemden, T-Shirts und Pullover. Am Abend zum Dinner ist die Dame – vor allem im kanadischen Osten – mit einem Kostum oder leichten Kleid «habillée». Der Herr ist ins Restaurant oder Theater richtig angezogen mit einem Blazer, dazu eine passende Hose, Hemd und Krawatte. Die Schuhe sollten bequem und gesellschaftsfähig sein. Empfehlenswert für den Abend sind eine warme Strickjacke, Anorak oder Parka. Für die Rockies und den Kanadischen Schild sind feste Schuhe oder leichte Bergstiefel praktisch. Regenstiefel können vor allem am Meer und in den seenreichen Gebieten nützlich sein. Vergessen Sie auf keinen Fall Ihren Badeanzug. Denn auch bei kalter Witterung bleibt ein Bad in den heißen Quellen von erquickendem Genuß. Übrigens kann man in Kanada alles kaufen und mieten, was in der Eile doch noch beim Koffer- oder Rucksackpacken vergessen wurde.

In den großen Sportgeschäften des Westens gibt es auch alles für die «Wildnis»: dicke wollene Hemden, Moskitonetze, Rucksack, Bergstiefel, Seil, Zelt und gefriergetrocknete Verpflegung. Die Auswahl ist groß und mitunter billiger als in Europa. Das «backpacking», das Wandern mit Rucksack querfeldein, kommt in Kanada wie in Amerika immer mehr in Mode.

ANHANG

Literatur

Reiseführer

Patton, Brian and Robinson, Bart, The Canadian Rockies Trail Guide. A Hiker's Manual to the National Parks, Canmore [Alberta] 1978

Fodor's, Canada, New York 1978

Mai's Auslandstaschenbuch Nr. 10, Kanada, Buchenhain 1976

Polyglott, Kanada. Westlicher Teil; Östlicher Teil, München 1980/81

Kiesbauer, Heinz und Maute, Karl, Kanada kennen und lieben, Lübeck 1976

Verschiedene Darstellungen

Busch, Fritz-Otto, Wikingersegel vor Amerika, Hameln-Hannover 1966

Campbell, Maria, People of the Buffalo. How the plains Indians lived, Vancouver 1976

Canada Handbook, Statistics Canada, Ottawa 1979

Eipper, Paul, Hundert Tage in den Rocky Mountains, Berlin-Darmstadt-Wien 1963

Engel, Elmar, Kanadischer Abenteuer-Almanach. Fischen, Jagen, Kanufahren, Segeln, Stories, Frankfurt a.M. 1979

Johann, A.E., Nach Kanada sollte man reisen, Gütersloh 1975

Lindig, Wolfgang, Die Kulturen der Eskimo und Indianer Nordamerikas, Wiesbaden o.J.

Merian-Heft, Kanada: Quebec 5. XXXI

Meissner, Hans-Otto, Wildes rauhes Land. Reisen und Jagen im Norden Kanadas, Gütersloh o. J.

Stammel, H. J., Die Indianer. Die Geschichte eines untergegangenen Volkes, Gütersloh 1977

Wassermann, Charles, Kanada. Land der Zukunft, 1976

Übersetzungen aus dem Französischen und Englischen

Die weite Reise, Kanadische Erzählungen und Kurzgeschichten, Berlin [Ost] 1974

Moderne Erzähler der Welt, Kanada. Tübingen, Basel 1976

Kanadas Geschichte im Überblick [Zeittafel]

Vorkolumbische Epoche

Etwa um 23000 bis 15000 v. Chr.	*Paleo-indianische Großwildjäger* folgen über die damals 1500 Kilometer breite Landzunge der Beringstraße dem Wild [Riesenfaultiere, Mammute, Urbisonten] von Nordasien nach Nordamerika
Um 18000 v. Chr.	Im Norden der heutigen Provinz Alberta verbindet sich die westliche oder Kordilleren mit der östlichen oder Laurentischen Eistafel zu einer gewaltigen Eisbarriere von ca. 3000 Metern Höhe, die für Tier und Mensch den Weg nach Süden verschließt
Bis etwa 7000 v. Chr.	Durch die Isolation bilden sich in den eisfreien Korridoren von Alaska und Nordwest-Kanada sowie südlich des Inlandeises verschiedene indianische Rassetypen mit eigener Kultur und Sprache. Geschätzt wurden für die vorkolumbische Epoche in Nordamerika ca. 200 unterschiedliche Sprachen
Um 7000 v. Chr.	Das Inlandeis beginnt abzuschmelzen. Damit steigt der Meereswasserspiegel, und die Landverbindung

	zwischen Sibirien und Alaska verschwindet allmählich unter dem heutigen Beringmeer
Zwischen 3000 und 1000 v. Chr.	*Eskimos* kommen auf dem Wasserwege von der arktischen Küste Sibiriens nach Nordamerika. Ihre Auswanderung verursachen entweder schlechte Ernährungsbedingungen oder fremde eindringende Volksgruppen. Die Lebensgrundlage der prähistorischen Eskimos bildet die Jagd auf Seesäugetiere wie Robben, Wale, Walrosse, Eisbären. Die Harpune wird als Hauptjagdwaffe verwendet. Unentbehrliches Fahrzeug ist das Einmannboot [Kajak] sowie das größere Walfangboot [Umiak]. Die Eskimos bringen die Töpferkunst und die Tranlampe aus Stein mit nach Kanada
Um 600 v. Chr.	Die Eskimos haben sich im Norden bis zur kanadischen Ostküste ausgebreitet
982 n. Chr.	*Erich der Rote* landet auf Baffin Island
Um 1000 n. Chr.	Grönland-Wikinger unter *Leif Eriksson* entdecken die Küste Labradors, Neufundlands und Neuschottlands
1004–1005	Leif Eriksson überwintert vermutlich in L'Anse aux Meadows [Neufundland]

Nachkolumbische Zeit

1497	*John Cabot,* ein Venezianer in britischen Diensten, entdeckt auf der Suche nach der Nordwest-Passage Neufundland und vermutlich auch Neuschottland. Er erklärt das Land zum Territorium Heinrichs VII. von England
1534	Der französische Seefahrer und Forscher *Jacques Cartier* landet im Golf St. Lawrence und nimmt die Halbinsel Gaspé für Franz I. von Frankreich in Besitz

1535	Zweite Entdeckungsfahrt Cartiers. Er segelt den St. Lawrence aufwärts und erreicht die Indianersiedlung Stadacona [Quebec], dann Hochelaga [Montreal]
1605–1608	Der französische Kartograph und Kolonisator *Samuel de Champlain* beginnt die Gebiete entlang des St.-Lawrence-Stromes zu besiedeln. 1608 wird Quebec als erste europäische Siedlung in Kanada gegründet
1642	*Maisonneuve* gründet Ville Marie, das heutige Montreal
1663	Ludwig XIV. erklärt Kanada zur königlichen Provinz «La Nouvelle France»
1670	Die *Hudson's Bay Company* erhält von Englands König Karl II. ihren Freibrief und sämtliches Land zugesprochen, das zu den in die Hudson's Bay mündenden Flüssen gehört. Damit beginnt ein sehr intensiver wie extensiver Pelzhandel
1689	Zwischen England und Frankreich beginnen kriegerische Auseinandersetzungen um Kanada
1759	Auf den Abrahamsfeldern fällt die Entscheidung zugunsten der Engländer unter General *Wolfe*. Beide Generäle, der Engländer Wolfe und der Franzose Montcalm, fielen auf dem Schlachtfeld
1763	Im *Frieden zu Paris* wird Kanada englische Kronkolonie. Mit Ausnahme der Inseln St-Pierre und Miquelon, die bis heute zu Frankreich gehören, werden sämtliche französischen Besitzungen England zugesprochen
1774	Die *Quebec Act* garantiert den französischsprechenden Kanadiern das Recht auf Beibehaltung ihrer französischen Sprache, ihrer römisch-katholischen Religion sowie ihrer französischen Kultur
1778	*Kapitän Cook* landet im Westen auf Vancouver Island

1783	Die USA werden von England unabhängig. Etwa 40 000 *«Empire Loyalists»*, englische Königstreue und zahlreiche königstreue Deutsche wandern nach Kanada aus. Sie besiedeln Neubraunschweig, Neuschottland und Ontario
1789	*Alexander Mackenzie* entdeckt den nach ihm benannten Strom und erreicht auf diesem als erster weißer Mann das Eismeer
1793	Alexander Mackenzie durchquert als erster Weißer Kanada vom Osten nach Westen bis zur Pazifikküste
1812	*Lord Selkirk*, Hauptaktionär der Hudson's Bay Company, gründet am Red River die erste Siedlung [Winnipeg] westlich der Großen Seen Im selben Jahr versuchen die USA, das angrenzende Kanada zu erobern
1813	Niederlage der Amerikaner. Die unter *Tecumseh* vereinigten Indianergruppen kämpfen auf seiten Kanadas
1818	Der *Oregon-Vertrag* zwischen den USA und Kanada bestimmt den 49. nördlichen Breitengrad [vom Pazifik bis zum Lake Superior] zur Grenze zwischen den beiden Ländern

Das moderne Kanada

1840	Die *Union Act* vereinigt die beiden Provinzen Unterkanada [heute Ontario] und Oberkanada [heute Quebec] zu Kanada. Kingston wird Hauptstadt
1858	Ottawa wird Regierungshauptstadt
1867	1. Juli, *Geburtstag des Staates Kanada.* Nova Scotia [Neuschottland], New Brunswick [Neubraunschweig], Ontario und Quebec schließen sich zu einer Konföderation zusammen. *John Alexander*

	MacDonald wird zum ersten Premierminister gewählt. Kanada erhält politische Autonomie
1869–1870	Kanada kauft der Hudson's Bay Company sämtliche Gebiete westlich der Großen Seen ab
1870	Manitoba tritt als 5. Provinz der Konföderation bei
1871	British Columbia schließt sich als 6. Provinz dem Bund an
1873	Prince Edward Island entschließt sich als 7. Provinz zum Beitritt
	Die *North West Mounted Police* wird gegründet
1876	Alexander *Graham Bell* gelingt es, in Ontario die erste Telefonverbindung herzustellen
1885	Die transkontinentale Eisenbahnlinie *Canadian Pacifik Railway* [CPR] ist fertiggestellt. Erste direkte Verbindung auf dem Landweg vom Atlantik zum Pazifik
	Eröffnung des Banff National Park als erster kanadischer Nationalpark
1895	Goldrausch im Yukon
1901	In St. John's auf Neufundland erreicht die Neue Welt das erste transatlantische Signal aus England
1905	Alberta und Saskatchewan treten als weitere Provinzen der Konföderation bei
1923–1930	Framland im Mittleren Westen wird an europäische Einwanderer vergeben
1931	*Statut von Westminster* hebt die letzten Ansprüche Englands auf. Kanada ist damit endgültig ein souveräner Staat
1931–34	Schwere Dürreperioden in Prärieprovinzen. Tausende von Farmern geben ihr Land auf
1949	Neufundland mit Labrador tritt als 10. Provinz Kanada bei
1959	Der St.-Lawrence-Seeweg wird eröffnet. Damit besteht ein direkter Seeweg vom Atlantik zu den Großen Seen

1962	Der Trans-Canada Highway ist fertiggestellt. Er verbindet als eine sehr gut ausgebaute Asphaltstraße Victoria auf Vancouver Island mit St. John's auf Neufundland. Fähren überbrücken die Meerengen
1967	Kanada feiert als selbständiger Staat sein *hundertjähriges Bestehen.* Die neue Flagge mit dem roten Ahornblatt auf weißem Grund und den beiden roten Abgrenzungen wird gehißt. Weltausstellung in Montreal
1976	Die XXI. Olympischen Spiele finden in Montreal statt

Register

[Kursiv gesetzte Zahlen verweisen auf Bildseiten]

Acadian Historical Village 454f
Agawa Canyon 266
Akadien, Akadier 445, 447, 453, 457, 459, 475
Aktivitäten
   Fischen 19f, 58f, 119f, 199, 218, 258, 262, 335, 436, 438, 454f, 460, 465, 486
   Jagen 20, 116, 159, 185, 198, 218, 258, 262, 460, 486
   Kanufahren 19, 74, 168f, 199, 218, 335, 408f, 410, 427, 431, 486
Alaska 35, 95
Alaska Highway 36, 96, 154, 160–163, 166, 169
Alberta 11, *14f,* 25, 26, 35, 95, 114–156, 197, 223

Alberton 474f
Alexandra Falls 177, *178f*
Algonquin Provincial Park 260, *261*
Annapolis Valley 457, 459, 461
Anne of Green Gables Country 477
Appalachen Gebirge 221, 443
Arktis 13, 36, 53
Arrow Lake 94
Ashern 218
Athabasca Gletscher 148, 152
Athabasca River 114, 152, 202f
Athabasca See 197f, 202f
Atlantischer Ozean 13, 25, 335, 423, 454, 481, 485
Atlas 128
Auyuttuq National Park 192, 194

Badlands 128
Baffin Islands 189, *190,* 192
Banff 144–146
Banff National Park 25, 115, 133, 139–152
Bakersville 63, 65, *72,* 73f
Barren Grounds 186–188
Bathust 445
Batoche National Historic Park 216
Battleford 216
Beaufort Sea 180f
Beaverbrook, Lord 449
Bell, Alexander Graham 278f, 467
Bella Bella 37
Bella Coola [Indianer] 106
Bennett Damm 36
Blackfeet [Indianer] 117, 155, 204f
Blue Heron Drive 476–478
Bordon 473
Botschaften [deutschsprachig] 333
Bourgeois, Marguerite 359, 361
Bow River 119
Bowron Lake Provincial Park 74
Brandon 245
Brantford 278f
Bras d'Or 457, 470
Brébeuf, Pater 268
Brems, Peter und Elisabeth 387f
British Columbia 10f, *21,* 25, 35–113, 223
Bronhill 219

Bruce Halbinsel 267
Bruce Mines 257
Bruce Trail 269f
Brûlé, Etienne 251
Buffaloland Provincial Park 479

Cabot, John, 457, 466, 482f
Cabot Trail 459, 466f
Calgary 25, 117f, 124, 133, 206
   Geschichte 123f
   Heritage Park *122,* 123
   Museen 121
   Stampede 120
Cambridge 256
Campbellton 454
Canadian National Railway [CNR] 75, 141, 155, 214, 232, 245, 262, 350, 460
Canadian Pacific Railway [CPR] 75, 205, 214, 232, 262, 283, 350
Canso Damm 464, 466
Cape Blomidon 460
Cape Breton Highlands National Park 467f
Cape Spear Lighthouse Historic Park 490
Cape Tormentine 472f, 478
Cape Traverse 477f
Cariboo Country 61, 63, 68f, 81, 186
Carleton Thomas 447, 448
Carmack, George 171
Cartier, Jacques 369, 370f, 388, 400, 403, 426, 445
Cartier, Mont 422

Ceilith Trail 459
Champlain, Samuel de 251, 268, 358, 388f, 400, 403, 445
Channel Port aux Basques 484, 491f
Charlesbourg 345
Charlottetown 473, 476f, 478
Chatham 454
Cheticamp 470
Chic Choc [Berge] 421, 426
Chilcotin Country 68f
Chilkoot Paß 168
China, Chinesen 23, 36, 73
Chomedey, Paul de [Sieur de Maisonneuve] 358, 361f, 364, *365*
Churchill 220f, 244, 245
Churchill River 202f
Clinton 69f
Coleman 137
Columbia Icefield 148f
Columbia River 86, 152, 203
Cook, James 37, 103, 113
Coppermine River 189
Corner Brook 492f
Cowboys 65, 68, 73, 75, 120f, 212f
Cowley 137
Cranbrook 89
Cree [Indianer] 115, 155, 433f, *437*
Creighton [Ort] 198
Creston 89
Cumberland House 202
Cypress Hills 213

Dawson City 163, 168, 172
Dawson Creek [Ort] 96
Deighton, John [Gassy Jack] 46f
Dempster Highway 163, *164f*
Deutschland, Deutsche 23, 35f, 39, 117, 206, 252f, 279f, 280f, 446
Dinosaurier Provincial Park 128
Douglas, James 61, 104
Doukhobor Village Museum 94
Dresden 253
Drumheller 117, 125f
Duck Mountain Provincial Park 241
Duncan Damm 36, 90

East Point 479
Edmonton 114, 153
   Civic Centre 154
   Fort Edmonton Park 155f
   Geschichte 155
   Informationen 154
   Klondike Days 156
   Parlamentsgebäude 154
   Universität 154
Edmunston 445, 448
Elbow River 119
Elk National Park 156
Ellesmere Island 173
Emerson 221
England, Engländer 23, 27, 36, 61, 103, 117, 206, 250f, 310, 445, 458, 471, 483
Erie See 28, 249, 259, 274, 310
Erikkson Leif 482

Eskimo 20, 180f, 193, 485
Esterhazy [Ort] 198
Evangeline Trail 459

Fairmont Hot Springs 82f, 83, 86
Farmen 75f, 201, 205f, 219f, 236–239, 473
Fernie 36, 137
Field 77
Fleur-de-lis-Trail 459
Flin Flon 217, 243f
Floßfahrten 20, 64f, 82, 144, 182f
Flower Pot Island 267
Foothills 26, 114, *134f*
Forstbaur, Welly 88, 94
Fort Alexander 221
Fort Dearn Cairn 221
Fort Gibraltar 222f
Fort Good Hope 177, 180
Fort Liard 177
Fort MacLeod 136f
Fort Nelson 162
Fort Prince of Wales 221
Fort Providence 180
Fort Resolution 184
Fort Simpson 177, 183
Fort Steele 86, *87*, 88
Fort St. James 37
Fort William 264
Franklin [Ort] 420
Franklin, John 189, 245
Frankreich, Franzosen 23, 27, 116, 251, 268, 310, 334, 381, 445, 470, 484, 497

Fraser River 46, 48f, 60–74, 104, 203
Fraser, Simon 37, 61, 64
Fraser Valley 61, 88
Fredericton 445, 449
Frey Creek Canyon *91f,* 94
Frontenac Louis 392, 400
Frobisher Martin 192
Fundy Bay 450–453, 454, 459
Fundy National Park 451f
Fundy Trail 451

Gagetown 450
Gardiner Damm 214
Garibaldi Provincial Park 57
Gaspé 421, 426
Gaspésie [Gaspé Halbinsel] 28, 421–427, 443
Gaulle, Charles de 369
Georgia Bay 250f, 260, 269
Georgia Strait 37, 60, 99
Gimli 233
Glacier National Park 25, 77
Glooscap 459
Glooscap Trail 459f
Goldrausch 61f, 65, 73f, 88, 104, 155f, 166f, 170f, 184
Grand Rapids 197
Grand Valley Trail 279
Grizzlybär 20, *21,* 80, 83, 169, 185
Gros Morne National Park 492f, 494f
Grosseillier 220, 409
Große Seen 27, 249f, 269, 291, 338
Grzimek, Bernhard 173

Haida [Indianer] 106
Haines Junction 169f
Haliburton Highland 258
Halifax-Dartmouth 28, 456, 459, 462–464, 470
Hamilton 256
Harrison Hot Springs 61
Hartland 449
Hay River 181f, 184
Hazelton 96
Holzach, Michael 132
Hell's Gate 60, 63, *64*
Hemmingford 344, 420
Heritage Highway 28, 309–317
Hodgson 218
Hoodoos 86, 128, *130f*
Hopewell Cape *452,* 453
Horseshoe Bay 59
Horseshoe Canyon 125
Hudson Bay 186, 188, 202, 220f, 250, 339
Hudson's Bay Company 37, 83, 112, 116, 123, 155, 177, 188, 201f, 204, 210, 221f, 223, 231, 236, 244, 264
Hudson, Henry 220
Hudson's Hope 37
Hull 318, 339
Huronen 251, 263f, 325, 379
Huronia 267f
Huron See 249, 256, 260, 266, 268, 301
Hutterer 129–133

Icefield Parkway 115, 139, 148

Ile Bonaventure 426f
Ile d'Orléans 400–403, 415
Ile Sainte Hélène 376f
Indianer 43, 64, 69, 73, 136, 170, 175f, 181f, 203f, 208, 210, 216, 267, 314, 413
Ingonish Beach 467, 470
Ingstad Helge 482
Isle Madame 457
Inuvik 181
Irland, Iren 23, 206
Irokesen 251, 279, 358, 389

James Bay Wasserkraftprojekt 339f
Japan, Japaner 23, 36
Jasper 152
Jasper National Park 25, 115, 133, 139–152, *150f*
Jeddore Oyster Pond 465

Kaiser Kohle Resourcen 137f
Kakebeka Wasserfälle 265
Kalamalka See 80
Kamloops 75
Kaslo 90, 94
Kelona 78f, 80
Kalsey Bay 99
Kelsey, Henry 201
Kenora 263
Kerr, Alfred 270
Kimberley 88
King Byway Drive 478f
Kings Landing Historical Settlement 450

Kingston 310–314
Kitchener-Waterloo 279–284
Kluane National Park 169
Kolumbus 457, 482
Kootenay Bay 90
Kootenay Country 81–88, *83*, 89
Kootenay Lake 90
Kootenay National Park 25, 82f
Kouchibouguac National Park 454

Labrador 481f, 485–487
Labrador City 487
Lac Saint Jean 410f, 419
Lady Slipper Drive 474f
Lake Louise 146–148
Lalemant, Pater 268
Langruth 218
L'Anse aux Meadows 482, 493
La Trappe 419
La Tuque 408, 410
Laurentians Mountains 27, 429
Laurentides 429
Laval, Louis Xavier 398
Leat Rapids 217
Lennox Island 474
Lethbridge 136
Lighthouse Trail 459, 460–462
Lillooet 65
Liverpool 461f
London, Jack 172
Long Range Mountains 492
Louis XIV [König von Frankreich] 390

Louisbourg National Historic Park 463, 467, *468f,* 470f
Lunenburg 461f
Lynn Lake 217
Lytton 60, 65

MacDonald, John A. 311, 321
MacKenzie, Alexander 37, 61, 116, 177, 203
Mackenzie Gebirge 183
Mackenzie Highway 116, 154, 174, 177, *178f, 183f*
Mackenzie Strom 11, 163, 180, 203
MacKenzie, William Lyon 292
MacMillan Park 99f
Madawaska 448
Maligne Canyon 152
Malpeque 477
Malpeque Bay 474
Manitoba 11, 26, 197, 217–246
Manitoulin Island 266f
Mantana 423
Mapleton 459f
Marine Drive 459, 464–466
Mestizen, Métis 216, 222, 224
Methy Portage 202f
Micmac Indianer 421, 459, 474
Mica Damm 36, 76
Midland 269
Miette Hot Springs 152
Miramichi River 454f
Mistassini [Reservat] 427, 431–439, *439*
Mistouche 475

Moncton 450, 453f
Montcalm, General 385, 397, 400
Moose Jaw 213f
Montgomery Lucy M. 477
Montmorency River 400, 403f
Montreal 11, 26, 352f, 407, 415, 474
　Basilika Marie Reine 347
　Château de Ramezay 364f
　Crescent Straße 350f
　Fußgängerzone [unterirdisch] 355f
　Geschichte 358f
　Hafen 349
　Insel Sankt Helena 362
　Kathedrale Notre Dame 362f
　Mont Royal 371
　Museen 371, 373f, 277f
　Notre Dame de Bonsecours 360, 361f
　Olympia Park 374, 375, 376
　Oratoire Saint Joseph 372
　Place des Arts 354f
　Place Jacques Cartier 369
　Place Ville Marie 355f
　Rathaus [Hôtel de Ville] 368, 369
　Saint Denis Straße 351f
　Séminaire de Saint Sulpice 365
　Terres des Hommes 377
　Ville Marie 357
Mont Tremblant 429
Moose *10*, 428, 491

Moose Jaw 213f
Mormonen 129f, 206
Mount Carleton Provincial Park 444
Mount Logan 169
Mount Revelstock National Park 76f
Mount Robson 25, *97*
Mount Robson Provincial Park 60, 98
Mount Victoria 147
Mount Whistler 152
Murdochville 426
Muskoka Land 258

Nahanni Butte 183
Nahanni National Park 183
Nahanni River 163, *182*, 182f
Nanaimo 111f
Nationalparks, Naturreservate, Naturparks 13, 20, 239–243, 421, 427–430, 431f
Nelson, Horatio Viscount 370
Nelson River 218
New Brunswick [Neubraunschweig] 11, 28, 443–455, 456, 458, 473, 478
New Foundland [Neufundland] 11, 28, 470, 480–495
New London Bay 477
Niagara Falls 13, 28, 270–275, 308
Niagara Falls [City] 271, 275
Niagara-on-the-Lake 28, 277f
Nipigon 265

Nootka [Indianer] 106
North Cape 475
Northumberland Strait 459
North-West Company 177, 189, 203, 222, 231, 264, 367
Northwest Territorien 24, 172–194, 197
Notre-Dame-sur-Lac 344
Nova Scotia [Neuschottland] 11, 28, 456–471, 473, 480, 497

Oakville 256
Oberer See [Lake Superior] 249, 263, 265
Oil Springs 256
Okanagan Lake 80
Okanagan Valley 36, 76, 78–81, 94
Oka Tal 419–421
Oktoberfest 279f
Ontario 11, 26f, 249–333
Ontario See 26, 28, 249f, 256, 301, 310, 335, 487
Orignal [Moose] *10*, 428
Oshawa 256
Ottawa 26, 37, 177, 197, 311
  Botschaften [deutschsprachig] 333
  By Ward Market 332
  Confederation Square 328
  Geschichte 325
  Informationen 328
  Museen 330f
  National Arts Centre 328f
  National Gallery 329f

  Parlamenthügel 319f, *322f*
  Bideau Kanal 326, *327*
  Spark's Street Mall 319, 328
Ottawa River 26f, 250f, 318, 338, 340, 348, 419
Out-Door-Life 18, 100

Pacific Rim National Park 102f
Parrsboro 460
Patridge Island 460
Pazifischer Ozean 13, 25, 35, 203
Peace Liard Country 96
Penetanguishene 269
Penny Hochland 192, 194
Penticton 78f
Percé 28, 421, 426
Percé Felsen 426
Petersfield 218f
Petrola 256
Peyto Lake 148
Placentia 484
Point Pelee 259
Polar Bear Express 261f
Polar Bear Provincial Park 260f
Pond, Peter 202
Powell River 59
Prärie 114f, 214, 217f
Prince Albert 197
Prince Edward Island 11, 28, 458, 472–479
Prince George 60, 65, 96
Prince Rupert [Stadt] 95, 99
Prince Williams 450
Purcell Mountains 82, 90

Qu'Appelle Valley 210f
Quebec [Provinz] 11, 26–28, 250, 334–439, 413, 458
Quebec [Stadt] 26, 344, 407
  Basse Ville [Untere Stadt] 388f
  Basilika de Notre Dame 398
  Chaâteau Frontenac 384, 399
  Geschichte 389
  Informationen 396
  Haute Ville [Obere Stadt] 393f
  Parc des Champs de Bateille 385
  Place Royal 390f
  Priesterseminar 398
  Restaurants 380f
  Sainte Anne Straße 396
  Ursulerinnenkloster 396
  Quartier Latin 399
Queenston 274
Quesnel 73
Quetico Provincial Park 260

Radisson 220
Radium Hot Springs 82f, 86
Ramezay, Claude de 364, 366
Ranches 68f, 114
Red Deer Valley 125–129
Red River 222f
Red River Settlement 223, 225
Regina
  Downtown 207
  Geschichte 208f
  Informationen 210
  Mounties Trainingslager 209f
  Museen 207f
  Wascana Centre 207
Reise
  Backpacking 502
  Botschaften [deutschsprachig] 333
  Elektrogeräte 499
  Geld, Trinkgeld 499f
  Kleidung 502
  Klima 501
  Krankenversicherung 498
  Polizei-Hilfe 500
  Telefonieren 500
  Zeitzonen 10, 30f
  Zoll 498f
Revell, Viljo 294
Revelstock 76
Reversing Falls Rapids 451
Rideau Kanal 311, 326
Riding Mountain National Park 241f
Riel, Louis 216, 224–225
Rivière au Loup 423
Rocky Mountains 17, 20, *21*, 25f, 35, 82, 95, 115, 203
Rocky Point 478
Rodeo 25
Rogers Paß 77
Royal Canadian Mounted Police 53, 88, 117, 123, 136, 204f, 208, 210, 213, 216, 318f, 324
Rupertsland 221
Rußland, Russen 23, 94, 103, 117, 206, 252
Rustico Bay 477

Salish [Indianer] 79
Salvage 492
Sandon *91*, 94
Sanquenay River 412
Sarnia 256
Saskatchewan 11, 26, 95, 197–215, 223
Saskatchewan Gletscher 148
Saskatchewan River 116, 197, 200, 214
Saskatoon 213–215
Sault Sainte Marie 265
Selkirk, Lord 222, 478
Selkirk Mountains 81f, 90
Service, Robert 172
Shakespeare-Theater 278
Shaw Festspiele 277f
Sherbrook Village 466
Shuswap 76
Simcoe, John Graves 291
Simpson, George 83
Sinclair, James 83
Sir Andrew Macphail Provincial Park 478
Sklavensee [Großer] 180, 184f, 189
Smithers 96
Squamish 57
Sudbury *254f*, 257
Summerland 78
Summerside 473–475, 477
Sunrise Trail 459
Sunshine Coast 58f
Sydney 470, 480, 489
Schefferville 487

Schild, Kanadischer oder Präkambrischer 242f, 262, 421, 485
Scholz, Gordina 487
Schottland, Schotten 23, 117, 206, 222, 466, 480
Schweiz, Schweizer 33, 35, 99
St. Antony 493
St. Elias Gebirge 169
St. Eustache 416f
St. Jean Port Joli 422f, *424f*
St. John [City] 445, 451
St. John River 445f, 448–450
St. John's 11, 483f, 489f
St. Lawrence Golf 454, 472, 482
St. Lawrence Strom 26f, 221, 249, 251, 264, 285, 310, 335, 338, 340, 348, 379f, 405, 423, *424f*, 487
Sainte Anne de Baupré 405f
Sainte Marie 268f
Stanley Park *54*, 55f
Steinbach 234–236
Stoney [Indianer] 133
Stratford 278
Strathcona Lord 49, 141
Strathcona Provincial Park 99, 103, 113

Terrace 95f
Terra Nova National Park 491f
The Pas 244
Thompson [Ort] 217
Thompson, David 116, 203
Thompson River 60, 65, 74–81

Thousand Islands *312f*, 314
Thunder Bay 263f
Tidal Bore 453
Timmins 256
Tinguish 475
Tobermory 267
Tofino 101
Tok Junction 171
Torngat Mountains 486
Toronto 26, 256
   Art Gallery of Ontario 294
   Balck Creek Pioneer Village 309
   Campbell House 292f
   Casa Loma 286
   City Hall *293*, 294f
   CN Tower 308
   Dominion Centre 306
   Downtown 297f
   Exhibition Park 304
   Gibson House 292
   Geschichte 290f
   Informationen 295
   Kensington Market 303
   Museen 302f, 306
   Nathan Philips Square 295
   Old Fort York 291
   Ontario Place 303f
   Parliament Gebäude 302
   Restaurants 299f
   Yorkville 285, *286, 288f*
Totempfähle 53–55, 96, 107, 302, 373
Trail [Stadt] 36, 94
Trans-Canada Highway 11, 23, 74f, 99, 107, 146, 212, 219, 245, 262, 447, 449, 466, 478, 491
Trois Rivières 339, 407–410
Truro 460
Tsimshian [Indianer] 106
Turtle Mountain Provincial Park 242
Tweedsmuir Provincial Park 69

Ukrainer 117, 206, 215
Upper Canada Village 314–317, *315*, 450
USA 11, 218f, 249, 256, 258

Val Marie 213
Vancouver 20, 25
   Bus Terminal 58
   Capilano Suspension Bridge 57
   Chinatown 48f
   Downtown 38f
   Gastown *42*, 43, 46, *47*
   Geschichte 47f
   Grouse Mountain 56
   Harbour Centre 42
   Informationen 39
   Mount Seymour 57
   Museen 52–55
   Queen Elizabeth Park 56
   Restaurants 39, 42
   Robsonstraße 39
   Simon Fraser Universität 38
   Stanley Park 55f
   Universität von British Columbia 38

Vancouver, George 46, 103, 106
Vancouver Island 61, 98–113
Vérendrye, Pierre Gaultier de la 116, 246, 409
Vernon 78, 80
Verrazano, Giovanni da 457, 497
Victoria [Königin] 106, 209, 325
Victoria 11, 37, 104, *108f*
  Empress Hotel 106
  Harbour [Hafen] 105
  Informationen 105
  Meile 0 des Trans-Canada Highway 107
  Mount Tomie Park 105
  Museen 106f
  Parlamentgebäude 106, *108f*
Vieux Poste 432–439
Village de Seraphin 430
Virginia Wasserfälle 183
Voyageurs 409, 220f, 223

Wabush 487
Walhachin [Goast Town] 75
Waldbrand 22, 241
Wasaga Beach 269
Watson Lake 163, 183
Williams Lake 68f
Whitehorse 163, 166f, 168, 172
Whiteshell Provincial Park 242f
Wikinger 457, 482, 485

Windermere 86
Windsor 256
Winnipeg 95, 206, 225
  Assiniboine Park 231
  City Centre 226
  Convention Centre 228
  Folklorama 232f
  Geschichte 232
  Grain Exchange 228
  Informationen 233
  Legislative Building 230
  Manitoba Centennial Centre 230
  Universität 231
  Winnipeg Gallery 231
Winnipeg See 20, 197, 219, 233f
Wolfe, General 385, 397, 400, 417, 471
Wood Buffalo National Park 116, *174*
Wood Island 473

Yellowhead Highway 36, 74, 95–98, 156, 216
Yellowknife 177, 184
Yoho National Park 25, 77
Yukon River 168f
Yukon Territorium 24, 159–172

Zuckmayer, Carl 17

Seal
Churchill
Southern Indian Lake
Churchill
MANITOBA
York Factory
Thompson
Bird
Nelson
Hayes
Gods
Fort Severn
Hudson Bay
Cape Smith
Povungnituk
Povungoituk
Kogaluk
Belcher Islands
Bearskin Lake
Severn
Winisk
Lake River
Fort George
James Bay
Berens
ONTARIO
Attawabiskat
Akimiski Island
Attawabiskat
Read Lake
Pickle Crow
Albany
Eastman
Albany
Fort Albany
Kenora
Dryden
Armstrong Station
Moose
Fort Rupert
Lake of the Woods
Savant Lake
Auden
Lake Nipigan
Kenogami
Broadback
English River
Longlac
Mattagami
Hearst
Harricana
Kapuskasing
Matagami
Rainy
Marathon
Oba
Thunder Bay
Cochrane
Beaucanton
Beattyville
Lake Superior
Wawa
Kirkland Lake
Langlade
Duluth
Chapleau
Val d'Or
Sanmaur
Notre-Dame du Nord
Sault Ste. Marie
Sudbury
Ottawa
Mont Laurier
Minneapolis
North Bay
Pembroke
Huntsville
U S A
Lake Huron
Renfrew
Ottawa
Lake Michigan
Owen Sound
St. Lawrence
Peterborough
Toronto
Kitcherer
Lake Ontario
Sarnia
Niagara
Rochester
Mohawk
London
Detroit
Buffalo
Mississippi
Chicago
Windsor
Lake Erie
Albany
Toledo